Brendan Byrne SJ

Teure Freiheit

Brendan Byrne SJ

Teure Freiheit

Eine Begegnung mit
dem Markusevangelium

Aus dem Englischen
von Ralf Klein SJ

Matthias Grünewald Verlag

VERLAGSGRUPPE PATMOS
PATMOS
ESCHBACH
GRÜNEWALD
THORBECKE
SCHWABEN
VER SACRUM

Die Verlagsgruppe
mit Sinn für das Leben

Die Verlagsgruppe Patmos ist sich ihrer Verantwortung gegenüber unserer Umwelt bewusst. Wir folgen dem Prinzip der Nachhaltigkeit und streben den Einklang von wirtschaftlicher Entwicklung, sozialer Sicherheit und Erhaltung unserer natürlichen Lebensgrundlagen an. Näheres zur Nachhaltigkeitsstrategie der Verlagsgruppe Patmos auf unserer Website www.verlagsgruppe-patmos.de/nachhaltig-gut-leben

Originaltitel:
A Costly Freedom: A Theological Reading of Mark s Gospel
This book was originally published in English by Liturgical Press,
Saint John s Abbey, Collegeville, Minnesota 56321, USA,
and is published in this edition by license of Liturgical Press.
© All rights reserved.

2. Auflage 2024
Alle Rechte vorbehalten
© 2023 Matthias Grünewald Verlag
Verlagsgruppe Patmos in der Schwabenverlag AG, Ostfildern
www.gruenewaldverlag.de

Umschlaggestaltung: Finken & Bumiller
Satz: SatzWeise, Bad Wünnenberg
Druck: CPI books GmbH, Leck
Hergestellt in Deutschland
ISBN 978-3-7867-3342-3

*Für Morna D. Hooker
in großer Dankbarkeit,
Zuneigung und Hochachtung*

Inhalt

Einleitung	13
Eine theologische Lektüre	19
Eine teure Freiheit	20
„Eine ... Lektüre ..."	23
Einige Voraussetzungen	24
Das Weltbild des Markusevangeliums	34
Ein neues „Exil": die dämonischen Gefangenschaft	36
„Evangelium"	39
Die Herrschaft (oder das „Reich") Gottes	43
Messias, Gottessohn, Menschensohn: die Sachwalter der Herrschaft Gottes	45
1. Messias	46
2. Sohn Gottes	48
3. Menschensohn	48
Der Aufbau des Markusevangeliums:	
Drei „Geschichten" über Jesus	55
Die Struktur des Evangeliums	58
Eine Gliederung des Evangeliums	60
Die dynamische Erzählstruktur des Evangeliums	62
I. Der Prolog des Markusevangeliums:	
Der Anfang der FROHBOTSCHAFT (1,1–13)	65
„Anfang des Evangeliums ..." (1,1)	65
Das Auftreten und das Zeugnis Johannes des Täufers (1,2–8)	70
Jesu Taufe und Salbung mit dem Geist (1,9–11)	77
Die Erprobung des Sohnes (1,12f)	83

II. Das frühe Wirken in Galiläa (1,14 – 3,6) 87

Die Frohe Botschaft der anbrechenden Herrschaft Gottes (1,14–20) 87
Die Gründung der Gemeinde des Reiches Gottes: Jesus beruft die ersten Jünger (1,16–20) 91

Ein „Tag" in Kafarnaum (1,21–45) 95
Ein erster Sieg über das Dämonische: Jesus lehrt in einer Synagoge (1,21–28) 95
Heilungen in Kafarnaum: die Schwiegermutter des Petrus und die Menge am Abend (1,29–34) 98
Ein Augenblick des Rückzugs und die Erneuerung der Sendung (1,35–39) 102
Die Mauer zwischen Rein und Unrein wird durchbrochen (1,40–45) 103

Erste Zeichen des Widerstands (2,1 – 3,6) 108
Ein Gelähmter empfängt Vergebung und Heilung (2,1–12) . . . 113
Jesus beruft einen Zöllner (2,13f) und begibt sich in schlechte Gesellschaft (2,15–17) 116
Das Alte und das Neue: Wann man feiern und wann man fasten muss (2,18–22) 120
Der Herr über den Sabbat (2,23–28) 124
Die Erhöhung der Lebensqualität an einem Sabbat (3,1–6) . . . 127

III. Das späte Wirken in Galiläa (3,7 – 6,6a) 131

Das erneuerte Volk Gottes (3,7–35) 131
Zusammenfassung: Die weitverbreitete Beliebtheit Jesu (3,7–12) 132
Die Neukonstituierung des Volkes Gottes (3,13–19) 134
Das richtige und falsche Verständnis Jesu und seiner Taten (3,20–30) 136
Die wahre Familie Jesu (3,31–35) 140

Inhalt 9

Jesus lehrt in Gleichnissen (4,1–34) 143
Der Schauplatz: Jesus lehrt am See (4,1f) 146
Das Gleichnis von der Aussaat (4,3–9) 147
Warum Jesus in Gleichnissen spricht (4,11f) 151
Die Auslegung des Gleichnisses von der Aussaat (4,13–20) . . . 155
Die Leuchte, der Scheffel und verwandte Worte (4,21–25) . . . 160
Die verborgen wachsende Saat (4,26–29) 162
Das Senfkorn (4,30–32) 164
Abschluss: Jesu Verwendung von Gleichnissen (4,33f) 165

Jesus zeigt die Macht des Reiches Gottes (4,35 – 6,6a) . . . 167
Der Seesturm (4,35–41) 167
Die Befreiung eines tief gestörten Menschen im Gebiet der
    Gerasener (5,1–20) 172
Zwei Menschen des Glaubens: Jaïrus und die vom Blutfluss
    geheilte Frau (5,21–43) 179
    Jaïrus – Teil 1 (VV 21–24) 179
    Die Frau mit dem Blutfluss (VV 25–34) 180
    Jaïrus – Teil 2 (VV 35–43) 182
Jesus begegnet in seiner Heimatstadt Unglauben (6,1–6a) . . . 187

IV. Jesus weitet sein Wirken aus (6,6b – 8,21) 191
Beteiligung am Wirken Jesu (6,6b–56) 191
Jesus sendet die Zwölf zur Mission aus (6,6b–13) 192
Das prophetische Zeugnis und der Tod Johannes des Täufers
    (6,14–29) 196
Die Rückkehr der Zwölf (6,30f) 199
Der Hirtenkönig gewährt in der Wüste Gottes Gastfreund-
    schaft – Die Speisung der Fünftausend (6,32–44) 199
Jesus wandelt auf dem See (6,45–52) 204
Jesu Macht zu heilen zieht wieder einmal die Menge an
    (6,53–56) 208

In die heidnischen Gegenden (7,1 – 8,21) 209
Die Auseinandersetzung über „rein" und „unrein" (7,1–23) . . . 209
Jesus befreit die Tochter einer Syrophönizierin (7,24–30) . . . 215
Die Heilung eines Menschen mit einem Hör- und Sprechbehinderung (7,31–37) 219
Noch einmal: Gastfreundschaft an einem abgelegenen Ort –
Jesus speist die Viertausend (8,1–9) 221
Die Pharisäer verlangen ein Zeichen (8,10–13) 223
Die vergesslichen Jünger (8,14–21) 225

V. Der „Weg" nach Jerusalem (8,22 – 10,52) 229

Der Messias, der leiden und sterben muss (8,22 – 9,29) . . 229
Jesus heilt einen Blinden in Betsaida (8,22–26) 230
Der Messias, der leiden und sterben muss (8,27–33) 232
Die Herausforderung und Hoffnung der Nachfolge (8,34 – 9,1) . 236
Die Verklärung: Gottes geliebter Sohn wird geoffenbart (9,2–8). 240
Der Abstieg vom Berg: „Was ist mit Elija?" (9,9–13) 246
Jesus befreit einen besessenen Jungen, dem seine Jünger nicht
helfen konnten (9,14–29) 247

Die Unterweisung der Jünger auf dem „Weg" (9,30 – 10,52) . 251
Die zweite Leidensankündigung und eine Lehre für die Jünger
über den demütigen Dienst (9,30–37) 251
Gutes außerhalb und Anstößiges in der Gemeinde (9,38–50) . 254
Über Ehe und Scheidung (10,1–12) 259
Das Gottesreich wie ein kleines Kind empfangen (10,13–16) . . 265
Den Schatz auf Erden oder im Himmel: der Reichtum und das
Gottesreich (10,17–31) 267
  a. Ein reicher Mann geht traurig weg (10,17–22) . . . 268
  b. Wie der Reichtum in die Quere kommt (10,23–31) . 272
Die dritte Leidensankündigung: der größte Dienst des Messias
(10,32–34.35–45) 276
Am Ende des Weges: Ein Blinder wird zum Jünger (10,46–52) . 281

VI. Der Messias in Jerusalem (11,1 – 13,37) 285

Jesus zieht in Jerusalem ein und reinigt den Tempel (11,1–25) 285
Jesus zieht in Jerusalem ein (11,1–11) 286
Der Feigenbaum und der Tempel (11,12–25) 289

Wessen Autorität zählt in Jerusalem? (11,27 – 12,44) 295
In welcher Vollmacht ...? (11,27–33) 296
Die mörderischen Winzer (12,1–12) 298
Dem Kaiser Steuern zahlen? (12,13–17) 302
Die Auferstehung der Toten (12,18–27) 304
Die Liebe: das größte Gebot (12,28–34) 308
Wie kann der Messias der Sohn Davids sein? (12,35–37) 311
Die Schriftgelehrten und das Opfer einer Witwe (12,38–44) . . 314

Die Zukunft: Herausforderung und Hoffnung (13,1–37) ... 318
Der Schauplatz und die Hinführung zur Rede (13,1–4) 324
Falsche Deutungen der äußeren Ereignisse, die Enttäuschung
  verursachen (13,5–8); Prüfungen und Verfolgungen der
  Gemeinde (13,9–13) 325
Die „große Drangsal" (13,14–20); noch eine Warnung (13,21–23) . 328
Das Erscheinen des Menschensohnes (13,24–27) 331
Wachsamkeit (13,28–37) 335

VII. Jesu Passion und Tod (14,1 – 15,47) 339

**Die Passionsgeschichte I: Jesus stellt sich seinem Tod
(14,1–52)** 339
Inmitten von Feindschaft und Drohungen salbt eine namenlose
  Frau Jesus für sein Begräbnis (14,1–11) 344
Jesus feiert mit seinen Jüngern ein eucharistisches Pessach
  (14,12–25) 348
Auf dem Weg zum Ölberg: Jesus sagt die Flucht der Jünger und
  die Verleugnung des Petrus voraus (14,26–31) 354

Jesus in Getsemani (14,32–42) 356
Jesus wird gefangen genommen (14,43–52) 362

Die Passionsgeschichte II: Jesus vor Gericht (14,53 – 15,20) . 365
Vor dem Hohen Rat (14,53–65) 366
Die Verleugnung des Petrus (14,66–72) 372
Der römische Prozess: Jesus vor Pilatus (15,1–15) 373
Die Verspottung des Königs (15,16–20) 377

Die Passionsgeschichte III: Jesus wird gekreuzigt und begraben (15,21–47) 379
Die Kreuzigung Jesu (15,20b–26) 380
Der am Kreuz hängende Jesus wird verspottet (15,27–32) . . . 382
Jesus stirbt am Kreuz (15,33–39) 384
Einige Jüngerinnen werden zu Zeuginnen von Jesu Begräbnis durch Josef von Arimathäa (15,40–47) 393

VIII. Epilog 397

Das leere Grab: „Erweckt wurde er" (16,1–8) 397
Die Frauen am Grab (16,1–4) 398
Der junge Mann (Engel) und seine Botschaft (16,5–7) 400
Die Reaktion der Frauen (16,8) 403

Anhang: Die Erscheinungen des auferstandenen Herrn (16,9–20) 409

Schlussbetrachtung 413

Literaturverzeichnis 417

Bibelstellenregister 423

Einleitung

Dieser Kommentar zum Markusevangelium ist ein Gefährte meiner früheren Untersuchungen des Lukas- (The Hospitality of God; Die Gastfreundschaft Gottes) und des Matthäusevangeliums (Lifting the Burden; Gott, der die Last nimmt), der damit die Trilogie über die synoptischen Evangelien abschließt.[1] Wie diese bietet er für Studierende und Predigende eine zeitgemäße Auslegung des Evangeliums.[2] Auch hoffe ich, dass er eine Quelle für die Besinnung und die geistliche Lesung ist. Für die Fachleute können die Gesamtinterpretation (s. u. „Die drei Geschichten") wie auch meine Ausführungen zu bestimmten Abschnitten von Interesse sein.

Auch wenn das Markusevangelium das kürzeste der kanonischen Evangelien ist, ist es von diesen vier vielleicht auch das am meisten herausfordernde. Jahrhundertelang teilte es das Schicksal von Aschenputtel. So wie dieses Mädchen in der Küche verkümmerte, bis es von ihrem Prinzen gerettet wurde, so verschwand in der christlichen Wahrnehmung das Markusevangelium fast vollständig hinter seinen drei umfangreiche-

---

[1] The Hospitality of God. A Reading of Luke's Gospel, Collegeville (MN): Liturgical Press ²2015 (dt. Übersetzung: Die Gastfreundschaft Gottes. Eine Begegnung mit dem Lukasevangelium, Ostfildern: Matthias Grünewald 2021); Lifting the Burden. Reading Matthew's Gospel in the Church Today, Collegeville (MN): Liturgical Press 2004 (dt. Übersetzung: Gott, der die Last nimmt. Eine Begegnung mit dem Matthäusevangelium, Ostfildern: Matthias Grünewald 2022).
[2] In diesem Buch werde ich grundsätzlich das Wort „Evangelium" („gospel") normal schreiben, wenn ich auf das eine oder andere Buch verweise, das in der christlichen Überlieferung einem der vier Evangelisten zugeschrieben wird. In Kapitälchen („EVANGELIUM" – „Gospel") wird es dagegen dann geschrieben, wenn auf die Grundbotschaft in diesen Büchern oder den anderen Schriften des Neuen Testaments, wie z. B. den Paulusbriefen, verwiesen wird.

ren Gefährten (Matthäus, Lukas und Johannes). Vor anderthalb Jahrhunderten erwachte wieder das Interesse am Zweiten Evangelium – zumindest in exegetischen Kreisen. Seitdem besteht ein breiter Konsens, dass es sich bei ihm um das erste der geschriebenen Evangelien handelt und in vielem für Matthäus und Lukas als Quelle diente, und dass dieser Bericht derjenige ist, der uns am nächsten an Jesu Worte und Handeln heranführt.

Die Bewertung, dass Markus eine richtige Geschichtsschreibung bietet, wurde zwar bald revidiert, doch mit dieser Revision ging die Anerkennung des theologischen Reichtums des Evangelisten einher und in jüngerer Zeit die Wertschätzung seiner Erzählung als eine literarische Komposition großer Raffinesse und nicht geringen Könnens.

Auch wenn die Exegetinnen und Exegeten sich in den vergangenen Jahren für das Markusevangelium erwärmt haben, war doch ein längerer Zeitraum nötig, bis es sich in einer größeren christlichen Praxis wieder etablieren konnte. Es stimmt zwar, dass Markus nun sein „Jahr" (das Lesejahr B) im überarbeiteten Sonntagslektionar der römisch-katholischen Kirche hat, das für die in anderen Traditionen genutzten Lektionare als Vorbild dient. Aber immer noch ist ein langer Weg zurückzulegen, bevor die Stimme dieses Evangelisten im Quartett der Evangelien gehört und wiedererkannt wird.

Dieses Buch soll diesen Prozess fördern. Der Form nach handelt es sich um einen Kommentar in dem Sinn, dass es die Lektüre und das Studium des Evangeliums vom Anfang bis zum Ende begleitet. Allerdings bietet es eine persönliche Lektüre und Wertschätzung des Evangeliums, die sich aus vielen Jahren der Lehre herleiten, aber auch von Erwägungen, wie dieses am meisten furchterregende und in mancher Hinsicht am stärksten fordernde der vier Evangelium am besten für die Gläubigen unserer Tage ausgelegt werden kann.

Ich sage das „am meisten furchterregende", weil selbst ein flüchtiger Blick auf das Markusevangelium die Leserin oder den Leser in eine Welt führt, die von Dämonen und bösartigen

Mächten bewohnt wird, mit denen Jesus sich ständig im Konflikt befindet. Feindschaft, Unverständnis und Verrat verfolgen Jesus bis zur ungeschminkt erzählten Brutalität seines Todes. Auch wenn seine Auferstehung nicht in Zweifel gezogen wird, gönnt uns das Markusevangelium (zumindest in seiner ursprünglichen Fassung ohne den Zusatz der Verse 9–20 im 16. Kapitel) an keiner Stelle den Anblick des auferstandenen Herrn und den damit verbundenen Trost. Wir werden einfach mit einem leeren Grab, dem Versprechen seiner Erscheinung in Galiläa und den drei Frauen zurückgelassen, die vor Angst zu gelähmt sind, die Frohe Botschaft zu verbreiten (16,1–8).

Im Markusevangelium gibt es nur wenig, was von Matthäus und Lukas nicht wiederholt wird, und viele der Einzelheiten, die sich nur bei Markus finden, sind häufig rätselhaft und unverständlich (z. B. das Gleichnis von der selbstwachsenden Saat [4,26–29] oder die Flucht des nackten Jünglings [14,51 f]). Bei Markus fehlen auch Inhalte, die in den anderen beiden Evangelien vorkommen und die für den christlichen Glauben unverwechselbar geworden sind: die Seligpreisungen (Mt 5,3–12; Lk 6,20–23), das Gebet des Herrn (Mt 6,9–13; Lk 11,2–4), die Gleichnisse vom barmherzigen Samariter (Lk 10,29–37) und vom verlorenen Sohn (Lk 15,11–32) sowie die Beschwörung des Weltgerichts (Mt 25,31–46). Ohne diese Stellen wäre das Christentum sicherlich anders; ohne Markus wäre es wahrscheinlich nicht sehr viel anders – es sei denn, wir erkennen an, und ich meine, wir sollten dies anerkennen, dass ohne seine wahrscheinliche „Erfindung" der Gattung „Evangelium"[3] wir wahrscheinlich nicht die Evangelien von Mat-

---

[3] Unter „Gattung" verstehe ich eine bestimmte künstlerische Form, wie z. B. einen Brief, einen Roman, eine Biographie oder ein Schauspiel. Wenn ich von der „Erfindung" des Markus spreche, dann möchte ich nicht nahelegen, dass Markus etwas erschaffen hat, das überhaupt keine Ähnlichkeit mit anderen literarischen Gattungen seiner Zeit hatte, wie z. B. das „Leben" (*bios*) eines berühmten Menschen. Die Frage nach dem Ausmaß, in dem die Evangelien eine eigene, von anderen unterschiedene literarische Gattung bilden, wird in der Exegese breit erörtert; zu

thäus und Lukas hätten, ganz zu schweigen von dem des Johannes.

Warum soll man es nicht den Fachleuten überlassen, dieses Markus zukommende Verdienst zu würdigen? Welchen Vorteil hat denn die Kirche, wenn sie dieses verkannte Evangelium abstaubt, das doch in vielerlei Hinsicht von Matthäus und Lukas „verbessert" wurde?

An erster Stelle ist hier das theologische Argument zu nennen, dass der Heilige Geist die frühe Kirche leitete, als sie dieses Evangelium unter die vier kanonisch anerkannten Evangelien aufnahm und damit anerkannte, dass es das authentische Bild von Jesus wiedergibt. Ohne Markus wäre dieses Bild nicht vollständig. Das ist vermutlich auch der Grund für das viel häufigere Vorkommen von Lesungen aus dem Zweiten Evangelium in den überarbeiteten Lektionaren.

Zweitens hat Markus trotz der Wiederholung großer Teile des Inhalts seines Evangeliums bei Matthäus und bei Lukas eine klar unterscheidbare Stimme und Botschaft, die zu hören Kirche und Welt heute vielleicht bereiter sind, als sie es in vergangenen Tagen waren. Dabei ist es nicht so sehr der Inhalt als vielmehr die Weise, wie Markus die Geschichte erzählt und Wege für das christliche Leben aufzeigt, die seinem Evangelium Profil verleiht und das es ganz besonders geeignet erscheinen lässt, die Finsternis des Unglaubens und der Hoffnungslosigkeit anzusprechen, die viele Menschen heute heimsuchen. Im Unterschied zu Matthäus und Lukas eröffnet

Weiterem siehe Christopher M. Tuckett, Introduction to the Gospels, in: James D. G. Dunn und John W. Rogerson (Hg.), Eerdmans Commentary on the Bible, Grand Rapids (MI)/Cambridge (UK): Eerdmans 2003, S. 989–999, besonders S. 990–992; Raymond E. Brown, An Introduction to the New Testament, New York: Doubleday 1997, S. 102–107. Wenn, wie die meisten Exegetinnen und Exegeten meinen, Markus das früheste Evangelium geschrieben hat, dann war er der Erste, der die Verkündigung des Kern-EVANGELIUMS (der „Frohen Botschaft" über Jesus Christus – vgl. Röm 1,3 f) in die Form einer quasi-biographischen literarischen Erzählung brachte, in die er Überlieferungen einfügte, die bislang in mündlicher Fassung verbreitet worden waren.

Markus im Christentum die Möglichkeit einer fruchtbaren und tief menschlichen *via negativa* – der Bereitschaft, einem Versäumnis und in einem gewissen Sinn auch einem Chaos zu begegnen – etwas, das vielen Menschen als eine besondere Gabe erscheint.[4]

Zum Dritten hat das weitverbreitete Versagen des institutionellen Christentums in vielen Bereichen dazu geführt, dass sich Enttäuschung in den Herzen vieler Gläubiger in einstmals lebendigen, aber jetzt schwer beschädigten christlichen Gemeinden breitgemacht hat. Auch wenn das Werk von Markus nicht ein „Evangelium der Kirche" im gleichen Sinn wie das des Matthäus ist, so scheint es doch auch im Blick darauf entworfen zu sein, Versagen in der Leitung der Gemeinde sowie weitverbreitete Enttäuschung und Hoffnungslosigkeit anzusprechen, die durch dieses Versagen hervorgerufen wurden. Ich glaube zwar, dass dies auch das Johannesevangelium tut, aber in einer ganz anderen Weise. Ohne ein Experte auf dem Gebiet der Markusforschung zu sein, habe ich doch den Eindruck, dass diese Bereitschaft, Versäumnisse und in gewisser Weise auch Chaos anzusprechen, die Gabe des Evangelisten Markus ist.

Schließlich glaube ich, dass Markus' Darstellung von Jesus als dem Stärkeren (1,7; 3,27), der die Menschen von der Herrschaft des Dämonischen befreit, für die Auslegung dieses Evangeliums ein vielversprechender Aspekt ist. Für viele Menschen heute ist dies verstörend, weil wir – die Erbinnen und Erben der Aufklärung – damit in eine Welt geführt werden, in die wir nur mit Unwillen gelangen wollen. Vielversprechend ist diese Auslegung aber, wenn es gelingt, einen Weg zu finden, das Motiv des Dämonischen mit dem Leben heute in Verbindung zu bringen, weil dann die Lektüre des Markusevangeliums zu einer machtvollen Kraft der Befreiung werden kann.

---

[4] Die Beobachtung verdanke ich meiner Freundin und Kollegin Dr. Anne Elvey.

Im nächsten Kapitel, das dem dem Evangelium zugrunde liegenden Weltbild gewidmet ist, werde ich mehr zum Thema „Dämonisches" sagen, doch kann es hilfreich sein, gleich hier am Anfang darzulegen, was ich als dessen wesentliche Bedeutung betrachte. Im Kern hat das Dämonische mit Herrschaft zu tun. Die Menschen in der Antike allgemein und die der biblischen Welt im Besonderen sprachen von dämonischer Besessenheit, wenn sie sich als Mächten und Trieben ausgeliefert erlebten, die sie selbst nicht beherrschen konnten – transpersonalen Mächten, die sie ihrer Wahlfreiheit beraubten, ihr menschliches Wachstum hemmten und sie Gott, dem Leben in Gemeinschaft und auch ihrer eigenen individuellen Menschlichkeit entfremdeten. Dieses Verständnis, dass die Welt – auch Israel – unter die dämonische Herrschaft gefallen ist, durchzieht den ganzen von Markus vorausgesetzten Hintergrund für die Auseinandersetzungen. Die Bedeutung des dämonischen Motivs lädt die Auslegerinnen und Ausleger des Markusevangeliums ein, das befreiende Handeln Jesu in Beziehung zu der Palette von „Gefangenschaften" – individuellen, sozialen und ökonomischen – zu setzen, unter denen die Menschen unserer Zeit leiden und die zu beherrschen oder denen zu entfliehen sie ohnmächtig zu sein scheinen. Die vielfachen Formen von Süchten, die uns sowohl als Einzelne als auch als Gesellschaft bedrücken – ungeheure transpersonale Mächte, die uns beherrschen und versklaven –, können als Erscheinungsformen des Dämonischen betrachtet werden.

Natürlich verlangt der Umgang mit dem dämonischen Element in den Evangelien Unterscheidung und Geschick. Eine gesunde Spiritualität erkennt die Wirklichkeit von geistigen Mächten an, die sich Gott und dem Leben widersetzen. Dagegen ist es gefährlich, diese Teile des Evangeliums als eine Einladung zu betrachten, überall Erscheinungsformen des Dämonischen oder des Teufels zu sehen. Den meisten von uns sind bestimmte Formen religiöser Pathologie bekannt, die sich weniger mit den Wirkungen von Gottes Gnade und dem Heiligen Geist beschäftigen als mit dem Bizarren und Okkulten.

Auf diesem Feld lauern also viele Gefahren und Fallen. Die Begegnungen mit dem Dämonischen im Markusevangelium fordern uns aber heraus, auf unsere eigene Gesellschaft zu schauen, um über die transpersonalen, gesellschaftlichen und globalen Mächte nachzudenken, die heute über die Menschen eine entmenschlichende Herrschaft ausüben.

Eine theologische Lektüre

Im Titel dieses Buches habe ich das Wort „Freiheit" mit dem Adjektiv „costly" – „teuer" – beschrieben, wobei es meine Absicht ist, eine „theologische Lektüre" des Markusevangeliums anzubieten. Lassen Sie mich diese beiden Themen in umgekehrter Reihenfolge angehen. Mit dem Ausdruck „theologische Lektüre" beabsichtige ich nicht die Unterstellung, dass andere Kommentare bislang nicht theologisch waren – zumindest nicht im allgemeinen Sinn. Was mir vorschwebt ist „*theologisch*" im engen Sinn als Vermittlung eines Gottesbildes – und insbesondere des Gottesbildes der Gemeinschaft der göttlichen Liebe, die in der christlichen Tradition als Dreifaltigkeit bezeichnet wird. Während die Person Jesu den offenkundigen Mittelpunkt des Markusevangeliums bildet, bin ich langsam zur Einsicht gekommen, dass die Erzählung gleichermaßen eine Offenbarung des Vaters ist, für den Jesus der „geliebte Sohn" ist, an dem der Vater Wohlgefallen gefunden hat (1,11; vgl. 9,7) und dessen ganze Sendung vom Heiligen Geist, der vom Vater gesandt ist, angetrieben und belebt wird (1,10). Das Zerreißen der Himmel, als Jesus nach der Taufe durch Johannes aus dem Wasser steigt, das Herabsteigen des Heiligen Geistes und die Zusicherung der Liebe des Vaters, die er hört (1,9–11), zeigen die Einbeziehung der Dreifaltigkeit in allen darauffolgenden Ereignissen seiner Sendung ein.

Diese göttliche Einbeziehung ist deutlicher in den Augenblicken einer offenen himmlischen Offenbarung, wie z. B. diejenige, die auf die Taufe (1,11) und die Verklärung Jesu (9,7) folgen. Tatsächlich zieht sich dies kontinuierlich durch die ganze Geschichte hindurch und erreicht seinen Höhepunkt, als der Vorhang im Tempel direkt nach Jesu gehorsamem Tod am Kreuz zerreißt (15,38). So gesehen schildert die markinische Erzählung das Leben Jesu als eine Verkörperung der Gemeinschaft der Liebe, d.h. der Dreifaltigkeit, zum Wohle der Menschheit. In der Person und im Handeln Jesu bereitet der dreieine Gott der Gefangenschaft ein Ende, in der sich die Menschen unter dem Dämonischen befinden, und befreit sie, damit sie in der Beziehung zu dieser Gemeinschaft der Liebe wahrhaft menschlich werden können. Diese Heilung der göttlich-menschlichen Beziehung ist der Kern der „Herrschaft Gottes" (des Reiches Gottes), die von Jesus verkündet und errichtet wird (1,15). In der Gestalt des Sohnes wird die Gottheit gegenüber der Feindschaft des Dämonischen in seinen unterschiedlichen Erscheinungsformen verwundbar – eine Verwundbarkeit, die ihren Höhepunkt erreicht, wenn Jesus am Kreuz stirbt, allem Anschein nach nicht nur von seinen Jüngern verlassen, sondern auch von dem, den er „Vater" nannte (15,34; vgl. 14,36). Dass Jesus am dritten Tag von Gott erweckt wird – ein Ereignis, das Markus zwar verkündet (16,6f), aber nicht beschreibt –, sichert den Leserinnen und Lesern zu, dass die göttliche Liebe, auch wenn sie dem Ansturm des Bösen ausgesetzt ist, dazu bestimmt ist, das letzte Wort zu haben. Sie wird ihren Herrschaftsbereich auf die ganze Welt ausdehnen, wenn Jesus als Menschensohn in Herrlichkeit zurückkehrt, um die Herrschaft Gottes endgültig zu errichten (13,24–27; vgl. 14,62).

Eine teure Freiheit

Im Verlauf der Erzählung des Evangeliums wird in Verbindung mit dem Aspekt der Verwundbarkeit schnell klar, dass die hier verkündete Freiheit nicht ohne einen Preis ist: Ein Preis, den Jesus zahlen muss, ein Preis, den der Vater zahlen muss, und ein Preis, den alle zahlen müssen, die sich mit Jesu Leben und Sendung verbinden. Jesu Verkündigung der „Frohen Botschaft" der Freiheit in Verbindung mit dem Anbruch der Herrschaft Gottes (1,15) und seine Verkörperung dieser Freiheit durch seine Lehre und sein machtvolles Wirken rufen Feindschaft und eine schwere Bedrohung seines Lebens hervor (3,6a; vgl. 2,20). Das Schicksal Johannes des Täufers (6,17–29) weist auf das hin, was Jesus nach einem Muster, das sich im Evangelium abzuzeichnen beginnt, bevorsteht: „Du verkündest, und du wirst ausgeliefert." Johannes verkündet, und er „wird ausgeliefert" (1,14). Am Wendepunkt des Evangeliums fängt Jesus an, seinen Jüngern klarzumachen, dass auch er, weil er verkündet hat, „ausgeliefert" wird (9,31; 10,33), ein Vorgang, der im Bericht von seinem Leiden und Tod ausführlich beschrieben wird (14,10 f.18.21.41–44; 15,1.10.15). Nichts verdeutlicht machtvoller den Preis, den Jesus mit seiner „Auslieferung" zahlen muss, als die Szene im Garten Getsemani am Vorabend seines Todes, wenn er vor dem „Kelch" des Leidens, der ihm bald bevorsteht, zurückschreckt und immer wieder darum bittet, dass dieser weggenommen werden möge (14,32–42).

Jesus zahlt also maßgeblich den Preis für die im Evangelium verkündete Freiheit. Weil er Gottes geliebter Sohn ist und bleibt, belasten die Kosten der Freiheit, die er für Menschheit erwirkt, auch den Vater. Es widerspricht, so meine ich, dem Sinn des Evangeliums, im Passionsgeschehen Jesus und den Vater zu trennen – als ob Jesus als der einzig Handelnde den Preis für die Sünde der Menschen gegen die Forderung und den Zorn des Vaters entrichten müsste. Die Trennung von Vater und Sohn im Werk der Erlösung hat in einigen traditionellen Darlegungen dieser Lehre einen bedeutenden Platz erhalten – mit unglücklichen Folgen für das Gottesbild, das so den Gläubigen vermittelt wird. Bei Markus – genauso wie bei Matthäus und Lukas, wie bei Paulus und Johannes – steht hinter der verletzlichen Liebe des Sohnes die gleichermaßen verletzliche Liebe des Vaters, der ihm diese Sendung der Befreiung auftragen hat. Schließlich ist dieser Preis, wie Jesus von der Mitte des Evangeliums an verdeutlicht, einer, den auch diejenigen zahlen müssen, die ihm nachfolgen (8,34–38). Dies sind in erster Linie die von ihm berufenen Jünger. Wie Johannes der Täufer, wie Jesus selbst, werden sie verkünden und „ausgeliefert" werden (13,9–12). Ein Hauptaugenmerk des zweiten Teils des Evangeliums, der in der Passion seinen Höhepunkt erreicht, liegt auf dem Versagen der Jüngerinnen und Jünger – insbesondere die Männer im Kreis der Jüngerinnen und Jünger – mit dem teuren Aspekt von Jesu messianischer Aufgabe und ihrer Verbundenheit damit zurechtzukommen (8,31–33 [Petrus]; 9,30–32; 10,32–34; 14,66–72 [Petrus]). Als Jesus seinem Tod entgegengeht, wird der Preis für die Nachfolge für seine Jüngerinnen und Jünger zu hoch; sie verlassen ihn (14,50), auch wenn eine Reihe von Frauen „von Weitem" zu Zeuginnen seines Todes und seines Begräbnisses werden (15,40f.47). Jesus sagt vergleichbares Versagen und Verleugnen in der späteren Gemeinde voraus, wenn Verfolgungen den teuren Aspekt der Nachfolge verstärken (13,12f). Das Evangelium stellt aber auch heraus, besonders in den Worten des jungen Mannes, d.h. des Engels in Jesu leerem Grab, dass das Versagen wegen des zu entrichtenden Preises nicht das letzte Wort hat. Die Jünger, denen vergeben und die wieder aufgerichtet wurden, sollen nach Galiläa zurückgehen (16,7), um Jesus, vormals getötet, jetzt aber von den Toten erweckt, zu sehen und wieder anzufangen – und vielleicht wieder und wieder – zu lernen und anzunehmen, was die Nachfolge und die Teilhabe an seiner Sendung beinhaltet.[5]

---

[5] Dieses Verständnis von der Treue Gottes, die das Versagen und die Unsicherheit der Menschen überwindet – sowohl die der ursprünglichen Jünger als auch der nachfolgenden Gemeinden des Glaubens, für die das Evangelium geschrieben wurde – bildet den Hauptschwerpunkt des

Einleitung

„Eine ... Lektüre ..."

Der Untertitel dieser Arbeit – „Eine Begegnung mit dem Markusevangelium" – soll darauf hinweisen, dass hier einfach eine Interpretation unter vielen angeboten wird, für die das Evangelium offen ist. Ich halte sie für eine berechtigte und am Text wohlbegründete Auslegung. Dementsprechend werde ich größtenteils ihrer sich entwickelnden Logik vertrauen, und zwar ohne detailreiche Begründungen oder ständige Auseinandersetzung mit anderen wissenschaftlichen Standpunkten. Technische Details und umstrittene Punkte, die eine weitergehende Behandlung erfordern, verlege ich in die Fußnoten.

Diese Arbeit entspricht insofern einem Kommentar, als ich vom Anfang bis zum Ende kontinuierlich durch das Evangelium gehe. Es unterscheidet sich aber von einem Kommentar, weil ich mich nicht verpflichtet fühle, alles im Detail zu kommentieren. Mein beständiges Ziel ist es, Predigerinnen und Predigern sowie gebildeten Leserinnen und Lesern zu helfen, theologischen und geistlichen Sinn sowohl in den verschiedenen Geschichten und Szenen als auch im Evangelium als Ganzem zu finden.

Um das Buch in einem vernünftigen Umfang und damit bei einem entsprechenden Preis zu halten, lege ich mit Ausnahme weniger Stellen keine Übersetzung des Evangeliums vor. Ich empfehle, eine Übersetzung des gesamten Evangeliums bei der Lektüre dieses Buches bereitliegen zu haben. Für alle, die sich gründlicher mit dem Evangelium auseinandersetzen wollen, sei auch eine Synopse empfohlen. (...)[6] Die erste und we-

---

Kommentars von Francis J. Moloney (The Gospel of Mark. A Commentary, Peabody [MA]: Hendrickson 2002); siehe insbesondere S. 352–354.

[6] [Anmerkung des Übersetzers: In der Regel wird der Text der Einheitsübersetzung 2016 zitiert. Wenn diese von der Auslegung Brendan Byrnes abweicht, wurde eine dazu passende Übersetzung gesucht; in diesen Fällen wird ausdrücklich auf die Quelle verwiesen. Direkte Zitate aus der Septuaginta (LXX) sind der „Septuaginta Deutsch" entnommen.]

sentliche Quelle ist natürlich das Alte oder Erste Testament; Anspielungen darauf – sei es direkt oder indirekt – bilden den Hintergrund für weite Teile dieses Evangeliums.

Einige Voraussetzungen

Bevor ich mit dem eigentlichen Kommentar beginne, möchte ich einige Dinge offenlegen, die ich mit wenigen oder gar keiner Begründung voraussetze. All dies kann in größerer Tiefe behandelt in den Einleitungsteilen der umfangreicheren Kommentare zu diesem Evangelium nachverfolgt werden.

Vor allem akzeptiere ich das Evangelium in seiner endgültigen kanonischen Fassung und werde nur selten innehalten, um Quellen oder Überlieferungen zu bestimmen, die möglicherweise hinter einem Text liegen. Die Rekonstruktion solcher Quellen ist immer ein gewagtes Unterfangen, und ganz besonders im Fall des Markusevangeliums, das allgemein als das älteste der Evangelien angesehen wird. Der Verweis auf die „endgültige kanonische Fassung" wirft aber die Frage des sogenannten Anhangs auf, eine Zusammenfassung verschiedener Erscheinungen des auferstandenen Jesus vor seinen Jüngern in Mk 16,9–20.[7] Dieser Anhang mildert das befremdliche Ende der Erzählung von Mk 16,8 mit dem einfachen Bericht von der Furcht der Frauen und ihrem Versagen, die Anweisungen auszuführen, die sie von dem jungen Mann im Grab erhalten hatten. Der Anhang ist insofern kanonisch als er Teil des Kanons der Heiligen Schriften der Hauptströmung der christlichen Traditionen ist. Allerding fehlt dieser Anhang in

---

[7] Neben diesem „längeren Ende" (16,9–20) gibt es auch ein „kürzeres Ende", das aus zwei Sätzen besteht und den Bericht der Frauen an Petrus und die Beauftragung der Jünger durch den Herrn enthält. Dieses ist in einigen jüngeren Handschriften enthalten, und zwar meistens als Vorrede zu dem längeren Ende.

den meisten der ältesten und besten Handschriften und scheint auch frühen christlichen Autoren, wie z. B. Clemens von Alexandria oder Origenes, unbekannt gewesen zu sein. Nach dem Urteil der meisten Exegetinnen und Exegeten handelt es sich hier um einen späteren Versuch, sowohl die theologische und literarische Schroffheit des Endes von 16,8 zu überwinden als auch dem Markusevangelium eine Auferstehungsgeschichte zu geben, die doch stärker an die Erzählungen der drei anderen Evangelien erinnert. Auch wenn ich eine Kommentierung von Mk 16,9–20 nicht übergehe, so werde ich doch in diesem Kommentar an dem festhalten, was praktisch die einhellige Einschätzung der Exegetinnen und Exegeten ist, und das Markusevangelium unter der Voraussetzung interpretieren, dass es – wenn auch paradox und geheimnisvoll – mit 16,8 endet, also mit der Furcht, der Flucht und dem Schweigen der Frauen.

Wiederum in Übereinstimmung mit den meisten Exegetinnen und Exegeten nehme ich an, dass es sich bei Mk um das älteste geschriebene Evangelium handelt – tatsächlich war er der Begründer der Textgattung „Evangelium" – und als solcher ein Vorreiter und wichtige Quelle für Matthäus und Lukas.[8] Was nun den Zeitpunkt der Abfassung des Evangeliums angeht, so scheint es mir unbestreitbar zu sein, dass Jesu lange Rede über die Zukunft im 13. Kapitel die Zerstörung des

---

[8] Ich gehe ebenfalls davon aus, dass Matthäus und Lukas ihren Werken nicht nur Mk und je eigene Quellen zugrunde legten, sondern dass sich beide auf eine weitere, überwiegend aus Lehren und Worten Jesu bestehende Quelle verließen, die von Exegetinnen und Exegeten rekonstruiert wurde und „Q" (abgeleitet vom deutschen Wort „Quelle") genannt wird. Ohne sich auf die Eigenart dieser Quelle festzulegen – insbesondere, ob sie in schriftlicher Überlieferung genauso existierte wie in mündlicher – scheint es doch notwendig zu sein, einen solchen Ursprung der Überlieferung vorauszusetzen, um die große Menge nichtmarkinischen Stoffes zu erklären, den Lukas und Matthäus gemeinsam haben, also die sogenannte „Zwei-Quellen-Theorie" der drei synoptischen Evangelien zu übernehmen.

Tempels durch die römischen Heere bei der Eroberung Jerusalems im Jahr 70 n. Chr. und die damit verbundenen ernsthaften theologischen Sorgen und Erwartungen des Endes in den Herzen der Gläubigen voraussetzt. Das bedeutet, dass dieses Evangelium zu einer Zeit geschrieben sein muss, in der dieses Ereignis noch unmittelbar und verwirrend den Menschen vor Augen stand. Die Zeit kurz nach 70 n. Chr. (innerhalb des Zeitraum 70–73 n. Chr.) scheint passend zu sein.

Was die Verfasserschaft betrifft, so wurde die hier behandelte Schrift spätestens gegen Ende des zweiten Jahrhunderts „Evangelium nach Markus" genannt. Der Geschichtsschreiber Eusebius, der im frühen vierten Jahrhundert schrieb, zitiert eine frühere Überlieferung, nämlich die des Bischofs Papias aus dem zweiten Jahrhundert, der vermerkte, dass der „Älteste" (Johannes) von Markus als dem „Dolmetscher des Petrus" zu sprechen pflegte. Dieses „petrinische" Verständnis von der Herkunft des Evangeliums wurde in der Kirche zur Tradition. Es passt gut zu dem Hinweis „Markus, mein Sohn" bei den Grüßen am Ende des ersten Petrusbriefes (5,13) und ebenso zu der Vorstellung von Rom als Ort der Abfassung, eine Sicht, für die sich im Text des Evangeliums starke Belege finden.

Die traditionelle Verbindung des Markusevangeliums mit Petrus wurde mit dem Aufstieg des modernen kritischen Ansatzes der Evangelienauslegung im neunzehnten Jahrhundert in Frage gestellt. Die Schlussfolgerung, dass das Evangelium nur nach einem langwierigen Prozess seine letztendliche Gestalt fand, innerhalb dessen die Überlieferungen über Jesus beträchtlichen Entwicklungen in den frühen Gemeinden unterworfen war, passt nicht einfach zu der Auffassung, dass das Markusevangelium in seiner endgültigen Fassung das Zeugnis von jemandem (Petrus) wiedergibt, der Augenzeuge der niedergelegten Ereignisse war. Später kam die Anerkennung, dass der Autor des Evangeliums nicht, wie man ursprünglich dachte, einfach nur der Protokollant oder Herausgeber war, sondern ein Schriftsteller und Theologe von nicht geringer Begabung, jemand, der in der Lage war, die Überlieferungen über Jesus in eine kraftvolle erzählerische Darstellung seiner Person und seiner Sendung zu komponieren.

Allerdings sind diese Betrachtungen, die eine Distanz zwischen dem Bericht des Evangeliums und der Zeugenschaft der ursprünglichen Jüngerinnen und Jünger Jesu schaffen, nicht unvereinbar mit der Annahme, dass sich das Markusevangelium in Übereinstimmung mit der Tradition in gewisser Weise besonders dem Zeugnis des Petrus verdankt. Wenn man nicht glaubt, dass es auf einem alten und besonders autoritativen apostolischen Zeugnis beruht, dann ist schwer zu erklären, warum dieses Evangelium ein solches Ansehen genoss, ein Ansehen, das auch dazu führte, dass es zum Vorbild und zur Quelle der vergleichbaren Werke von Matthäus und Lukas wurde.[9] Angesichts der Abwesenheit anderer Anwärter ist es ebenfalls vollständig angemessen, die alte Zuschreibung des Evangeliums an einen Menschen mit dem Namen Markus zu respektieren, auch wenn wir nicht wissen können, ob dieser Autor mit dem „Johannes Markus", der in der Apostelgeschichte eine Zeit lang als Gefährte von Paulus und Barnabas auftritt (12,12.25; 15,37–39) und dem in paulinischen Briefen erwähnten „Markus" (Kol 4,10; Phlm 24 und 2 Tim 4,11) identisch ist. Auf jeden Fall werde ich den Autor in diesem Kommentar „Markus" nennen.

Die traditionelle Sicht von Rom als dem Entstehungsort wird ebenfalls in Frage gestellt. Allerdings neigt die Mehrheitsmeinung dem weiterhin zu, weil viel für diese Annahme spricht. Das Evangelium scheint an einem Ort entstanden zu sein, der von einer jüdischen Umwelt weit entfernt war. Markus sieht sich verpflichtet, jüdische Gewohnheiten Nicht-Juden zu erklären (s. bes. 7,3f), benutzt lateinische Lehnworte und verrät seine Unkenntnisse über die Geographie Galiläas.

---

[9] Eine leidenschaftliche Verteidigung der petrinischen Autorität hinter dem Markusevangelium findet sich bei Martin Hengel, Der unterschätzte Petrus. Zwei Studien, Tübingen: Mohr Siebeck 2006, S. 70–78.

Der einzige Mensch, der die göttliche Herkunft Jesu richtig wahrnimmt, ist der römische Hauptmann, der seine Hinrichtung überwachte (15,39), und im Allgemeinen gewinnt man den Eindruck, dass eher die heidnische als die jüdische Welt das erstrangige Ziel der Mission ist. Vor allem aber stimmen die Warnungen und Voraussagen, die Jesus in seiner Rede über die Zukunft in Kapitel 13 äußert, in beängstigender Weise mit den Berichten über die Gräueltaten überein, die an Christinnen und Christen in Rom im Jahr 64 n. Chr. begangen wurden, als Kaiser Nero sie zu Sündenböcken für den von ihm gelegten Brand machte, der einen großen Teil der Stadt zerstörte.[10] Darüber hinaus verrät das Evangelium sowohl untergründig als auch vordergründig eine ständige Beschäftigung mit Rom und dem *imperium Romanum* als einer beherrschenden und unterdrückerischen Macht, die der befreienden Herrschaft Jesu feindlich gegenübersteht.[11]

Keine dieser Überlegungen verlangt eine Entstehung des Markusevangeliums zwingend und ausschließlich in Rom. Die Tatsache, dass Jerusalem und sein Schicksal in der Erzählung einen breiten Raum einnehmen, kann auf einen Ort hinweisen, der näher an Palästina liegt. Notwendig ist im Wesentlichen ein Ort, an dem sowohl die Kultur als auch die Macht Roms vorherrschend waren – und das war natürlich in dieser Zeit in allen Städten um das Mittelmeer herum der Fall.[12]

---

[10] Im Zusammenhang mit dieser Verfolgung beschreibt der römischen Geschichtsschreiber Tacitus (Annales XV,44) die Christen als Menschen, die „wegen ihrer Gräueltaten gehasst werden", und spricht von ersten Verhaftungen, denen weitere auf der Grundlage der Vernehmung der zuerst Verhafteten folgten. In Mk 13 spricht Jesus vom Verrat von Familienmitgliedern und dem Von-allen-gehasst-Werden (VV 12–13a).
[11] Eine Auslegung von Mk als eine konsequent durchdachte Feindschaft gegenüber Rom findet sich in Brian J. Incigneri, The Gospel to the Romans. The Setting and Rhetoric of Mark's Gospel (Biblical Interpretation 65), Leiden: Brill 2003.
[12] Diese Erörterung des Ortes und der Zeit der Entstehung des Markusevangeliums verdankt viel der wohl abgewogenen Untersuchung von

Die genaue Bestimmung des Entstehungsortes ist allerdings von geringer Bedeutung für die Art der Auslegung, die vorzunehmen ich hier beabsichtige. Wichtiger ist dagegen die Anerkennung, dass Markus für eine Gemeinde schrieb, die von der Verbreitung des EVANGELIUMS in der ganzen Welt in Anspruch genommen, gerade eine harte und verheerende Verfolgung erlebt hatte. Die Gemeinde erwartete die unmittelbar bevorstehende Wiederkunft Jesu als Menschensohn und Weltenrichter und war deshalb über den scheinbar endlosen Aufschub dieser Rückkehr bestürzt und enttäuscht – ein Aufschub trotz aller Hinweise und Vorzeichen, die nahezulegen schienen, dass dieses Ereignis kurz bevorstand; dies galt besonders für die Eroberung Jerusalems durch die römischen Heere im Jahr 70 n. Chr.

Andere Merkmale der markinischen Gemeinde zeigen sich im Evangelium. Von der Synagoge und dem Tempel abgeschnitten, machten sie ihre Häuser zu Gottesdienstorten, wo sie die Gegenwart und Macht Jesu erfuhren. Es scheint, dass das Evangelium diesem Verständnis der Hauskirche seine Weihe zukommen lassen möchte.[13] Besonders durch die Weise, wie es die Männer im Jüngerkreis Jesu darstellt, scheint es auch eine Lage ansprechen zu wollen, in der die Führung versagt hat, in der insbesondere das Leben von Familien durch Verfolgungen gespalten wurde und in der Frauen mit dem zur Nachfolge Jesu unausweichlich dazugehörenden Leiden besser umgehen konnten. Diese Merkmale und andere werden sich bei unserem Gang durch die Erzählung zeigen.

Diese Lektüre des Markusevangeliums setzt genauso wie die vorherigen von Lukas und Matthäus das moderne Verständnis der Evangelien als Erzählungen mit der Absicht voraus, für den Glauben zu werben und zur Teilnahme an der

---

Francis J. Moloney in seinem Kommentar (Mark, S. 11–15), der am Ende Südsyrien als Ort der markinischen Gemeinde vorschlägt (S. 15).
[13] Vgl. Michael F. Trainor, The Quest for Home. The Household in Mark's Community, Collegeville (MN): Liturgical Press 2001.

Sendung Jesu einzuladen. Die Evangelien werden also nicht einfach nur als Informationsträger über Jesu irdisches Leben verstanden. Eine genaue Untersuchung ergibt natürlich, dass sie solche Informationen enthalten, wenn auch nicht in dem Verständnis und entsprechend der Maßstäbe, die für moderne biographische Untersuchungen gelten. Wie für alle Evangelisten ist Jesus für Markus der auferstandene und erhöhte Herr, der durch die Macht des Geistes seine messianische Sendung ausführt. Auch wenn Markus wohl glaubte, dass Jesus erst nach seiner Auferstehung und seiner Erhöhung zur Rechten Gottes seinen Rang als Messias wirklich erlangte, schildert er ihn trotzdem als jemanden, der schon bei seinem irdischen Wirken vom Geist gestärkt war und den messianischen Dienst während der kurzen Zeit seines irdischen Wirkens lebte. Es gibt also einen Zusammenhang zwischen der Beschreibung dieses Wirkens und dem auferstandenen Leben des Herrn, der in den Evangelien einzigartig ist und die Grundlage dafür bildet, dass sie in den Gemeinden des Glaubens bis heute als lebendiges Wort gelesen werden. Den Evangelien geht es also nicht einfach um das „Damals" in dem Sinn, dass sie Informationen über Jesus vermitteln wollen. Es geht ihnen um das „Jetzt" in dem Sinn, dass sie die Lesenden und Hörenden einladen, sich selbst in die Geschichte zu begeben, um sich mit den in dieser Geschichte Handelnden zu identifizieren, so dass sie – wie diese auch – die Macht und die Herausforderung des lebendigen Herrn erfahren.

Wenn das Markusevangelium tatsächlich, wie die meisten Exegetinnen und Exegeten glauben, das erste Evangelium und somit der Vorreiter dieser literarischen Gattung in christlichen Kreisen ist, dann müssen wir diese außerordentliche Leistung anerkennen. Das Zeugnis des Paulus, des frühesten christlichen Autors, legt nahe, dass der Kern des „EVANGELIUMS" für die ersten Gläubigen einfach in der Botschaft bestand, dass ihr Lehrer und Meister, der von Pontius Pilatus in Jerusalem gekreuzigt worden war, von den Toten erweckt und zur Rechten Gottes erhöht wurde, um in einem ganz unvorhergesehenen und alles übersteigenden Verständnis die Aufgabe des Messias Israels zu erfüllen (vgl. Röm 1,3 f; 1 Kor 15,3–5.22–28). Durch die Macht des Geistes, der das Leben und die Sendung der Gemeinde der Gläubigen antreibt, erfüllt er nun seine Aufgabe weiterhin. Höchstwahrscheinlich war es Markus, der dem Projekt der Ausweitung dieses Grundbestands des EVANGELIUMS in eine erweiterte Erzählung der letzten Tage von Jesu irdischem Leben (Passionserzählung) seine literarische Gestalt verlieh. Dem vorangestellt wurden mehr oder weniger frei umher wandernde Überlieferungen über Jesu Leben davor und seine Lehren, die Markus in ein erzählerisches Rahmenwerk einordnete, das zum „Anfang des EVANGELIUMS" (Mk 1,1) wurde. Damit schuf Markus – oder die Gemeinde, die ihn unterstützte – ein ungemein kraftvolles erzählerisches Werkzeug, um das Verständnis der Person Jesu und des Rufs zur Nachfolge zu vermitteln, die er den Gläubigen aller Zeiten vor Augen hält.

Dennoch können die Leserinnen und Leser des frühen 21. Jahrhunderts die markinische Erzählung nicht einfach aufgreifen und ohne Weiteres in sie einsteigen. Einige vorausgehende Kenntnisse über das dem Evangelium zugrunde liegende Weltbild sind notwendig, wenn wir nicht nur vermeiden wollen, bei der Auslegung auf Abwege zu geraten, sondern auch die ganze Kraft der Erzählung für unsere Zeit genießen wollen. Die Titel und Aufgaben, die das Evangelium seiner Hauptperson Jesus zuweist, leiten sich von diesem Weltbild ab, auch wenn sie in der Anwendung auf ihn einer radikalen Veränderung unterzogen werden. Bevor ich also anfange, das Evangelium Abschnitt für Abschnitt zu kommentieren, lade ich die Leserinnen und Leser ein, im folgenden Kapitel mit mir eine Zeit lang durch die ursprüngliche markinische Welt zu wandern, um wichtige Merkmale dieses vom Evangelium vorausgesetzten Weltbildes und den Hintergrund für die Titel und Aufgaben zu untersuchen, die es Jesus zuschreibt. Dies bereitet die Grundlage für die Untersuchung im letzten Einleitungskapitel der besonderen Bedeutung, die diese Titel im

Evangelium erhalten, und des Zusammenspiels der in sie eingeschriebenen Aufgaben. Dieses Zusammenspiel der Aufgaben für die „Geschichten über Jesus" – wie ich sie lieber nennen möchte – schaffen nach meinem Verständnis die dramatische Spannung, die die Erzählung trägt. Ich lege den Leserinnen und Lesern eindringlich nahe, den Stoff der beiden Kapitel zusammen mit der zusammenfassenden Skizze am Ende als notwendige, vorbereitende Lektüre für das Studium des ganzen Evangeliums oder auch nur Teilen davon zu betrachten.

Das Weltbild des Markusevangeliums

Wie praktisch alle anderen Teile des Neuen Testamentes auch spiegelt das Markusevangelium die Schnittmenge zweier Welten wider: der biblisch-jüdischen Welt und der umfassenden Welt des Mittelmeeres, in der die hellenistische Kultur unter der hegemonialen Macht Roms prägend war. Seit den Eroberungen durch den makedonisch-griechischen Herrscher Alexander den Großen im späten vierten Jahrhundert war die Verschmelzung dieser beiden Welten natürlich schon im Gange. Dies führte zur Formung des Griechisch sprechenden Judentums, bekannt als hellenistisches Judentum, das zwar hauptsächlich in jüdischen Siedlungen außerhalb Palästinas (der Diaspora) vorherrschend war, aber auch im Heiligen Land nicht ohne Einfluss blieb. Trotz der Anerkennung der Verschmelzung dieser beiden Welten ist es auch möglich, auf einzelne Elemente des Evangeliums zu verweisen, die die eine oder die andere Welt in einer deutlicheren Weise widerspiegeln. Ich habe hier nicht die Absicht, eine umfassende Untersuchung des Weltbildes des Evangeliums vorzulegen, sondern will einfach einige Aspekte benennen und beschreiben, von denen ich glaube, dass sie für das Verständnis des Markusevangeliums notwendig sind. Ich beschränke mich vorrangig auf jüdische Gedanken und Überzeugungen, die im Evangelium vorausgesetzt werden, ohne die sie umgebende Welt der hellenistischen Kultur auszuschließen.[1] Hin und wieder wird es notwendig sein, sich auch mit dem frühchristlichen Sprach-

---

[1] Bei den folgenden Ausführungen bin ich der prägnanten und klaren Untersuchung dieses Themas von Dennis E. Nineham in der Einleitung zu seinem Kommentar (The Gospel of Saint Mark, Harmondsworth (UK): Pelican 1963, S. 43–48) zu Dank verpflichtet. Auch nach vierzig Jahren ist sie unübertroffen.

gebrauch zu befassen (z.B. für die Verwendung des Wortes „Evangelium"), die Markus vorauszusetzen scheint.

Eschatologie und Apokalyptik

Das Markusevangelium – auch hier in Übereinstimmung mit dem frühen Christentum als Ganzem – steht in der Tradition einer bestimmten Weise, sich die Wirklichkeit vorzustellen und diese zu beschreiben, die als „apokalyptisch" bezeichnet wird. Bevor wir diese Spur weiter verfolgen – und dabei weiteren Begriffen begegnen, bei denen die Gefahr besteht, dass sie Nichtspezialisten entmutigen und befremden – erlauben Sie mir darzulegen, was ich unter diesem Begriff und seinem eng verbundenen Gefährten „Eschatologie" verstehe. Widmen wir uns zuerst diesem zweiten Begriff: „Eschatologie" hat mit Spekulationen oder Lehren über das, was in der Zukunft geschehen wird, zu tun, und zwar nicht zu irgendeiner Zeit in der Zukunft, sondern in der letzten Zukunft (das griechische Wort *eschatos* bedeutet „äußerster, letzter"). Die Eschatologie handelt also von dem letzten Abschnitt oder den letzten Geschehen eines kosmischen Dramas: das Ende der gegenwärtigen Welt, oder zumindest deren radikale Umgestaltung. Vorstellungen wie die von der Auferstehung (der Toten), des letzten (von Gott) durchgeführten Gerichts, die nachirdische Belohnung (Himmel) oder Bestrafung (Hölle) sind eschatologisch, weil ihre Umsetzung jenseits der Grenzen der gegenwärtigen menschlichen Existenz liegen.

„Apokalyptisch" ist ein Adjektiv, das eine Denkweise oder eine Form der Darstellung beschreibt, in der oder durch die ein bestimmter Inhalt – gewöhnlich über die Zukunft – ausgedrückt wird. Streng genommen wird ein Text „apokalyptisch" durch die Darstellung seines Inhalts als etwas, das durch eine „Offenbarung" (das griechische Wort *apokalypsis* bedeutet „Offenbarung" oder „Enthüllung") empfangen wurde: Ein bedeutender Mensch – ein Prophet oder ein Seher – empfängt diese Offenbarung in Gesprächen mit Engeln oder dadurch, dass er durch den himmlischen Bereich geführt wird, wo die Einzelheiten des göttlichen Willens für die Zukunft offengelegt werden. Typisch für das apokalyptische Sprechen ist die lebhafte Bildwelt, in der Aufruhr und Katastrophen von kosmischem Ausmaß beschrieben werden (Erdbeben, Sterne fallen vom Himmel, der Mond verfärbt sich rot usw.). Dieses Sprechen stellt den Konflikt zwischen Gut und Böse in ausgesprochen dualistischer Weise dar; da gibt es keine Grautöne. Ein tiefgreifender Pessimismus über die menschlichen Möglichkeiten in der Gegenwart herrscht vor. Die Sünde ist allgegenwärtig; die Hoffnung auf Verbesserung ruht allein auf einem göttlichen Eingreifen und einer radikalen Erneuerung der Welt, die praktisch auf eine Neugestaltung der ursprünglichen Schöpfung hinausläuft. Wenn etwas als „apokalyptisch" bezeichnet wird, dann bezieht sich dies gewöhnlich auf die Art des Inhalts statt auf die Weise (Offenbarung), durch die der Inhalt offengelegt wird.

Das Ziel des apokalyptischen Sprechens ist die Ermutigung der Gläubigen, die jetzt unter dem Bösen der gegenwärtigen Zeit leiden. Dies geschieht durch das Teilen privilegierter Vorabinformation über den göttlichen Plan und dessen Drehbuch, durch die Gott oder der/die Beauftragte(n) Gottes bald eingreifen. Es kommt der Zeitpunkt der Abrechnung und des Gerichts, der für die Bösen Bloßstellung und Verdammnis bedeuten wird, für die Treuen aber Bestätigung und Belohnung, die dann auch Anteil am endgültigen Triumph der Herrschaft Gottes (das „Reich Gottes") haben. Es ist dieses Verständnis eines von Gott kommenden, zu einer radikalen letzten Abrechnung führenden Ablaufplans der Geschehnisse, das gewährleistet, dass die Eschatologie im apokalyptischen Sprechen eine große Rolle einnimmt.

Ein neues „Exil": die dämonischen Gefangenschaft

Diese apokalyptische Weise, sowohl die gegenwärtige als auch die zukünftige Lage zu betrachten, wurde im palästinensischen Judentum in den Jahrhunderten vor der Entstehung des Christentums vorherrschend. Sein beispielhafter Ausdruck („Apokalypse") tritt im Buch Daniel auf, das etwa in der Mitte des zweiten Jahrhunderts v. Chr. in Reaktion auf die religiöse und kulturelle Unterdrückung geschrieben wurde, von der das Judentum durch die Herrschaft des hellenistischen Seleukidenherrschers Antiochus IV. Epiphanes heimgesucht wurde. Einige Jahrhunderte vorher waren die Juden aus dem Exil in Babylon (587–538 v. Chr.) heimgekehrt, wobei die hoffnungsvollen Weissagungen, die sich im hinteren Teil der Schriften des Propheten Jesaja befinden (Kap. 40–55), in ihren Ohren geklungen haben mussten. Der Prophet des Exils („Deuterojesaja", zweiter Jesaja), der diese Weissagungen verfasste, verkündete die Befreiung aus der Gefangenschaft, eine Heimkehr durch die Wüste, von Wundern begleitet, die die des ursprünglichen Exodus (aus Ägypten) übertreffen, und eine herrliche Erneuerung des Lebens des Volkes in einem erneuerten Bundesverhältnis mit Gott ankündigen.

Wegen ihrer besonderen Bedeutung im späteren christlichen Sprechen ist es hilfreich, sich einige dieser Texte in Erinnerung zu rufen:

> Steige auf einen hohen Berg,
> o Zion, die du frohe Botschaft verkündigst!
> Erhebe deine Stimme mit Macht,
> o Jerusalem, die du frohe Botschaft verkündigst;
> erhebe sie, fürchte dich nicht;
> sage den Städten Judas:
> Seht, da ist euer Gott! (Jes 40,9 Schlachterbibel)

Gerichtet an den Rest des Volkes, der in den Ruinen Jerusalems zu Hause geblieben ist, verkündet dieser Abschnitt die „Frohe Botschaft" (das „Evangelium"), dass durch das Handeln des Gottes Israels die Gefangenen freigelassen werden und sich auf dem Weg zurück in ihre Heimat befinden. Eine spätere Weissagung nimmt diese gleiche „Frohe Botschaft" auf:

Wie lieblich sind auf den Bergen
die Füße des Freudenboten, der Frieden verkündigt,
der gute Botschaft bringt,
der das Heil verkündigt,
der zu Zion sagt: Dein Gott herrscht als König!
(Jes 52,7 Schlachterbibel)

Beachten wir den Hinweis auf die „Herrschaft" Gottes in der letzten Zeile. Die Befreiung Gottes kann sich ereignen, weil der Gott Israels, wie die Weissagungen an anderen Stellen in diesem Teil des Propheten Jesaja deutlich machen, die Herrschaft der Götter Babylons gebrochen hat, die Israel durch den Herrscher dieses Reiches gefangen gehalten hatten. Der Ausdruck „eine frohe Botschaft verkünden" (Hebräisch: *mbsr*) tritt in solchen Abschnitten (vgl. auch 41,27; 52,7; 60,6; 61,1; Nah 1,15) wie ein Fachausdruck auf, der diese Bedeutung der Freiheit von Gefangenschaft und der Errichtung der Herrschaft („Reich") Gottes (JHWH) nicht nur in Israel, sondern weltweit vermittelt. Der für das Christentum wesentliche Begriff „Evangelium" hat seinen biblischen – genauer gesagt: seinen alttestamentlichen – Ursprung in Texten wie diesen.

Die Wirklichkeit des Lebens nach der Rückkehr nach Palästina in den darauffolgenden Jahrhunderten entsprach kaum den in diesen Weissagungen des Jesaja enthaltenen Zusagen. Abgesehen von einer kurzen Zeit der Unabhängigkeit unter den Makkabäern im zweiten Jahrhundert v. Chr. erlebte das jüdische Volk nur die Ablösung der einen Form der Unterwerfung durch eine andere und wurde zu einem Satellitenstaat derjenigen Macht (Persien, das Ägypten der Ptolomäer, die hellenistischen Seleukiden), die jeweils vorherrschte, bevor es schließlich unter die Herrschaft Roms in den Jahrzehnten kam, die dem Neuen Testament vorausgingen. Da den Weissagungen des Jesaja deutlich die wörtliche Erfüllung versagt blieb, wurden sie in neuer Weise gelesen: nicht als Hinweis auf die Rückkehr aus der babylonischen Gefangenschaft im späten sechsten Jahrhundert v. Chr., sondern als Hoffnung auf eine von Gott bewirkte Befreiung aus der jetzt bestehenden, viel tiefer reichenden Gefangenschaft. Im Rahmen der oben skizzierten apokalyptischen Denkweise handelt es sich bei dieser Gefangenschaft um die Unterwerfung der Menschen durch die vom Fürsten der Dämonen angeführte Welt des Dämonischen; dieser wurde mit unterschiedlichen Namen benannt: „Satan", „Belial" oder „Beelzebul". Das Gefühl der Versklavung durch böse Mächte auf einer übernatürlichen Ebene verminderte nicht das Gefühl für die materiellere Gefangenschaft durch Besatzungsmächte, wie z. B. Rom. Im Gegenteil wurden die letzteren häufig einfach als von den Dämonen für deren böse Ziele manipulierte Werkzeuge betrachtet.

Im Einleitungskapitel sprach ich davon, dass man sich das Dämonische am besten als eine Macht vorstellen soll, die mit Beherrschung zu tun hat. Die Menschen in der Antike schrieben den Dämonen die Beherrschung von Stürmen und anderen Ausbrüchen der Natur zu, die sie nicht selber zu beherrschen vermochten und die das Leben von Menschen bedrohten. Dämonen konnten auch in Menschen eindringen und ihnen Gebrechen aller Art zufügen: körperliche (Krankheiten), psychische (Verrücktheit) und moralische (Laster, Entfremdung von Gott, Widerstand gegen die göttliche Gnade). Insgesamt wurde die dämonische Welt als „unrein" betrachtet und stand damit der „Reinheit" und „Heiligkeit" gegenüber, die mit Gott in Verbindung gebracht wurde und die durch Gott dem Bundesvolk Israel mitgeteilt worden war (vgl. Ex 19,6: „ihr aber sollt mir als ein Königreich von Priestern und als ein heiliges Volk gehören"). Wie man diese Heiligkeit des Bundes bewahren und die Verunreinigung mit der unreinen und zerstörerischen Macht der dämonischen Welt vermeiden konnte, bildete eine der Hauptsorgen des jüdischen Religionssystems in den Tagen Jesu.

„Evangelium"

Ein Text aus den Qumran-Rollen vom Toten Meer[2], die sog. Melchisedek-Rolle (11 Q 13), wirft trotz ihres fragmentarischen Zustands ein bemerkenswertes Licht auf die Weise, wie die „Evangeliums"-Texte des Jesaja – die beiden oben zitierten sowie mit Jes 61,1 f ein späterer Text – in den apokalyptischen Kreisen des Judentums als Ausdruck der Befreiung aus der Gewalt der Dämonen gelesen wurden. Es lohnt sich, diese Rolle ausführlicher zu zitieren:

> Seine Auslegung (gemeint ist das Jubeljahr – Lev 25,13) am Ende der Tage betrifft die im Exil, die ... er gefangen nahm, über diejenigen, die er „Freiheit für die Gefangenen verkünden" (Jes 61,1) ließ. (Melchisedek) lässt sie zurückkehren. Er wird ihnen die Freiheit verkünden ... und Sühne für ihre Sünden leisten ... Und was er über das Ende der Tage sagt durch Jesaja, den Propheten, der spricht: „Wie willkommen sind auf den Bergen die Schritte des Freudenboten, der Frieden ankündigt, der eine frohe Botschaft bringt und Heil verheißt, der zu Zion sagt: Dein Gott ist König" (Jes 52,7), [und sie werden befreit werden aus den Händen] Belial und aus den Händen all der G[eister seiner Art.] ... und „er, der frohe Kunde bringt," ist [der Ge]salbte mit dem Geist (Jes 61,1), über den Daniel sagte ... so wie über ihn geschrieben steht (Jes 52,7): „Er sagt zu Zion: ,Dein Gott herrscht'".[3]

---

[2] Diese Texte, die seit 1947 in Höhlen rund um Khirbet Qumran auf dem Westufer des Toten Meeres gefunden wurden, sind der bedeutsamste Fund in der biblischen Archäologie des 20. Jahrhunderts. Sie werfen ein starkes Licht auf das Leben, die religiösen Ausdrucksformen und die Hoffnungen einer jüdischen apokalyptischen Sekte kurz vor der Entstehung des Christentums.
[3] Die Rekonstruktionen dieses Textes weichen voneinander stark ab.

Wir sehen hier, wie zwei Abschnitte über die „Frohe Botschaft" bei Jesaja (52,7; 61,1) gemeinsam zitiert und auf eine kommende Befreiung bezogen werden, die durch die Vermittlung einer hohepriesterlichen Gestalt (eines Melchisedek der letzten Tage) bewirkt wird, die ein Jubeljahr für die Befreiung einläutet, Sühne für die Sünden leistet und die Gläubigen befreit. Die Gefangenschaft, aus der sie befreit werden sollen, wird immer wieder (wie auch sonst in der Literatur Qumrans) als Gefangenschaft durch „Belial und die Geister seiner Art" beschrieben, also als Gefangene der dämonischen Welt. Aus dem Text geht nicht klar hervor, ob Melchisedek mit dem „vom Geist Gesalbten" identisch ist, dessen Aufgabe darin besteht, in den Worten von Jes 52,7 die Herrschaft Gottes zu verkünden. Allerdings sehen wir hier ein auffallendes Bündel an Motiven, die im Markusevangelium wieder auftauchen: die Texte über die „Frohe Botschaft" („Evangelium") aus Jesaja, Freiheit von der dämonischen Herrschaft, Sühne für die Sünde, die vom priesterlichen Vermittler Gottes bewirkt wird, und die Proklamation eines „Gesalbten" (Messias?) der Herrschaft Gottes. Kurz gefasst verkündet der Text die Frohe Botschaft der Ablösung der dämonischen Herrschaft durch die Gottes.

Der Text aus Qumran zeigt, dass direkt vor der Entstehung des Christentums eine apokalyptische Sekte des Judentums bewusst die Texte über die „Frohe Botschaft" des Propheten Jesaja mit dem erwarteten endzeitlichen Eingreifen Gottes in Verbindung brachte. Wie die frühe christliche Bewegung verstand sie den Boten, von dem der Prophet Jesaja spricht, vor allem als Hinweis auf die Errettung, nach der sie sich für ihre eigene Zeit sehnten.[4] Die Sprache des „Evangeliums" im Neu-

---

Eine deutsche Übersetzung findet sich in: Wise, Michael/Abegg Jr., Martin/Cook, Edward, Die Schriftrollen von Qumran. Übersetzung und Kommentar mit bisher unveröffentlichten Texten, hg. von Professor Dr. Alfred Läpple, Augsburg: Pattloch 1997, S. 472 f.

[4] Eine vergleichbare Verwendung der Jesaja-Texte über die „Frohe Botschaft" findet sich auch in den Psalmen, die aus einer anderen jüdischen

en Testament bewegt sich mit Sicherheit innerhalb des Stromes, der von Deutero-Jesaja ausgeht und innerhalb des größeren Rahmens der jüdischen apokalyptischen Endzeitlehre zusammengefasst werden kann.[5]
Auf dem jüdischen Hintergrund fehlt allerdings irgendetwas Vergleichbares zu dem christlichen Gebrauch des Nomens *euangelion* im Singular in der Bedeutung von „Evangelium". Im weiteren griechischen Sprachraum kommt dieses Wort (fast immer in der Pluralform *euangelia*) bei offiziellen Bekanntmachungen einer Geburt, einer Hochzeit oder eines Jubiläums vor. Eine besondere Verwendung ergibt sich in Verbindung mit der Verkündigung des Herrschaftsantritts oder des Geburtstags eines Herrschers, besonders des römischen Kaisers, für das die Inschrift von Priene in Kleinasien (9 v. Chr.) das bekannteste Beispiel ist:

> … der Geburtstag des Gottes (Caesar Augustus) ist für die ganze Welt der Beginn froher Nachrichten (*euangelia*); deshalb sollen alle den Tag seiner Geburt als Beginn eines neuen Zeitalters betrachten.

Eine sakrale Ausstrahlung, die Überzeugung, dass ein neues Zeitalter angebrochen ist, verknüpft sich mit einem solchen Sprachgebrauch, der nicht unähnlich den Ansprüchen ist, die Christinnen und Christen in Verbindung mit der Auferweckung Jesu und seiner Einsetzung als Messias und kosmischer Herr erheben (Röm 1,3 f.; vgl. Mk 12,35–37). Es ist also wahrscheinlich, dass, als die Botschaft von und über Jesus im griechischsprachigen Umfeld verkündet wurde, die ersten Ver-

---

Bewegung hervorgegangen sind: Die Psalmen Salomos, besonders Psalm 11; vgl. auch 4 Q 521 („Der Messias des Himmels und der Erde"), ein weiterer Text aus Qumran, der einen Verweis auf einen „Messias" in Verbindung mit wunderbaren Taten enthält, die in Worten beschrieben werden, die an den Propheten Jesaja erinnern.
[5] Dazu sei besonders verwiesen auf die bedeutende Studie über den Einfluss des Motivs vom „Neuen Exodus" in Jesaja auf das Markusevangelium in: Rikki E. Watts, Isaiah's New Exodus in Mark, Grand Rapids: Baker Academic 1997, S. 96–102.

künderinnen und Verkünder dieser Botschaft einen griechischen Begriff, *euangelion*, fanden, der nicht nur die Bedeutungen aufgriff, die mit dem „Erzählen einer Frohen Botschaft" im biblischen Hintergrund (Jesaja) verbunden sind, sondern auch vielfältige eigene Anklänge hervorrief. Was den Hintergrund des christlichen Gebrauchs des Wortes „Evangelium" betrifft, ist es also wahrscheinlich notwendig, sowohl mit Einflüssen aus der biblischen Tradition bei Jesaja als auch mit einer gewissen „Inkulturierung" in das griechisch-römische Umfeld zu rechnen.

Im Diagramm kann man dies folgendermaßen darstellen:

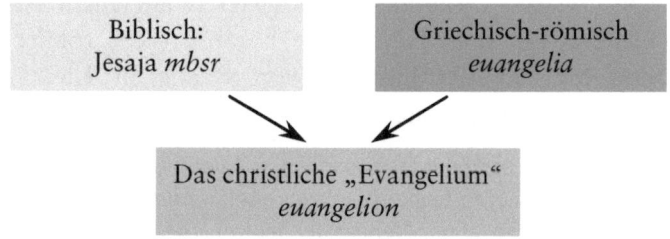

In den frühesten christlichen Schriften, nämlich denen des Paulus, kommt „Evangelium" manchmal in der Form „das Evangelium Gottes" vor (1 Thess 2,2.8.9; Röm 1,1; 15,16), eine Wendung, die auch den Inhalt der Verkündigung Jesu entsprechend Mk 1,14 zusammenfasst. Die Wendung „Evangelium Gottes" stellt wahrscheinlich den frühesten Gebrauch von „Evangelium" dar und geht vermutlich direkt auf die Verkündigung Jesu selbst zurück. Eingebettet in den Rahmen des Propheten Jesaja handelt es sich bei der „Frohen Botschaft" um die kurz bevorstehende, befreiende Herrschaft Gottes. Im frühen christlichen Gebrauch wurde aber das von Jesus verkündete „Evangelium" rasch das „Evangelium *über* Jesus" – wegen der absoluten Zentralität seiner Person und seines Schicksals bei der Errichtung des Reiches Gottes. Deshalb konzentriert sich der Inhalt des „Evangeliums" bei Paulus in der Regel auf den Tod, die Auferstehung und die Erhöhung Jesu:

Das Evangelium von seinem Sohn,
der dem Fleisch nach geboren ist als Nachkomme Davids,
der dem Geist der Heiligkeit nach eingesetzt ist
als Sohn Gottes in Macht
seit der Auferstehung von den Toten,
(das Evangelium) von Jesus Christus, unserem Herrn
(Röm 1,3f).

Es ist das „Evangelium von Jesus Christus" oder „über Jesus Christus" in dem Sinn, dass Gott dadurch, dass er ihn von den Toten auferstehen ließ und ihn als Messias und Herrn einsetzte, das Schlüsselinstrument in Stellung brachte, um den Untergang der alten Zeit und deren Gefangensein an die bösen Mächte herbeizuführen. Die „Frohe Botschaft" von seiner messianischen Einsetzung ist gleichzeitig die „Frohe Botschaft Gottes", weil diese Einsetzung maßgeblich für die Herbeiführung der Herrschaft Gottes ist, die ursprüngliche Absicht des Schöpfers für die Welt.[6]

Die Herrschaft (oder das „Reich") Gottes

Auch wenn zum Kern der Verkündigung Jesu gehörend, ist die Bedeutung des Ausdrucks „Reich" oder „Herrschaft Gottes" schwer fassbar.[7] Ich finde es hilfreich, mit dem Negativen zu

---

[6] Im „Rückblick" auf das „Ende" verleiht Paulus dem klaren Ausdruck, wenn er in 1 Kor 15 schreibt: „Danach kommt das Ende, wenn er jede Macht, Gewalt und Kraft entmachtet hat und seine Herrschaft Gott, dem Vater, übergibt. Denn er muss herrschen, bis Gott ihm alle Feinde unter seine Füße gelegt hat … Wenn ihm dann alles unterworfen ist, wird auch er, der Sohn, sich dem unterwerfen, der ihm alles unterworfen hat, damit Gott alles in allem sei" (VV 24f.28).
[7] Streng genommen entspricht das Wort „Herrschaft" genauer der Idee, die mit dem griechischen Wort *basileia* vermittelt wird, als die Worte „Reich" oder „Königreich", weil das, worum es hier geht, weniger eine lokalisierbare politische Einheit ist als vielmehr eine Regierung oder ein Regime. Weil aber der Ausdruck „Reich Gottes" im christlichen Sprach-

beginnen, nämlich zuerst an das zu denken, was es ersetzen soll: die diesem widersprechende „Herrschaft" Satans, die Israel und den Rest der Menschheit in ihrer entmenschlichenden Gewalt hält. Innerhalb des apokalyptischen Weltbilds des Judentums, das das Markusevangelium teilt, ist die menschliche Welt einschließlich Israel aus den Händen Gottes gefallen und leidet unter dem sich Gott widersetzenden Regime. In dieser Lage hegen die Gläubigen die Hoffnung und die Sehnsucht nach dem Augenblick, in dem Gott gleichermaßen als Weltenschöpfer und Bundespartner Israels diese Gefangenschaft beenden und die ursprüngliche göttliche Absicht für die Menschen und die Welt wiederherstellen bzw. zum ersten Mal zur Verwirklichung bringen wird. Die Herrschaft Gottes ist also nicht etwas, das sozusagen auf neutralem Boden errichtet werden kann. Sie muss vom Feind besetztes Gebiet zurückerobern und das Regime Satans, das jetzt zerstörerisch an der Macht ist, vertreiben. Deshalb sind die „Frohe Botschaft" über den Anbruch der Herrschaft Gottes, die Jesus verkündet (1,15), und die „Machttaten", durch die er Dämonen austreibt, innerlich miteinander verbunden. In Wirklichkeit sind sie die zwei Seiten ein und derselben Medaille. Die Dämonenaustreibungen und Heilungen, ja sogar die Unterwerfung zerstörerischer Naturkräfte (wie z. B. der Sturm auf dem See – 4,35–41) sind Fälle, in denen die Herrschaft Gottes sowohl in den Angelegenheiten der Menschen als auch in der übrigen Welt Boden gewinnt.

Wenn wir vom schon gewonnenen Boden sprechen, dann können wir von dem im Hintergrund wirksamen apokalyptischen Weltbild zur Darstellung des Reiches Gottes im Evangelium weitergehen. In den vorchristlichen jüdischen Erwartungen ist die Ankunft des Reiches Gottes immer noch eine Frage der Hoffnung. Sie liegt gleichsam auf der „anderen Seite" eines endgültigen Kampfes mit den Mächten des Bösen –

gebrauch eingeführt ist, werde ich diesen Ausdruck in der Regel beibehalten.

Mächten, die nicht aufgeben werden, bevor sie den Gläubigen große Leiden und großen Schmerz zugefügt haben. Für Markus – und mit voller Überzeugung können wir auch sagen: für Jesus selbst – ist die Eschatologie des Reiches Gottes komplexer. Die endgültige Errichtung der Herrschaft Gottes mag zwar immer noch eine Frage der Hoffnung sein, aber die Auseinandersetzung mit dem Bösen ist schon im Gange und die Macht des Reiches Gottes fängt schon an, das Leben der Menschen zu verändern, wenn dieses Reich auf Annahme durch Umkehr und Glauben stößt (Mk 1,15). Eine Analyse des Markusevangeliums wird zeigen, dass Jesus zwar das gängige Verständnis von der Herrschaft bzw. dem Reich Gottes in den Köpfen seiner Zuhörerinnen und Zuhörer voraussetzt, große Teile seiner Unterweisungen aber darauf abzielen, dieses Verständnis in Frage zu stellen und zu verändern, um es in Übereinstimmung zu bringen mit seinem Bild von Gott und der Weise, wie Gott sich schon hier und jetzt den Menschen zuwendet. Insbesondere die Gleichnisse zielen darauf ab, dass sie diese Änderung des Konzepts vom Gottesreich und dessen zeitlichem Rahmen bzw. den Verlauf seiner Ankunft in dieser Welt behandeln.

Messias, Gottessohn, Menschensohn: die Sachwalter der Herrschaft Gottes

Während einige dachten, dass das Gottesreich durch ein direktes göttliches Handeln kommen würde, war doch die Überzeugung weitverbreitet, dass Gott eine Mittlergestalt als Werkzeug für die Verwirklichung dieses Ziels beauftragen würde. Es gab unterschiedliche Vorstellungen zu diesen Gestalten. Mit dem Ziel der Erhellung des Hintergrundes zum Markusevangelium werde ich mich einfach auf die drei Aufgaben konzentrieren, die durch die Titel „Messias" (Christus), „Sohn Gottes" und „Menschensohn" zusammengefasst werden.

1. Messias

Wenn Christinnen und Christen sich dem Thema Messianismus nähern, dann müssen sie Vorsicht walten lassen, um nicht in die jüdische Literatur ein entwickeltes messianisches Verständnis im Hinblick auf die Person Jesu hineinzulesen, das das Christentum einfach als gegeben annimmt. Die messianische Erwartung im Judentum – so sie überhaupt existierte – hatte eine Vielzahl von Ausprägungen. Das hebräische Wort „Messias" bedeutet einfach „gesalbt" (von daher die griechische Übersetzung *christos*, im Deutschen mit „Christus" wiedergegeben). Weil die Salbung mit Öl in Israel das übliche Ritual war, um einen Menschen in sein Amt einzusetzen, konnten Priester und Könige (und auch im übertragenen Sinn Propheten – vgl. Jes 61,1; Ps 105,15) den Titel „der Gesalbte" tragen. In der Hauptsache aber wurde der Ausdruck „der Gesalbte des Herrn" zu einem respektvollen Titel für den König (vgl. Ps 2,2; 18,50; 84,9; 132,10.17 usw.). In den Jahrhunderten nach der Rückkehr aus dem Exil in Babylon führte die Enttäuschung über die verschiedenen Formen der sozialen und politischen Unterdrückung, die die Angehörigen des jüdischen Volkes quälten, zumindest in einigen Kreisen zu der Hoffnung auf eine Wiederherstellung des Hauses David und besonders auf den Aufstieg eines „Davidsohnes", der Israel von der ausländischen Herrschaft befreien und der in Gerechtigkeit, Wohlstand und Frieden herrschen würde (vgl. die spätere Weissagung in Jer 33,14–26). Als König wäre dieser Herrscher der „Gesalbte" oder der „Messias", aber weder dieser Titel noch diese Aufgabe beinhalteten einen über die Menschen hinausragenden Rang. Diese Erwartung, die man jetzt im Sinne eines Fachbegriffs als „messianisch" bezeichnen kann, richtete sich einfach auf einen gerechten Herrscher, der das „goldene Zeitalter" Davids wiederherstellen würde. Auch wenn Verweise auf eine solche Gestalt deutlich sichtbar in den

Rollen vom Toten Meer vorkommen[8], findet sich die ausführlichste Beschreibung in einigen Sätzen einer Sammlung (nicht kanonischer) Psalmen aus dem 1. Jahrhundert v. Chr., den Psalmen Salomos:

> Siehe, Herr, und richte ihnen ihren König auf, den Sohn Davids
> zu der Zeit, die du, Gott, bestimmt hast,
> als König zu herrschen über Israel, deinen Knecht;
> und umgürte ihn mit Stärke,
> zu vernichten ungerechte Herrscher,
> zu reinigen Jerusalem von den Heidenvölkern,
> die (es) vernichtend zertreten ...
> und er wird ein heiliges Volk versammeln,
> das er führen wird in Gerechtigkeit ...
> und in seinen Tagen ist kein Unrecht in ihrer Mitte,
> denn sie alle sind heilig,
> und ihr König ist der Gesalbte des Herrn.[9]

Auch wenn in dieser Beschreibung die Erneuerung im religiösen Sinn eine hervorgehobene Stellung hat, fehlen doch offen politische und militärische Aspekte nicht. Es fehlt aber völlig der Gedanke, dass mit der Ausübung der messianischen Aufgabe Leiden und Tod verbunden sind. Von daher überrascht es nicht, wenn wir im Markusevangelium immer wieder sehen, wie Jesus damit kämpft, an ihn gerichtete Erwartungen – besonders in der Vorstellung seiner Jünger – zu unterdrücken oder zu bekämpfen, die ihn im Sinn der üblichen Messiaserwartung verstehen.

---

[8] Für entsprechende Verweise auf den Befund aus Qumran, siehe Brendan Byrne, Jesus as Messiah in the Gospel of Luke. Discerning a Pattern of Correction, Catholic Biblical Quarterly 65 (2003), S. 80–95, bes. S. 80 f.
[9] PsSal 17,21 f.26.32. Übersetzung: Septuaginta Deutsch.

2. Sohn Gottes

Trotz des feierlichen Tons, mit dem das Markusevangelium diesen Titel auf Jesus bezieht, beinhaltet der Ausdruck „Sohn Gottes" genauso wie der des „Messias" keine Göttlichkeit. Es gibt ein kleines, aber ziemlich weit verbreitetes Motiv im Alten Testament, in dem Israel metaphorisch als Gottes „Sohn" oder „Kind" beschrieben wird (Ex 4,22 f; Hos 1,11; 11,1; Sir 36,17; usw.).[10] Im Unterschied zu den Angehörigen anderer Völker können sich daher alle Israelitinnen und Israeliten als „Kinder Gottes" betrachten (Dtn 14,1; vgl. Röm 9,4). Dieses Vorrecht wurde in der Person des Königs fassbar, der in einem übertragenen Sinn als von Gott „gezeugt" angesehen wurde (Ps 2,7; vgl. Ps 110 [109],3 in der Septuaginta) und sich von daher einer Beziehung zu Gott als dessen Sohn erfreut (2 Sam 7,14; Ps 89,26 f). Weder das Alte Testament noch die spätere Literatur des Judentums verstehen „Sohn Gottes" im engen messianischen Sinn, auch wenn es starke Indizien gibt, dass dieser Titel so benutzt wurde.[11] Als Leserinnen und Leser des Markusevangeliums müssen wir uns der Tatsache bewusst sein, dass eine ganze Bandbreite von Verständnismöglichkeiten gegeben ist, wenn dieses Evangelium von Jesus als Gottes „Sohn" spricht: vom „rein messianischen" im üblichen Sinn (vgl. 14,61) bis hin zum vollständig transzendenten Verständnis, gemäß dem Jesus der „geliebte Sohn" Gottes ist (1,11; 9,7; vgl. 12,6; 13,32).

3. Menschensohn

Mit dem „Menschensohn" kommen wir zu der bei weitem umstrittensten Bezeichnung, die die Evangelien auf Jesus be-

---

[10] Vgl. Brendan Byrne, „Sons of God" – „Seed of Abraham", Rom: Biblical Institute Press 1979, S. 9–78.
[11] Vgl. Brendan Byrne, „Sons of God" – „Seed of Abraham", S. 223.

ziehen. „Menschensohn" ist die Übersetzung eines schwierigen griechischen Ausdrucks – *ho hyios tou anthrōpou* (wörtlich: „der Sohn des Menschen") – der in allen Evangelien vorkommt (14-mal bei Markus), und zwar immer aus dem Munde Jesu als Selbstbezeichnung. (In Joh 12,34 findet sich die einzige Ausnahme.) Im Unterschied zu „Messias" (Christus) und „Sohn Gottes" *bekennt* niemand Jesus als „Menschensohn".¹² Der Ausdruck scheint mehr auf eine *Aufgabe* als auf einen Titel hinzuweisen. Alle vier Evangelisten scheinen vorauszusetzen, dass ihr Adressatenkreis ihn ohne weitere Erläuterung versteht. Das Vorkommen eines im Griechischen so schwerfälligen Ausdruck legt nahe, dass er etwas Bedeutsames von seinem aramäischen Hintergrund bewahrt hat.

Im Hebräischen wird die Wendung „Sohn des ..." gebraucht, um die Zugehörigkeit zu einer Klasse oder einem Verband zu bezeichnen: „Söhne der Propheten" = „Propheten". Dementsprechend bezeichnet der Ausdruck „Menschensohn" (Hebräisch: *ben 'adam*) einen Angehörigen der menschlichen Klasse: einen Menschen (vgl. Ps 8,4, wo der „Menschensohn" einen parallelen Gebrauch zu „Mensch" darstellt). Im Buch Ezechiel wird der Prophet immer wieder als „Menschensohn" bezeichnet, womit auf seinen sterblichen menschlichen Rang gegenüber Gott verwiesen wird.

Höchst bedeutsam ist die Verwendung dieses Ausdrucks in Dan 7,13 f, wo jemandem wie einem Menschensohn vor dem Thron Gottes Herrschaft, Herrlichkeit und Königtum verliehen werden:

Immer noch hatte ich die nächtlichen Visionen:
Da kam mit den Wolken des Himmels
einer wie ein Menschensohn.
Er gelangte bis zu dem Hochbetagten
und wurde vor ihn geführt.

---

¹² In Apg 7,56 gibt es eine singuläre Verwendung, wenn der sterbende Stephanus eine Vision des „Menschensohnes" bekennt; sonst kommt der Ausdruck nur noch zweimal im Buch der Offenbarung vor (Offb 1,13; 14,14), wo es sich um Anspielungen auf Dan 7,13 handelt.

Ihm wurden Herrschaft, Würde und Königtum gegeben.
Alle Völker, Nationen und Sprachen dienten ihm.
Seine Herrschaft ist eine ewige, unvergängliche Herrschaft.
Sein Reich geht niemals unter.

Später (Dan 7,21 f.27) werden die Vorrechte, die hier dem „Menschensohn" verliehen werden, „den Heiligen des Allerhöchsten" übertragen, die viele als Vertreter der verfolgten Gläubigen betrachten, an die das Buch Daniel als Ganzes gerichtet ist. Die Vision weist auf ihre zukünftige Rechtfertigung hin. Dies würde beinhalten, dass der „Menschensohn" (oder der „Mensch" im Unterschied zu den „Tieren", die die verschiedenen unterdrückerischen Reiche repräsentieren) ein kollektives Symbol für die Gläubigen in Israel darstellt, auch wenn einige Gelehrte schon hier im Buch Daniel einen Hinweis auf eine erhöhte Engelsgestalt sehen, die in menschlichen Formen gezeichnet wird.

Eine solche Entwicklung kann mit Sicherheit in dem als „Bilderreden" betitelten Abschnitt des (nachbiblischen) äthiopischen Henochbuches (37–71) gesehen werden, wo der Menschensohn des Buches Daniel aus seinem rein symbolischen Rang herausgetreten ist, um eine herrliche, himmlische Gestalt zu werden, die den Erwählten jetzt die Geheimnisse offenbart und die am Ende der Zeit kommen wird, um Gericht zu halten und die Erwählten in die Freuden des ewigen Gottesreiches zu geleiten. Diese Auffassung vom Menschensohn weist deutliche Verbindungen zu einer erheblichen Anzahl von Verweisen in den Evangelien auf den Menschensohn als einer eschatologischen Gestalt auf, dem eine sehr ähnliche Aufgabe bestimmt ist. Strittig ist dagegen, ob die Evangelien eine solche Entwicklung voraussetzen, weil nicht sicher ist, ob die Bilderreden im äthiopischen Henochbuch – der Abschnitt, der diese Auffassung enthält – zeitlich wirklich vor den Evangelien entstanden ist.[13] Viele sind aber der Meinung, dass Jesus und/oder die frühen Christinnen und Christen mit der Vorstel-

---

[13] Während äthHen in der Qumran-Literatur (den Rollen vom Toten

lung der Bilderreden des Henochbuches über den „Menschensohn" vertraut waren, auch wenn sie diese selbst nicht kannten. Mit anderen Worten lag also die von Daniel 7 beeinflusste apokalyptisch-eschatologische Erwartung eines himmlischen Menschensohnes, der Gericht halten wird, als ein Ausdruck der Hoffnung der Gläubigen gleichsam „in der Luft".

Die Beibehaltung des Ausdrucks „Menschensohn" in den Evangelien trotz seiner Schwerfälligkeit in der griechischen Übersetzung legt nahe, dass sein Vorkommen in der Überlieferung auf Jesus selbst zurückgeht. In welchem Sinn mag er diesen aber benutzt haben? Auch wenn er (mit der Ausnahme von Joh 12,34) immer als Selbstbezeichnung Jesu vorkommt, argumentieren einige (z. B. Rudolf Bultmann), dass Jesus ursprünglich vom Menschensohn als einer von ihm selbst unterschiedenen Gestalt sprach, auf deren eschatologische Ankunft er verwies (vgl. Mk 8,38); die Gleichsetzung des kommenden Menschensohnes mit Jesus in den Evangelien war demnach ein Werk der frühen christlichen Überlieferung. Während Bultmann meinte, dass Jesus den Ausdruck „Menschensohn" nur als Hinweis auf eine von ihm selbst unterschiedene eschatologische Gestalt gebrauchte, vertreten andere (z. B. Geza Vermes) die Ansicht, dass der aramäische Ausdruck *bar enash* auch zur Umschreibung von „Ich" genutzt werden kann, und behaupten, dass die Aussagen zum Menschensohn, die auf den irdischen Rang und das Leiden verweisen (vgl. Mk 2,10.28; 10,45), auf Jesus selbst zurückgehen, aber ohne Anlehnung an das Buch Daniel. Die Bedeutung der umschreibenden Selbstbezeichnung für Jesus wurde jedoch auch in Frage gestellt (z. B. von Joseph Fitzmyer).[14]

Wie auch immer Jesus selbst diesen Ausdruck benutzt haben mag, der Ausdruck „Menschensohn" weist im Markus-

---

Meer) vielfältig bezeugt ist, gilt dies aber nicht für den als „Bilderreden" bezeichneten Abschnitt.
[14] Für eine prägnante Untersuchung dieser Frage, s. Moloney, Mark, S. 212 f.

evangelium deutliche Verbindungen zum Buch Daniel auf und scheint tatsächlich die aus dem Buch Daniel heraus entwickelte Tradition vorauszusetzen, die sich im äthiopischen Henochbuch findet: Hier ist vor allem die „Ankunft" des Menschensohnes „auf Wolken" in Mk 13,26 und 14,62 zu beachten (vgl. auch Dan 7,13). Die von Daniel 7 ausgehende Vorstellung der Bestätigung und der göttlich verliehenen Vollmacht, die dem gehorsamen Leiden folgen, hält die drei Kategorien, in denen die Worte über den „Menschensohn" im Markusevangelium erscheinen, wunderbar zusammen: die Vollmacht in der Gegenwart (weil der Menschensohn verbindliche Entscheidungen trifft – 2,10.27), sein zukünftige Kommen für das Gericht (8,38; 9,9; 13,26; 14,62), und vor allem die Vorstellung, dass die gegenwärtigen Leiden ihre Anerkennung in der Zukunft erfahren (8,31; 9,12.31; 10,33f.45; 14,21[zweimal] und 14,41). Die Aufgabe, die mit diesem Ausdruck bezeichnet wird, scheint besonders passend gewesen zu sein für das, was Markus über Jesus mitteilen wollte und darüber, was die Jüngerschaft für die in seine Nachfolge Berufenen bedeutet. Bei zwei wichtigen Gelegenheiten antwortet der markinische Jesus mit „Menschensohn" (8,31; 14,62), wenn andere (Petrus: 8,29; der Hohepriester: 14,61) von „Christus" („Messias") oder „Sohn Gottes" („Sohn des Hochgelobten" in 14,61) sprechen. Diese beiden letzten Titel können für Jesus verwendet werden, bedürfen aber jeweils der „Korrektur" im Sinn von „Menschensohn": Jesus erfüllt die durch sie bezeichneten Aufgaben, indem er jetzt gehorsam die Leiden in der Hoffnung auf die Bestätigung durch Gott (Auferstehung und Erhöhung) und seiner Einsetzung als eschatologischer Richter der Welt (13,26–31; 14,62) auf sich nimmt.[15] Jesus benutzt den Ausdruck „Menschensohn" als Verweis auf sich selbst.

---

[15] Mein Verständnis des Menschensohnes im Sinn des Buches Daniel stimmt mit dem von Morna Hooker (The Gospel according to Saint Mark, London: Black 1991, S. 88–93) und Francis J. Moloney (Mark, S. 212f) überein.

So gesehen ist er zwar mit dem Wort „Ich" austauschbar, aber nicht einfach identisch: Er benutzt ihn selbstbezüglich, wenn er auf seinen geheimnisvollen Rang oder auf das ihn erwartende Schicksal hinweisen oder anspielen will, die beide jenseits der Vorstellungskraft seiner Zuhörerinnen und Zuhörer liegen und die durch die Anspielung auf das Buch Daniel am besten erfasst werden.

In meiner Behandlung des Ausdrucks „Menschensohn" bin ich über die Fragestellung nach dem Hintergrund des Evangeliums hinausgegangen, um den Wortgebrauch des Evangeliums selbst zu erörtern. Dies habe ich deshalb gemacht, weil es bei diesem Titel bzw. dieser Aufgabe ganz schwierig, ja im Endeffekt sogar unmöglich ist, mit Sicherheit zu unterscheiden, was zum Hintergrund gehört, was zum historischen Jesus, was zur frühen christlichen Überlieferung und was zum Evangelisten selbst. Ich hoffe allerdings, dass die kurze Erörterung des Weltbilds, die ich für die wesentlichen Teile vorgelegt habe, ein besseres Verständnis des Evangeliums unterstützt und unmittelbar als Hintergrund für die Darstellung des markinischen Dramas in der Form von „drei Geschichten" dient, die ich im folgenden Kapitel vorstelle.

Leserinnen und Leser, die mir in diesem Überblick über den apokalyptischen Hintergrund des Markusevangeliums bislang gefolgt sind, werden meines Erachtens jetzt besser in die erzählerische Welt des Evangeliums einsteigen können. Ohne die weiterhin erforderlichen gedanklichen Bemühungen gering zu reden, hoffe ich doch, dass Wörter und Begriffe, die im religiösen Sprechen farblos geworden sind, wie z. B. „Evangelium", „Reich Gottes" oder „Dämonen" für die Wirklichkeiten, auf die sie sich beziehen, jetzt konkreter und inhaltlich präziser gefüllt sind. Insbesondere möchte ich darauf bestehen, dass dann, wenn etwas als „apokalyptisch" oder „eschatologisch" beschrieben wird, dies nicht bedeutet, dass diese sich auf etwas Außerweltliches beziehen, das kaum oder gar keine Verbindung zur heutigen menschlichen Existenz und deren Sorgen hat. Die jüdische Apokalyptik war und ist ein symbolischer Weg genau zur Darstellung der gegenwärtigen Welt und ihrer Missstände und zum Ausdruck der Hoffnung für die Umwandlung dieser Welt durch das treue Handeln Gottes. Ich glaube, dass das Markusevangelium für die Gegenwart und Zukunft unserer Welt, wie wir sie kennen, etwas Wesentliches zu sagen hat, weil es zwar das Weltbild seiner Zeit teilt, gleichzeitig aber in einem gewissen Maß im Dialog und in der Spannung dazu steht.

Der Aufbau des Markusevangeliums: Drei „Geschichten" über Jesus

Jahre der Forschung und der Lehre zum Markusevangelium haben bei mir zu einem Konzept von dessen sich entwickelndem Geschehen geführt, das ich hilfreich finde, und von dem ich glaube, dass es im Text gut begründet ist. In diesem Evangelium entdecke ich drei „Geschichten". Dabei handelt es sich nicht um Geschichten im Sinne einer entwickelten Erzählung, doch ist es angemessen, sie „Geschichten" zu nennen, weil es sich um Bündel von Wahrheiten über Jesus handelt – seine göttliche Herkunft, sein Schicksal und seine Aufgabe –, die sich, während sich die Gesamtgeschichte entwickelt, entfalten und gegenseitig beeinflussen. Die zentrale Frage bei jeder Geschichte lautet: Wer kennt zu einem bestimmten Zeitpunkt deren Wahrheit über Jesus?

Die *Geschichte 1* bezieht sich auf das, was über Jesus in der Eingangsaussage oder der Überschrift des Evangeliums gesagt wird: Er ist der Messias, der Sohn Gottes (1,1). Wir, die Leserinnen und Leser dieses Textes, wissen das von Anfang an, weil wir die Überschrift gelesen haben. Jesus weiß dies, jedenfalls wenn man vom Text des Markusevangeliums ausgeht, durch die göttliche Anrede, die er – und im Markusevangelium er allein – hört, als er nach der Taufe durch Johannes den Täufer aus dem Wasser steigt: „Du bist mein geliebter Sohn, an dir habe ich Wohlgefallen gefunden" (1,11). In diesem frühen Stadium der Erzählung kennen nur noch die Dämonen die Wahrheit der Geschichte 1 kennen. Sie spüren gleichsam den „heißen Atem" seiner messianischen Kraft, wenn er in einer Geschichte nach der anderen Menschen ihrer Gewalt entreißt. In dem Versuch, durch das Aussprechen seines Namens Macht über ihn auszuüben, rufen die Dämonen: „Ich weiß/wir wissen, wer du bist: der Heilige Gottes" (1,24.34; 3,11; vgl. 5,7).

Aber Jesus versucht sofort, sie zum Schweigen zu bringen. Seine Herkunft und sein Rang sollen nicht vom Feindeslager bekannt gemacht werden. Die Jünger und andere, die Jesu Macht erfahren, wundern sich gleichzeitig und schreien auf. „Wer ist denn dieser", fragen sie, nachdem er den Sturm auf dem See gestillt hat, „dass ihm sogar der Wind und das Meer gehorchen?" (4,41; vgl. 6,51). Seine Mitbürger in Nazaret können sich nicht die Kräfte erklären, über die er, der ihnen so vertraut scheint, verfügt (6,1–6a), und Herodes, dessen Neugier ebenfalls geweckt wurde, begnügt sich mit der Erklärung, dass Jesus der von den Toten auferstandene Johannes der Täufer sei (6,14–17). Diese die göttliche Herkunft Jesu betreffende Frage zieht sich als erzählerischer Faden durch den ganzen frühen Teil des Evangeliums.

Als Jesus sie an einem Wendepunkt der Erzählung in der Gegend von Caesarea Philippi fragt „Für wen halten mich die Menschen?" (8,27), fangen die Jünger an, sich der Wahrheit von Geschichte 1 zu nähern. Nachdem sie ihm unterschiedlichen Ansichten mitgeteilt haben, fragt er sie schließlich direkt: „Ihr aber, für wen haltet ihr mich?" (8,29a). Petrus, der für alle spricht, liegt schließlich richtig: „Du bist der Christus!" (8,29b) – oder zumindest liegt er halbrichtig, denn im markinischen Bericht (im Unterschied zu Mt 16,16) fehlt die Hinzufügung „Sohn Gottes" (vgl. Mk 1,1).

Kaum aber haben die Jünger die Geschichte 1 verstanden, verpflichtet Jesus sie zum strengen Schweigen darüber. Stattdessen legt er ihnen daneben eine neue und viel schmerzhaftere Geschichte dar, die *Geschichte 2*: Ihm ist bestimmt, vieles zu erleiden, nach Jerusalem hinaufzuziehen, um von den Hohepriestern und Schriftgelehrten verworfen und zum Tod verurteilt zu werden, am dritten Tage aber aufzuerstehen (8,31; wiederholt in 9,31f und 10,33f). Von dieser Stelle der Erzählung an rührt ein großer Teil des Dramas aus der Spannung zwischen diesen beiden Geschichten. Wie wir gesehen haben, kannte der übliche Glaube an den Messias keinen

Raum für Leiden und Niederlage, geschweige denn für Tod und Auferstehung. Die Jünger, die diese Auffassung eindeutig teilen, ringen damit und scheitern daran, diese beiden Wahrheiten zusammenzubringen, während sie unwillig und angsterfüllt Jesus auf seinem Weg nach Jerusalem folgen (9,30 – 10,52). Wie kann er der Messias sein – und in Wahrheit der Sohn Gottes (9,7) – und doch dazu bestimmt sein, dieses Schicksal zu erleiden? Der Konflikt zwischen diesen beiden Geschichten erreicht seinen Höhepunkt in der Kreuzigung, wenn Jesus als Messiasanwärter durch die Aufforderung verhöhnt wird, vom Kreuz herabzusteigen, damit diejenigen, die ihn verspotten, zum Glauben kommen (15,29–32). Erst als Jesus mit einem Schrei der Verlassenheit auf den Lippen verstorben ist (15,34), kommen diese beiden Geschichten zusammen, als der römische Hauptmann, der die Hinrichtung überwacht hat, angesichts der Weise, wie er starb, ausruft: „Wahrhaftig, dieser Mensch war Gottes Sohn" (15,39).

Vor diesem Höhepunkt aber zeigt sich eine weitere Wahrheit über Jesus, die *Geschichte 3*: Am Ende der Zeit wird er als Menschensohn in Herrlichkeit wiederkommen, um Gericht über die Welt zu halten, die Gläubigen zu rechtfertigen und sein messianisches Wirken dadurch zu vollenden, dass er die Herrschaft Gottes errichtet. Im Abschluss seiner Weisung über den Preis der Nachfolge in 8,38 f hat Jesus auf diese seine letzte Bestimmung angespielt. Sie bildet den Höhepunkt seiner Rede über die Zukunft, die das Kapitel 13 bildet (hier: VV 24–27). Vor allem aber verweist er darauf bei seinem Prozess vor dem Hohepriester (Geschichte 2). Befragt über seine Herkunft („Bist du der Christus, der Sohn des Hochgelobten?" – 14,61) bekennt er sich ausdrücklich dazu (Geschichte 1), fügt aber hinzu: „Und ihr werdet den Menschensohn zur Rechten der Macht sitzen und mit den Wolken des Himmels kommen sehen" (14,62). Der offene Konflikt zwischen Geschichte 1 und Geschichte 2, der mit dem Tod des Sohnes Gottes seinen Höhepunkt erreicht, findet seine endgültige Auflösung in der durch Geschichte 3 verkündeten Bestätigung: die Rückkehr des gehorsamen Gottessohnes als Menschensohn in Herrlichkeit und als endzeitlicher Richter.

Ich glaube, das Markusevangelium enthält keine Erscheinung des auferstandenen Herrn, weil für diesen Evangelisten die Bestätigung Jesu und der göttlichen Sache, der er diente, mehr mit diesem endgültigen Erscheinen als Menschensohn zusammenhängt, als mit seiner Auferstehung, die im Kern nur ein Schritt zu diesem endgültigen Erscheinen ist. Die Gemeinde, für die Markus schrieb, glaubte, dass der Gekreuzigte von den Toten erweckt und zur Rechten Gottes erhoben wurde. Von dort führt er seine messianische Aufgabe durch den Geist weiter bis zu seinem endgültigen Erscheinen, um ein für alle Mal die Herrschaft Gottes zu errichten. Dies ist das Herzstück des „EVANGELIUMS". Der „Anfang" des EVANGELIUMS (1,1) ist die Vorwegnahme dieser messianischen Herrschaft, die Markus in seinem Bericht vom Wirken Jesu – von seiner Unterwerfung unter die Taufe durch Johannes bis zu seiner Unterwerfung unter den Tod am Kreuz (15,37) – beschreibt. Die drei „Geschichten", die sich die ganze Erzählung hindurch gegenseitig beeinflussen, werden schließlich zu der einen Geschichte von Jesu siegreicher Erfüllung des Heilsplans des Vaters für die Menschen und die Welt (vgl. Phil 2,6–11).

Die Struktur des Evangeliums

Die herausgehobene Position, die die Darstellung von Jesus als dem Sohn Gottes im Markusevangelium einnimmt, ermöglicht die Darstellung dessen, was ich „Makrostruktur" nennen möchte. Die Frage danach, wer Jesus ist, und die Offenbarung seiner göttlichen Sohnschaft erscheinen an drei Schlüsselstellen der Erzählung: am Anfang (1,7–11), in der Mitte (8,27 – 9,8) und gegen Ende (14,61 – 15,39). Diese drei Stellen bilden das, was ich die „Säulen" nenne, auf denen der ganze Rahmen der Erzählung ruht. Angesichts dieser drei „Säulenabschnitte"

Der Aufbau: Drei „Geschichten" über Jesus

kann die Makrostruktur des Evangeliums wie folgt schematisch dargestellt werden. (Meine Studentinnen und Studenten sagen, dass es wie ein Billiardtisch von der Seite aussieht.)

Der „Sohn Gottes": die „Säulen" des Evangeliums

Die Taufe	Von Caesarea Philippi bis zur Verklärung	Die Passion
1,7–11	8,27 – 9,8	14,53 – 15,39

Die Taufe	Von Caesarea Philippi bis zur Verklärung	Die Passion
1,7 (Johannes) verkündete: Nach mir kommt einer, der ist stärker als ich; … **1,10** Und sogleich, als er (Jesus) aus dem Wasser stieg, sah er, dass der Himmel aufriss und der Geist wie eine Taube auf ihn herabkam. **1,11** Und eine Stimme aus dem Himmel sprach: Du bist mein geliebter *Sohn*, an dir habe ich Wohlgefallen gefunden.	**8,27** Auf dem Weg fragte er (Jesus) die Jünger: Für wen halten mich die Menschen? … **8,29** Da fragte er sie: Ihr aber, für wen haltet ihr mich? Simon Petrus antwortete ihm: Du bist der Christus. **9,7** Da kam eine Wolke und überschattete sie und es erscholl eine Stimme aus der Wolke: Dieser ist mein geliebter *Sohn*; auf ihn sollt ihr hören.	**14,61** Da wandte sich der Hohepriester nochmals an ihn und fragte: Bist du der Christus, der *Sohn des Hochgelobten*? **14,62** Jesus sagte: Ich bin es. Und ihr werdet den Menschensohn zur Rechten der Macht sitzen und mit den Wolken des Himmels kommen sehen. **Golgota: 15,32** Der Christus, der König von Israel! Er soll jetzt vom Kreuz herabsteigen, damit wir sehen und glauben … **15,39** Als der Hauptmann, der Jesus gegenüberstand, ihn auf diese Weise sterben sah, sagte er: Wahrhaftig, dieser Mensch war Gottes *Sohn*.

Bei jeder „Säule" wird die Frage gestellt, wer Jesus ist: von Johannes dem Täufer (1,7), von Jesus selbst (8,27), vom Hohepriester (14,61) und von denen, die ihn verspotten (15,32). Jede Antwort verweist auf Jesu Gottessohnschaft: In den ersten beiden Fällen kommt die Antwort vom Vater (1,11; 9,7) und im dritten vom Hauptmann, der zum Glauben gekommen ist (15,39).

Eine Gliederung des Evangeliums

Es ist unmöglich, sich eine auf eine verbindliche Gliederung des Inhalts dieses Evangeliums zu verständigen. Mein Vorschlag hier dürfte in groben Zügen allgemeine Zustimmung finden. Zu beachten ist, dass die Abschnitte II, III und IV mit je einer Zusammenfassung beginnen, denen eine Berufung oder eine Wahl der Jünger folgt, und dass die Abschnitte jeweils mit einer Bemerkung über Feinschaft und/oder Unglauben enden.

I. Der Prolog (1,1–13)
   Die Überschrift (1,1)
   Die Verkündigung des Täufers (1,2–8)
   Die Taufe Jesu (1,9–11); die Erprobung Jesu (1,12 f)

II. Das frühe galiläische Wirken (1,14 – 3,6)
   Beginnt mit einer Zusammenfassung (1,14 f) und der
      Berufung der ersten Jünger (1,16–20)
   Endet mit einer Verschwörung, Jesus „umzubringen"
      (3,6)
   Inhalte:
   „Ein Tag in Kafarnaum" (1,21–45)
   Eine Abfolge von Auseinandersetzungen (2,1 – 3,6a)

III. **Das späte galiläische Wirken (3,7 – 6,6a)**
Beginnt mit einer Zusammenfassung (3,7–12) und der Wahl der Zwölf (3,13–19)
Endet mit Unglaube in Nazaret (6,1–6a)
Inhalte:
Verwandte (3,20 f); Auseinandersetzung (3,22–30); Verwandte (3,31–35);
Gleichnisse (4,1–34); drei Wunder (4,35 – 5,43)

IV. **Jesus weitet sein Wirken aus (6,6b – 8,21)**
Beginnt mit einer Zusammenfassung (6,6b) und der Aussendung der Zwölf (6,7–13)
Endet mit der „Blindheit" der Jünger (8,14–21)
Inhalte:
Die Schilderung des Todes von Johannes dem Täufer (6,14–29)
Zwei Speisungen (der Fünftausend – 6,33–44/der Viertausend – 8,1–10), jede gefolgt von einer Abfolge „Boot und Unverständnis").
Zwischen den beiden Speisungen geschieht die Hinwendung zu den heidnischen Gebieten, die durch die Auseinandersetzung über rein und unrein vorbereitet wird (7,1–23)

V. **Der Messias auf seinem „Weg" nach Jerusalem (8,22 – 10,52)**
Beginnt mit der Heilung eines Blinden in Betsaida (8,22–26)
Endet mit der Heilung eines Blinden in Jericho (10,46–52)
Inhalte:
Das Bekenntnis bei Caesarea Philippi (8,27–30); die Verklärung (8,34 – 9,1)
Die drei Leidensankündigungen (8,31–33; 9,30 f, 10,32–34)
Das Großthema dieses Abschnitts: der Preis der Nachfolge in verschiedenen Bereichen

VI. **Der Messias in Jerusalem (11,1 – 13,37)**
   Teil 1 (11,1 – 12,44)
   Beginnt mit dem Einzug in Jerusalem und in den Tempel (11,1–11)
   Endet mit einem Kommentar über die Gabe der Witwe im Tempel (12,41–44)
   Das durchziehende Thema: Wessen Autorität zählt?
   Teil 2: Die Rede Jesu über die Zukunft (13,1–37)

VII. **Jesu Passion und Tod (14,1 – 15,47)**
   Beginnt mit einer Verschwörung (14,1 f) und der Salbung Jesu durch eine Frau (14,3–9)
   Endet mit dem Begräbnis Jesu und der Totenwache von drei Frauen (15,42–47)

VIII. **Der Epilog (16,1–8)**
   Das leere Grab

Die dynamische Erzählstruktur des Evangeliums

Auch wenn es hilfreich ist, den Inhalt des Markusevangeliums in der oben dargelegten Weise linear zu sichten, legt die auffällig Weise, in der die Erzählung offen endet (16,7 f), einen dynamischeren Zugang nahe. Der Evangelist fordert seine Leserinnen und Leser auf, mit den Jüngern „zurück nach Galiläa zu gehen", damit sie die Geschichte noch einmal hören – und dann noch einmal. So gesehen ruft das Evangelium zu einer „zirkulären" Lektüre auf, in der das Zusammenspiel der – wie ich sie nenne – drei „Geschichten" über Jesus in jeweils größerem Maß gewürdigt und angeeignet werden kann.[1] So wie die Jünger im ersten Anlauf versagten, das Geheimnis

---

[1] Auch wenn ich den Aufbau etwas anders anlege, verdanke ich doch die Erkenntnis über die zirkuläre Struktur des Markusevangeliums Ched

Jesu, in das sie doch so eng einbezogen worden waren, zu erfassen, so können die Leserinnen und Leser dieses Evangeliums nicht hoffen, dieses Geheimnis durch einmaliges Zuhören oder Lesen zu durchdringen. Wie die Jünger müssen wir zurück nach Galiläa gehen, wo alles begann, um Jesus wieder auf seinem teuren Weg zu begleiten. Diesen Aspekt einer dynamischen Struktur möchte ich wieder schematisch darstellen:

Myers (Binding the Strong Man. A Political Reading of Mark's Story of Jesus, New York: Maryknoll 1988, S. 111–115).

64 Der Aufbau: Drei „Geschichten" über Jesus

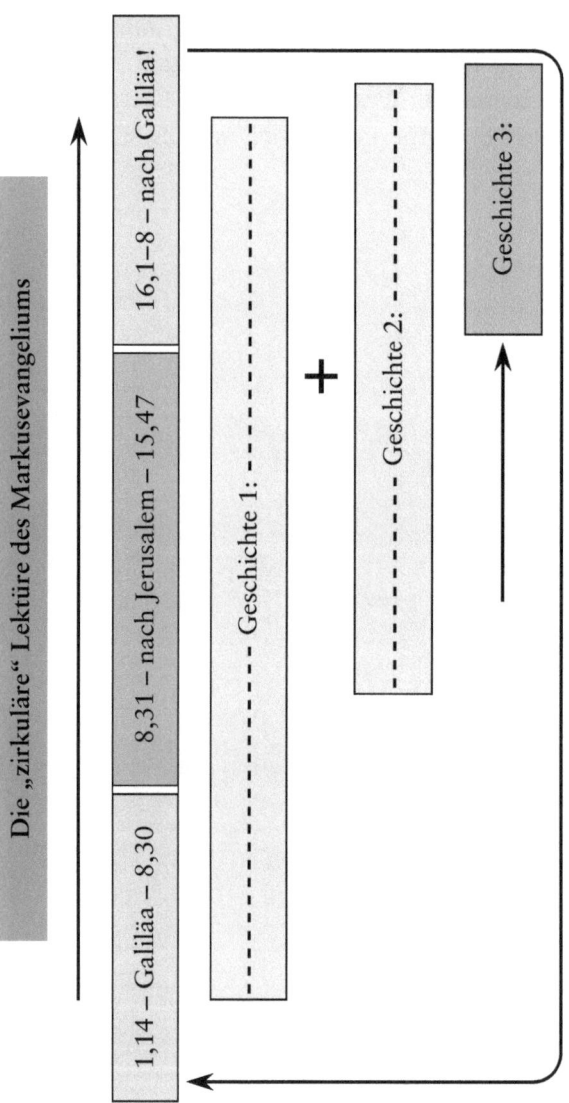

I. Der Prolog des Markusevangeliums: Der Anfang der FROHBOTSCHAFT (1,1–13)

Es fällt leicht, den Eröffnungssatz des Markusevangeliums zu überspringen: „Anfang des Evangeliums von Jesus Christus[, Gottes Sohn]" (1,1). Aber diese einfache Abfolge von Aussagen, eine Art Titel für das Evangelium, enthält entscheidende Signale für das Darauffolgende. Der Titel und ein dem Propheten Jesaja zugeschriebenes Schriftzitat in den beiden folgenden Versen (1,2 f) wirft uns direkt in die Vorstellungswelt des Evangeliums mit deren wichtigsten Aspekten hinein, die ich schon in einem der früheren Kapitel skizziert habe. Wenn wir nicht von Anfang an unsere Lektüre dieses Textes mit einem Verständnis dieser Welt zusammenbringen, dann geht vieles von dem, was uns Markus sagen will, einfach an uns vorbei.

„Anfang des Evangeliums ..." (1,1)

Innerhalb des vom Evangelium vorausgesetzten Weltbildes ist der Eröffnungssatz „Anfang des Evangeliums" (*archē tou euangeliou*) äußerst vielsagend. Fangen wir mit dem Wort „Evangelium" an. Es handelt sich um einen der Lieblingsausdrücke des Evangelisten; er benutzt dieses Wort siebenmal (1,1.14.15; 8,35; 10,29; 13,10; 14,9), während es im viel längeren Matthäusevangelium nur viermal und es bei Lukas und Johannes gar nicht vorkommt.[1] Für das christliche Sprechen

---

[1] Lk hat die Verbform „die frohe Botschaft verkünden" (*euangelizesthai*) zehnmal.

ist das Wort „Evangelium" so zentral, dass es seines ursprünglichen Inhalts ganz entleert wurde. Wenn wir von dem gepackt werden wollen, was Markus in seinem Eröffnungssatz seinen Leserinnen und Lesern signalisiert, dann müssen wir uns bei unserer Lektüre des Wortes „Evangelium" die besondere Bedeutung bewusst machen, die es im Laufe der Zeit bekommen hat: Von seinen Ursprüngen in den Texten des Deutero-Jesaja, die die „Frohe Botschaft" von Israels Befreiung aus der Gefangenschaft in Babylon verkünden (Jes 40,9; 52,7; 61,1; usw.), bis zu seinem Gebrauch in apokalyptischen Kreisen des Judentums vor der Entstehung des Christentums als Hinweis auf eine spätere Gefangenschaft, nämlich auf die durch das Dämonische.

Anstatt die einleitenden Untersuchungen über das dem Markusevangelium zugrunde liegende Weltbild zu wiederholen, setze ich diese voraus. Erlauben Sie mir, einfach vier wichtige Gedanken in Erinnerung zu bringen, die das Wort „Evangelium" angesichts dieser Entwicklung beinhaltet:
1. Die „Frohe Botschaft" ist eine Botschaft der Befreiung aus der Gefangenschaft, besonders aus der Gefangenschaft durch die Herrschaft des Dämonischen;
2. die Befreiung kommt zustande, weil ein neues Zeitalter angebrochen ist, in dem die Herrschaft des Gottes Israels („Reich Gottes") die versklavende Macht Satans und des Dämonischen allgemein verdrängt und ersetzt;
3. die Verkündigung der „Frohen Botschaft" und besonders die Befreiung selbst ist das Werk eines von Gott Beauftragten, der mit dem Geist für diese Aufgabe „gesalbt" ist („Messias"); und
4. zur Befreiung gehört die Versöhnung mit Gott (Sühne der Sünden).

Alle diese Motive kommen in der vor uns liegenden Erzählung vor.

Was aber meint Markus mit dem Ausdruck „Anfang (*archē*) des Evangeliums"? Oder, um genauer zu sein, wie weit hinein in den Text oder in die Geschehen, von denen dieser berichtet, reicht dieser „Anfang"? Auf der einen Seite kann sich „Anfang" auf das Zeugnis Johannes des Täufers (1,2–8) beziehen, das das Vorspiel für den Auftritt Jesu ist, dem Verkünder und eigentlichen Mittelpunkt des EVANGELIUMS. Oder der Ausdruck verweist auf den ganzen Prolog, also alles, was vor dem öffentlichen Wirken stattfindet (1,1–13). Schließlich kann sich „Anfang" auch auf die gesamte Erzählung bis zur Entdeckung des leeren Grabes und den Auftrag des Engels an die Frauen beziehen (16,7).

Es ist erhellend, wenn wir den Inhalt des Wortes „Evangelium" betrachten, wie es in den Briefen des frühesten christlichen Autors, des Apostels Paulus, vorkommt. Am Anfang seines Briefes an die Römer stellt sich Paulus selbst als einen Apostel vor, „ausgesondert, das Evangelium zu verkünden" (Röm 1,1), um dann ein frühes christliches Glaubensbekenntnis zu zitieren, das den Inhalt des „Evangeliums" wiedergibt:

(das Evangelium) über seinen Sohn,
der aus der Nachkommenschaft Davids gekommen ist
  dem Fleische nach,
und als Sohn Gottes in Kraft eingesetzt
  dem Geiste der Heiligkeit nach
auf Grund der Toten-Auferstehung:
Jesus Christus, unseren Herrn (Röm 1,3 f Elberfelder Bibel)

Während Paulus anfangs vom „Evangelium Gottes" (1,1) spricht, steht ausschließlich die Person Jesu Christi im Mittelpunkt dieser Glaubensaussage. Dessen „Karriere" wird in zwei Stufen beschrieben: seine menschliche Herkunft von David gibt ihm als möglicher Messias die notwendige Beglaubigung, während seine Auferstehung von den Toten und seine Begabung mit dem Geist ihn zum Messias oder zum Sohn Gottes machen. Paulus glaubt nicht, dass Jesus erst zum Zeitpunkt seiner Auferstehung zum Sohn Gottes wurde, sondern dass seine Auferstehung den Zeuginnen und Zeugen der Auferstehung und den nach ihnen kommenden Gläubigen offen seinen einzigartigen Rang als Sohn Gottes enthüllt hat und dass damit der messianische Kampf beginnt, die Herrschaft Gottes durch den Geist zu bewirken. Im frühen christlichen Sprachgebrauch kann sich das EVANGELIUM auf die Person Jesu als die „Frohe Botschaft über Jesus Christus" (Röm 1,3 f; 1 Kor 15,3–5) konzentrieren, während sie gleichzeitig die „Frohe Botschaft Gottes" bleibt (1 Thess 2,2.8.9; Röm 1,1; 15,6; Mk 1,14), weil alles Geschehen durch und um Jesus förderlich ist, den ursprünglichen Willen des Schöpfers für die Menschen und die Welt zu verwirklichen.[2]

Dieser Exkurs zum paulinischen Verständnis des „EVANGELIUMS" hat uns in eine bessere Lage versetzt, um zum Eröffnungssatz des Markusevangeliums zurückzukehren und zu der Frage, warum es „Anfang" (griechisch: *archē*) des EVANGELIUMS heißt. Wenn für Paulus – und vermutlich für die anderen christlichen Autorinnen und Autoren sowie die Verkünderinnen und Verkünder vor Markus – das Herzstück des „EVANGELIUMS" die Frohe Botschaft darüber war, dass Gott Jesus von den Toten erweckt und dessen messianische Herrschaft durch den Geist errichtet hat (Röm 1,3 f), dann könnte das, was Markus am Anfang seines Werkes sagen will, Folgendes sein: „Ihr glaubt an die grundlegende Frohe Botschaft über Jesus den Gekreuzigten: dass ihn Gott von den Toten auferweckt und ihn als Messias und Sohn Gottes geoffenbart hat. Jetzt werde ich euch erzählen, wie Jesus in seinem Lehren und Handeln bis zu seinem Tod am Kreuz diese messianische Herrschaft nach seiner Auferstehung vorweggenommen hat. Mit anderen Worten: Ich erzähle euch, wie alles *anfing*." Die Absicht von Markus bei all dem besteht nicht allein darin, Informationen über Jesus weiterzugeben, sondern die wahre Weise der Nachfolge Christi zu zeigen, die durch den messianischen Dienst seines irdischen Lebens Gestalt gewann und die alleine dazu führt, Anteil an seinem auferstandenen Leben zu haben

---

[2] Vgl. den von Paulus in 1 Kor 15,22–28 dargelegten göttlichen „Plan".

(vgl. Mk 8,34–38).³ In diesem Sinne ist die gesamte markinische Erzählung (bis hin zu Mk 16,8) der „*Anfang* des Evangeliums von Jesus Christus, Gottes Sohn."⁴ Das gesamte Wirken Jesu, angefangen von seiner Taufe durch Johannes den Täufer, nimmt die einzigartige und (im üblichen jüdischen Verständnis) ganz unvorhersehbare Weise vorweg, in der er der Messias sein wird, und zwar nicht nur für Israel, sondern zum Wohl aller Völker der Welt (vgl. 13,10). Über das Verständnis des Eröffnungssatzes kann viel gesagt werden.⁵ Ich glaube aber nicht, dass mit dem Bezug von „Anfang ..." auf die ganze Erzählung ein besonderer Hinweis auf das Wirken Johannes des Täufers (1,2–8) ausgeschlossen wird. Dies deshalb, weil, wie das Schriftzitat der nächsten beiden Verse zeigt, das Auftreten des Täufers in der Wüste und sein „Rufen" dort (VV 4–8) eine Erfüllung von Jes 40,3 ist, der „Anfang" des göttlichen Eingreifens, von dem die ganze „Frohe Botschaft" handelt.

---

³ Vgl. M. Eugene Boring, Mark. A Commentary (NTL), Louisville und London: Westminster John Knox 2006, S. 31 f und S. 37 f.
⁴ Der Ausdruck „Sohn Gottes" fehlt in einigen bedeutenden frühen Handschriften (besonders dem Codex Sinaiticus), eine Auslassung, die schwer zu begründen wäre, wenn er ursprünglich im Text stand. Alles in allem glaube ich, dass dieser Ausdruck anfangs fehlte. Der Einschub ist allerdings nicht unpassend, weil Jesus für Markus deutlich der „Sohn Gottes" ist, wie die göttliche Stimme im Anschluss an seine Taufe bezeugen wird (1,13). Die Auslassung des Titels an dieser Stelle macht die himmlische Anerkennung umso machtvoller, wenn sie sich nach der Taufe ereignet. Für eine Erörterung, siehe Moloney, Mark, S. 29, Fußnote 11.
⁵ Vgl. Joel Marcus, Mark 1–8. A New Translation with Introduction and Commentary (AB 27), New York: Doubleday 2000, S. 146; siehe auch Boring, Mark, S. 29.

Das Auftreten und das Zeugnis Johannes des Täufers (1,2–8)

Die Tatsache, dass Markus nicht direkt auf das Auftreten des Täufers verweist, sondern zuerst die Weissagung aus der Schrift so zitiert (VV 2 f), dass ihre Aussage gewichtiger wird, zeigt die hohe Bedeutung, die der Evangelist diesem Verweis auf Jesaja gibt.[6] Dieser Hintergrund aus dem Propheten Jesaja ist für Markus so wichtig, dass er ein Mischzitat erstellt und dieses Jesaja zuschreibt, dessen erster Teil (V 2: „Siehe, ich sende meinen Boten vor dir her, der deinen Weg bahnen wird") gar nicht dem Propheten entnommen ist, sondern – mit einigen Einflüssen von Mal 3,1 – aus Ex 23,20 kommt.[7] Man kann leicht diese Zuweisung des Ganzen an Jesaja der Sorglosigkeit oder Unwissenheit des Markus zuschreiben.[8] Ein solches Urteil ist sehr wahrscheinlich falsch. Es gelingt ihm aber nicht, zwei Dinge anzuerkennen: Erstens, dass Mischzitate, die einem einzigen biblischen Autor zugeschrieben wurden, in der Literatur der damaligen Zeit, das Neue Testament eingeschlossen (vgl. z. B. Mt 27,9 f), nicht ungewöhnlich waren; zweitens und viel bedeutsamer verkennt es die Bedeutung von Jesaja, besonders von Jesaja 40 – 55, als „Träger" der Hoffnung auf das messianische Zeitalter. Es ist nicht so, dass die Schriftstelle dem Auftreten des Täufers dient. Vielmehr stellt der Evangelist heraus, dass das Auftreten des Täufers

---

[6] Die Syntax in den VV 1–4 ist überhaupt nicht klar. Ich glaube, es ist am besten, V 1 als eine für sich stehende Überschrift zu betrachten, und dann VV 2–4 als einen zusammengesetzten Satz, in dem VV 2 f einen adverbialen Teilsatz bilden, der betont, dass das Auftreten des Täufers (V 4) mit der Verheißung Jesajas übereinstimmt.

[7] Der erste Teil der Aussage stimmt genau mit der Septuagintafassung von Ex 23,20a überein; der zweite Teil („der deinen Weg bahnen wird") ist näher an der hebräischen Fassung von Mal 3,1.

[8] Matthäus und Lukas lassen beide an dieser Stelle (Mt 3,3; Lk 3,4) den auf Ex 23,20/Mal 3,1 zurückgehenden Teil des Zitats weg und fangen direkt und „richtig" mit Jes 40,3 an. Ohne weitere Zuschreibung taucht der Text Ex 23,20/Mal 3,1 in einem anderen Zusammenhang auf, nämlich in den Worten Jesu über den Täufer (Mt 11,10; Lk 7,27 [= „Q"]).

ein Zeichen dafür ist, dass der von Jesaja beschriebene und lang erwartete göttliche Eingriff begonnen hat.

Der zweite Bestandteil des Schriftzitats (V 3: „Stimme eines Rufers in der Wüste: Bereitet den Weg des Herrn! Macht gerade seine Straßen!") zitiert die griechische Septuagintafassung von Jes 40,3 fast genau.[9] Der Text steht – natürlich – am Anfang der Botschaft (Deutero-)Jesajas über die Befreiung. Sein Vorkommen in der Literatur verschiedener jüdischer Bewegungen kurz vor dem Entstehen des Christentums[10] beweist, dass er ein bedeutender Träger der Hoffnung auf einen göttlichen Eingriff war, die in allen jüdischen Strömungen dieser späten Zeit gepflegt wurde. In diesem größeren Rahmen bestätigt das Vorkommen dieses Zitats hier die Auffassung, dass Markus nicht nur die Ankunft des Täufers, sondern die Ereignisse in ihrer gesamten Fülle, von denen seine Erzählung berichtet, als endgültige Erfüllung all dessen betrachtet, was Jesaja verheißen hat (Jes 40 – 55). Im späten sechsten Jahrhundert v. Chr. griff (Deutero-)Jesaja die Exodus-Tradition auf, die von JHWH's grundlegendem befreienden Handeln für Israel erzählte, um ein neues Handeln zu beschreiben, das das babylonische Exil aufheben würde. In Übereinstimmung mit einer späteren Entwicklung der Tradition zeichnet Markus die Ereignisse, die er erzählen möchte, als die wahre und endgültige Inkraftsetzung des von Jesaja verkündeten „Neuen Exodus".[11] Vermutlich ist das der Grund, warum Markus es

---

[9] Der einzige Unterschied besteht darin, dass Markus den Ausdruck „die Wege des Herrn" durch den einfachen Ausdruck „seine Wege" ersetzt hat.

[10] Besonders in den Schriftrollen vom Toten Meer (Qumran), die das grundlegende Selbstverständnis der Gemeinschaft darlegen: 1 Q S (Gemeinderegel) 8,12b-16a; vgl. 9,17b-20; vgl. auch die Psalmen Salomos 11.

[11] Rikki Watts stellt dies gut dar: „Die Weise, wie Markus die Zuschreibung Jesajas gebraucht, und die ikonische Funktion des Textes Jes 40,3 in den verschiedenen jüdischen Strömungen sind ein Hinweis darauf, dass der alles umfassende konzeptionelle Rahmen seines Evangeliums Jesajas Neuer Exodus ist, die prophetische Umwandlung von Israels Er-

als passend betrachtete, seinem ganzen Projekt die vom Propheten Jesaja herrührende Bezeichnung „Evangelium" zu geben.

Zusammengehalten wird dieses dem Jesaja zugeschriebene Mischzitat natürlich durch das Wort „Weg" (griechisch: *hodos*), das alle drei erfassten Texte (Ex 23,20; Mal 3,1; Jes 40,3) gemeinsam haben. Für das Evangelium ist „Weg" ein ganz wesentlicher Begriff.[12] Die ganze Erzählung ist nicht weniger als ein Kommentar zum befreienden „Weg des Herrn", den Jesaja vorhergesagt hat, auch wenn der „Weg", so wie ihn Jesus nehmen wird, gemäß der üblichen Erwartung ganz unvorhersehbar war.

In der ursprünglichen Bedeutung des in den VV 2f zitierten Textes wird der Weg in erster Linie (Ex 23,20) Israel bereitet, damit es in das verheißene Land komme, und erst in zweiter Linie (Mal 3,1 und Jes 40,3) JHWH, Israels Gott. In dem von Markus zusammengefügten Zitat handelt es sich bei dem „Herrn", dem der Weg bereitet wird, genau um den gerade Genannten: „Jesus Christus, der Sohn Gottes" (1,1). Schon an der Schwelle zum Evangelium zeigt sich also eine ausgeprägte Christologie. Jesus wird nicht mit Gott gleichgesetzt, aber er soll den Namen „Herr" (griechisch: *kyrios*) tragen, der die Anwesenheit und Macht JHWHs bezeichnet (vgl. Phil 2,9–11). Dadurch, dass dem Zitat aus Jes 40,3 der Text aus Exodus vorangestellt wird, wird außerdem das ganze Zitat zu einer Botschaft des Herrn (JHWH) an diesen anderen „Herrn". So wie JHWH in Ex 23 verheißen hat, einen „Boten" (Schutzengel) Israel voraus in das verheißene Land zu schicken, so macht Gott die gleiche Zusicherung diesem Messias und Herrn und legt die biblische Grundlage (V 3), um

---

innerung an seinen Gründungsmoment in ein Modell seiner zukünftigen Hoffnung." (ders., Isaiah's New Exodus, S. 90)
[12] Vgl. Mk 2,23; 4,4.15; 6,8; 8,3.27; 9,33f; 10,17.32.46.52; 11,8; 12,14.

Johannes den Täufer als denjenigen zu erkennen, der diese Aufgabe übernehmen wird.

Ich hoffe, dass nun deutlich geworden ist, wie viel diese vielschichtige, aber kurze Einleitung aus der Schrift (VV 2 f) uns über das Thema der Erzählung sagt, das im Folgenden entfaltet wird. Er ist der Messias (V 1). Er ist der „Herr", der den von Jesaja abgesteckten rettenden „Weg" beschreiten wird. Durch das Zitat aus Ex 23,20 (V 2) wiederholt er auch in gewisser Weise die Aufgabe Israels: Die Person des Messias wird das Fundament eines erneuerten Volkes Gottes sein, das nicht dazu bestimmt ist, das verheißene Land vergangener Tage zu betreten (Kanaan), sondern die Fülle des Heils zu erlangen, die mit dem Anbruch der Herrschaft Gottes verbunden ist.

Die fünf Verse (4–8), die vom Auftreten und von der Botschaft des Täufers handeln, bilden also mit dem Zitat, das dem Propheten Jesaja zugeschrieben wird (VV 2 f), ein zusammenhängendes Ganzes. Die „Verkündigung" des Täufers in der Wüste (V 4), ist die „Stimme", von der Jesaja als Stimme eines „Rufers in der Wüste" sprach (V 3). Die Taufe der Umkehr, die er verkündet (V 4), und die große Resonanz, die diese hervorruft (V 5), bilden den „Weg", der dem Herrn bereitet wird. Der „Weg" ist hier aber kein physischer Weg in dem Sinn, dass es sich um eine glatte Straße durch eine Wüstenlandschaft handelt (wie bei Jesaja). Es handelt sich um einen Weg, der im menschlichen Herzen „gerade gemacht" wird: die Bereitschaft zur Umkehr und zur Bekehrung, die es der Botschaft und dem Wirken des Herrn öffnet.

All das ruft Markus durch eine sehr sorgsame Zusammenstellung dieser Verse hervor. Die VV 4 f sprechen von der Verkündigung des Täufers (*kēryssein* – V 4) und der Reaktion, die diese hervorruft (V 5); V 6 beschreibt seine Kleidung und seine Nahrung; die VV 7 f sprechen (in „rahmender" Weise) von einem neuen Aspekt seiner Verkündigung (*kēryssein*): sein Hinweis auf einen Kommenden, der „stärker" ist als er selbst.

Auf den ersten Blick wirkt die Beschreibung der Kleidung und der Nahrung des Täufers seltsam platziert – als handele es sich um einen Nebengedanken, der unmittelbar nach der Erwähnung vom Auftritt des Täufers in V 4 passender eingefügt worden wäre. Tatsächlich spielt diese Bemerkung aber eine entscheidende Rolle im Übergang zu der neuen Phase in der Verkündigung des Täufers in VV 7f. Seine Erscheinung – gekleidet in Kamelhaar (wahrscheinlich ein Mantel, der aus Kamelhaar gemacht war) und der Ledergürtel um seine Hüfte – erinnern an die Beschreibung des Propheten Elija in 2 Kön 1,8. Markus setzt Leserinnen und Leser voraus, die mit dieser biblischen Geschichte vertraut sind, in der sich der kranke König Ahasja nach dem Aussehen des Mannes erkundigt, dem seine Boten auf der Straße begegnet sind, und der, nachdem ihm die Kleidung beschrieben wurde („er trug einen Mantel aus Ziegenhaaren und hatte einen ledernen Gurt um die Hüften"), ausruft: „Das ist Elija, der Tischbiter!" (V 8b Zürcher Bibel). Markus möchte, dass die Leserinnen und Leser, die von der Kleidung des Täufers hören, genauso ausrufen: „Das ist Elija, der Tischbiter!"[13] Anders formuliert, deutet der Text an, dass für Johannes die Rolle des wiederkommenden Elija vorgesehen ist, also des Propheten, der nicht wirklich starb (2 Kön 2,9–12) und von dem man auf der Grundlage von Mal 4,5f (vgl. Mal 3,1 und dessen Anspielung in Mk 1,2) hoffte, dass er als Vorläufer des Messias vor dem „Tag des Herrn" zurückkehren würde.[14]

---

[13] Weniger einfach ist es, die Einzelheiten über die Nahrung des Täufers (V 6c) einem erkennbaren Muster zuzuordnen. Bei der genannten Verpflegung – Heuschrecken und wilder Honig – handelt es sich um typische Wüstenspeise; das verstärkt den Eindruck von Johannes als einer asketischen prophetischen Gestalt, die zu Umkehr und Erneuerung in der Umgebung – der Wüste – aufruft, wo Israel seine intensivste Erfahrung mit Gott hatte.
[14] Während es Belege für die Erwartung der Rückkehr des Elija vor dem „Tag des Herrn" gibt (Sir 48; äthHen 90,31), kann die Verbindung dieser Erwartung mit der Ankunft des Messias in jüdischen Kreisen außerhalb

Das Bewusstsein, dass Johannes die Rolle des wiederkommenden Elija einnimmt (vgl. 9,13), hat natürlich einen sehr veränderten Inhalt in der zweiten Phase seiner Verkündigung zur Folge (VV 7f). Hier verweist Johannes darauf, dass nach ihm ein „Stärkerer" (*ho ischyroteros*) kommen wird. Mit einem plakativen Vergleich verdeutlicht er seine grundsätzliche Unterlegenheit gegenüber dieser Gestalt: zwar konnten Schüler als Ausdruck ihres Respekts die Sandalen ihres Lehrers tragen; sich zu beugen und sie aufzubinden war aber eine Aufgabe, die nur Sklaven ausführten. Doch in der Beziehung zu demjenigen, auf dessen Kommen er hinweist, hält sich Johannes noch nicht einmal dessen für würdig.

Gegenüber Johannes ist also Jesus der „Stärkere". In einer Auseinandersetzung mit Schriftgelehrten über den Ursprung seiner Macht Dämonen auszutreiben, wird Jesus später in der Erzählung sich selbst als einen Einbrecher beschreiben, der das „Haus" eines „starken Mannes" (Satan) betreten, ihn fesseln und seine Sachen rauben kann (3,27). Dann begreifen wir, dass Jesus auch gegenüber dem Dämonischen der „Stärkere" ist. Das „Haus" dieser Welt ist in die Hände Satans, des „Starken" gefallen. Jesus ist der „Stärkere", der gekommen ist, um Satan (durch seine Dämonenaustreibungen) zu fesseln und dessen „Haus" so zu „plündern", dass er die Menschen und ihre Gesellschaft für das Reich Gottes gewinnt.

Schließlich beschreibt Johannes den Unterschied zwischen ihm und dem Kommenden hinsichtlich der Taufe (V 8). Die Taufe, die er verkündet und vollzieht, ist eine körperliche Handlung – das Eintauchen in Wasser – als Ausweis einer inneren Haltung der Umkehr und der Herzensänderung.[15] Es

---

des christlichen Schriftguts schwer nachgewiesen werden. Die Frage der Jünger in Mk 9,11 („Warum sagen die Schriftgelehrten, zuerst müsse Elija kommen?") bestätigt, dass Jesus dieser Überzeugung anhängt, die kurz vor dem Tod Jesu im Evangelium wieder sichtbar wird (15,35f). Zu Weiterem, s. Watts, Isaiah's New Exodus, S. 74f.

[15] Die Taufe des Johannes, die sowohl vom jüdischen Geschichtsschreiber Josephus (Jüdische Altertümer 18,116–119) als auch von neutesta-

handelt sich insofern um eine „Taufe der Umkehr *zur Vergebung der Sünden*" als die Empfangenden durch sie auf die Erfahrung der göttlichen Vergebung vorbereitet werden, die der Stärkere mit Vollmacht aussprechen wird (2,5). Dieser wird in der Weise „mit dem Heiligen Geist taufen", dass er die vollkommene Erneuerung herbeiführt, die der Prophet Ezechiel als etwas beschreibt, das durch die göttliche Macht im messianischen Zeitalter erlangt wird:

> Ich nehme euch heraus aus den Nationen, ich sammle euch aus allen Ländern und ich bringe euch zu eurem Ackerboden. Ich gieße reines Wasser über euch aus, dann werdet ihr rein. Ich reinige euch von aller Unreinheit und von allen euren Götzen. Ich gebe euch ein neues Herz, und einen neuen Geist gebe ich in euer Inneres. Ich beseitige das Herz von Stein aus eurem Fleisch und gebe euch ein Herz von Fleisch. Ich gebe meinen Geist in euer Inneres und bewirke, dass ihr meinen Gesetzen folgt und auf meine Rechtsentscheide achtet und sie erfüllt (Ez 36,24–27):

Im Unterschied zu Matthäus und Lukas lässt uns Markus keine Botschaft des Johannes zu unserer Bekehrung (Mt 3,7–10.12; Lk 3,7–9.17f) oder unserer moralischen Unterweisung (vgl. Lk 3,10–14) hören. Bei Markus hat Johannes allein die Aufgabe, auf Jesus hinzuweisen und seinen Rang und seine Aufgabe in ihrer Einzigartigkeit hervorzuheben. Diese einfache markinische Beschreibung betont aber die Notwendigkeit eines umkehrwilligen Herzens. Das ist der einzige „Weg",

mentlichen Quellen bezeugt wird, hat gewisse Ähnlichkeiten sowohl zur späteren Praxis der Proselytentaufe von Nichtjuden, die Juden wurde, als auch zu den regelmäßigen Reinigungsritualen der Gemeinschaft von Qumran. Es ist aber schwer, etwas annähernd Vergleichbares im jüdischen Zusammenhang zu finden, insbesondere in der Bedeutung eines einmaligen Rituals, das von einer einzelnen prophetischen Gestalt (Johannes) im Zusammenhang mit dem Aufruf zur Erneuerung angesichts des kurz bevorstehenden Gerichts ausgeführt wurde. Für eine umfassende Diskussion der wahrscheinlichen Bedeutung des Taufens bei Johannes, siehe John P. Meier, A Marginal Jew. Bd. 2: Mentor, Message, and Miracles, New York: Doubleday 1994, S. 49–56.

auf dem der Messias „kommen" und die verheißene Rettung bewirken kann. Mit „Herzenshärte" statt Umkehr wird dagegen die befreiende Lehre Jesu missverstanden und abgelehnt. Sobald sich die Erzählung entfaltet, wird dies immer wieder bestätigt.

Mit diesen kurzen Sätzen (VV 2–8) hat Markus den Platz des Täufers im Heilsplan bestimmt und eingeordnet. Sein Auftreten und seine Verkündigung, seine im beschriebenen Sinn Bereitung des „Weges" und seine Rolle als wiedergekommener Elija: All dies ist die Erfüllung von Kernelementen des in Jesaja beschriebenen Plans, der die Ankunft des Herrn ankündigt. Sie zeigen alle an, dass sich der Plan gemäß dem (in der Schrift) vorangekündigten Entwurf entwickelt und dass die Bedingungen erfüllt sind, damit der Beauftragte, Jesus, erscheinen kann. Dank dieser Einladung wissen wir schon jetzt viel über ihn, wenn er die markinische Bühne betritt.

Jesu Taufe und Salbung mit dem Geist (1,9–11)

Die Szene, in der Jesus im Markusevangelium zum ersten Mal auftritt, wird normalerweise mit „die Taufe" überschrieben. Doch das, was direkt nach der Taufe Jesu durch Johannes geschieht (VV 10 f), macht diese Geschichte zu einer der „Säulen" der markinischen Erzählung. Die Stimme aus dem Himmel verdeutlicht – für Jesus selbst und für uns als Leserinnen und Leser – die Wahrheit, die ich „Geschichte 1" genannt habe: dass Jesus der Messias und Gottes geliebter Sohn ist.

Auch wenn das Hauptaugenmerk auf dem Augenblick der Offenbarung liegt, darf uns doch eine zu große Vertrautheit mit der Geschichte nicht gegenüber der außergewöhnlichen Eigenart des in Vers 9 erzählten Geschehens abstumpfen lassen. Aus der Vorbereitung durch die Schrift (VV 2 f) und der Verkündigung durch den Täufer (VV 7 f) wissen wir, dass derjenige, der sich der Taufe unterwirft, der „Herr" ist, dem nach

Jesaja ein „Weg" bereitet werden muss, und dass er auch jener „Stärkere" ist, für den auch nur die niedrigsten Dienste auszuführen Johannes der Täufer, der verehrte Prophet, sich als nicht würdig betrachtet. Und doch erscheint dieser Protagonist aus der unscheinbaren Stadt Nazaret in Galiläa ganz einfach als jemand in der Menge der umkehrwilligen Israeliten, die zu Johannes wegen der Taufe kommen. Während Matthäus auf den Missklang aufmerksam macht, der sich daraus ergibt, dass Jesus von Johannes die Taufe empfängt und einen kurzen Dialog zwischen den beiden einfügt, um die Sache zu lösen (Mt 3,14f), und während sich Lukas aufs beste bemüht, dass wir den Vorgang kaum zur Kenntnis nehmen, indem er ihn in einem Nebensatz versteckt (vgl. Lk 3,21b), lässt Markus diese beiden Fakten einfach in provozierender Disharmonie nebeneinander stehen: (1) Jesus ist der Herr, dessen befreiende Ankunft Jesaja verheißen hat; (2) sein erster Auftritt geschieht in Solidarität mit tausenden von anderen Menschen, die sich einem Ritus der Umkehr und Erneuerung unterziehen. Hier sehen wir zum ersten Mal das Muster eines plötzlichen Schwingens zwischen dem Menschlichen und dem Göttlichen, das ein sehr auffälliges Merkmal in der Darstellung von Markus ist.

Dieses Muster intensiviert sich mit der folgenden Epiphanie (Offenbarung des Göttlichen) in VV 10f. Genau in dem Augenblick[16], in dem er aus dem Wasser des Jordans heraussteigt, sieht Jesus – und er alleine in der markinischen Version – die Himmel „aufgerissen" (V 10a) und den Geist wie eine

---

[16] „Genau in dem Augenblick" ist ein Versuch, die Kraft des Adverbs *euthys* (wörtlich: „sofort") zu fassen, das hier zum ersten Mal (von insgesamt 41) im Markusevangelium vorkommt. (Im ganzen Neuen Testament kommt dieses Wort insgesamt 51-mal vor.) Diese Wortwahl mag ein Ergebnis der Herkunft des Evangeliums aus der mündlichen Überlieferung sein. Auch wenn es manchmal mühsam zu übersetzen ist, vermittelt es doch den Eindruck, dass alles in atemloser Eile vor sich geht: die nicht aufhaltbare Entwicklung eines göttlichen Projekts; vgl. Marcus, Mark I, S. 159.

Taube auf ihn herabkommen (V 10b). Das „Aufreißen" der Himmel (*schizomenous tous ouranous*) entspricht der in Jes 63,19 überlieferten Bitte: „Hättest du doch den Himmel zerrissen und wärest herabgestiegen". Die Bitte entstammt der Vorstellung, dass die Mauer zwischen Himmel (dem Ort Gottes) und Erde seit langer Zeit schon undurchdringlich geschlossen ist, mit der Folge einer vernichtenden „Dürre" der göttlichen Hilfe oder Zuwendung an Israel. Jesus „sieht" jetzt das Einreißen dieser Mauer, was der schöpferischen Kraft Gottes – dem Geist – erlaubt, auf ihn für eine Erneuerung Israels und der Welt herabzukommen.

Warum heißt es vom Geist, dass er „wie eine Taube" herabkam? Weil man den Geist nicht sehen kann, erläutert dieses Bild auf einer Ebene die Erfahrung Jesu ausgedrückt in Worten, was er „sehen" konnte.[17] Auf einer tieferen Ebene erinnert die „Taube" daran, wie der Geist am Anfang der Schöpfungsgeschichte über den Wassern schwebt (Gen 1,2). Das verleiht der ganzen Szene den Eindruck einer Neuschöpfung. Jesus entsteigt den Wassern des Jordans als Fundament für einen Neubeginn der Menschheit, ein neuer „Adam", in dem die ursprüngliche Absicht des Schöpfers für die Menschen endlich wahr werden kann.

In dem Augenblick, in dem er etwas sieht (den Geist in körperlicher Form), hört Jesus durch die eingerissene Mauer eine göttliche Botschaft. „Eine Stimme aus dem Himmel" verkündet: „Du bist mein geliebter Sohn, an dir habe ich Wohlgefallen gefunden" (V 11). Der erste Satz ist ein Widerhall auf den königlichen – und in diesem Zusammenhang auch messianischen – Psalm 2 (V 7). Der Vater spricht Jesus als Messias und Sohn an. Die Hinzufügung „geliebt" vermittelt die Vorstellung einer personalen Beziehung, die deutlich über die übliche messianische Erwartung hinausgeht. Es erinnert an den göttlichen Auftrag an Abraham über Isaak, den geliebten einzigen Sohn, den dieser im Gehorsam gegenüber Gottes Gebot

---

[17] Vgl. Moloney, Mark, S. 36 f.

zu opfern bereit war (Gen 22,2.12.16).¹⁸ Die wirkliche Macht dieser Anspielung wird deutlich, wenn die Geschichte 2 in Erscheinung tritt (8,31) und sich zu entwickeln beginnt. Auch wenn Jesus Gottes Sohn ist, sogar Gottes *geliebter* Sohn (vgl. auch 9,7), bewahrt ihn sein einzigartiger Rang nicht vor dem Schicksal zu leiden und zu sterben. Tatsächlich wird das, was Gott am Ende von Abraham nicht verlangt hat, Gott selbst von Gott „verlangen": das Opfer des geliebten Sohnes – etwas, das Paulus auch sah, als er in Anspielung auf Gen 22,16 schrieb: „Ist Gott für uns, wer ist dann gegen uns? Er hat seinen eigenen Sohn nicht verschont, sondern ihn für uns alle hingegeben" (Röm 8,31 f; vgl. Joh 3,16).¹⁹

Der Schlusssatz „an dir habe ich Wohlgefallen gefunden" enthält einen Anklang an den Anfang des ersten Gottesknechtsliedes in Jes 42,1–9.²⁰ Auch wenn es vielleicht verfrüht ist, in diesen Zusammenhang die ganze Theologie der Gottesknechtslieder Jesajas herauszulesen, wird das Evangelium schließlich den Tod Jesu in der Sprache des vierten Gottesknechtsliedes (Jes 52,13 – 53,12) als „Lösegeld *für viele*" deuten (10,45; vgl. 14,24). Diese Anspielung auf den Gottesknecht ist ein weiterer Hinweis darauf, dass der „Weg", den dieser geliebte Sohn Gottes beschreiten wird, die Weise des stellvertretenden Leidens beinhaltet, die (Deutero-)Jesaja in der Gestalt des Gottesknechtes beschrieb (42,1–9; 49,1–7; 50,4–11; 52,13 – 53,12).

---

[18] Vgl. Sharyn Dowd/Elizabeth Struthers Malbon, The Significance of Jesus' Death in Mark. Narrative Context and Authorial Audience, Journal of Biblical Literature 125 (2006), S. 271–297, bes. S. 273 f.
[19] Vgl. Brendan Byrne, Romans (SP 6), Collegeville (MN): Liturgical Press 1996, S. 275.
[20] Vgl. Marcus, Mark I, S. 163. Der Anklang ist viel näher an der hebräischen Fassung von Jes 42,1 als an der Septuaginta, der griechischen Übersetzung. Ganz angemessen für den Zusammenhang innerhalb des Markusevangeliums lautet der direkt darauffolgende Satz dieses Liedes: „Ich habe meinen Geist auf ihn gelegt, er bringt den Nationen das Recht" (Jes 42,1b).

Wir haben zu beachten, dass sich das griechische Verb, das das göttliche Wohlgefallen ausdrückt (*eudokēsa*), im Aorist befindet. Diese Zeitform legt nicht nur ein zeitloses göttliches Wohlgefallen am Sohn nahe, sondern eine Anerkennung des Sohnes für etwas, das gerade vollbracht wurde: die Unterwerfung Jesu unter die Taufe aus der Hand des Täufers und sein sich Gleichmachen mit der sündigen und umkehrwilligen Menge, das hinter dieser Unterwerfung steht. Hier stellt sich Jesus ganz am Anfang seines Wirkens solidarisch an die Seite der sündigen Menschheit. Dies lässt zugleich die viel radikalere Weise erahnen, in der er sich in seiner Passion und seinem Kreuz an die Seite einer sündigen und entfremdeten Welt stellen wird. An jenem Höhepunkt wird Jesus jedes göttlichen Trostes beraubt und mit einem Schrei der Verlassenheit aus seinem Mund sterben (15,34). Aber direkt nach seinem Tod geschieht ein weiteres „Einreißen" (*eschisthē*) der Mauer zwischen Himmel und Erde.[21] Der Vorhang im Tempel, der das Allerheiligste als göttliche Wohnstätte abtrennte, wird von oben bis nach unten entzweigerissen (15,38), und Jesus wird als Sohn Gottes noch einmal anerkannt, und zwar diesmal nicht vom Himmel, sondern aus einer gänzlich anderen Richtung: vom römischen Hauptmann, der die Hinrichtung überwachte (15,39). Dieser Vertreter der heidnischen Welt wird durch den Glauben der erste Begünstigte des „Weges" zwischen Himmel und Erde, der durch den Tod Jesu eröffnet wurde. Aus dieser größeren Perspektive nimmt die Taufe Jesu im Jordan und die darauffolgende göttliche Antwort (das Zerreißen des Himmels) hier am Anfang des Evangeliums („Säule 1") das tiefer gehende „Einreißen" der Mauer zwischen dem Himmel und der sündigen Menschheit vorweg, das der gehorsame Tod des Sohnes bewirken wird („Säule 3").

---

[21] Im Markusevangelium kommt das Wort „zerreißen, einreißen" (*schizein*) nur an diesen beiden Stellen vor (1,11; 15,38) und bildet damit eine „Rahmung", durch die die beiden „Säulen"-Momente am Anfang und am Ende miteinander verbunden werden.

In dieser Szene der Taufe Jesu können wir zurecht einen trinitarischen Moment erkennen, der für alles weitere Geschehen offenbarenden Charakter hat. Das „Einreißen" der Himmel wird nicht rückgängig gemacht werden. Während der ganzen Zeit des irdischen Wirkens Jesu werden die Himmel offen bleiben, manchmal sogar offensichtlich, wie z. B. bei der Verklärung (9,2–8), der „Säule 2". Der geliebte Sohn bleibt in der Gemeinschaft mit dem Vater (vgl. 1,35; 6,46) und bewirkt durch die Macht des Geistes die Befreiung aus der Herrschaft des Dämonischen gemäß seiner Sendung. Im Vorgriff auf die Passion zeigt diese Szene, dass die Macht des Geistes nichts anderes ist als die göttliche Gemeinschaft der Liebe, die sich auf der menschlichen Bühne ereignet. Die göttliche Liebe macht sich in der Person des Sohnes verwundbar gegenüber dem Bösen der Menschen. Sie erweist sich als siegreich über dieses Böse, wenn der römische Hauptmann, das Beispiel und Vorbild für alle nachkommenden Gläubigen, Jesu göttliche Herkunft bekennt, als er zum Glauben kommt (15,39).

Auch wenn es vielleicht über die unmittelbare Aussageabsicht des Textes hinausgeht, so halte ich es schließlich für gerechtfertigt zu sagen, dass die Zusage der göttlichen Liebe, die an den Sohn gerichtet ist, während er aus den Wassern des Jordan steigt, etwas ist, das er für alle Menschen empfängt. Alle, die sich mit ihm durch Glaube und Taufe vereinigen, gelangen in den Zielbereich dieser Zusage, die er empfängt. An sich selbst gerichtet können sie vernehmen: „Du bist mein geliebter Sohn, du bist meine geliebte Tochter; an dir habe ich Wohlgefallen." In der Lehre von der Dreifaltigkeit, die sich trotz allen Geheimnisses in der christlichen Überlieferung allmählich abzeichnete, geht es nicht um die Ferne Gottes. In dem trinitarischen Auftakt des Wirkens Jesu sehen wir die Himmel aufgerissen und die Dreifaltigkeit gleichsam ihre Arme öffnen, um die Menschheit in der göttlichen Gemeinschaft der Liebe zu sammeln, die das Herzstück des Gottesreiches ist.

Der Prolog des Markusevangeliums (1,1–13) 83

Die Erprobung des Sohnes (1,12 f)

Im Vergleich zu den längeren Berichten von Matthäus (4,1–11) und Lukas (4,1–13) kann man leicht den kurzen Bericht des Markus über die Erprobung Jesu in der Wüste als sehr schwach abwerten. In den beiden dieser Geschichte gewidmeten Sätzen vermittelt Markus doch eine ganze Menge. Am besten vergisst man Matthäus und Lukas und nähert sich dem markinischen Bericht in einer zu ihm passenden Weise.

Auch wenn die Geschichte normalerweise als „Versuchung" überschrieben wird, passt diese Charakterisierung besser zu der längeren Version bei Matthäus und Lukas als zu Mk 1,12 f. Das hier verwendete griechische Wort *peirazein* bedeutet sowohl „versuchen" als auch „erproben". Zwischen diesen beiden Bedeutungen müssen wir unterscheiden. Bei Matthäus und Lukas schlägt der Teufel (Satan) Jesus drei äußerlich verlockende Handlungsmöglichkeiten vor, bei denen er suggeriert, dass Jesus diese mit Blick auf seinen Rang als Sohn Gottes annehmen müsse. Der nüchterne markinische Bericht informiert uns einfach darüber, dass Jesus vierzig Tage in der Wüste war und dabei vom Satan *peirazomenos* wurde. Hier ist es besser, diesen Ausdruck mit „erprobt werden" als mit „versucht werden" zu übersetzen und an biblische Vorbilder zu denken, bei denen Gott Menschen erprobt, die in der Heilsgeschichte eine bedeutende Rolle spielen sollten. Das klassische Beispiel ist die Erprobung Abrahams durch Gott, als dieser von ihm (zumindest scheinbar) das Opfer seines einzigen Sohnes Isaak verlangte (Gen 22; vgl. Sir 44,20: „…und in der Erprobung wurde er [Abraham] treu befunden"). Das ganze Buch Ijob baut um das Handeln Gottes an dem Protagonisten einen „Erprobungs"-Rahmen, und Gott „erprobt" natürlich Israel in der Wüste nach dem Auszug aus Ägypten (Dtn 8,1–5; 13,3). Eine solche Erprobung kann eine „Versuchung" enthalten oder auch nicht; bei Abraham war das sicherlich nicht der Fall. Zur Erprobung gehört aber, dass ein Mensch in eine Grenz- oder Extremsituation gebracht wird, in der bei

Nichtvorhandensein der üblichen menschlichen Hilfsmittel und Unterstützung die Stärke seiner Anhänglichkeit an den Ruf Gottes gleichermaßen bestätigt wie auch geläutert wird. Weil Israel Gottes „Sohn" oder „Kind" ist (vgl. Ex 4,22; Dtn 14,1; Hos 11,1; usw.), beschreibt die biblische Tradition die Erprobung Israels in der Wüste durch Gott mit dem Bild der väterlichen Erprobung oder Erziehung eines Sohnes durch seinen Vater (Dtn 8,5; 32,10 [LXX]). Dies ist also der Hintergrund des Berichtes von Markus. Jesus hat gerade gesehen, wie der Geist auf ihn herabgestiegen ist und hat die Zusicherung seiner Beziehung zu Gott als Sohn erhalten. Nun durchlebt er die Erfahrung Israels, als Sohn Gottes erprobt und für die vor ihm liegende Sendung bereit gemacht zu werden. Zu dieser Sendung gehört ein aggressiver Konflikt mit den sich Gott widersetzenden Mächten und die Wiedererrichtung der Herrschaft Gottes in der Welt. Deshalb auch die Dynamik in der Sprache: „Und sogleich *treibt* ihn der Geist in die Wüste" (V 12 Zürcher Bibel)[22], um ihn vierzig Tage[23] lang für den Konflikt mit dem Dämonischen in Anspruch zu nehmen, den er später öffentlich und gesellschaftlich austragen wird.

Zu dieser Zeit der Erprobung fügt Markus noch zwei Einzelheiten hinzu. Jesus hält sich „unter den wilden Tieren" auf und „die Engel dienten ihm" (V 13c–d Elberfelder Bibel). Es

---

[22] Das Wort, das hier mit „treiben" (*ekballein*) übersetzt wird, wird im Evangelium regelmäßig verwendet, wenn Jesus Dämonen austreibt. Es erscheint in der Zeitform des Präsens, ein Beispiel für das „historische Präsens" im Markusevangelium: Ein vergangenes Ereignis wird in der Zeitform des Präsens beschrieben, um Dynamik und Dringlichkeit zu vermitteln.
[23] Die „vierzig Tage" erinnern an die Erfahrung des Mose auf dem Berg Sinai (Ex 34,28; Dtn 9,18) und die vierzigtägige Wanderung von Elija, der ebenfalls von einem Engel mit Nahrung versorgt wurde (1 Kön 19,1–8). Darüber hinaus gibt es aber keine Berührungspunkte mit diesen Gestalten, weil Markus nicht ausdrücklich erwähnt, dass Jesus fastete, und es sich bei den „vierzig Tagen" um einen üblichen biblischen Zeitraum handelt.

ist nicht klar, wie das erste Element interpretiert werden muss. Wenn Jesus mit wilden Tieren zusammenlebt, ohne dass ihm von ihnen ein Leid zugefügt wird, dann kann dies sowohl das Bild der Gemeinschaft mit Tieren hervorrufen, derer sich Adam vor seinem Fall erfreute (Gen 2,18–20) als auch die Eintracht der Welt der Tiere und der Welt der Menschen, die Texte wie Jes 11,6–9 („der Wolf findet Schutz beim Lamm, ..."), dem messianischen Zeitalter zuzusprechen scheinen.[24] Bei einer so gedrängten und offenen Bemerkung ist diese durchaus positive Interpretation der Gemeinschaft Jesu mit den Tieren kaum auszuschließen. Wahrscheinlicher ist es aber, dass dieses Element Teil des negativen Hintergrundes der Erprobungserfahrung Jesu ist.[25] Die Wüste ist sowohl der Lebensraum der wilden und gefährlichen Tiere als auch der bösen Geister. Dass Jesus „unter" diesen lebte, fügt dem Ganzen den Eindruck der Gefahr, Isolation und des Abstands von den ihm normalerweise zur Verfügung stehenden menschlichen Hilfsmittel hinzu. Das zweite Element, das von dem „Dienst" der Engel berichtet, würde dann als positives Gegengewicht erscheinen: Auch wenn der Sohn Gottes sich in einer hoch gefährlichen Situation befindet, jedes menschlichen Trostes beraubt und den dämonischen Mächten ausgeliefert ist, so hört die göttliche Sorge doch nicht auf, ihm in der Gestalt von Engeln schützend beizustehen.

In dieser frühen Phase des Evangeliums nimmt die Erprobung Jesu in der Wüste die höchste Erprobung vorweg und bereitet auf diese vor, die er als geliebter Sohn in der Passion

---

[24] Vgl. auch Jes 65,17–25, bes. V 25; Hos 2,18; syrBar 73,6.
[25] Ich verdanke hier viel John P. Heil, Jesus with the Wild Animals in Mark 1:13, Catholic Biblical Quarterly 68 (2006), S. 63–78; vgl. auch die kreative und sensible Erörterung dieses Aspektes bei Markus aus einer ökologischen Perspektive bei William Loader, Good News – for the Earth? Reflections on Mark 1:1–15, in: Norman C. Habel/Vicki Balabanski (Hg.), The Earth Story in the New Testament. Earth Bible 5, London: Sheffield Academic Presse/Cleveland: Pilgrim Press 2002, S. 28–43, bes. S. 37–40.

bestehen wird, beginnend mit seiner Angst in Getsemani (14,32–41) und endend mit dem Schrei der Verlassenheit am Kreuz (15,34). Von einem anderen frühen christlichen Autor haben wir den besten Kommentar sowohl zu der Erprobung am Anfang als auch zu dem, was noch kommen wird:

> Er hat in den Tagen seines irdischen Lebens mit lautem Schreien und unter Tränen Gebete und Bitten vor den gebracht, der ihn aus dem Tod retten konnte, und er ist erhört worden aufgrund seiner Gottesfurcht.
>
> Obwohl er der Sohn war, hat er durch das, was er gelitten hat, den Gehorsam gelernt; zur Vollendung gelangt, ist er für alle, die ihm gehorchen, der Urheber des ewigen Heils geworden (Hebr 5,7–9).

Diese Auffassung von der erzieherischen Erprobung ist eine Weise, in der das biblische Denken die Erfahrung des Leidens deutet, von der diejenigen, die sich in irgendeiner Weise der Sache Gottes geweiht haben, heimgesucht werden (vgl. Weish 3,1–9). Das ist nun nicht notwendig eine Auffassung, die der modernen Spiritualität oder Theologie als entgegenkommt. Das Konzept hier versucht dagegen der Überzeugung Ausdruck zu verleihen, dass Gottes Sorge und Schutz auch dann anwesend und sogar wirksam ist, wenn diese auf der Ebene der Erfahrung als ausgesprochen abwesend erlebt werden: wenn man sich einfach „unter wilden Tieren" aufhält, in welcher – seelischen oder körperlichen – Gestalt oder Form sie sich auch zeigen mögen. Die knappe Schilderung Jesu in einer solchen Situation, die Markus in diesem Text zeichnet, kann heute Trost spenden – so wie sie es höchstwahrscheinlich in der Situation tat, in der sich die ersten Leserinnen und Leser des Evangeliums befanden.[26]

---

[26] In dem klaren Bewusstsein, dass einige aus ihren Reihen „zu den wilden Tieren verurteilt" waren, d. h. in der Verfolgung durch Nero im Jahr 64 n. Chr. in den Zirkusarenen den wilden Tieren vorgeworfen wurden, kann der Gedanke, dass Jesus mit der dämonischen Macht in dieser Ge-

II. Das frühe Wirken in Galiläa (1,14 – 3,6)

Die Frohe Botschaft der anbrechenden Herrschaft Gottes (1,14–20)

Markus führt in das Wirken Jesu mit einer zusammenfassenden Aussage ein, die erste vieler solcher Zusammenfassungen im Evangelium:[1]

Nachdem Johannes ausgeliefert worden war,
ging Jesus nach Galiläa;
er verkündete das Evangelium Gottes
und sprach: Die Zeit ist erfüllt,
das Reich Gottes ist nahe.
Kehrt um und glaubt an das Evangelium! (1,14 f).

Diese programmatische Aussage ortet das Wirken Jesu in Zeit („nachdem Johannes ausgeliefert worden war" – V 14a) und Raum („ging Jesus nach Galiläa" – V 14b) ein. Sie zeigt Jesus als den Verkünder (*kēryssōn*) des EVANGELIUMS (V 14c), legt den Inhalt seiner Botschaft dar („die Zeit ist erfüllt, das Reich Gottes ist nahe" – V 15ab) und benennt die erwünschte Reaktion der Menschen („kehrt um und glaubt an das Evangelium" – V 15cd).

Als Erstes bemerken wir die klare Abgrenzung zwischen dem Wirken Jesu, das jetzt beginnt, und dem des Täufers, das

---

stalt konfrontiert war, für sie eine Quelle der Kraft gewesen sein; vgl. Boring, Mark, S. 48.
[1] Neben 1,14 f; vgl. 1,28; 1,32–34; 1,39; 1,45; 3,7–12; 4,33 f; 6,6b; 6,53–56.

durch seine „Auslieferung" an ein Ende gekommen ist. „Ausliefern" (*paredothē*) ist ein mehrdeutiger Ausdruck mit unheilvollen Untertönen. Auch wenn es einfach „verhaftet werden" bedeuten kann, kann es auch die Bedeutung „verraten werden" oder „dem Tod ausgeliefert werden" haben. An dieser Stelle lässt die Erzählung das Schicksal des Täufers im Unklaren, aber die negative Spur wird bestätigt, wenn wir von seiner Hinrichtung durch Herodes erfahren (6,14–29). Damit wird mit dem Ausdruck „ausgeliefert werden" ein erschreckendes Muster sichtbar: Johannes verkündete und wurde ausgeliefert (1,14); Jesus wird verkünden und ausgeliefert werden (14,10. 18–21); später (13,9–13) werden die Jünger darauf hingewiesen, dass auch sie wegen ihrer Verkündigung ausgeliefert werden. Auch wenn in dieser einleitenden Bemerkung das Wirken Jesu von dem des Täufers abgesetzt wird, gibt sie doch schon an dieser Stelle einen Hinweis darauf, dass für Jesus die Verkündigung der Frohen Botschaft nicht ohne einen Preis bleibt.

In Galiläa fängt Jesus an, das „EVANGELIUM Gottes" zu verkünden. Bei meiner Darstellung der vom Markusevangelium vorausgesetzten Weltsicht und später im Zusammenhang mit der Überschrift (1,1) erörterte ich den Widerhall, den das Wort „EVANGELIUM" innerhalb des vom Propheten Jesaja gestalteten Rahmens hervorruft. In dieser Perspektive hat jedes Wort in dieser einleitenden Zusammenfassung seinen Sinn. Die Zeit ist in dem Sinn erfüllt, dass der Augenblick (*kairos*) der Freiheit gekommen ist, von der (Deutero-)Jesaja gesprochen hat. Zur Zeit Jesu wurden die Texte Jesajas über die „Frohe Botschaft" (Jes 40,9; 52,7; 61,1 f; usw.), die ursprünglich von der Befreiung aus der babylonischen Gefangenschaft im 6. Jahrhundert v. Chr. handelten, in apokalyptischen Kreisen als Beleg für die Hoffnung auf die Befreiung aus einer tiefer reichenden Gefangenschaft gelesen: der Gefangenschaft der Menschen in der Herrschaft Satans und des Dämonischen im Allgemeinen. Jesus verkündet jetzt in der Sprache des Boten aus dem Propheten Jesaja (vgl. Jes 61,1 f) die „Frohe Botschaft", dass die Zeit dieser Gefangenschaft an ihr Ende gelangt ist.

Dabei handelt es sich zuallererst um die „Frohe Botschaft *Gottes*", weil Gott der eigentlich Handelnde dieser Befreiung ist, und weil zweitens der Hauptfaktor in der Umwandlung die Ersetzung der Herrschaft Satans durch die Gottes ist: das „Reich" oder die „Herrschaft Gottes". Das ursprüngliche Exil kam an sein Ende, als – wie es (Deutero-)Jesaja beschreibt – der Gott Israels den Göttern Babylons zeigte, dass sie „Nichtse" sind (vgl. Jes 41,21–24; 44,8–20; 45,20 f; usw.), als die Alleinherrschaft von Israels Gott über die ganze Welt deutlich gemacht wurde („Dein Gott herrscht als König!" – Jes 52,7 Elberfelder Bibel). Jetzt verwendet Jesus die gleiche Sprache, um die „Frohe Botschaft" der unmittelbar bevorstehenden Ablösung der Herrschaft Satans durch die Gottes zu verkünden. Die von ihm bewirkten Dämonenaustreibungen werden – über die mündliche Verkündigung hinausgehend – das Leben einzelner Menschen für die anbrechende Herrschaft Gottes zurückgewinnen.

Ich spreche von dem „anbrechenden" Reich Gottes, weil es sich, wie wir an der von Jesus dafür verwendeten Sprache sehen können, um etwas handelt, das „nahe" (*ēngiken*), aber noch nicht vollständig angebrochen ist. Die „Frohe Botschaft" („Evangelium") lautet, dass es ganz nahe ist, und zwar so nahe, dass es begonnen hat, das Leben der Menschen zu verändern oder zumindest dieses verlangt.

Der Aspekt der moralischen Veränderung ist ein klares Unterscheidungsmerkmal von Jesu Verkündigung des Reiches Gottes. Andere Kreise im Judentum dieser Zeit haben die Zusagen der Schrift über die kommende Herrschaft Gottes mehr im politischen oder gesellschaftlichen Sinn verstanden – insbesondere in Bezug auf die zu erlangende Freiheit und den Wohlstand für Gottes Volk in seinem eigenen Staat.[2] Während

---

[2] Zur Idee des Reiches Gottes im Judentum zur Zeit Jesu, s. Meier, A Marginal Jew Bd. 2, S. 237–288; Norman Perrin, Jesus and the Langua-

diese Aspekte nicht zwangsläufig bei dem von Jesus verkündigten Reich Gottes fehlen, machen doch die von ihm verwendeten Gleichnisse und Bilder deutlich, dass eine erneuerte Beziehung zu Gott – oder, um genauer zu sein, die erneuerte Beziehung zu Gott anzunehmen, die Gott in Freiheit anbietet – für sein Verständnis des Reiches Gottes absolut zentral ist. Auch wenn das Reich Gottes noch nicht in dem Sinn vollständig angebrochen ist, dass es alle Aspekte des Lebens verwandelt hat, so ist doch die Beziehung zu Gott, die zu seinem Reich gehört, schon im Hier und Jetzt zugänglich. Wenn es um diese Beziehung geht, ist das Reich Gottes im Wesentlichen bereits da – auch wenn das diesem Reich angemessene materielle und soziale Umfeld noch aussteht. In diesem Sinn kann man vom Aspekt des „schon, aber noch nicht" des Reiches Gottes sprechen: „schon" in der Beziehung zu Gott; „noch nicht" in Bezug auf die materielle und soziale Erneuerung der Welt.[3]

Wenn für Jesus die Beziehung zu Gott der Kerngehalt von dessen Reich ist, dann ist es leicht zu verstehen, dass das letzte Element seiner Verkündigung der Aufruf ist: „Kehrt um (*metanoein*) und glaubt an das Evangelium!" (V 15cd). Das griechische Verb *metanoein* beinhaltet eine Änderung des Denkens oder des Herzens. Hinter dem Gebrauch hier erklingen auch Untertöne des hebräischen Verbes *shûv*, das nicht nur „umdrehen" im körperlichen Sinn bedeutet, sondern auch die moralische Bedeutung von „sein Leben umdrehen", „sich bekehren lassen" hat.[4] In Kontinuität zu Johannes dem Täufer (1,4) ruft Jesus vor allem zu einer radikalen Wende weg von einem Leben unter der Herrschaft Satans auf, das sich in der individuellen Sünde kundtut. Positiv ausgedrückt ruft er die Menschen dazu auf, die Wirklichkeit der jetzt anbrechenden

---

ge of the Kingdom. Symbol and Metaphor in New Testament Interpretation, Philadelphia: Fortress Press 1976, S. 16–32.
[3] Vgl. Meier, A Marginal Jew Bd. 2, S. 289–306.
[4] Vgl. Moloney, Mark, S. 50.

Herrschaft Gottes anzunehmen und sich selbst zu erlauben, von dieser Herrschaft in Anspruch genommen zu werden.[5] Der Weg oder das Mittel, auf dem oder durch das ein Mensch sich für diese neue Wirklichkeit öffnet, ist der Glaube – hier näher ausgeführt als der Glaube an die „Frohe Botschaft" („EVANGELIUM Gottes"), die Jesus verkündet. In diesem Sinne ist der Glaube die Bereitschaft, trotz aller widersprechenden Belege (die äußeren Zeichen der Fortdauer der alten Zeit), anzunehmen, dass die von Jesaja verkündete Befreiung wirklich angebrochen ist, und dass man in das Reich Gottes und seinen kommenden Sieg durch Hingabe an diese Wahrheit in Gehorsam und Vertrauen hineingezogen werden kann. Der menschliche Glaube ist tatsächlich ein Weg, über den die verändernde Macht des Reiches Gottes im Leben der Menschen und der Welt wirksam wird. Wie das Evangelium noch zeigen wird, ist diese Macht dort eingeschränkt, wo der Glaube fehlt (Mk 6,1–6a); wo aber der Glaube vorherrscht, kann die Umwandlung – die körperliche Umwandlung (Heilung) eingeschlossen – stattfinden. Der Aufruf zum Glauben – das letzte Element der Verkündigung Jesu – benennt den wesentlichen Teil für den Anbruch des Reiches Gottes bei den Menschen.

Die Gründung der Gemeinde des Reiches Gottes: Jesus beruft die ersten Jünger (1,16–20)

An dieser Stelle wäre es passend, wenn Jesus damit weitermachen würde, seine Verkündigung des Reiches Gottes (1,14f) direkt mit einem Frontalangriff auf das feindliche Lager umzusetzen. Doch dies wird für einen Augenblick aufgeschoben (bis 1,21–28), wenn er gleichsam beiseite tritt, um vier Jünger

---

[5] Die Erneuerung des Taufversprechens während der Osternacht wiederholt und bekräftigt diese grundlegende Antwort auf das Reich Gottes.

zu berufen. Die Tatsache, dass er gleich am Anfang eine Gemeinschaft um sich herum aufbaut, ist ein machtvolles Signal dafür, dass die Nachfolge Christi und das Leben in Gemeinschaft zentrale Inhalte dieser Geschichte sein werden.

Dieser Eindruck wird noch dadurch verstärkt, dass es sich bei den vier Männern, die er beruft, um zwei Brüderpaare handelt: Simon und sein Bruder Andreas; Jakobus und Johannes, die Söhne des Zebedäus. Die Berufung zweier Brüderpaare rückt den „Familien"-Aspekt nach vorne. Zu dieser Vier-Mann-Vereinigung mit Jesus wird gehören, die biologischen Familien und die Bindungen an diese hinter sich zu lassen, um Mitglieder einer neuen Familie zu werden, deren Vater Gott ist. Anders gesagt: In der Gemeinde des Reiches Gottes, die Jesus jetzt zu sammeln beginnt, werden oder sollen die vorrangigen Beziehungen – die mit Gott, mit Jesus und der Mitglieder untereinander – familiär sein (3,31–35; 10,29 f).[6]

Verschiedene Einzelheiten dieser Berufungsgeschichte sind der näheren Betrachtung wert. Jesus „geht vorüber"; er befindet sich auf seinem „Weg". Ihm als Jüngerin oder Jünger zu folgen, bedeutet nicht, sich unbeweglich um einen Lehrer zu versammeln, sondern sich auf einen Weg in die noch unbestimmte Zukunft zu begeben. Ferner geht er „am See" vorbei. Der See, bei dem es sich um den See von Galiläa handelt, wird ein herausgehobener Ort des Wirkens Jesu in Galiläa sein. Er wird das Symbol einer Welt unter der Herrschaft des Dämo-

---

[6] Es ist möglich, in der zweifachen Berufung ein Wiederholungsmuster zu erkennen: Jesus *geht vorbei* (V 16, V 19) und sieht (V 16, V 19) *ein Brüderpaar ihrer derzeitigen Beschäftigung nachgehen* (V 16, V 19); er *ruft* sie (V 17, V 20a); sie *lassen sofort* die Werkzeuge ihres Lebensunterhalts (V 18)/den Vater und dessen Beschäftigte (V 20a) *zurück* und *folgen ihm nach* (V 18b, V 20b); vgl. Marcus, Mark I, S. 182. Es wird häufig gesagt, dass die Berufungsgeschichte hier der Anwerbung Elischas durch Elija in 1 Kön 19,19–21 nachempfunden sei (so besonders Marcus, a.a.O. S. 183), doch gibt es kaum Wortverbindungen, und wenn überhaupt, dann ist Elischa ein Gegenmodell, weil er Elija nicht sofort nachfolgt, sondern die Erlaubnis erhält, nach Hause zu gehen und sich von seinem Vater zu verabschieden.

Die Frohe Botschaft (1,14–20)

nischen sein, aus der Menschen („Fische") für das Reich Gottes „gefangen" werden müssen. Daher die Bedeutung des Berufs – Fischer – der beiden Brüderpaare.[7] Jesus sieht vier Männer ihrer normalen Beschäftigung als Fischer nachgehen. In einer symbolischen Kontinuität dazu sieht er darunter und darüber hinausgehend eine tiefer reichende Möglichkeit der Berufung: Die Fischer am See können Fischer der Menschen für das Reich Gottes werden.[8] Neben der Kontinuität wird aber auch eine Verwandlung geschehen („Ich werde euch zu Menschenfischern machen" – V 17b). Ein großer Teil der folgenden Erzählung wird zeigen, wie Jesus versucht – anfangs mit sehr geringem Erfolg – diese Fischer vom See in Fischer des Volkes umzuwandeln.

Die Schnelligkeit, mit der jedes der beiden Brüderpaare auf diese Berufung antwortet (V 18, V 20), ist in diesem Evangelium die erste Demonstration der Vollmacht (*exousia*) Jesu. Ohne Zögern oder Feilschen lassen die Fischer einfach die Werkzeuge ihres Berufs hinter sich und folgen ihm nach. Das erste Brüderpaar, Simon und Andreas, lässt die Netze zurück, die sie in den See geworfen haben; sie müssen eine neue Form des Netze-Auswerfens lernen, um Fische für das Königreich zu fangen. Bei den Zebedäussöhnen ist der Familienaspekt sehr auffällig: Jakobus und Johannes verlassen ihren Vater und die Gemeinschaft mit dem von ihm angestellten Männern im Boot, wie immer auch diese Gemeinschaft beschaffen gewesen sein mag. Im neuen Boot – der Kirche –, von dem aus sie fi-

---

[7] John R. Donahue und Daniel J. Harrington, The Gospel of Mark [SP 2], Collegeville [MN]: Liturgical Press 2002, S. 76) sehen einen unterschiedlichen Rang bei den beiden Brüderpaaren. Simon und Andreas werfen die Netze – es handelt sich hierbei um runde Wurfnetze (griechisch: *amphiballein*) – vom Ufer aus; die Familie des Zebedäus ist reich genug für den Besitz eines Bootes und die Beschäftigung angestellter Männer.

[8] Das Bild „Menschen fischen" hat einige Vorläufer im Alten Testament (Jer 16,16f; Am 4,2; Ez 19,4f), die aber alle sehr negativ ausfallen; gleiches gilt für den Kommentar zu Hab 1,14–17 im Habakuk-Kommentar aus Qumran: 1 Q pHab 5,12–14 (vgl. auch 1 Q H 5[13],7f).

schen werden, haben sie einen Vater (im Himmel) und Mitarbeitende, die aber keine Dienerinnen oder Diener sind, sondern Brüder und Schwestern im Herrn (vgl. 3,33–35; 10,28–30). Durch die Berufung dieser vier Männer gründet Jesus eine Gemeinschaft, die dazu bestimmt ist, sich zusammen mit ihm der familiären Vertrautheit mit Gott zu erfreuen (vgl. 1,11), die für das Reich Gottes ganz charakteristisch ist.

Ein „Tag" in Kafarnaum
(1,21–45)

Nach den Vorbereitungen beginnt Jesus sein messianisches Wirken in einer Abfolge von Szenen, die in der am See Gennesaret gelegenen Stadt Kafarnaum oder in deren Umgebung spielen (1,21–38). Das Ganze geschieht im Verlauf eines einzigen sehr langen „Tages", den Markus als typisch für das Wirken betrachtet, das jetzt einsetzt.

Ein erster Sieg über das Dämonische:
Jesus lehrt in einer Synagoge (1,21–28)

Allgemein kann man über alle vier Evangelien sagen, dass die Weise, wie jeder der Evangelisten den Anfang des öffentlichen Wirkens Jesu darstellt, in dem Sinn programmatisch ist, dass jeder die Aspekte hervorhebt, die er für den weiteren Gang des Evangeliums als die bedeutendsten betrachtet.[1] Markus stellt da keine Ausnahme dar, wenn er das öffentliche Wirken Jesu mit einer Szene beginnen lässt, die Jesus als Lehrer und Dämonenaustreiber darstellt.

Die Struktur dieser Geschichte setzt diese beiden Aufgaben in eine enge Parallele. Vers 21 eröffnet die Szene: Zusammen mit den Jüngern, die er gerade berufen hat, geht Jesus nach Kafarnaum, betritt eine Synagoge am Sabbat und fängt zu leh-

---

[1] Matthäus lässt das öffentliche Leben damit beginnen, dass Jesus vollmächtig die Tora auf einem Berg neu auslegt (Mt 5,1–3); für Lukas ist er der Prophet, der die Annahme durch Gott verkündet, selbst aber Ablehnung erfährt (Lk 4,16–30); bei Johannes offenbart Jesus seine „Herrlichkeit", indem er den Mangel an Wein bei einer Hochzeit beseitigt (Joh 2,1–12); vgl. Marcus, Mark I, S. 190.

ren an. Der Vers 22 beschreibt die Reaktion – Staunen –, die seine Lehre „mit Vollmacht" unter den Anwesenden hervorruft. Nach der Dämonenaustreibung (VV 23–26) endet die Geschichte mit einem vergleichbaren Ausdruck des Staunens über seine Lehre, wobei diesmal auch die Dämonenaustreibung einbezogen wird (V 27). Dieser Aufbau dient dazu, die Dämonenaustreibung durch die beiden Reaktionen auf Jesu Lehre mit Vollmacht – eine am Anfang, eine am Ende – zu rahmen.[2] Trotz aller Dramatik der Dämonenaustreibung, die gerade vor ihren Augen stattgefunden hat, tauschen sich die Versammelten allerdings zuerst über seine Lehre mit Vollmacht aus (V 27a); erst im Anschluss daran (V 27b) kommentieren sie seine Beherrschung der bösen Geister. Der Ausdruck „Vollmacht" (*exousia*) verbindet diese beiden Teile.

Die Parallele von Dämonenaustreibung und Lehren, die sich aus diesem Aufbau ergibt, wird von einer seltsamen Besonderheit dieses Evangelium begleitet. Während Markus uns ständig Jesus in seiner Rolle als Lehrer vorstellt, teilt er uns tatsächlich wenig über den Inhalt seiner Lehre mit.[3] Vermutlich würde Markus, wenn wir nach dem Inhalt fragten, so antworten: „In der einleitenden Zusammenfassung von Jesus, der die Frohe Botschaft vom Reich Gottes verkündet (1,14f), habe ich euch die Antwort gegeben. Das ist alles, was ihr über den Inhalt wissen müsst. Ich möchte, dass ihr es würdigen könnt, dass sein Lehren in Vollmacht genauso Teil des Anbruchs des Gottesreiches ist wie seine Austreibung von Dämonen." Beide Male handelt es sich um Dämonenaustreibungen, um Akte der Befreiung: Das Leben von Menschen kann von falschen Got-

---

[2] Wir haben hier also ein erstes Beispiel der „Sandwich-Technik", die im Aufbau der markinischen Erzählung ganz häufig vorkommt.
[3] Man kann auf den langen Gleichnisabschnitt in 4,1–34 verweisen, doch dessen Zweck scheint mehr darin zu bestehen, das Rätsel zu vergrößern, statt Auskunft über dessen Inhalt zu geben. Die Unterweisung in 7,1–23 ist polemisch und ausgeprägt zugespitzt auf ein einziges Thema: „Unreinheit". Die Rede über die Zukunft (13,5–37) ist mehr Ermahnung als Lehre.

tesbildern beherrscht werden, davon, dass diese Menschen Hoffnungen und Befürchtungen verhaftet sind, die einer vergehenden Zeit angehören. Die Lehre Jesu ist „neu" (V 27) mit der „Neuheit" dieses Gottesreiches, das zum ersten Mal die ursprüngliche Absicht des Schöpfers für die Menschen und die Welt Gestalt annehmen lässt. Dies bildet einen Gegensatz zur Lehre der normalen Religionsexperten, den Schriftgelehrten (V 22c), weil seine Lehre nicht wie deren auf einer streitsüchtigen Auslegung der Schrift beruht. Mit der Macht des Geistes stellt Jesus einfach fest, dass „die Zeit gekommen ist", damit die Herrschaft Gottes ihren Ausgang nehmen kann.

Die dazwischenliegende Dämonenaustreibung (VV 23–26) verkörpert also die Wirkung der Lehre Jesu. Vermutlich hielt der von den Dämonen besessene Mensch Sabbat für Sabbat die Belehrungen der Schriftgelehrten durch, ohne von ihnen bewegt worden zu sein. Sobald aber Jesus auf der Bildfläche erscheint und anfängt zu lehren, spürt der Dämon die „Hitze" seiner Gegenwart und gesteht genau die damit verbundene Bedrohung für die dämonische Herrschaft ein: „Was haben wir mit dir zu tun, Jesus von Nazaret? Bist du gekommen, um uns ins Verderben zu stürzen?" (V 24) – eine Frage, auf die die Antwort nur lauten kann: „Aber ja!" Der böse Geist unternimmt einen allerletzten Versuch, Oberwasser zu bekommen, indem er Jesus beim Namen nennt („der Heilige Gottes"), doch sein einziger Erfolg besteht darin, von ihm als Antwort einen Ordnungsruf und ein Redeverbot zu bekommen, das in seiner Sprache und seiner Wirkung ein Widerhall auf Gottes ordnenden Ruf gegenüber dem Chaos der Urzeit beim Schöpfungsanbruch ist (Gen 1,6–10; Ijob 26,10–12; vgl. Mk 4,39). In der Person Jesu hat er es mit der Macht und der Gegenwart Gottes zu tun.

Das ganze Geschehen triff also die festgefügte Herrschaft Satans wie ein Blitz. Dies dient als Hinweis, dass hier in dieser Synagoge, wo die Lehre der Schriftgelehrten jahrelang wirkungslos an dieser Herrschaft kratzte, eine neue Zeit angebrochen ist. Das „Zerren" des bösen Geistes an dem Mann, als er ihn verlässt (V 26a), entblößt seine zerstörerische Absicht; der begleitende laute Aufschrei (*phōnē megalē*) ist sowohl eine Anerkennung der Niederlage als auch ein Protest, dass die Herrschaft des Dämonischen in diesem Menschen an ihr Ende gekommen ist (V 26b). Wenn Jesus am Kreuz stirbt, werden wir noch einmal einen lauten Schrei hören und gleichzeitig diese ungezügelte Zerstörungskraft in einem viel gewaltigeren Ausmaß sehen (15,37). Aber dieser Augenblick des scheinbaren Triumphes für das Dämonische wird tatsächlich der Augenblick seiner Niederlage sein, der „Exorzismus" der Welt. Dieses Geschehen in der Synagoge mit all seinen Aspekten, über das in ganz Galiläa berichtet wird (V 28), leitet das gesamte öffentliche Wirken Jesu ein, das sich nun entfaltet, und bildet gleichsam ein Muster für dieses.

Heilungen in Kafarnaum: die Schwiegermutter des Petrus und die Menge am Abend (1,29–34)

Nachdem er die Synagoge verlassen hat, geht Jesus direkt in das Haus von Simon und Andreas, begleitet von dem anderen Brüderpaar, Jakobus und Johannes, das er gerade berufen hat (1,16–20). Im Weltbild des Evangeliums sind körperliche Krankheiten nicht weniger ein Zeichen der Herrschaft Satans als offene dämonische Besessenheit. Es besteht also eine Kontinuität zwischen der bevorstehenden Heilung in diesem Haus und der vorangegangenen Dämonenaustreibung in der Synagoge.[4]

Trotzdem ist der Übergang von der Synagoge in das Haus hochsymbolisch. Genau hier, in diesem gewöhnlichen, unauffälligen Haus, in dem Simon und Andreas leben, und in der Person eines engen Familienmitglieds (Simons Schwiegermut-

---

[4] Vgl. Marcus, Mark I, S. 199.

ter), werden die Jünger, die den Kern der neuen „Familie" Jesu bilden, zu Zeugen seiner Macht, aufzurichten und zu heilen. Diese Szene leitet die Weihe der „Hauskirche" ein, die ein ausgeprägtes Merkmal dieses Evangeliums ist. Die Verlagerung des Ortes für den Gottesdienst weg vom Tempel und der Synagoge hat begonnen. Von nun an werden Versammlungen in einfachen Häusern der Ort sein, wo der auferstandene Herr in all seiner Macht zu heilen und lebendig zu machen „zu Hause" sein wird.

Als Jesus das Haus betritt, „reden sie" (vermutlich Simon und Andreas) „zu ihm über sie" (V 30 Münchener Neues Testament). Zu diesem Zeitpunkt gibt es keinen Grund zur Annahme, dass sie von ihm etwas Außergewöhnliches erwarteten. Wahrscheinlicher ist, dass ihre Worte eine verlegene Erklärung für die Schwierigkeit sind, angemessen Gastfreundschaft zu zeigen, also eine Mahlzeit anbieten zu können, weil das Mitglied des Hauses, das diese normalerweise bereiten müsste, mit Fieber krank im Bett liegt.[5]

Jesus reagiert darauf (V 31), indem er „zu ihr tritt" (das griechische Verb lautet *proselthōn*) – vermutlich indem er in den weniger öffentlichen Teil des Hauses geht, wo sie im Bett liegt. Mit einem unverwechselbaren Anklang an die Sprache der Auferstehung erfahren wir, dass er sie aufrichtet und bei der Hand nimmt. Im üblichen Verständnis von Heiligkeit barg ein solcher Kontakt mit einer schwer erkrankten Frau das Risiko der rituellen Unreinheit in sich und damit verbunden der zumindest zeitweilige Ausschluss vom Leben und Gottesdienst des Gottesvolkes.[6] In Jesu Gegenwart ist die „Flussrichtung" genau umgekehrt: nicht *er* steckt sich mit der von ihr ausgehende Unreinheit an; stattdessen „infiziert" *sie* sich bei seiner Berührung mit seiner Gesundheit und seinem Ganzsein („Heiligkeit"). Das Fieber „flieht" wie ein Dämon (V 31b).

---

[5] Die Sprache des Evangelisten (*katekeito pyressousa*) legt eine recht ernsthafte Erkrankung nahe; vgl. Boring, Mark, S. 66.
[6] Vgl. besonders Moloney, Mark, S. 55.

Der Eintritt Jesu in das Haus hat die „Unreinheit" verbannt und Heilung und neues Leben gebracht. Simons Schwiegermutter ist der erste Mensch, für den die mit Anbruch des Gottesreiches verbundene körperliche Ganzheit errungen wurde. Als Beweis der Wiederherstellung ihrer Gesundheit „dient" (*diakonein*) sie ihnen (V 31c). Auf der einen Ebene zeigt sie nun die Gastfreundschaft, von der sie ihre Krankheit bislang abhielt. Aber das griechische Verb hat tiefere Anklänge in diesem Evangelium. In einer Warnung vor unangebrachtem Ehrgeiz und einem falschen Gebrauch von Macht wird Jesus dasselbe Verb benutzen, um seine Heilssendung zusammenzufassen: „der Menschensohn ist nicht gekommen, um sich dienen zu lassen, sondern um zu dienen (*diakonein*) und sein Leben hinzugeben als Lösegeld für viele" (10,45). Nach Jesu Tod am Kreuz werden gegen Ende des Evangeliums die Frauen, die – im Unterschied zu den Männern aus dem Jüngerkreis – bis zum Ende geblieben sind, als diejenigen beschrieben, die ihm „nachgefolgt [waren] und ... ihm gedient (*diēkonoun*)" hatten (15,40 f). Die Erwähnung dieses „Dienstes" von Frauen am Anfang und am Ende der Erzählung in Verbindung mit Jesu eigenem „Dienst" machen Simons Schwiegermutter zu einem Beispiel für alle Jüngerinnen und Jünger, aber ganz besonders für die Frauen unter ihnen, die für das Leben des Gottesreiches „aufgerichtet" wurden und diesem neuen Leben dadurch Ausdruck verleihen, dass sie sich an seinem Wirken beteiligen.[7] Diese einfache Begebenheit im Haus des Simon, die man im Fluss der Erzählung ganz leicht übersehen kann, vervollständigt das in 1,16–20 begonnene Bild. Es bietet einen Platz für den Dienst von Frauen neben dem der Männer im Kreis der Jesus Nachfolgenden an.

---

[7] Vgl. Elaine M. Wainwright, Women Healing/Healing Women. The Genderization of Healing in Early Christianity, London (UK)/Oakville (CT): Equinox 2006, S. 106–112, bes. S. 111.

Ein „Tag" in Kafarnaum (1,21–45)

Als sich die Nachricht von der Heilung verbreitet und das Ende des Sabbats es zulässt[8], wird das Haus, in dem Jesus seine erste Heilung vollbracht hat, zu einem Sammelpunkt für Heilungen in einem weit größeren Ausmaß (VV 32–34). Die „ganze Stadt" versammelt sich am Eingang, um ihre Kranken und die von Dämonen Besessenen zu ihm zu bringen (V 33).[9] Wir sehen hier das erste Beispiel für etwas, das ein durchgehender Zug während seines Wirkens in Galiläa sein wird: der Andrang der Menge zu Jesus in der Begeisterung über seine Heilungen. Aber diese Popularität ist nicht ohne Ambivalenz. Die Dämonen, die die volle Wucht seiner messianischen Macht abbekommen, machen seine göttliche Herkunft bekannt. Wie in der Synagoge (1,24) bringt Jesus sie zum Schweigen. Angesichts der ganzen Begeisterung würde die Offenlegung seines messianischen Ranges (Geschichte 1) eine Wahrnehmung seiner Sendung beim Volk bewirken, die dessen wahrer Richtung widerspricht (Geschichte 2).[10] Angesichts der bedrängten Menge heilt Jesus und treibt Dämonen aus, aber dieses Handeln aus Mitleid geschieht nicht ohne einen Preis, den er zu zahlen hat.

---

[8] Deswegen die doppelte Zeitangabe bei Markus: „Am Abend, als die Sonne untergegangen war ..." (V 32).
[9] Wir müssen im Text die Unterscheidung beachten zwischen „allen, die kamen" und „vielen", die geheilt wurden; vgl. Moloney, Mark, S. 56.
[10] Wir haben hier ein erstes Beispiel für das markinische Motiv, das üblicherweise, wenn auch nicht ganz angemessen, als „Messiasgeheimnis" bezeichnet wird: Die in der Erzählung zahlreichen – und häufig erfolglosen – Versuchen Jesu, den Glauben zu unterdrücken, dass er der Messias im üblichen Verständnis sei (Geschichte 1 ohne Geschichte 2); für eine gründliche Erörterung dieses Motivs und einen kritischen Überblick über die exegetischen Theorien dazu, siehe Boring, Mark, S. 264–271.

Ein Augenblick des Rückzugs und die Erneuerung der Sendung (1,35–39)

Um vermutlich angesichts dieser Bedrohung die wahre Richtung seiner Sendung zurückzugewinnen, verlässt Jesus die Stadt am frühen Morgen[11] und geht an einen entlegenen Ort, um sich im Gebet mit dem Vater auszutauschen. Dieser Versuch, einen Augenblick der Zurückgezogenseins zu erhalten, ist aber nur eingeschränkt erfolgreich. „Simon und seine Begleiter" (wörtl.: „die mit ihm") – die in moderner Sprache jetzt so etwas wie seine Bodyguards geworden sind – „eilen ihm nach" (*katediōxen auton*) und rufen, nachdem sie ihn gefunden haben: „Alle suchen dich" (V 37). Die in der vorangegangenen Szene sichtbar gewordene Spannung setzt sich fort: Jesu Sendung der Heilung ruft eine weitverbreitete Begeisterung beim Volk hervor – eine Begeisterung, die schon die ersten Jünger angesteckt hat –, er selbst aber sucht Abstand dazu.[12] Er kehrt nicht nach Kafarnaum zurück (was die Jünger vermutlich wollen), sondern schlägt vor (V 38), seine Verkündigung woanders, in den umliegenden Städten, fortzusetzen und fügt die rätselhafte Erklärung hinzu: „denn dazu bin ich ausgegangen" (*exēlthon* – Übersetzung aus der Elberfelder Bibel). „Ausgegangen" von wo? Aus Kafarnaum? Aus Nazaret? Oder in einer grundsätzlicheren Sicht von seinem „vorherigen" Sein mit Gott (vgl. Joh 16,28)? Die Christologie des Markusevangeliums verschließt sich nicht zwangsläufig diesem letzten Vorschlag.[13] Eine abschließende Zusammenfassung (V 39) beschreibt, wie Jesus diese Sendung des Vaters durch die Verkündigung in den Synagogen Galiläas und durch die Austreibung

---

[11] Die Sprache vermittelt den Eindruck von Ostern; vgl. 16,2: ... *lian prōi* ...
[12] Vgl. Marcus, Mark I, S. 202. Marcus sieht hier auch die Andeutung einer Spaltung zwischen den Jüngern und Jesus (S. 203).
[13] Vgl. Simon J. Gathercole, The Preexistent Son. Recovering the Christology of Matthew, Mark, and Luke, Grand Rapids/London: Eerdmans 2006, S. 154–157; anders allerdings Moloney, Mark, S. 57, Fußnote 51.

Ein „Tag" in Kafarnaum (1,21–45)

von Dämonen erfüllt. Diese Zusammenfassung bestätigt den Eindruck, dass wir die Dämonenaustreibung Jesu während seines Lehrens in der Synagoge von Kafarnaum (1,21–28) als Musterbeispiel für seinen größeren Kampf verstehen sollen, die Macht Satans zu schwächen und Menschen für die Herrschaft Gottes zu gewinnen.

Die Mauer zwischen Rein und Unrein wird durchbrochen (1,40–45)

Die Szene, in der Jesus einen Aussätzigen[14] rein macht, zeigt, wie er der mit der dämonischen Herrschaft verbundenen „Unreinheit" in ihrer äußersten Form die Stirn bietet. Weil sie als von Gott bestraft betrachtet wurden, erlitten Menschen mit schweren Hauterkrankungen extreme gesellschaftliche und religiöse Ausgrenzungen, wie sie in Lev 13,45 f vorgeschrieben wurde:

> Der Aussätzige mit dem Anzeichen soll eingerissene Kleider tragen und das Kopfhaar ungekämmt lassen; er soll den Bart verhüllen und ausrufen: Unrein! Unrein! Solange das Anzei-

---

[14] Die wörtliche Übersetzung lautet „Leprakrank sein", aber das griechische Wort *lepros*, das den hebräischen Ausdruck *psōraat* übersetzt, kann eine Reihe von Hauterkrankungen bezeichnen und nicht nur die Krankheit bezeichnen, die später als „Lepra" oder „Hansen-Erkrankung" klassifiziert wurde. Letztere gab es zu Zeiten des Alten Testamentes noch nicht, auch wenn es einige Belege gibt, dass sie im Nahen Osten und möglicherweise im Palästina zur Zeit Jesu aufzutreten begann. Zu Weiterem siehe David P. Wright und Richard N. Jones: Art. „Leprosy" in: David Noel Freedman u.a. (Hg.), Anchor Bible Dictionary, 6 Bde., New York: Doubleday 1992, Bd. 4, S. 277–282. Im Zentrum steht nicht die richtige Art der Krankheit, sondern die „Unreinheit" im Sinn der rituellen Unreinheit, die damit verbunden war. Ich bleibe bei dem üblichen Ausdruck „Aussätziger", weil er die Bedeutung der gesellschaftlichen Ausgrenzung wahrt, die ganz wesentlich für die vom Text vorausgesetzten biblischen Vorschriften ist; so auch Boring, Mark, S. 70.

chen an ihm besteht, bleibt er unrein; er ist unrein. Er soll abgesondert wohnen, außerhalb des Lagers soll er sich aufhalten.

Dieser Vorschrift aus der Tora zum Trotz geht dieser Mann auf Jesus zu, um ihn flehentlich zu bitten. Wie andere verzweifelte Menschen später in der Geschichte (vgl. 5,25–34; 10,46–52) zeigt er einen Glauben, der bereit ist, Mauern zu durchbrechen. Er glaubt, dass Jesus die Macht hat, ihn rein zu machen – eine Macht, die die biblische Tradition allein Gott zuweist.[15] Es bleibt nur die Frage, ob Jesus dies „will" oder nicht (V 40b).

Die Reaktion Jesu ist seltsam. In der Übersetzung von Joachim Gnilka lautet V 41: „Und voll Zorn streckte er seine Hand aus, berührte (ihn) und sagt ihm: Ich will, sei rein!"[16] Die meisten Handschriften und Übersetzungen beschreiben die Emotion Jesu mit „er fühlte Mitleid" (V 41 Zürcher Bibel; ähnlich auch die Einheitsübersetzung und die Lutherbibel) – eine Alternative, die eine bei weitem vernünftigere und bequemere Gedankenfolge bietet. Genau deshalb aber stellt sie wahrscheinlich einen frühen Versuch dar, den Verweis auf den Zorn zu mildern; weil die Fassung „er wurde zornig" die „schwierigere" Fassung ist, hat sie den besser begründeten Anspruch auf Ursprünglichkeit.[17]

Doch warum und auf wen ist Jesus zornig? Auf den Mann, der gewagt hat, sich ihm im Widerspruch zu den Gesetzesvorschriften zu nähern? Auf die Frage nach seiner Bereitschaft, die ihm zur Verfügung stehende Macht auszuüben („Wenn du willst ...")? Auf die Demonstration des dämonischen Zugriffs auf die Menschen, die sich in dem übel zugerichteten körper-

---

[15] Vgl. Moloney, Mark, S. 58, Fußnote 59, der Num 12,10–16 und 2 Kön 5,1–19 zitiert.
[16] Ders., Das Evangelium nach Markus, 2 Bde., Zürich: Benziger/Neukirchen-Vluyn: Neukirchener Verlag 1978+1979, Bd. 1, S. 89;
[17] Eine vollständige Erörterung findet sich bei Meier, A Marginal Jew Bd. 2, S. 748, Endnote 106.

lichen Zustand des Mannes ausdrückt?[18] All diese Erklärungen sind möglich. Der Zorn könnte auch mit einer Spannung verbunden sein, die sich durch die ganze Szene zieht. Jesus hat die Macht und die Bereitschaft, den Mann reinzumachen. Aber wie der Nachtrag zur Heilung (VV 43–45) überdeutlich klar macht, wird dies für ihn mit einem Preis verbunden sein.[19] Diese Art der Heilung, die tatsächliche göttliche Macht erfordert, zu denen hinzuzufügen, die er schon vorher bewirkte, wird notwendig zu einem größeren Ausmaß von öffentlicher Begeisterung führen, die die wahre Richtung seiner Sendung bedroht – eine Bedrohung, der er entfliehen wollte, indem er sich nach seinem heilenden Handeln in Kafarnaum in die Einöde zurückzog (1,35–37).

Dies könnte erklären, warum Jesus den Mann, nachdem dieser keinen Aussatz mehr hat,[20] mit einer weiteren starken Gefühlsäußerung entlässt (*embrimēsamenos*)[21] und ihn ermahnt, niemandem etwas zu sagen, sondern sich nur zur Erfüllung der gesetzlichen Auflagen dem Priester zu zeigen.[22] Die Ermahnung zeigt keine Wirkung: Der Mann verbreitet die Nachricht überall (V 44a), die Menschenmengen kommen von allen Seiten (V 45) und Jesus befindet sich wieder in der

---

[18] So Gnilka, Markus I, S. 93; Hooker, Saint Mark, S. 80; Marcus, Mark I, S. 208.
[19] Beachtenswert ist, dass das Nachspiel (VV 43–45) sehr viel mehr Raum in der Geschichte einnimmt als die Heilung selbst.
[20] Wie in 1,31 verlässt ihn die Krankheit personifiziert wie ein ausgetriebener Dämon.
[21] Das griechische Verb beinhaltet auch einen Ton der Verärgerung. Im vierten Evangelium beschreibt es zweimal die Gefühle Jesu kurz vor der Auferweckung des Lazarus (11,33+38). In dieser Szene scheint der Ärger Jesu der gleichen Spannung zu entspringen wie in dieser Szene im Markusevangelium: Mitleid bringt ihn dazu, ein gewaltiges Wunder zu bewirken (die Reinigung eines Aussätzigen/die Auferweckung eines Toten), während die damit einhergehende Öffentlichkeit sein Leben bedroht (vgl. Joh 11,45–54); zu Joh 11 siehe im Weiteren Brendan Byrne, Lazarus. A Contemporay Reading of John 11:1–46, Collegeville (MN): Liturgical Press 1991, S. 57–60.
[22] Vgl. Lev 13,40; 14,2–4.

Lage, der er gerade noch entfliehen wollte (VV 35–37). Paradoxerweise führt dies am Ende dazu, dass *er* keine Ortschaften mehr betreten kann, sondern gezwungen ist, das Leben eines „Ausgestoßenen" und eine Art Wüstenexistenz zu führen (V 44b), von der er den jetzt reinen Mann gerade befreit hat.

Diese Geschichte ist also weit mehr als nur die Aufzeichnung einer vereinzelten Handlung Jesu aus Mitleid. Sie nimmt den ganzen teuren „Eintritt" des Gottessohnes in die „Unreinheit" und Entfremdung des menschlichen Daseins vorweg, ein Eintritt, der seinen Höhepunkt bei seinem Tod am Kreuz erreicht, wenn er zwischen zwei Verbrechern hängt und mit einem Schrei der Verlassenheit aus seinem Mund stirbt. Wenn Jesus den Mann in all seiner entmenschlichenden Entstellung „berührt", so „berührt" er noch viel radikaler das menschliche Dasein in seiner Passion. Wieder einmal (1,31) widerspricht der Austausch von Reinheit/Unreinheit sowohl im individuellen als auch im universalen Maß der üblichen Erwartung. Er „steckt sich" nicht mit Unreinheit durch diesen Kontakt an; im Gegenteil, alle, die ihm trotz ihrer Gefühle der moralischen oder körperlichen Entstellung im Glauben nahekommen, „stecken sich" bei ihm mit Heilung und Ganzheitlichkeit an.

Der Preis, den Jesus also zahlen muss, ist nicht Unreinheit. Vielmehr besteht er in der Feindschaft, die seine Heilungen hervorrufen, wenn sie wie in diesem Fall trotz seiner Mahnungen nicht verschwiegen werden,[23] sondern stattdessen Begeisterung wecken, die zu Eifersucht seitens derer führt, die derzeit die Machthaber sind (vgl. 15,10). Sein Wille und seine Entschiedenheit, sich uns zuzuwenden und uns in all unserer

---

[23] Interessanterweise lässt Matthäus, der der Tora viel positiver gegenübersteht als Markus (oder Lukas), aus der Geschichte die Bemerkung über die Nichtbeachtung der Mahnung Jesu durch den Geheilten weg: In der matthäischen Parallele (8,2–4) gibt es keine mit V 45 (oder Lk 4,15 f) vergleichbare Notiz.

Unreinheit zu berühren, ist deutlich: „Ich will" (V 41). Der Preis, den er durch dieses Handeln unvermeidlich auf sich nimmt, erreicht seinen Höhepunkt in Getsemani und am Kreuz.

Erste Zeichen des Widerstands
(2,1 – 3,6)

Bis jetzt rief Jesu lehrendes und heilendes Wirken bei den Menschen eine ungewöhnliche Begeisterung hervor – so sehr, dass er gezwungen war, an einsamen und verlassenen Orten zu leben (1,45). Mit seiner Beliebtheit geht auch eine Bedrohung der wahren Richtung seiner Sendung einher. Aus einer ganz neuen Richtung taucht jetzt jedoch (2,1) taucht eine Bedrohung seiner Verkündigung (1,14 f) auf. Ein Hinweis darauf ist schon in der sonst unschuldig anmutenden Beobachtung über diejenigen enthalten, die ihn in der Synagoge von Kafarnaum hörten: „Denn er lehrte wie einer, der Vollmacht hat, nicht wie einer der Schriftgelehrten" (1,22). Schon hier finden wir den Samen für den Konflikt mit den religiösen bzw. staatlichen Autoritäten, die zu dieser Zeit die Macht innehaben. Eine Abfolge von Konfliktgeschichten (2,1 – 3,6) legt diese Bedrohung offen und verweist auf die fundamentalen Ursachen dieses Konfliktes. Jesu Verkündigung des Gottesreiches und der darin angebotenen Erneuerung der Beziehung zu Gott (1,14 f) ist eine Infragestellung der vorherrschenden Auffassungen von Gottes Wegen und eine Bedrohung der religiösen und staatlichen Autoritäten, die diese Vorstellungen beschützen. Mit Rückgriff auf Jesu beeindruckendes Bild kann man sagen, dass der „neue Wein" des Gottesreiches dabei ist, die derzeit herrschenden „alten Schläuche" zu zerreißen (2,22).

Auch wenn wir Jesus in diesen von Konflikten geprägten Abschnitten nicht in einer ausdrücklichen Auseinandersetzung mit der Welt des Dämonischen sehen, so ist dieser Grundkonflikt doch nicht abwesend. Er ist einfach nur besser versteckt. Die Dämonen nutzen zum Gegenangriff mit dem Gewand der Religion bekleidete menschliche Kräfte. Die enthüllende Zerstörungskraft des Dämonischen wird in der sonst

Erste Zeichen des Widerstands (2,1 – 3,6) 109

überraschenden Bemerkung sichtbar, mit der dieser Abschnitt endet: „Da gingen die Pharisäer hinaus und fassten zusammen mit den Anhängern des Herodes den Beschluss, Jesus umzubringen" (3,6).

Gleichzeitig stellt diese Abfolge von Erzählungen, die Jesus im Konflikt mit den jüdischen religiösen Autoritäten zeigen, verantwortliche Ausleger und Auslegerinnen des Evangeliums vor die Herausforderung, antijüdische Auslegungen zu vermeiden. Es ist wichtig im Blick zu behalten, dass die hier dargestellten Anfeindungen weniger die Auseinandersetzungen in der Zeit Jesu selbst widerspiegeln, sondern vielmehr Jahrzehnte der Entfremdung zwischen den Anhängerinnen und Anhängern Jesu – sowohl jüdisch als auch nicht-jüdisch – und der überwältigenden Mehrheit der Jüdinnen und Juden, die nicht zum Glauben an ihn als den Messias gefunden hatten. Die Auslegerinnen und Ausleger müssen auch in Erinnerung behalten, dass zur späteren christlichen Geschichte zahllose Beispiele der Unterdrückung und Verfolgung von Menschen gehören, die festgelegte religiöse Muster störten – Menschen, die mit ihrer Provokation und ihrem Zeugnis Anerkennung oftmals erst lange nach ihrem Leiden und ihrem Tod gefunden haben. Der hier berichtete Konflikt besteht nicht zwischen Jesus auf der einen und dem Judentum auf der anderen Seite, so als ob Jesus selber kein Jude gewesen wäre! Der Konflikt besteht zwischen der befreienden und lebensbejahenden Herausforderung des Gottesreiches und jener Art von tief verwurzeltem unterdrückerischem und unmenschlichem Legalismus, zu dem jede Form von Religion – das Christentum eingeschlossen – neigt.[1]

Wie heute weithin anerkannt ist, befindet sich die Folge von Konfliktgeschichten in einer sorgfältig gestalteten Einheit. Gerahmt wird das Ganze von einer vorausgehenden (1,45) und einer abschließenden Zusammenfassung (3,7f), die je-

---

[1] Weitere hilfreiche Überlegungen zu diesem Thema finden sich bei Donahue/Harrington, Mark, S. 97f.

weils beschreiben, wie sich Jesus angesichts der großen beim Volk bewirkten Begeisterung zurückziehen muss. Innerhalb dieses Rahmens gibt es eine kontinuierliche Abfolge von Motiven und Themen, durch die jede Szene an die vorhergehende und die nachfolgende „angeklammert" wird.[2] Die erste Szene, die Heilung des Gelähmten (2,1–12), enthält das Thema der Vergebung der *Sünden*; dieser folgt die Berufung des Zöllners Levi und anschließend Jesu umstrittenes *Essen* mit „Zöllnern und *Sündern*" (2,13–17). Das Motiv des „*Essens*" ist gleichsam die Folie für die Auseinandersetzung um das Fasten („*Nicht-Essen*"), die das dritte und mittlere Element der Einheit (2,18–22) bildet. Das gleiche Motiv findet sich wieder in der vierten Auseinandersetzung, die dadurch ausgelöst wird, dass die Jünger am Sabbat Ähren abreißen und diese *essen* (2,23–28). Die letzte „Klammer" erscheint in der Gestalt des Sabbat-Motivs sowohl in dieser Geschichte als auch in der letzten Auseinandersetzung, nämlich Jesu Heilung des Mannes mit der verdorrten Hand am Sabbat (3,1–5).

Neben dieser linearen Abfolge der Verbindung lässt sich auch eine chiastische Struktur finden: A B X B' A'. So enthalten das erste (A) und das letzte Element (A') jeweils ein Wunder, Feindschaft, die vom „Herzen" her kommt (2,8; 3,5), sowie ein Aufstehen (2,11f) oder eine „Lebensrettung" (3,5). Zum zweiten und zum vorletzten Element (B und B') gehören „Essen" und die Bedürfnisse von Menschen. Dies macht die Auseinandersetzung über das Fasten zum dritten und zentralen Element X (2,18–22), wodurch die geheimnisvolle und bedrohliche Bemerkung über den Bräutigam, der „weggenommen" wird (V 20), betont in den Mittelpunkt des Ganzen rückt (vgl. die Grafik auf S. 112).[3]

---

[2] Vgl. Marcus, Mark I, S. 214. Vgl. auch die Grafik auf S. 111.
[3] Diese Analyse verdankt sich der wichtigen Studie The Literary Structure of the Controversy Stories in Mark 2:1–3:6 von Joanna Dewey in: William R. Telford (Hg.), The Interpretation of Mark, Philadelphia: Fortress 1985, S. 109–118; vgl. auch dies., Markan Public Debate. Literary Technique, Concentric Structure, and Theology in Mark 2:1–3:6

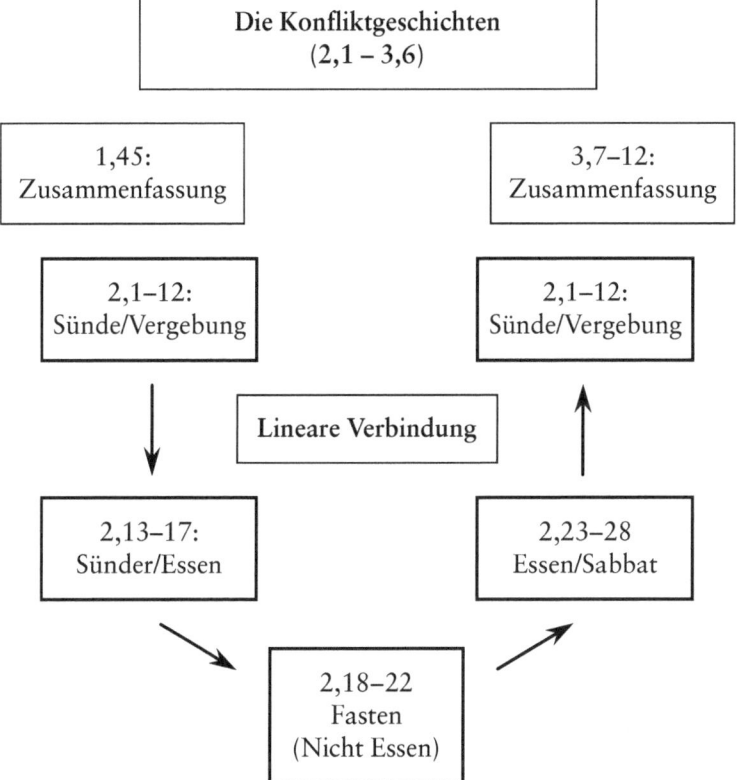

Während die Analyse des linearen Musters weitgehend akzeptiert ist, sind doch nur wenige Exegeten und Exegetinnen vom chiastischen Muster überzeugt.[4] Unabhängig davon, ob Markus dieses zweite Muster vor Augen hatte, scheint es mir doch eine einfallsreiche und aufschlussreiche Weise zu sein, diese Folge von Erzählungen als Ganzes zu betrachten.

(SBLDS 48), Chico (CA): Scholars Press 1980, S. 65–130; siehe bes. S. 115f.
[4] Vgl. z. B. Marcus, Mark I, S. 214; siehe aber auch Donahue/Harrington, Mark, S. 97

112 Das frühe Wirken in Galiläa (1,14 – 3,6)

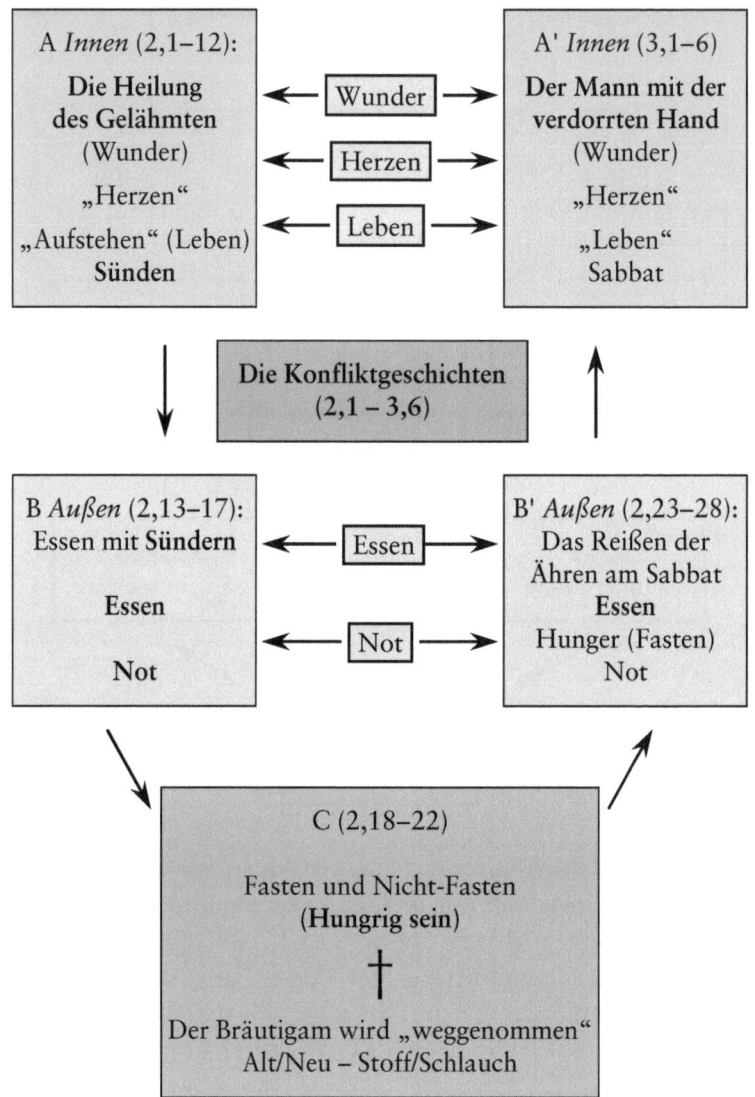

Ein Gelähmter empfängt Vergebung und Heilung (2,1–12)

Im Mittelpunkt der ersten Geschichte dieser Folge steht ein Heilungswunder, um das herum eine Auseinandersetzung über die Vollmacht Jesu zur Sündenvergebung aufgebaut ist. Jesus ist wieder in Kafarnaum und lebt wahrscheinlich wieder ruhig in demselben Haus, in dem er die Schwiegermutter des Simon heilte (1,29–31). Seine Anwesenheit wird bald bekannt und zieht eine so große Menge an, dass im Haus kein Platz mehr ist und eine Reihe von Menschen gezwungen ist, sich draußen um den Eingang herum zu versammeln. Dieses mit Menschen vollgepackte Haus wird zum Ort seiner Verkündigung „des Wortes" (VV 1 f): wahrscheinlich die grundlegende „Frohe Botschaft" vom Anbruch des Gottesreiches und der Aufforderung, darauf mit einem umkehrwilligen Glauben zu antworten (1,15).[5]

Jesu Predigt wird dramatisch unterbrochen (VV 3 f). Vier Männer, die nicht in der Lage sind, einen gelähmten Mann durch die von Menschen versperrte Tür zu bringen, gehen auf das Dach, reißen eine Öffnung[6] und lassen den Gelähmten auf seiner Liege zu Jesus herab. Jesus deutet ihre Bemühungen als Zeichen ihres Glaubens[7] und versichert dem Gelähmten, dass seine Sünden vergeben sind (V 5).

---

[5] Weil zur Zeit des Markus der Ausdruck „das Wort" eine Art Fachausdruck für die grundlegende christliche Verkündigung geworden ist, dürfte für die ursprünglichen Leserinnen und Leser des Evangeliums diese Szene in dem Haus die Verkündigung des auferstandenen Herrn durch die Predigerinnen und Propheten ihrer eigenen „Hauskirchen" vorwegnehmen; vgl. Boring, Mark S. 76.

[6] Die markinische Beschreibung dieses Vorgangs (im Unterschied zu Lukas, der von „Ziegeln" spricht; vgl. Lk 5,19) scheint das typische palästinensische Bauernhaus vorauszusetzen. Dessen Dach bestand aus Balken, die auf den steinernen Mauern des Hauses lagen. Die Lücken zwischen diesen Balken waren mit Stroh oder Reet bedeckt.

[7] Indem der Text unscharf von „ihrem Glauben" spricht, lässt er die Möglichkeit offen, dass der Glaube der Gemeinde für die Macht Jesu ausreicht, einem Menschen in Not zu Hilfe zu kommen.

Die Vergebung als Reaktion kommt überraschend, wo doch sicherlich Heilung das ist, was gewünscht wurde. Verstörend ist auch, dass hier eine stillschweigende Verbindung zwischen Krankheit und Sünde hergestellt wird: die Lähmung als Sündenstrafe bzw. die Vergebung der Sünden als Voraussetzung für die Wiedererlangung der Gesundheit. Diese Verbindung findet sich zweifelsfrei in der Bibel[8], auch wenn es andere Teile gibt, die diese Verbindung in Frage stellen, besonders Joh 9,2 f.[9] Es ist jedoch das Beste, unsere Sorgen diesbezüglich zunächst einmal zurückzustellen, bis wir sehen, wie kreativ Jesus am Ende Heilung und Vergebung zusammenbringt. Auf jeden Fall lässt er dem Gelähmten zuerst jenen Vorzug zuteilwerden, der im Mittelpunkt seiner Verkündigung steht: „Kehrt um und glaubt an das Evangelium" (1,15). Das Ausmaß der Bereitschaft des Gelähmten und seiner Freunde, Zugang zu Jesus zu erlangen (VV 3 f), bezeugt ihren Glauben. Dieser Glaube wird für die mit dem Reich Gottes verbundene göttliche Gnade zum Einfallstor, sich dem Gelähmten zuzuwenden und ihn zu erfassen. Mit seiner verwandelnden Beziehung zu Gott ist dieser Mann schon jetzt ein Beispiel für das, was allen Menschen angeboten wird, die das Wort Jesu mit Glauben hören.

Die Zusage der Vergebung ruft in den Herzen einiger Schriftgelehrten, die in seiner Nähe sitzen, feindliche, aber ursprünglich versteckte Reaktionen hervor (VV 6 f). Sie finden Jesu Worte gotteslästerlich, weil die Vergebung der Sünden das ausschließliche Vorrecht Gottes ist.[10] Mit der Einsicht eines Propheten erkennt Jesus, was sie denken, und legt es offen (V 8). Trotzig spielt er die Anfrage zurück: Was ist „ein-

---

[8] Vgl. Marcus, Mark I, S. 221 für biblische und nachbiblische Belege.
[9] Das ganze Buch Ijob kann als radikale Bestreitung des Verständnisses betrachtet werden, dass Leiden notwendigerweise Schuld und die Entfremdung von Gott in sich trägt.
[10] Der Ausdruck von „dem einen Gott" am Ende von V 7 ist ein Anklang an die Forderungen des *Sh^{e}ma Jisrael* (Dtn 6,1–16), das ein zentraler Teil des Glaubens Israels ist.

facher": einem Gelähmten zu sagen „deine Sünden sind dir vergeben" oder „steh auf, nimm deine Liege und geh umher"? (V 9). Vom menschlichen Standpunkt aus gesehen ist die Frage nach dem, was „einfacher" ist, müßig. Aus dem Munde eines Menschen ist die Zusage der Vergebung gotteslästerlich, wie die Schriftgelehrten richtig feststellen, während die Aufforderung an einen Gelähmten aufzustehen und herumzugehen lächerlich ist, weil es jenseits des menschlichen Vermögens liegt, eine solcher Aufforderung wirksam werden zu lassen. Aber in der Person Jesu haben wir es mit mehr als nur einem Menschen zu tun: Für *ihn* sind beide Aussagen gleichermaßen „einfach". Und um zu beweisen („damit ihr aber erkennt" – V 10), dass dem so ist, macht er die (empirisch beweisbare) Heilung zum Beweis seiner (innerlich) wirksamen Vergebungszusage (V 11). Wenn der Gelähmte aufsteht, seine Liege nimmt und vor den Augen aller weggeht (V 12)[11], kann die unausweichliche Schlussfolgerung nur lauten, dass er („der Menschensohn") auf Erden die Vollmacht zur Sündenvergebung; wenn er diese zusagt, handelt es sich nicht um eine Gotteslästerung. Deswegen müssen sich die Schriftgelehrten auf der Grundlage ihres eigenen Verständnisses der Frage stellen: Wenn, wie sie zurecht meinen, nur Gott Sünden vergeben kann und Sünden hier („auf Erden") vergeben wurden, *wer* ist dann derjenige, der vor uns steht? Ist er nicht jemand, der auf einzigartige Weise die Macht und Gegenwart Gottes in dieses Haus bringt?

Ich glaube, wir können jetzt besser einschätzen, wie wirkungsvoll die sonst verstörende Verbindung von Vergebung und Heilung in dieser Geschichte ist. Ohne jede *zwingende* Voraussetzung, dass die Not des Mannes, die Vergebung der Sünden zu empfangen, der Grund für seinen Zustand war, hat die Erzählung diese beiden Elemente so zusammengefügt, dass die sichtbare körperliche Heilung zum Beweis für das grund-

---

[11] Mit seiner Wiederholung des Verbes *airein* („tragen") betont der griechische Text, dass der Mann beim Herausgehen die Liege *trägt*, auf der er anfangs *getragen wurde*; vgl. Boring, Mark, S. 77 f.

legendere, aber verborgene Geschenk der Vergebung wird. Hier in diesem Haus wird die Menge zum Zeugen der Verwirklichung des „Wortes", das Jesus spricht: die „Frohe Botschaft" von der Nähe des Gottesreiches und der erneuerten Beziehung zu Gott, die dem Reich vorausgeht. Die Lähmung, die den Mann gefesselt hielt, ist ein treffendes Symbol für die Gefangenschaft, in der sich die gesamte Menschheit vor dem Anbruch des Gottesreiches quälte. Jesu Aufforderung „Steh auf (*egeire*), nimm deine Liege und geh nach Hause" (V 11) ist das Wort des Lebens, das er, der Auferstandene, an alle seine Gläubigen richtet; hier „auf Erden" wird es durch den Einen mitgeteilt, der selbst die versöhnende Gegenwart Gottes verkörpert (vgl. 2 Kor 5,21).

Jesus beruft einen Zöllner (2,13 f) und begibt sich in schlechte Gesellschaft (2,15–17)

Nachdem er gerade die göttliche Vergebung mitgeteilt und seine Vollmacht dazu verteidigt hat (2,1–12), vertieft Jesus nun die Auseinandersetzung, indem er einen „Sünder" zu einem seiner nahen Gefährten beruft. Begleitet von einer großen Menge, die er lehrt (V 13), geht er am See entlang, als er wieder einen Menschen sieht, der seinem Beruf nachgeht (vgl. 1,16–20). Diesem ruft er zu: „Folge mir nach!" Wie die ersten Jünger auch, die die Werkzeuge für ihren Lebensunterhalt (Netze und Boote) zurückließen, steht Levi sofort von seinem Arbeitstisch auf und folgt Jesus (V 14). Im Unterschied zu Petrus und seinen Gefährten, die einem angesehenen Beruf nachgingen, sieht Jesus nun jemanden und beruft ihn willentlich, dessen Tätigkeit ihn zu einem Ausgestoßenen und einem „Sünder" macht.[12]

---

[12] Zöllner waren kleine Beamte, die Mautgebühren und Zölle erhoben. Das Recht dazu wurde an den Höchstbietenden in einem System ver-

Doch damit ist die Geschichte nicht an ihr Ende gelangt. Für Jesus und seine Jünger richtet Levi ein Festmahl in seinem Haus aus, zu dem er auch viele seiner früheren Kollegen einlädt.[13] Im Ergebnis sieht man also Jesus und seine Jünger beim Festmahl zusammen „mit vielen Zöllnern und Sündern" (V 15). Wie beim Aussätzigen (1,40–45) hat Jesus die Mauer zwischen „rein" und „unrein" durchbrochen und riskiert damit die Ansteckung mit ritueller Unreinheit. Im Unterschied zu damals sorgt er nun dafür, dass auch seine Jünger, die er inzwischen um sich gesammelt hat, daran beteiligt sind (V 15c).[14] Doch das gleiche Muster setzt sich auch hier fort: *Er* steckt sich durch den Umgang mit Sündern nicht mit Unreinheit an; stattdessen weitet die Gemeinschaft mit ihm die Annahme, Vergebung und Zugehörigkeit auf diese aus. Weil einer von *ihnen* gerade zum Jünger berufen wurde, ist es genau genommen nicht mehr möglich, eine scharfe Trennung zwischen Jüngern und „Sündern" vorzunehmen.[15] Jünger sein

---

geben, das offen für Wucher und Korruption war. Weil ihre Tätigkeit den Umgang mit Heiden verlangte und auch weil sie im Ruf der Unehrlichkeit standen, wurden sie gemeinhin als jenseits des Bereiches des heiligen Volkes Gottes sowohl im ethischen als auch im rituellen Sinn verstanden. Von daher hat der Ausdruck „Zöllner und Sünder" (V 16) wahrscheinlich die Bedeutung „Zöllner und andere Sünder"; vgl. Marcus, Mark I, S. 225 f; Boring, Mark, S. 81 f; Donahue/Harrington, Mark, S. 101 f.)

[13] Der Text von V 15 lässt im Unklaren, ob Levi oder Jesus der Gastgeber war. Die Tatsache, dass die Gäste zu Tisch lagen (V 15 – so das griechische Wort *katakeisthai* in der Übersetzung von Fridolin Stier), verweist eher auf ein Fest als auf eine normale Mahlzeit, was die erste Möglichkeit wahrscheinlich macht (so auch ausdrücklich in Lk 5,29).

[14] Hier erwähnt Markus zum ersten Mal die „Jünger" als eine Gruppe im Unterschied zu den Fünf, die Jesus gefolgt sind (die Vier von 1,16–20 plus Levi). Die Grundbedeutung des griechischen Wortes *mathētēs*, das normalerweise mit „Jünger" ins Deutsche übersetzt wird, lautet „Schüler". Mit Blick darauf, dass Markus Jesus beständig als Lehrer darstellt, ist dieses Wort besonders als Bezeichnung der Menschen geeignet, die Jesus „nachfolgen".

[15] Vgl. hier die Unschärfe des Ausdrucks „viele" als Bezeichnung für die Menschen, die Jesus (am Ende von V 15) „nachfolgen". Handelt es sich

heißt, vor allem zwei Dinge zu wissen: dass man selbst ein Sünder ist und dass man genau deswegen in die Gefährtenschaft mit Jesus berufen ist.[16] Wiederum ruft das Verhalten Jesu die Kritik der Wächter der herrschenden religiösen Ordnung hervor, die hier als „Schriftgelehrte der Pharisäer" beschrieben werden (V 16). Hier haben die Pharisäer ihren ersten Auftritt im Evangelium. Trotz der durchgehend negativen Beschreibung in den Evangelien, waren sie in vielfacher Weise die tatsächlichen geistlichen Führer des jüdischen Volkes zur Zeit Jesu.[17] Durch ihre kreative Auslegung der Tora und ihren Respekt sowohl gegenüber der mündlichen als auch der schriftlichen Überlieferung versuchten sie, die Identität Israels als ein „heiliges Volk" zu bewahren, das gezwungen war, in einer multiethnischen und multireligiösen Umgebung zu leben. Ihre Betonung der nach außen gerichteten Regeltreue, besonders mit Blick auf den Sabbat und die Speisegesetze, der Unterscheidung von rein und unrein und Ähnlichem diente diesem Ziel, indem die Anforderung an die Heiligkeit, die die Tora den Priestern auferlegte, auf das Volk als Ganzes ausgedehnt wurde. Vom Standpunkt der Theologie aus betrachtet, dürfte Jesus sich wohl eher mit ihnen als mit irgendeiner anderen Bewegung des damaligen Judentums verbunden gefühlt haben. Von den Pharisäern unterschied ihn – so jedenfalls legen es die Evangelien nahe – deren Tendenz, im Namen der Tradition die Bedingungen für die „Heiligkeit" so eng festzulegen, dass eine

---

hier um einen Verweis auf die Jünger oder auf die Zöllner und Sünder? Die Unschärfe mag gewollt sein: Entsprechend dem Muster Levis sind alle Jesus Nachfolgenden Sünder, die sich bekehrt haben und Jünger geworden sind.

[16] Meine Ausführungen hier sind ein Echo der wohlbekannten Definition eines Jesuiten gemäß der Beschreibung am Anfang von Dekret 2 der 32. Generalkongregation der Gesellschaft Jesu (Jesuiten heute): „Was heißt Jesuit sein? Erfahren, dass man als Sünder trotzdem zum Gefährten Jesu berufen ist."

[17] Vgl. Donahue/Harrington, Mark, S. 102.

ansehnliche Zahl von Menschen ausgeschlossen wurde, darunter auch einige, wie z. B. der Zöllner Levi, die weniger wegen ihres Lebensstils als vielmehr wegen ihres Berufes ausgeschlossen wurden. Für Jesus war dies ein Widerspruch zu Gottes Hinwendung zu den Menschen an den Rändern der Gesellschaft angesichts des Anbruchs des Gottesreiches. Dieses Reich war weniger ein geschlossenes Tor, sondern zumindest in dieser Zeit eine offene Einladung.

Um seinen Umgang mit „schlechter Gesellschaft" zu verteidigen, bedient sich Jesus in einer für ihn typischen Weise eines Bildes: Nicht die Gesunden brauchen den Arzt, sondern die Kranken (V 17a). Obwohl sehr einfach, ist dieses Bild doch ebenfalls sehr beredt. Heilung verlangt Kontakt. Welcher Nutzen ginge von einem medizinischen Profi aus, der mit den Kranken nichts zu schaffen haben möchte oder sich weigert, zu ihnen zu gehen? Das Bild beinhaltet ferner, dass für Jesus die „Sünder" kranke Menschen sind, die der Annahme und der Heilung bedürfen, während seine Kritiker Sündhaftigkeit als etwas betrachten, das ausgeschlossen und gemieden werden muss und sicherlich auch verurteilt und verdammt gehört.

Die abschließende Erklärung „Ich bin nicht gekommen, um Gerechte zu rufen, sondern Sünder" (V 17b), erinnert an die Berufung des Levi (V 14) und macht diese somit beispielhaft. Jesus ist nicht einfach gekommen, um Menschen zur Umkehr aufzufordern, sondern um sie wirklich in die Gemeinschaft des Gottesreiches zu „rufen". Er wendet sich den Menschen an den Rändern zu, weil diese sich zumindest nach außen in der größten Gefahr befinden, verlorenzugehen. Aber die Aufteilung zwischen „Gerechten" und „Sündern" in seiner Aussage hat ihre eigene Ironie.[18] Die Aufforderung des EVANGELIUMS „Die Zeit ist erfüllt, das Reich Gottes ist nahe. Kehrt um und glaubt an das Evangelium" (1,15) richtet sich an alle Menschen. Niemand ist vollständig „gerecht"; *alle* bedürfen

---

[18] Vgl. besonders Moloney, Mark, S. 65, gegen Gnilka, Das Evangelium nach Markus, S. 109.

der Umkehr, die Zugang zur Gnade des Reiches Gottes gewährt. Jesu vielkritisiertes Feiern mit Zöllnern und Sündern nimmt das Festmahl im Reich Gottes vorweg und bildet es gleichermaßen beispielhaft ab – jenes Festmahl, zu dem er nun die Einladung ausspricht.[19]

Das Alte und das Neue: Wann man feiern und wann man fasten muss (2,18–22)

Die Feier mit den Zöllnern und Sündern mündet konsequenterweise in die Auseinandersetzung über das Fasten ein, die im Mittelpunkt des gesamten Abschnittes steht. Obwohl Fasten das auf der „Tagesordnung" stehende Thema ist, zeigt das Geschehen Jesu beständiges Beharren darauf, dass es einen radikalen Bruch zwischen dem Alten und dem Neuen gibt. Der Gedankengang ist allerdings nicht reibungsfrei. Die eröffnenden (VV 18 f) und die abschließenden (VV 21 f) Elemente, die beide nahelegen, dass Fasten nicht angemessen ist, rahmen die Hauptaussage (V 20), in der Jesus darauf besteht, dass eine Zeit kommt, in der die Jünger fasten *werden*. Die Gesamtaussage ist also spannungsgeladen und in verschiedener Hinsicht interessanter, als es zunächst erscheint.

Die Jünger des Täufers und die Jünger der Pharisäer fasten (V 18a), aber die Jünger Jesu – und darin impliziert Jesus selbst – fasten nicht. Das führt zu jener Art Klage, die die streng Religiösen gewöhnlich gegen die erheben, die sie als lax betrachten. Wieder einmal beantwortet Jesus einen Vor-

---

[19] Vgl. Boring: „Die ganze Szene hat Untertöne der inkludierenden eucharistischen Feiern der frühen Christenheit, jene vorwegnehmende Feier des messianischen Festmahls beim Anbruch des Reiches Gottes." (Ders., Mark, S. 81)

wurf mit einem Bild: Die Hochzeitsgäste[20] können nicht fasten, während der Bräutigam noch anwesend ist. Wie in den ländlichen Gegenden vieler Länder heute waren Hochzeiten in Palästina zur Zeit Jesu wichtige Gelegenheiten für Feiern, die die ganze örtliche Gemeinde einschlossen; während einer Hochzeit zu fasten wäre derart beleidigend gegenüber den betroffenen Familien, dass dies schlicht undenkbar war. Das Bild beinhaltet also, dass die Jünger Jesu deshalb nicht fasten, weil sie sich selbst als Gäste einer „Hochzeit" betrachten, die schon zum messianischen Zeitalter gehört, das in der biblischen Tradition typischerweise mit hochzeitlichen Bildern, wie z. B. Hos 2,19–23, Jes 54,4–10; 62,4 f und Ez 16 (vgl. auch Joh 2,1–11; 3,29), beschrieben wurde.

Für Jesus stellt sich also nicht die Frage, ob die religiöse Praxis mehr oder weniger asketisch sein soll; vielmehr geht es um die Eschatologie. Sein Fasten – oder auch *Nicht*-Fasten – ist Teil der grundlegenden Verkündigung vom Anbruch der Herrschaft Gottes (1,15).[21] Das (freiwillige) Fasten der Jünger des Täufers und der Pharisäer geschah mit Blick auf das kommende Reich Gottes: um sich darauf vorzubereiten und auch, um dessen Ankunft gewissermaßen zu „beschleunigen".[22] Für Jesus ist das Reich Gottes schon angebrochen, was zu einer ganz neuen Wirklichkeit in der Beziehung zwischen Gott und den Menschen führt. Durch die Fortsetzung ihres Fastens binden sich die Jünger des Täufers und die Pharisäer an eine Zeit,

---

[20] Wörtlich: „die Söhne des Brautgemachs". Es ist möglich, dass mit diesem Ausdruck nur auf das Gefolge des Bräutigams verwiesen werden soll; wahrscheinlicher ist aber, dass damit alle Gäste gemeint sind.
[21] Vgl. Meier, A Marginal Jew, Bd. 2, S. 448: „Auch wenn das Wort in Mk 2,19a das Reich Gottes nicht ausdrücklich erwähnt, verweist doch die Bildwelt der Hochzeit höchstwahrscheinlich auf dieses."
[22] Das Gesetz des Mose legte den Juden Fasten nur am Versöhnungstag auf (Jom Kippur – Lev 16,29). Doch es wurde auch bei bestimmten Anlässen ein Fasten ausgerufen (Joël 1,14; Jes 58,1–5; usw.), und die Pharisäer fasteten freiwillig zweimal in der Woche (vgl. Lk 18,12; ebenso Mt 6,16). Zum Thema „Fasten" siehe auch Donahue/Harrington, Mark, S. 106.

die von der „Frohen Botschaft Gottes" (1,14) schon längst überholt wurde.

Die beiden abschließenden Bilder – das Flicken von Kleidung und die Aufbewahrung von Wein –, die Jesus benutzt, verstärken den Eindruck eines neuen Zeitalters, das ein völlig verändertes Denken verlangt. Das Gottesreich hat die Dynamik und Vitalität eines noch nicht eingelaufenen Stück Tuchs (V 21)[23] oder jungen, unvergorenen Weines (V 22). Die Gewalt in den Bildern – das gerissene Tuch und die zerrissenen Schläuche – entsprechen der Gewalt, die seine „neue" Lehre (1,27) und sein befreiendes Handeln der herrschenden Ordnung zufügen. Jeder Versuch, diese neue Wirklichkeit mit alten und überholten Begriffen zu fassen oder diese gar einzudämmen, sind so fruchtlos und zerstörerisch wie das in den Bildern dargelegte Verhalten. Verlangt ist vielmehr eine vollständige „Herzensveränderung" („Umkehr" [*metanoein*] – 1,15).[24]

Was ist nun von der zentralen Aussage (V 20) zu halten, die dem scheinbar entgegengesetzt ist und dessen Wirkung unterläuft? Düster spricht Jesus von einer Zeit, in der der „Bräutigam weggenommen wird", von einer Zeit, in der die Jünger tatsächlich fasten werden. Hier wird das Bild der „Hochzeit" (V 19) zu einer Allegorie, in der Jesus der Bräutigam selbst und sein „Weggenommen-werden" eine unverblümte Anspielung auf seinen gewaltsamen Tod ist. Die Warnung versetzt uns aus der Zeit von Jesu Leben vor der Passion in die frühe nachösterliche Gemeinde, die immer noch mit dem Tod ihres Herrn ringt und sehnsüchtig seine Wiederkehr als Menschensohn erwartet, damit er sie in das Gottesreich geleitet (13,24–27; 14,62). In *diesem* Sinn des Wartens auf den Herrn, der sein

---

[23] Wörtlich handelt es sich um ein Stück Tuch, das vom Tuchmacher noch nicht verdichtet und damit verkürzt wurde.
[24] Die abschließende Wendung „neuer Wein, neue Schläuche" klingt fast wie ein Slogan, den die markinische Gemeinde von Jesu Bild ableitet; vgl. Marcus, Mark I, S. 238.

messianisches Wirken vollenden wird, befindet sich die markinische Gemeinde – wie auch die nachfolgende christliche Kirche – in der Lage von Menschen (wie auch die Jünger des Täufers), die in Vorwegnahme des Gottesreiches fasten und beten.[25] Die Anwesenheit dieser „Gegenaussage" spiegelt also die komplexe eschatologische Situation wider, in der sich die Gläubigen wiederfanden. Durch die Ankunft und die Lehre Jesu und in der Kraft seines Geistes leben sie jetzt die Beziehung zu Gott, wie sie für das Reich Gottes charakteristisch ist. Aber sein Tod und seine Auferstehung haben sie in jene seltsame Zwischenzeit gestürzt, in der er gleichzeitig anwesend und doch abwesend ist und in der jede und jeder „ihr oder sein Kreuz nehmen" muss, um ihm nachzufolgen (8,34). In diesem Sinn werden sie weiterhin „fasten", auch wenn sie die „Freude" des Bräutigams teilen.

Als Ganzes verbindet der Abschnitt sowohl das Bewusstsein, in einer neuen Zeit zu leben, in der alte Kategorien zerbrochen sind, als auch die Erinnerung an den Preis, den Jesus für das Zerbrechen zahlen musste, ein Preis, den auch die Mitglieder der messianischen Gemeinde entrichten müssen, bis das Reich Gottes schließlich errichtet sein wird. In dieser Lage ist das Dämonische sichtbar am Werk, wenn die Begriffe des alten Denkens, höchstwahrscheinlich in religiöse „Gerechtigkeit" gekleidet, angerufen oder so genutzt werden, dass die messianische Freude in Frage gestellt wird, dass die für das Reich charakteristische Beziehung zu Gott untergraben oder dass nahe gelegt wird, dass die Leiden dieser Zeit, der „Zwischen"-Zeit, Zeichen der Trennung von *dem* Bräutigam statt der Vereinigung mit ihm sind (vgl. Röm 8,17 f).[26]

[25] Ob diese Aussage nun voraussetzt, dass sie wirklich fasteten, oder ob es sich hierbei um einen allgemeinen Hinweis auf eine Zeit des Klagens und Sehnens handelt (wie durch die in Mk 13 vorhergesagten Leiden und Verfolgungen deutlich ausgewiesen), ist nicht klar.
[26] Erinnert sei hier an das, was Ignatius von Loyola über Trost und Trostlosigkeit lehrt: „Denn dann ist es dem bösen Geist eigen, zu beißen,

Der Herr über den Sabbat
(2,23–28)

In den beiden letzten Konfliktgeschichten geht es um die jüdische Institution des Sabbat. Die Einhaltung des Sabbat ist das herausragende Merkmal der jüdischen Identität. Von den Zehn Geboten (Ex 20,8–11; Dtn 5,12–15) ist es dasjenige, das am ausführlichsten behandelt wird. Im Judentum kommt es zu umfangreichen gesetzlichen Auslegungen zur Frage, wodurch die Sabbatruhe verletzt wird und wodurch nicht.[27] Die Befunde der Evangelien legen nahe, dass Jesus die Auslegungen in Frage stellte, die er im Widerspruch zur ursprünglichen Zielsetzung des Gebotes sah, die Einhaltung des Sabbat selbst aber nicht ablehnte. Auch wenn die beiden hier folgenden Auseinandersetzungen um den Sabbat Zeichen der Entwicklung in der nachösterlichen Überlieferung enthalten, geben sie doch grundsätzlich diese Haltung Jesu wieder.

Zur ersten Auseinandersetzung kommt es, als die Jünger anfangen, die Spitzen des gereiften Getreides abzureißen, während sie mit Jesus durch Kornfelder wandern. Die Tora erlaubte Reisenden so zu handeln, vorausgesetzt, sie taten dies in Maßen (Dtn 23,25). Als die Pharisäer nun plötzlich auf dem Schauplatz auftauchen[28], erheben sie nicht Einspruch dagegen, dass die Jünger durch die Felder gehen oder das Getreide abreißen, sondern dass sie dies an einem Sabbat tun.

traurig zu machen und Hindernisse aufzustellen, indem er mit falschen Gründen beunruhigt, damit man nicht weitergehe. Und es ist dem guten Geist eigen, Mut und Kräfte, Tröstungen, Tränen, Eingebungen und Ruhe zu schenken, indem er erleichtert und alle Hindernisse entfernt, damit man im Gute-Werke-Tun weiter vorangehe." (Regeln zur Unterscheidung der Geister in den Geistlichen Übungen Nr. 315).
[27] Vgl. Donahue/Harrington, Mark, S. 110f.
[28] Ihr Auftauchen in den Kornfeldern ist einer der Gründe, die nahelegen, dass die Geschichte, wie sie in Mk erzählt wird, ein wenig der Dramatisierung einer Auseinandersetzung in der den Evangelien zugrunde liegenden Überlieferung geschuldet ist, die sich ursprünglich an einem anderen Ort abgespielt hatte; vgl. Marcus, Mark I, S. 240.

Erste Zeichen des Widerstands (2,1 – 3,6)

Zur Verteidigung seiner Jünger verweist Jesus zuerst auf ein biblisches Beispiel (VV 25 f), nämlich auf David, der, „da er Mangel hatte und ihn hungerte, ihn und die bei ihm waren" (V 25 Lutherbibel), die „Schaubrote" aß, die den Priestern vorbehalten waren (vgl. 1 Sam 21,1–7).[29] In verschiedener Hinsicht sind die beiden Fälle nicht vergleichbar. Weder führte David seine Tat an einem Sabbat aus, noch betraf sie den Priester „Abjatar", wie Markus berichtet, sondern seinen unbekannteren Vater Ahimelech.[30] Weder berichtet die Erzählung, dass David von dem Schaubrot aß, noch dass er davon seinen jungen Männern gab, auch wenn die Erzählung nahelegt, dass er dies vorhatte. Kurz gesagt, der Verweis auf diesen Vorfall scheint sich auf einen einzigen Punkt zu beziehen, nämlich dass ein vorbildlicher Mann der Bibel ein Gebot verletzte, um seiner eigenen Not (Hunger) und der seines Gefolges abzuhelfen.

Bedeutsamer ist jedoch die Tatsache, dass es *David* war, der so handelte.[31] Trotz der Zurückhaltung des Evangelisten bezüglich des davidischen Messianismus, enthält die Berufung Jesu auf David doch einen messianischen Anspruch.[32] Was David unbestritten zu seinem eigenen Nutzen und dem seines Gefolges tun konnte, das kann umso mehr (*a fortiori*) der Sohn Davids tun, den eine spätere Auseinandersetzung auch als Davids „Herrn" zeigen wird (vgl. 12,35–37).

---

[29] Gemäß der Vorschrift in Lev 24,4–9 (vgl. Ex 25,30; Num 4,7) bestand das Schaubrot aus zwölf Laiben, die an jedem Sabbat als eine Gabe für Gott auf einen Tisch im Heiligtum gelegt wurden. Die Priester verzehrten die alten Laibe, nachdem sie am folgenden Sabbat durch neue ersetzt worden waren.
[30] Weder Matthäus noch Lukas erwähnen in ihren Parallelen den Namen des Priesters.
[31] Diese „davidische" Prägung ist wahrscheinlich auch der Grund, warum statt Ahimelech sein Sohn Abjatar genannt wird. Während Ahimelech in der biblischen Erzählung nur Auftritte unwesentlicher Bedeutung erhielt, hatte sein bekannterer Sohn häufig mit David zu tun (2 Sam 15,24–29.35; 17,15–22).
[32] Vgl. Hooker, Saint Mark, S. 104; Moloney, Mark, S. 69.

Gleich nach diesem impliziten christologischen Anspruch geht Jesus in seiner Verteidigung einen Schritt weiter (V 27), indem er autoritativ die wahre Bestimmung des Sabbat darlegt: „Der Sabbat wurde für den Menschen gemacht, nicht der Mensch für den Sabbat." Die Passivformulierung „wurde gemacht" verweist auf die Schöpfungsordnung (Gen 2,2 f), auf die sich Jesus nun im Namen des Reiches Gottes beruft.[33] Diese Aussage ist also mehr als eine allgemeine Maxime, die eine humane, anthropozentrische Betrachtung des religiösen Gesetzes widerspiegelt.[34] Wie in den vorausgehenden Auseinandersetzungen macht Jesus die Absicht des Schöpfers offenbar und verkündet implizit das Kommen des Gottesreiches.

Die Schlussbemerkung (V 28) zieht eine christologische Schlussfolgerung aus dem Gesagten: „Deshalb ist der Menschensohn Herr auch über den Sabbat." So wie der Menschensohn auf Erden die Vollmacht hat, Sünden als vergeben zu erklären (Mk 2,10), so hat der Menschensohn eine vergleichbare göttliche Vollmacht, auch über den Sabbat zu verfügen. Als Bevollmächtigter und Werkzeug des Reiches Gottes, das nun anbricht, hat Jesus als Menschensohn die Vollmacht, den ursprünglichen Plan des Schöpfers für die Menschen zu verwirklichen und mit der gleichen Vollmacht all die Strukturen, so verehrungswürdig sie auch sein mögen, in Frage zu stellen, die sich der Verwirklichung dieser Absicht in den Weg stellen. Ein Vorfall, der mit einem vergleichsweise banalen Verstoß

---

[33] Genauso wird er dies bei den Bestimmungen über die Scheidung tun (Mk 10,5–9).

[34] Während sowohl die matthäische (12,1–8) als auch die lukanische (6,1–5) Parallele die Aussage Mk 2,27 weglassen, gibt es doch bemerkenswerte jüdische Parallelen über den Sabbat, wenn auch zu einer späteren Zeit bezeugt (z. B. „Euch ist der Sabbat übergeben, und nicht seid ihr dem übergeben [M^{e}khilta zu Ex 31,14]; „damit erkannt werde, dass nicht er [der Mensch] um der Welt willen, sondern die Welt um seinetwillen gemacht worden ist" [2 Apk Bar 14,18]); vgl. Marcus, Mark I, S. 245; Strack/Billerbeck, Kommentar zum Neuen Testament aus Talmud und Midrasch, Bd. 2, S. 5.

gegen den Sabbat begann, endet damit, dass Jesus mit Vollmacht Gottes letztgültigen Willen für die Menschheit darlegt: die Freude einer ewigen Sabbat-„Ruhe" im Reich Gottes. Die Befolgung des Sabbat heute darf nicht eine legalistische Zwangsjacke sein, sondern ein freudiger Vorgeschmack seines endgültigen Erfolges.

Die Erhöhung der Lebensqualität an einem Sabbat (3,1–6)

Die letzte Konfliktgeschichte entwickelt sich aus der vorherigen (2,23–28), indem sie zeigt, dass Jesus (wörtlich: der „Menschensohn") wirklich der „Herr" über den Sabbat ist (2,28). Nachdem er eine Synagoge „wieder" (vgl. 1,21–28) betreten hat, begibt sich Jesus direkt in einen neuen Konflikt mit denselben religiösen Anführern, den Pharisäern, die seine Jünger kritisieren, weil diese Getreide abgerissen hatten. Tatsächlich begibt er sich unmittelbar in ein Konfliktszenario, das wie ein abgekartetes Spiel aussieht.[35] Auch wenn die Pharisäer den Mann mit der verdorrten Hand nicht in Stellung gebracht haben[36], so nutzen sie doch seine Anwesenheit, um Jesus in die gefährlich Lage zu bringen, das Sabbatgebot zu missachten.[37] Die traditionelle Auslegung des Gesetzes ließ Ausnahmen zu, wenn es um Leben und Tod ging.[38] Durch die Tatsache, dass

---

[35] Nahegelegt durch das Verb *paretēroun* (V 2 – in der Einheitsübersetzungen mit „achtgeben" übertragen), das auch die Bedeutung hat, jemanden zu belauern.
[36] Der griechische Ausdruck legt nahe, dass es sich um eine lang andauernde, vielleicht bis zur Geburt zurückreichende Lähmung handelt; vgl. Donahue/Harrington, Mark, S. 115.
[37] Gemäß Ex 31,14f und Num 15,32–36 wurde der Bruch des Sabbats mit dem Tod bestraft. Allerdings dürften solche Strafen wohl kaum in den Tagen Jesu ausgeführt worden sein. Das jüdische Gesetz lässt immer Handlungen zu, durch die Leben am Sabbat gerettet wurden.
[38] Vgl. Donahue/Harrington, Mark, S. 115, wo auf eine bemerkenswer-

das Leiden dieses Mannes nicht lebensbedrohend ist, wird Jesus in eine Situation der Erprobung gebracht. Schließlich könnte er diesen Mann ignorieren, oder er könnte seine Behandlung auf den nächsten Tag verschieben. Doch als er erkennt, was vor sich geht, setzt er sich direkt mit der Situation auseinander.[39] Erst bittet er den Mann, sich sichtbar für alle Menschen hinzustellen (V 3), und stellt dann seinen Gegnern Fragen, die den Kern dessen berühren, worum es beim Sabbat geht (V 4ab): Geht es darum, Gutes oder Böses zu tun? Geht es darum, ein Leben zu retten oder zu zerstören?

Mit so stark gesetzten Worten ist die Antwort naheliegend; um jedoch ihr Gesicht zu wahren, antworten ihm seine Widersacher nicht (V 4c). Jesus hat ja mittlerweile das Thema über den von ihnen gesetzten Rahmen – die Sabbatregeln – auf die Frage nach dem rettenden Willen Gottes, Menschen Leben zu vermitteln, hinausgeführt. Er ist „voll Zorn und Trauer"[40] über ihr „verstocktes Herz"[41], womit sie sich auf die ihm entgegengesetzte Seite, die des Todes und der Zerstörung, schla-

---

te Bandbreite dessen, was am Sabbat erlaubt und was nicht erlaubt war, verwiesen wird.

[39] Erinnert sei an die Maxime, die die heilige Mary MacKillop ihren Mitschwestern mitgab: „Niemals dürft ihr ein Übel sehen und nichts tun." (Mary MacKillop [1842–1909] gründete eine Kongregation katholischer Ordensschwestern in Australien, die sich der Erziehung und Sorge der Benachteiligten und der Menschen in den schwer zugänglichen ländlichen Gegenden Australiens widmet. Als erste Bewohnerin Australiens [Männer sind hier mitgemeint] wurde sie 1995 selig- und 2010 heiliggesprochen.)

[40] Im Unterschied zu den parallelen Erzählungen in Mt 12,9–14 und Lk 6,6–11 legt Markus wie so häufig Wert auf die Gefühle Jesu.

[41] Bei der Wendung „verstocktes Herz" (wörtlich: „Verhärtung des Herzens"), der in 6,52 und 8,17 mit Blick auf die Jünger verwendet wird, handelt es sich um einen biblischen Ausdruck, mit dem Widerstand gegen den göttlichen Willen oder Plan bezeichnet wird (Ez 3,7; Apg 28,7; Röm 2,5) und der auf die ganze Tradition von der Verstockung des Herzens des Pharao (Ex 4,21; 7,3; usw.) verweist, die Paulus in Röm 9,18 mit Verweis auf den Widerstand Israels gegen das EVANGELIUM (11,9.25) aufgreift.

gen (V 5a). Wie bei der Heilung des Gelähmten (2,1–12) bestätigt daraufhin (V 5b) die wunderbare Wiederherstellung der Hand des Mannes die Wahrheit dessen, was Jesus verkündigt.[42] In der Person Jesu wird die mit dem Reich Gottes verbundene Verheißung von menschlicher Unversehrtheit schon jetzt wirksam. Die Heilung zu verschieben hätte bedeutet, dessen Anbruch zu leugnen. Deshalb wird die Heilung eines relativ unbedeutenden Leidens auf seine Weise zur weitergehenden Verkündigung des Reiches Gottes und eine symbolische Rettung menschlichen Lebens vor den Mächten, die sich der Herrschaft Gottes widersetzen. Deren Einfluss ist hier nicht in dämonischer Besessenheit, sondern in der Herzenshärte sichtbar, die sich dem Leben und der Unversehrtheit widersetzt.

Der Sieg Jesu in dieser sich zuspitzenden Auseinandersetzung – und auch in den vorausgehenden vier anderen – ist nicht ohne einen Preis. Diese Geschichte und mit ihr die Reihe von Auseinandersetzungen als Ganzes endet mit einer bedrohlichen Bemerkung über die Anstiftung einer Verschwörung, „ihn umzubringen" (V 6).[43] Hier haben wir die erste offene Anspielung in der Erzählung des Evangeliums, dass das auf das Reich Gottes verweisende befreiende Handeln und Lehren Jesu ihn selbst in Todesgefahr bringt. Jetzt wissen wir, was mit dem „Wegnehmen des Bräutigams" (2,20) gemeint ist.

---

[42] Ironischerweise ist mit der Heilung keine Verletzung des Sabbat verbunden. Jesus muss nicht „arbeiten", um sie zu bewirken. Er sagt einfach dem Mann, dass er seine Hand ausstrecken soll, und nachdem der Mann dies getan hat, ist er geheilt.
[43] Die Verbindung der Pharisäer mit einer Partei, die als „Herodianer" bezeichnet wird (vgl. auch 12,13), ist verwirrend. Bei den Letztgenannten handelt es sich wahrscheinlich um Anhänger von Herodes Antipas, dem Herrscher Galiläas zu Lebzeiten Jesu. In der Darstellung des Markus sind die religiösen Autoritäten in der Gegnerschaft zu Jesus eine Allianz mit den weltlichen Kräften eingegangen; vgl. Moloney, Mark, S. 71, Fußnote 126.

III. Das späte Wirken in Galiläa (3,7 – 6,6a)

Das erneuerte Volk Gottes (3,7–35)

Der Bericht über die zweite Phase des Wirkens Jesu in Galiläa beginnt wie beim ersten (1,14 – 3,6) mit einer Zusammenfassung (3,7–12; vgl. 1,14f), gefolgt von einer Jüngerberufung (3,13–19; vgl. 1,16–20), und schließt mit einer Feststellung von Widerstand und Unglauben (6,1–6a; vgl. 2,1 – 3,6, bes. 3,6). In der ersten Phase sahen wir, wie Jesu Botschaft und Dienst der Befreiung in Verbindung mit der Begeisterung des Volks Widerstände auslöst, und zwar nicht nur bei den dämonischen Kräften, sondern auch bei den Wächtern des vorherrschenden religiösen Systems, die im neuen Wein des Reiches Gottes nichts anders als eine Bedrohung sehen können. Diese Auseinandersetzung verschärft sich in den folgenden Geschichten. Aber neben der Auseinandersetzung mit den Autoritäten und in einem großen Maße dadurch hervorgerufen, erhöht sich die Beliebtheit Jesu beim einfachen Volk (3,7–12). In Verbindung mit seiner Ablehnung durch die Führer Israels (2,1 – 3,6; 3,22–30) sowie dem Missverständnis seiner eigenen Familie (3,21f.31f) und den Bewohnern seiner Stadt (6,1–6a), setzt Jesus eine Neukonstituierung des sich um ihn scharenden Volkes als das endzeitliche Israel in Gang, indem er zwölf Jünger als dessen symbolisches Fundament beruft (3,13–19.33f). Inmitten dieser gegensätzlichen Bewegungen von Ablehnung und Begeisterung spricht die Folge von Gleichnissen (4,1–34) die Frage an, ob diese Feindschaft und dieser Widerstand die Wirklichkeit der Herrschaft Gottes widerlegen, die Jesus verkündigt. Dass dem nicht so ist, wird dann in einer Folge besonders machtvoller Wunder bewiesen, in denen Jesus göttliche Überlegenheit in drei Kernbereichen zeigt: zerstörerische Naturkräfte (Stillung des Sees: 4,35–41), eine „Legion" zerstörerischer Dämonen (5,1–20) und der Tod selbst (5,21–43). So zeigt sich ein stimmiger narrativer Faden in dieser Folge von Erzählungen, die in ihrer Gesamtheit sonst als ziemlich unverbunden wirken können.[1]

Zusammenfassung: Die weitverbreitete Beliebtheit Jesu (3,7–12)

Im scharfen Kontrast zur Feindseligkeit der religiösen Autoritäten, die gerade abgetreten sind, um sich zur Vernichtung Jesu zu verschwören (3,6), bringt Markus eine Zusammenfassung seiner wachsenden Beliebtheit bei der Masse des Volkes (VV 7–10), gefolgt von einer Beschreibung einer entsprechenden Wirkung auf die Welt des Dämonischen (VV 11 f). Man kann diese Zusammenfassungen leicht übergehen, aber sie spielen eine wichtige Rolle in der markinischen Darstellung Jesu und der Wirkung seiner Gegenwart.

„Jesus zog sich mit seinen Jüngern an den See zurück" (V 7). Man gewinnt den Eindruck, dass er sich von jener Art feindseligen Austauschs mit den Autoritäten zurückzieht, die in der vorherigen Konfliktgeschichte dargestellt wurde. Der „See" wird zum ständigen Hintergrund in den nun folgenden Szenen sein. Er steht für die Welt, die feindlich und bedrohlich sein kann, und die doch die Welt bleibt, in der Jesus und – wenn ihre Zeit gekommen ist – die Jünger „Fische" für das Gottesreich fangen müssen (1,17).

---

[1] Dieses Verständnis von der Grundlage der Abfolge in 3,7 – 6,6 verdankt sich in ganz Vielem Marcus, Mark I, S. 255.

Die Erzählung betont die Größe der Mengen, die sich um Jesus scharen[2], die weit verstreuten Gebiete, aus denen sie kommen, und den Grund, warum sie kommen: Sie haben gehört, was er tut. Die genannten Gegenden decken jene Gebiete in Palästina ab, die von Juden bewohnt wurden oder zumindest eine bedeutende jüdische Minderheit hatten.[3] So entsteht also der Eindruck, dass Jesus auf Kosten der derzeitigen Machthaber die Ergebenheit eines großen Teils von Israel auf sich zieht, während die Erwähnung nichtjüdischer Gegenden wie Tyrus und Sidon die spätere Hinwendung des EVANGELIUMS zur heidnischen Welt andeutet.

Die Größe und die Begeisterung der Menschenmenge kommen nicht ohne ein Element der Bedrohung daher. Um nicht erdrückt zu werden, schärft Jesus seinen Jüngern ein, ein Boot als Fluchtmöglichkeit bereit zu halten (3,9). Menschen mit den unterschiedlichsten Leiden drängen sich an ihn heran, um ihn berühren zu können (V 10). So entsteht der Gesamteindruck eines Prominenten, der von einer überbegeisterten und gewalttätigen Menge gefährlich umlagert wird.

Der Kern dieser chaotischen Situation ist die Welt des Dämonischen, die sich in den Schreien der von unreinen Geistern besessenen Menschen offenbart (V 11). Wie in 1,23f, 1,34 und später in 5,7 spürt diese Welt die Wirkung von Jesu befreiender Gegenwart und erkennt so sein wahres Wesen als

---

[2] Die griechische Wendung *poly plēthos* taucht zweimal auf (V 7b und [in umgekehrter Reihenfolge] V 8) und bildet so einen typisch markinischen „Rahmen" um die geographischen Namen, die die Gegenden bezeichnen, aus denen die sich um Jesus scharenden Menschen kamen.
[3] Galiläa steht für die nördliche Gegend der jüdischen Bevölkerung, Jerusalem und Judäa für den Süden. Ein Jahrhundert vorher war Idumäa von der jüdischen Dynastie der Hasmonäer erobert worden. Diese Gegend jenseits des Jordan hatte wahrscheinlich eine jüdische Minderheit, obwohl sie nicht länger unter jüdischer Herrschaft stand. Solche Minderheiten gab es vielleicht auch in Tyrus und Sidon an der Mittelmeerküste. Bezeichnenderweise wird Samaria in dieser Liste ausgelassen und auch sonst im Markusevangelium nicht erwähnt. Ausgelassen ist hier auch die Gegend der Dekapolis, die aber später erwähnt wird (5,20; 7,31).

Sohn Gottes an. Dass sie vor ihm niederfallen und seinen Rang anerkennen, kann ein Zeichen ihrer Unterwerfung sein (vgl. Phil 2,10 f)[4], aber wie schon früher (1,34) zwingt Jesus sie zu schweigen. Weder soll seine Gottessohnschaft (Geschichte 1) von solchen Quellen bekannt gemacht werden, noch darf sie enthüllt werden, bevor sein Schicksal zu leiden, zu sterben und aufzuerstehen (Geschichte 2) offenbar wurde – eine Offenbarung, die für das richtige Verständnis seiner Gottessohnschaft unerlässlich ist.

Die Neukonstituierung des Volkes Gottes (3,13–19)

Es scheint, als würde Jesus in Reaktion darauf, dass sich die Mengen um ihn scharen, auf den Berg steigen (V 13). Der Satz erinnert an den Aufstieg des Mose auf den Berg Sinai vor dem Bundesschluss, der den Israeliten verbriefte, das wahre Volk Gottes zu sein (Ex 19,3; 24,1–4). Aus der großen Menge ruft er diejenigen, „die er selbst wollte" (V 13b), um dann aus dieser ausgewählten Gruppe der Jünger die „Zwölf" zu begründen (V 14).[5] Die Zahl erinnert unausweichlich an die zwölf Söhne Jakobs, die Ahnen der zwölf Stämme Israels, die das Israel der alten Tage bildeten.[6]

---

[4] Marcus, Mark I, S. 259.
[5] Die Ausdrücke: „diejenigen, die er wollte", und „diejenigen, die zu ihm kamen" in V 13b sind als die größere Gruppe zu interpretieren, aus der er dann die Zwölf wählte und „berief" (V 14a; V 16). Man kann aber auch beides auf die Zwölf beziehen, aber das scheint weniger wahrscheinlich zu sein.
[6] Im markinischen Bericht wird der Ausdruck „die Zwölf" durch die Wiederholung der Wendung „Zwölf, die er einsetzte" in V 16a besonders betont. Um die drei Aussagen über die Zwecke, für die die Zwölf berufen werden, wird damit der für Mk charakteristische Rahmen gesetzt.

Wie beim Israel der alten Tage müssen die Mitglieder des erneuerten endzeitlichen Israel aus der Gefangenschaft befreit werden, unter der sie derzeit leiden. Die Zwölf spielen keine statische, rein symbolische Rolle; sie sollen Jesus in seiner befreienden Sendung helfen. Sie sollen in enger Gefährtenschaft „mit ihm" sein, und ihnen ist bestimmt, ausgesandt zu werden, um (das EVANGELIUM) mit Vollmacht zu verkünden und Dämonen auszutreiben (VV 14b–15). Dass sie gleichzeitig „mit ihm" sein und „ausgesandt" werden sollen, ist kein Widerspruch. Im Markusevangelium gehört zu dem „Mit"-Jesus-Sein nicht einfach die körperliche Anwesenheit, sondern das Leben in enger Gefährtenschaft als Jünger. Die Fähigkeit, wirksam zu predigen und Dämonen auszutreiben, entspringt dieser Gefährtenschaft und ist deren wesentliche Aufgabe. Wir finden hier den Kern der missionarischen Berufung der Kirche: die befreiende Verkündigung des Wortes (1,14f) und die Zurückgewinnung des ganzen Menschen – Leib und Geist – für das Reich Gottes durch die Gnade der Sakramente.

Die Auflistung der Namen der Zwölf (VV 16b–19) beginnt mit einer Art Verleihung von Spitznamen, zunächst Simon, der der „Fels" (V 16b) wird, und dann Jakobus und Johannes, die die „Boanerges" werden, die „Donnersöhne" (V 17). Die Bedeutung dieses zweiten Spitznamens ist unklar: Er kann sich auf ihren ungestümen Charakter beziehen, wie er später in ihrer unverfrorenen Bitte in 10,35–37 sichtbar wird. Wenn sich der Spitzname Simons auf seinen Charakter bezieht, erhält diese Bezeichnung angesichts seines späteren Versagens, das Markus ausführlich darstellt, eine ironische Note. Angesichts seiner Führungsposition aber, die er trotz seines Versagens zweifelsfrei hat (8,29; 9,5; 10,28; 11,21; 14,37; 16,7),[7] ist es wahrscheinlicher, dass dieser Name auf seine grundlegende Aufgabe bzw. Rang in der Gemeinde verweist, die als (heiliger) Bau verstanden wird.[8] Auf jeden Fall aber

---

[7] Vgl. Hooker, Saint Mark, S. 112.
[8] Das Markusevangelium würde also auch eine Grundlage für die Weise der

III. Das späte Wirken in Galiläa (3,7 – 6,6a)

bilden die drei, die neue Namen bekommen haben, an Schlüsselstellen des Evangeliums eine auserwählte Gruppe (5,37; 9,2; 14,33). Mit Ausnahme von Andreas (1,16.29; 13,3) wird keiner der anderen Jünger in der Erzählung einzeln erwähnt – außer natürlich Judas, der am Ende genannt wird. Die Bemerkung über seinen Verrat (V 18) vergrößert den Schatten, der sich allmählich über der Erzählung ausbreitet. Selbst Jesu innerster Kreis ist nicht immun gegen die dämonische Unterwanderung.

Das richtige und falsche Verständnis Jesu und seiner Taten (3,20–30)

Nach der formalen Einsetzung der Zwölf auf dem Berg geht Jesus in ein Haus (V 20), eine für Markus sehr charakteristische Örtlichkeit. Damit kehrt er auch in eine Situation der Fehleinschätzungen und Fehldeutungen zurück, die den sich jetzt um ihn aufbauenden Konflikt vorantreiben (2,1 – 3,6). Die Fehldeutungen kommen aus zwei Lagern: von seiner biologischen Familie und von den Schriftgelehrten, die aus Jerusalem, dem Zentrum der Macht, gekommen sind. In einem weiteren Beispiel der „Sandwich-Technik" hat der Evangelist Stoff, der Fehleinschätzungen und Anschuldigungen aus beiden Richtungen beinhaltet, so zusammengefügt, dass diese gleichsam in Parallele zueinanderstehen. Dieser Aufbau stellt auch das Bild Jesu von sich als dem Stärkeren, der gekommen ist, um Satan zu fesseln und dessen „Haus" zu plündern", in den Mittelpunkt (3,27).

Den Aufbau kann man schematisch so darstellen:

Ausarbeitung der Aufgabe von Simon Petrus in Mt 16,19–23 bilden. Markus verbindet den neuen Namen „Fels" mit der Aufgabe Abrahams als Patriarch. In Jes 51,1 f wird dieser als Fels beschrieben, aus dem Israel gehauen wird (vgl. Marcus, Mark I, S. 268).

Das erneuerte Volk Gottes (3,7–35)

```
┌─ Das Versagen der biologischen Familie Jesu (3,20f)
│  ┌─────────────────────────────────────────────────┐
│  │                    der Beelzebul-Vorwurf (V 22) │
│  │ Anschuldigungen    das geteilte Reich (VV 23–26)│
│  │ der Schriftgelehrten: „den Starken fesseln" (V 27)│
│  │                    die wahre Gotteslästerung (VV 28–30)│
│  └─────────────────────────────────────────────────┘
└─ Die wahre Familie Jesu (3,31–35)
```

Eine Folge dieses Aufbaus ist, dass von Jesu direkter Familie ein ganz schlechtes Bild entsteht. Ich werde mich diesem Thema zum passenden Zeitpunkt widmen.

Mit dem Bild des von einer begeisterten Menge bedrängten Jesus beginnt diese Abfolge von Geschichten. Wie in 2,1 ist er wieder in einem Haus, doch der Druck der Menge, die sich draußen versammelt hat, macht es ihm unmöglich, auch nur eine Mahlzeit einzunehmen. In dieser Situation geht seine Familie[9] aus der Deckung – vermutlich aus ihrer Heimatstadt Nazaret kommend –, um seiner habhaft zu werden (V 21a). Ihr Motiv, wie in der abschließenden bissigen Bemerkung beschrieben, ist ihre Überzeugung, dass er verrückt geworden ist (wörtlich: „neben sich sein" – *exestē*). Die wilde Begeisterung, die er mit seinem Handeln auslöst, betrachten sie als ein Zeichen gefährlichen Gestörtseins. Deshalb ihr Ziel, ihn von seinem bisherigen Weg abzubringen und ihn nach Hause zu schaffen, wo er hingehört.[10]

---

[9] Der griechische Ausdruck *hoi par'autou* wird am besten so übersetzt, weil diese Gruppe von Jesu direkten Jüngern unterschieden ist, die im vorangegangenen Vers erwähnt wurden.
[10] Diese kleine Perikope, die das Handeln der Verwandten Jesu beschreibt (3,20f), ist einer der vergleichsweise seltenen Abschnitte ohne

In ihrem Ansinnen sind die Verwandten Jesu nicht unbedingt von der Überzeugung geleitet, dass er von einem Dämon besessen ist, auch wenn Verrücktheit in der Antike häufig der Besessenheit durch Dämonen zugeschrieben wurde (vgl. Joh 10,20). Die gleich darauffolgende Einführung der „Schriftgelehrten aus Jerusalem" jedoch mit ihrer ausdrücklichen Anklage (V 22), Jesus sei von Beelzebul besessen und treibe die Dämonen mit der Macht dieses Fürsten der Dämonen[11] aus, erscheint deutlich als eine parallele, wenn auch viel ernsthaftere, Fehleinschätzung. Diese Anschuldigung ist schwerwiegend, weil sie auf eine Anklage wegen praktizierter Geisterbeschwörung, einem Kapitalverbrechen, hinausläuft und von einer Rechtsinstanz erhoben wird, die aus dem nationalen Machtzentrum Jerusalem kommt.

Jesus widerlegt die Beschuldigung in zwei Schritten. Zunächst einmal (VV 23–26) appelliert er an den gesunden Menschenverstand oder besser an einen allgemein akzeptierten Grundsatz vom Überleben oder Fall von Regierungen und Reichen. Diejenigen, die Zeichen der Spaltung zeigen, sind dazu verdammt unterzugehen. Weil die Dämonenaustreibungen Jesu die Herrschaft Satans bedrohen, würde Satan unsinnig handeln, wenn er dahinterstände; dies wäre das Zeichen für das Ende seiner Herrschaft. Zweitens (V 27) nutzt Jesus dann ein Bild, um die Wirkung seiner Dämonenaustreibungen glaubwürdig zu deuten. So wie die Güter eines starken Mannes nicht geplündert werden können, wenn ihn nicht ein noch Stärkerer zuerst fesselt, so sind die Dämonenaustreibungen eine Fesselung Satans, die der Plünderung seines Hauses vorangeht.

Parallele im Matthäus- oder Lukasevangelium, die beide die Familie Jesu in einem günstigeren Licht zeigen.

[11] Die Parallele zwischen den beiden Anschuldigungen in V 22b führt Beelzebul deutlich als „Fürsten der Dämonen" ein und ist damit ein anderer Name für Satan. Siehe weiteres bei Marcus, Mark I, S. 272.

Beide Teile der Widerlegung Jesu setzen die im jüdischen apokalyptischen Denken weitverbreitete Sicht voraus, dass das „Haus der Welt" unter die Herrschaft Satans geraten ist. Diese Herrschaft Satans bildet den negativen Hintergrund für den Anbruch der von Jesus verkündeten Herrschaft Gottes. Wie schon vom Täufer so bezeichnet (1,7), ist er der „Stärkere", der gekommen ist, um mit der Macht des Geistes (1,10) Satan zu fesseln und dessen Haus in dem Sinn zu plündern, dass er die Menschen aus der mit der Herrschaft Satans verbundenen Gefangenschaft befreit. Diese Befreiung ist Inhalt der „Frohen Botschaft", die Jesus in seiner Lehre verkündet (1,14f) und die seine Dämonenaustreibungen und Heilungen in Kraft umsetzt.

Nicht zufrieden damit, den Angriff einfach abzuwehren, geht Jesus jetzt selbst in die Offensive, indem er herausarbeitet, was die Anklage der Schriftgelehrten impliziert (VV 28–30). Weil er durch die Macht von Gottes Heiligem Geist die Dämonen austreibt, ist die Anklage, er tue dies durch den Fürsten der Dämonen (V 22) gleichbedeutend damit, den Geist Gottes auf eine Stufe mit den unreinen Geistern der dämonischen Welt zu stellen. Während alle anderen Lästerungen nach einer angemessenen Zeit vergeben werden können, ist diese Lästerung so schwerwiegend und stellt einen solchen Menschen derart außerhalb der Reichweite des Heils, dass sie tatsächlich nicht vergeben werden kann.[12] Die Idee einer unverzeihlichen Sünde ist eine Qual für ein empfindsames christliches Gewissen. Anstatt die Frage zu stellen, welche Art von Sünde zu einer solch extremen Beschreibung passt, ist es am besten, die Bedeutung auf das zu beschränken, was hier im Blick ist: Weil der in Jesus wirksame Geist (1,10) der Heilsvermittler ist, stellt man sich faktisch außerhalb der Reichweite des Heils und entsprechend auch der endgültigen Vergebung, wenn man darauf beharrt, dass dieser Geist gar nicht an-

---

[12] Ein kurzer Überblick der verschiedenen Interpretationen in der Geschichte findet sich bei Donahue/Harrington, Mark, S. 134f.

wesend ist oder darauf, ihn gar mit den entgegengesetzten Mächten zu identifizieren. Wenn wir uns außerdem auf die Erwähnung der „unverzeihlichen Sünde" in Vers 29 konzentrieren, dann sollten wir dabei die starke Zusicherung der allgemeinen Vergebung im Vers davor nicht übersehen (V 28). Jesus ist gekommen, um die allgemeine Vergebung zu verkünden und anzubieten, die mit dem Anbruch des Reiches Gottes verbunden ist (1,15; 2,5). Nur diejenigen, die sein Handeln mit etwas identifizieren, das dem diametral entgegengesetzt ist, stellen sich außerhalb des Wirkungsbereiches von Gottes vergebender Gnade.

Die wahre Familie Jesu
(3,31–35)

An dieser Stelle (V 31) erscheint wieder die biologische Familie Jesu – „seine Mutter und seine Brüder" – mit einem weiteren Versuch, Kontakt zu ihm aufzunehmen. Sie kommen sehr stark in der Rolle von Außenstehenden. Jesus ist im Haus mit vielen Menschen, die um ihn herumsitzen. Die Familie muss jemanden durch die Menge zu ihm schicken, der an ihrer Stelle Jesus die Bitte überbringt (V 32), wobei er „deine Schwestern" zu der Liste hinzufügt. Jesus antwortet darauf nicht direkt, sondern schaut sich stattdessen um, zeigt auf die Menge, die ihn unmittelbar umgibt, und identifiziert *diese* als „meine Schwestern und meine Brüder" (V 34), bevor er allgemeiner ergänzt, dass jeder, der den Willen Gottes erfüllt, „mein Bruder und meine Schwester und meine Mutter" ist (3,35 Elberfelder Bibel).

Dieser markinische Text stellt die biologische Familie Jesu einschließlich seiner Mutter auf die Seite derer, die Jesus falsch verstehen und versuchen, ihn von seiner Sendung abzubringen. Gleichzeitig zeigt er ihn von einer neuen Familie umgeben, die als diejenigen identifiziert werden, die den Willen

Gottes erfüllen. Den Willen Gottes in der durch den Anbruch des Reiches Gottes gekennzeichneten Gegenwart zu erfüllen, bedeutet, in Übereinstimmung mit Gottes Willen zu denken und zu handeln. Durch ihren Versuch, Jesu wieder habhaft zu werden und sein Wirken zu beschränken, beweist die biologische Familie, dass sie auf der Seite der alten Zeit steht, die durch das Reich Gottes ersetzt wird. Diejenigen, die Gottes Willen dadurch erfüllen, dass sie sich seinem Reich weihen, finden sich in einer neuen Familie wieder, die um Jesus versammelt ist und die seine Brüder und Schwestern bildet – und sogar seine Mutter. Bemerkenswert abwesend von dieser Liste ist „mein Vater". Die Mitglieder der Gemeinde des Gottesreiches teilen mit Jesus den einen Vater: Gott.

Indem er den Versuch der biologischen Familie Jesu, seiner habhaft zu werden, in eine Art Parallele zu dem „Beelzebul"-Vorwurf setzt, zeigt Markus, wie die in engsten menschlichen Verwandtschaftsbeziehungen ausgeübte Macht eine volle Hingabe an das Reich Gottes hindern kann – die Familie kann Teil der alles durchdringenden Gefangenschaft sein, mit der das Dämonische Menschen in seiner Gewalt hält. Allerdings ist die negative Bewertung der biologischen Familie Jesu hier beunruhigend, insbesondere für die katholische Tradition mit ihrer hohen Verehrung Marias und der Wertschätzung des Familienlebens im Allgemeinen. Wenn man eine ergiebige Theologie des Familienlebens im Neuen Testament sucht, dann ist Markus dafür kaum der Ausgangspunkt. Unabhängig von der Frage, wie die Haltung Jesu zu diesem Thema selbst gewesen sein mag, wird die negative Sicht des Evangelisten wahrscheinlich die Lage der Gemeinde, für die er schrieb, widerspiegeln, wo der Einsatz für das EVANGELIUM schwere Opfer im Bereich der Familienbeziehungen erforderte und es vielleicht auch mangelnde Unterstützung oder gar Verrat durch Familienmitglieder gab (vgl. 10,28–31; 13,12 f).[13] Gleichzeitig sollten wir in Erinnerung behalten, dass das Markusevangelium nur ein

---

[13] Zu Weiterem siehe Marcus, Mark I, S. 280.

Mosaikstück im Gesamtbild des Neuen Testamentes ist. Dessen besonders scharf ausgeprägtes Gespür für das Ende der gegenwärtigen Welt hat zur Folge, den Wert von Strukturen und Institutionen dieser Welt, einschließlich der herkömmlichen Familie, zu relativieren. Die Teile des Neuen Testaments, die eine weniger drängende Eschatologie widerspiegeln, wie z. B. die Briefe an die Kolosser und die Epheser und die Pastoralbriefe, stellen das Familienleben positiver dar (Kol 3,18–21; Eph 5,21 – 6,4; vgl. 3,14f; 1 Tim 3,1–5) und ergänzen das Bild. Angemerkt sei auch, dass das sehr positive Bild, das Lukas besonders in der Kindheitsgeschichte (Lk 1f) von Maria zeichnet, auch Momente enthält, in denen sie nicht versteht (2,46–50; vgl. 2,33–35) und in denen sie in ihrem Herzen das Geheimnis all dessen, was sich ereignet, erwägen muss (2,19.51). In dieser Hinsicht steht Lukas in einer gewissen Kontinuität zum markinischen Bild, bei dem die Familie Jesu Schwierigkeiten zeigt, ihn für seine Sendung loszulassen. Noch grundsätzlicher aber gilt, dass trotz seines negativen Bildes der ursprünglichen Familie Jesu, Markus die Bedeutung der Familie einfordert und sogar erhöht, indem er die Gemeinde des Reiches Gottes als neue Familie Gottes darstellt

Jesus lehrt in Gleichnissen (4,1–34)

Wie wir schon häufig festgestellt haben, zeichnet Markus Jesus durchgehend als Lehrer. Sein Lehren und seine Dämonenaustreibungen mit gleichermaßen befreienden Wirkungen für die Menschen gehören zusammen. Aber bislang haben wir wenig über den *Inhalt* seiner Lehre gehört. Jetzt verringert sich die Geschwindigkeit der Erzählung, und wir hören Jesus lange predigen.

Die Szene, die sich jetzt eröffnet, zeigt ihn, wie er Gleichnisse erzählt. Weil Gleichnisse bunte und beispielhafte Geschichten aus dem Alltagsleben sind, könnte dies bedeuten, dass die Lehre Jesu hier einen der zugänglichsten Teile des Evangeliums bildet. Dies ist aber nicht der Fall. Zwei der drei Gleichnisse (das von der Aussaat [VV 3–9] und das von der verborgen wachsenden Saat [VV 26–29]), sind selbst rätselhaft, und zwischen den Gleichnissen sind Reflexionen eingeschoben, warum Jesus in Gleichnissen spricht. Diese Reflexionen (VV 10–12.21–25.33f) enthalten den schwierigen Hinweis, dass er die Gleichnisse nicht nutzt, um seine Verkündigung zu erläutern, sondern um zu verwirren und um am Ende alle auszuschließen und zu verdammen, die sich gegen ihn gestellt haben. Das Ergebnis lautet also, dass es sich um einen der schwierigsten und verwirrendsten Teile des Evangeliums handelt, was es mehr als gewöhnlich nötig macht, die Struktur dieses Abschnittes als Ganzes zu untersuchen:

III. Das späte Wirken in Galiläa (3,7 – 6,6a)

> Der Schauplatz: Jesus predigt zu der Menge von einem Boot aus (VV 1 f)

Das Gleichnis von der Aussaat (VV 3–9)

Reflexion zu den Gründen, warum Jesus in Gleichnissen spricht (VV 10–12)

Erklärung des Gleichnisses von der Aussaat (VV 13–20)

Reflexion über den Gebrauch von Gleichnissen (VV 21–25)

Das Gleichnis von der verborgen wachsenden Saat (VV 26–29)

Das Gleichnis vom Senfkorn (VV 30–32)

Reflexion über die Gewohnheit Jesu in Gleichnissen zu sprechen (VV 33 f)

Eine weitere Komplikation ergibt sich daraus, dass mit der mit V 10 beginnenden Reflexion ein Ortswechsel verbunden ist: von der öffentlichen Ansprache der Menge am See zur Unterweisung, die Jesus seinen näheren Jüngern gibt („die, die um ihn waren, samt den Zwölfen" – V 10 Elberfelder Bibel). Sie hören eine Reflexion (VV 10–12) und auch eine Erklärung des Gleichnisses von der Aussaat (VV 13–20) sowie eine weitere Reflexion in den VV 21–25. Aber der Kommentar ganz am Ende (VV 33–34a) legt nahe, dass die beiden anderen Gleichnisse (VV 26–29 und VV 30–32) einmal an das ganze Volk gerichtet waren. Dieser Mangel an Klarheit über die Zuhörenden kommt zu der Schwierigkeit der Interpretation hinzu. Dass diese aber nicht unüberwindlich sind, hoffe ich zeigen zu können.

Jesus lehrt in Gleichnissen (4,1–34)

Es ist wichtig, von Anfang an im Blick zu behalten, dass Markus den weiten Bedeutungssinn, den der Ausdruck „Gleichnis" (griechisch: *parabolē*) in der biblischen Tradition hat, voll ausschöpft. Diese Breite hat ihre Wurzeln in dem hebräischen Wort *mashal*, das nicht nur eine beispielhafte Erzählung oder ein Bild bezeichnen kann, sondern ebenso ein Rätsel oder ein Geheimnis. Wegen dieses Hintergrundes ist mit dem Wort „Gleichnis" eine Vielfalt von Nutzungsmöglichkeiten und Wirkungen verbunden. Als beispielhafte Erzählung oder Bild ist es ein Kommunikations- und Lernmittel, als Rätsel oder Geheimnis kann es gleichermaßen beruhigen, verwirren oder entfremden. Sicher ist, dass die Verkündigung Jesu voller Bilder und Gleichnisse war, und dass er Gleichnisse als wichtiges Kommunikationsmittel nutzte, ist ebenfalls sehr wahrscheinlich. Das bedeutet allerdings nicht, dass er nicht von Zeit zu Zeit das Potenzial der Gleichnissprache zu schocken und zu entwaffnen einsetzte oder gelegentlich von der Möglichkeit Gebrauch machte, neue Bedeutungswelten vor allem in Verbindung mit der Herrschaft Gottes zu erschließen, deren unvorhersehbares Wesen ganz zentral in seiner Verkündigung war. Während viele von denen, die ihm zuhörten, diesen Gebrauch von Gleichnissen erhellend fanden, gab es ohne Zweifel andere, die durch sie verwirrt und verstört wurden. Die Abfolge in Mk 4 scheint als eine Erklärung für solche negativen Reaktionen und als Warnzeichen vor der „Herzenshärte" (vgl. 3,5) gestaltet zu sein.

Halten wir uns vor Augen, wo wir uns im Ablauf der Gesamtgeschichte befinden. Schon in der frühen Zeit seines Wirkens in Galiläa ist ein Konflikt um Jesus entstanden (2,1 – 3,6). Dieser kommt zu einem Höhepunkt mit der tödlichen Anklage der aus Jerusalem gekommenen Schriftgelehrten, die seine Macht zur Dämonenaustreibung einem Bündnis mit Beelzebul, dem Fürsten der Dämonen, zuschreiben (3,22), eine Anklage, die wiederum Jesus mit Blick auf sie veranlasst hat, von einer unverzeihlichen, ewigen Sünde zu sprechen (3,28–30). Angesichts dieses Widerstandes der herrschenden

Mächten hat Jesus begonnen, den Kern eines erneuerten Israels zu bilden, das auf dem Fundament der zwölf auserwählten Jünger aufgebaut ist (3,13–19) und die neue Familie Gottes bildet (3,31–35). Die Feindschaft jedoch bedeutet, dass die von Jesus verkündete und in Kraft gesetzte Herrschaft Gottes (1,14f) nicht ohne Konflikt errichtet werden kann. Die dem widersprechende Herrschaft Satans ist immer noch weit verbreitet – ein Faktum, das sowohl für die Zeit Jesu gilt, als auch für die Zeit der Abfassung des Evangeliums und schließlich auch zu allen Zeiten bis zum Kommen des Menschensohnes, mit dem endgültig das Reich Gottes errichtet wird (13,24–27). Die Abfolge von Gleichnissen spricht diese Lage an und insbesondere den Schrecken und die Fragen, die dadurch aufgeworfen werden. Befinden wir uns wirklich in der Zeit, in der die Herrschaft Gottes anbricht? Ist der Satan wirklich entmachtet, oder gibt er nicht vielmehr weiterhin den Ton an? Was bedeutet diese „Koexistenz" für das Wesen der Herrschaft Gottes sowie den Weg und die Zeit, in der sein Sieg in der Welt endgültig erwartet werden darf?[1]

Der Schauplatz: Jesus lehrt am See (4,1f)

Markus führt in die Szene in beachtlicher Ausführlichkeit ein und informiert uns nicht weniger als dreimal in den beiden Versen, dass Jesus lehrt und dass er dies „nahe am See" tut, dem Symbol für die Welt, aus dem die „Fische" für das Reich Gottes gefangen werden müssen (1,17). Der Andrang der begeisterten Menge ist so groß, dass er schließlich von einem Boot aus, in dem er sitzt und das sich leicht vom Ufer entfernt befindet, lehrt (vgl. 3,7–12).[2] An dieser Stelle bildet die Menge

---

[1] Vgl. Marcus, Mark I, S. 288.
[2] Das Boot erlaubt Jesus sich hinzusetzen und so die Haltung eines Leh-

so etwas wie eine dritte Partei zwischen Jesu engerem Jüngerkreis („die um ihn herum" in 3,34f) und den feindlichen Schriftgelehrten (3,22–30).[3] Die Menge ist wild begeistert – sie drängt sich Jesus auf –, aber diese Begeisterung ist kein ungetrübtes Glück. Die populäre Vorstellung von dem, was Jesus anzubieten hat, stimmt überhaupt nicht mit seiner Auffassung von seiner Sendung im Dienst des Reiches Gottes überein. Wenn die Menschen für diese Sache gewonnen werden sollen, dann müssen sie seine Lehre wirklich „hören" (V 3; vgl. die Mahnung in V 9) und entsprechend reagieren. Die Gleichnisse versinnbildlichen diese Notwendigkeit und sprechen sie gleichermaßen an.

Das Gleichnis von der Aussaat (4,3–9)

Dieses Gleichnis ist traditionell unter dem Namen „Gleichnis vom Sämann" bekannt, aber dieser Name ist nicht ganz passend, weil er, nachdem er am Anfang erwähnt wird, dann vollständig von der Bildfläche verschwindet. Weiter verbreitet ist eine Variante, die sich auf die Qualität des jeweiligen Bodens bezieht, auf den die Saat fällt und das Wachstum, das sich jeweils daraus ergibt. Dementsprechend glaube ich, dass es am besten ist, einfach vom „Gleichnis von der Aussaat" zu sprechen: Jesus beschreibt, was geschieht, nachdem die Saat gemäß den ihm bekannten landwirtschaftlichen Gepflogenheiten Palästinas gesät ist.[4]

---

rers einzunehmen. Das Boot ist natürlich ein Symbol für die Kirche, durch die Jesus als der auferstandene Herr weiter die Menschen lehren wird.
[3] Über die Identität dieser „dritten" Gruppe, siehe die hervorragende Erörterung von Watts, Isaiah's New Exodus, S. 199–205.
[4] Einige jüdische Quellen, die aber aus der Zeit nach Jesus stammen, legen nahe, dass in Palästina nach der Aussaat gepflügt wurde; vgl. Joa-

Einzigartig bei diesem Gleichnis ist, dass ihm, obwohl es erst einmal für sich steht (VV 3–8), eine Deutung beigefügt wird (VV 13–20), die Jesus seinen unmittelbaren Jüngern privat mitteilt. Diese Deutung macht aus dem Gleichnis eine Allegorie. (Zur Allegorie, siehe unten.) Wie die räumliche Trennung zwischen dem Gleichnis und der Allegorie im 4. Kapitel des Evangeliums nahelegt, ist es trotzdem angemessen, das Gleichnis von der Aussaat einfach für sich zu betrachten und nicht zuzulassen, dass das Wissen um die allegorische Auslegung die Bedeutung dieses Gleichnisses vollständig „überlagert".

Ganz typisch für die von Jesus erzählten Gleichnisse geht dieses direkt von einer Alltagsbeobachtung aus. Im Palästina jener Tage warfen diejenigen, die Getreide aussäten, die Saat ziemlich unmethodisch aus. Die ganze Aussaat konnte gar nicht auf gutem Boden landen. Ein großer Teil konnte in drei Umgebungen landen – auf einem Weg, auf felsigem Grund oder unter Disteln[5] –, in denen ihnen das beschriebene Schicksal widerfuhr. Der Bericht über diese drei Verluste steigert sich in seiner dramatischen Intensität, je mehr er sich entfaltet: Im ersten Fall schnappen sich Vögel die Saat, bevor sie auch nur die Chance hat, Wurzeln zu schlagen; im zweiten gibt es einen kurzen Moment vielversprechenden Wachstums, bevor alles

chim Jeremias, Die Gleichnisse Jesu, Göttingen: Vandenhoeck & Ruprecht, S. 7f; für Jeremias erklärt dies, warum der Sämann die Saat so „sorglos" auf den Weg streut, bei dem es sich um einen provisorischen Weg handelt, der entstand, wenn Menschen das Feld überquerten: später wurde alles untergepflügt. Wie es sich nun auch mit der Abfolge von säen und pflügen verhält, wichtig für das Gleichnis ist dieses breitgestreute Vorangehen bei der Aussaat mit der Folge, dass es dabei einige Verluste gibt.

[5] „Disteln" scheint die beste Entsprechung für das griechische *akanthai* zu sein, bei dem es sich um einen Ausdruck für dornige oder stachelige Pflanzen handelt, besonders solche, die eher unerwünscht auf den Feldern wachsen; vgl. Vincent Taylor, The Gospel according to St. Mark: the Greek Text, with Introduction, Notes and Indexes, London: Macmillan 1957, S. 253.

von der Sonne verbrannt wird; im dritten Fall sieht es lange so aus, als ob es zurecht Hoffnung gebe: Die Saat fasst Wurzeln und wächst für einige Zeit, bevor sie das gleiche Schicksal erleidet und unter den Disteln erstickt wird, die sie unfruchtbar machen. Dann aber, genau angesichts dieses letzten Verlustes, kommt die Überraschung. Die drei Ergebnisse, bei denen die Saat auf guten Boden fällt, gleichen die drei Verluste aus und entschädigen diese überreich: hervorgebracht wird ein dreißigfacher, sechzigfacher und – am Ende ein fantastischer – hundertfacher Ertrag.[6]

Mit dieser letzten Zahl zeigt das Gleichnis einen in seiner Übertreibung nochmals gesteigerten Ausgang, der ein Merkmal vieler Gleichnisse Jesu ist. Wenn am Ende die Geschichte die Welt der alltäglichen Wirklichkeit verlässt, dann geht es genau darum: Wir haben es hier nicht mit der Wirklichkeit des normalen Lebens zu tun, sondern mit der Macht und der Großzügigkeit Gottes, die in seinem Reich wirken. In allen vier Fällen wird das Ergebnis von der Art des Bodens oder seiner Lage bestimmt. Die verschiedenen Bodenarten entsprechen in der Geschichte einer Bandbreite menschlicher Reaktionen auf die Verkündigung Jesu. Wie der Sämann „sät" Jesus die Frohe Botschaft des Gottesreiches in einer vergleichbaren unmethodischen und „wilden" Weise. In einer großen Anzahl von Herzen erleidet sie das Schicksal der Saat in den drei Verlustfällen. Doch wenn sie ein aufnahmebereites Herz findet und wirklich Wurzeln schlagen kann, dann ist der Weg für die Ankunft des Gottesreiches in der im Gleichnis beschriebenen außerordentlichen Fülle bereitet. Das Reich Gottes verlange Glaube und Umkehr (1,15). Sein primärer Adressat ist das menschliche Herz. Dort findet der Kampf um die Überlegenheit gegenüber den sich widersetzenden Mächten des

---

[6] Vgl. Marcus, Mark I, S. 292 f für Belegstellen in der antiken Literatur, die nahelegen, dass die hier genannten Erträge als beachtlich betrachtet wurden – und sie würden auch in unserer heutigen landwirtschaftlichen Praxis so eingeschätzt.

Dämonischen statt, auch wenn es von dort weitergehen muss, um die Gemeinschaften und die gesellschaftlichen Verhältnisse zu verändern.

So verstanden geht das Gleichnis auf die unterschiedlichen Reaktionen auf Jesu Verkündigung des Gottesreiches ein und erklärt sie. Wenn es nur teilweise erfolgreich ist, wenn die Herrschaft Satans immer noch spürbar ist, dann bedeutet dies nicht Schwäche oder gar die endgültige Niederlage. Wenn man das Reich Gottes entsprechend den Maßstäben weltlicher Herrschaft versteht, dann wäre dem tatsächlich so. Aber die Herrschaft Gottes errichtet ihr Fundament im bekehrten menschlichen Herzen. Wo dieser gute „Boden" fehlt, erleidet sie Ablehnung und Widerstand, doch wo sie auf eine annehmende Reaktion trifft, wird das Ergebnis, wenn vielleicht auch derzeit nicht sichtbar, so überwältigend groß sein, dass es die Fehlschläge und Verluste mehr als entschädigt.

Grundsätzlich ist also das Gleichnis ein Ausdruck der Hoffnung, dass die Herrschaft Gottes sich am Ende durchsetzen wird. Aber es hat auch – besonders in der markinischen Version – einen Aspekt der Mahnung. Jesus beginnt mit der Aufforderung „Hört" (Mk 4,3)[7] und endet: „Wer Ohren hat zum Hören, der höre!" (V 9). Weil der Anbruch des Gottesreiches von dem „Boden" bestimmt wird, der es aufnimmt, ist es ausschlaggebend, dass seine Botschaft mit Umkehr und Glauben gehört wird. Die Menschen, an die sich Jesus in dieser Szene richtet, mögen ihn mit großer Begeisterung bedrängen, aber wenn sie nicht wirklich „hören", was er sie in dieser Weise lehrt, dann können sie auch nicht wirklich für das Reich Gottes gewonnen werden; stattdessen kann es sein, dass sie sich als Verbündete von dessen Widersacher wiederfinden.

---

[7] Einige Auslegerinnen und Ausleger finden hier einen bewussten Anklang an den Anfang des jüdischen Glaubensbekenntnisses, dem *Sh^{e}ma Jisrael* („Höre, Israel, ..."), das alle Israeliten täglich beten sollen (Dtn 6,4–6).

Warum Jesus in Gleichnissen spricht
(4,11f)

Die Szene wechselt jetzt vom See zu einem Ort, wo Jesus mit seinen unmittelbaren Jüngern allein ist: „die um ihn herum zusammen mit den Zwölf". Er hat schon „die um ihn herum" als eine neue Familie bezeichnet (3,34). Dieser sehr unbestimmte Ausdruck ist eine Einladung an die das Evangelium Lesenden, sich selbst als Mitglieder dieser privilegierten Gruppe neben den Zwölf zu betrachten. Als sie Jesus „nach den Gleichnissen" fragen, unterscheidet er zwischen ihnen und denen, „die draußen" sind (V 11). Während sie (die Jünger) die privilegierten Empfänger der „Geheimnisses des Reiches Gottes" sind, geschieht für die draußen „alles in Gleichnissen". Es ist nicht so, dass diese nicht verstehen. Im Gegenteil geht es darum, wie Jesus in einer Jes 6,9 f entlehnten Sprache behauptet, sie in ihrer Blindheit und Hörunfähigkeit festzuhalten, „damit sie sich nicht bekehren und ihnen nicht vergeben wird" (V 12).

Dies ist eine der rätselhaftesten und theologisch verstörendsten Aussagen im Neuen Testament. Jesus scheint eindeutig einen göttlichen Willen zu behaupten, diejenigen, die er als „die draußen" beschreibt, dauerhaft in einer Verfassung der Unempfänglichkeit festzuhalten und sie folglich von der Vergebung und dem Heil auszuschließen. Was sollen wir dazu sagen?

Erstens ist die Unterscheidung zwischen den Jüngern und „denen draußen" am besten in einem moralischen Sinn zu verstehen und nicht in einem strikt örtlichen. Das heißt, es wird nicht zwischen den Jüngern und der Menge unterschieden, die gerade am Ufer des Sees die Lehre gehört hat, sondern zwischen denen, die einerseits durch Glauben und Bekehrung Jünger wurden, und denen, die andererseits durch das Fehlen einer entsprechenden Antwort sich in die Lage eines dauerhaften Ausschlusses („draußen") aus dem Reich Gottes gebracht haben oder Gefahr laufen, dies zu tun.[8] Die Jünger haben „das

---

[8] Vgl. Boring, Mark, S. 123.

Geheimnis des Reiches Gottes" im Sinne einer von Gott gegebenen Fähigkeit erhalten, dass sie das wahre Wesen und die Weise und die Zeit seiner Ankunft begreifen können, wie sie in den recht verstandenen Gleichnissen (von der Aussaat und den noch folgenden) vermittelt wird.[9] Für „die draußen" aber „geschieht alles in Gleichnissen" im eher negativen Sinn des Wortes „Gleichnis", der es nicht als ein Mittel der Mitteilung bezeichnet, sondern im Gegenteil, ein Rätsel oder Geheimnis. Sie können einen äußeren Sinn „sehen", aber sie „sehen" nicht im Sinn von Verstehen; sie können die gesprochenen Worte hören, „verstehen" aber nicht deren Bedeutung, als ob sie einer Fremdsprache zuhörten, die sie nicht verstehen.

Aber warum sollte diese negative Reaktion von Gott gewollt und von ihm bewirkt sein?[10] Wir müssen den vorigen

[9] Die Verwendung des Wortes „Geheimnis" hier spiegelt einen Gebrauch wider, die dem Neuen Testament und anderer apokalyptischer Literatur des Judentums (besonders des Schrifttums aus den Qumran) gemeinsam ist. „Geheimnis" verweist auf einen unvorhersehbaren oder seltsamen Aspekt der Art und Weise, wie die Dinge gemäß dem Plan Gottes am Ende der Zeit ablaufen werden, der privilegierten Menschen (Sehern und Propheten) enthüllt wird, die durch besondere Offenbarung Zugang dazu haben; vgl. den Gebrauch von Paulus in 1 Kor 15,51; Röm 11,25 f. Die mustergültige Erörterung ist die von Raymond E. Brown, The Semitic Background of the Term „Mystery" in the New Testament (FBBS 21), Philadelphia: Fortress Press 1968; vgl. auch Marcus, Mark I, S. 298. Siehe auch Watts: „... das Geheimnis des Reiches Gottes (4,11) bezieht sich nicht nur auf das Geheimnis, das das Reich Gottes ist, sondern auch auf die geheimnisvolle Weise, in der das Reich Gottes in Jesu machtvollen Taten und in seinen kraftvollen Worten ausgedrückt und offenbart und schließlich mit seiner Person verknüpft ist" (Isaiah's New Exodus, S. 228).

[10] Trotz zahlreicher Versuche die Sprache von Vers 12 in einer unproblematischeren Weise auszulegen, scheint es unausweichlich zu sein, dass die griechische Konjunktion *hina* am Anfang ihre normale finale Bedeutung hat, also eine Absicht ausdrückt. Dies wird durch die Konjunktion *mēpote* („damit nicht") bestätigt, die den Schlussabschnitt der Aussage einleitet. Für eine Übersicht der Möglichkeiten und deren kritische Erörterung, siehe Taylor, St. Mark, S. 256 f; John R. Donahue, The Gospel in Parable. Metaphor, Narrative, and Theology in the Synoptic Gospels,

Abschnitt in Erinnerung behalten, in dem Jesus beschuldigt wurde, die Dämonen durch die Macht Beelzebuls auszutreiben.[11] Diese Anklage wies er mit zwei „Gleichnissen" zurück (das geteilte Reich [3,23–26] und der Stärkere [3,27]), um dann weiter zu sagen, dass diejenigen, die solche Lästerungen (gegen den in Jesus wirksamen Heiligen Geist) vorbringen, sich einer ewigen Sünde schuldig gemacht haben (V 29). Im Blick scheinen Gegner zu sein, die sich dauerhaft aus dem Reich Gottes ausgeschlossen haben und die tatsächlich auf die Seite der Opposition gehören. Wie ich oben erklärt habe, geht dieser Abschnitt als Ganzes auf die störende Tatsache dieses fortgesetzten Widerstands gegen das Reich Gottes ein – ein Widerstand, der sich nicht auf das Wirken Jesu beschränkt, sondern im Leben derer andauert, für die Markus das Evangelium schrieb. Während auf der einen Seite dieser Widerstand das Ergebnis menschlicher Wahl ist, versucht das Evangelium ihn durch Rückgriff auf ein biblisches Denkmuster tiefergehend zu erklären, bei dem menschlicher Widerstand auch dem Willen und dem Handeln Gottes zugeschrieben wird. Dieses Muster der „doppelten Kausalität" (menschlich und göttlich) hat Berühmtheit in der Tradition der Exoduserzählung erlangt, in der Gott das Herz des Pharao verhärtet, so dass er sich dem Weggang Israels aus Ägypten widersetzt (Ex 4,21; 7,3; 9,7.12.34; 14,4.17; vgl. Röm 9,17f). Man kann dies auch in dem Text finden, der die Sendung Jesajas darlegt (Jes 6,9f), der in unserem Abschnitt von Markus[12] wiedergegeben und noch ausführlicher in der matthäi-

---

Philadelphia: Fortress Press 1988, S. 40–42; Marcus, Mark I, S. 299 f; Watts, Isaiah's New Exodus, 187–199 (dieser betont den Einfluss von Jes 6,9f nicht nur auf die Sprache, sondern auch auf den Inhalt des von Markus formulierten Textes).
[11] Vgl. besonders Watts, Isaiah's New Exodus, S. 185 f.
[12] Die Wiedergabe von Markus folgt grundsätzlich der Sprache der griechischen Septuaginta von Jes 6,9f, setzt sich jedoch von der Septuaginta und dem (hebräischen) masoretischen Text dadurch ab, dass die Verben in Übereinstimmung mit der aramäischen Targumfassung in der 3. statt

schen Parallele (13,13–15; vgl. auch [kürzer] Lk 8,10) zitiert wird.[13] Auch wenn die Zuschreibung dieses Widerstandes – dem göttlichen Handeln gleichermaßen wie der menschlichen Wahl – der späteren Theologie Schwierigkeiten bereitet, stellt es doch eine Weise dar, wie biblische Autoren einen solchen verstörenden Widerstand in einen größeren Rahmen stellen konnten. Die Anspielung auf den Text des Jesaja beweist, dass der Widerstand gegen das Reich Gottes vorhergesehen wurde und sich in einem bestimmten Sinne im Rahmen von Gottes größerem Heilsplan bewegt.

Auch wenn eine solche biblische Vorstellung hier Einfluss hat, ist es aber auch möglich, dass wir im Schlusssatz einen Unterton paradoxer Klage vorfinden. „Die draußen" mögen zwar ihr Schicksal besiegelt haben, aber wenn sie sich „umgewandt" *hätten* (so die biblische Sprache für Bekehrung), dann hätten sie Vergebung erfahren. Dies kann eine Mahnung an die „mittlere" Gruppe sein, die Menge, für die es noch nicht zu spät ist, in das Reich Gottes durch ihre Bekehrung einzutreten. Gottes ursprüngliche und weiterhin fortbestehende Absicht für die Menschen ist nicht der Ausschluss vom Leben, sondern vielmehr, dass sie durch Vergebung und Umkehr Zugang zum Reich Gottes erlangen.[14] Mk 4,12 bleibt ein schwieriger Text, aber wir sollten nicht die Bemerkung zur Vergebung übersehen, mit der dieser Text schließt, sowie seine Funktion als äußerste *Heils*-Warnung.[15]

in der 2. Person stehen, und dass sie am Ende von „Vergebung" statt von „Heilung" spricht. Von all diesen Fassungen unterscheidet sich Markus dadurch, dass er in der Paarung das „Sehen" vor das „Hören" setzt. Vgl. Watts, Isaiah's New Exodus, S. 186 f; Marcus, Mark I, S. 300.
[13] Im Zusammenhang mit Israels scheinbar endgültigem „Nein" zum EVANGELIUM taucht das Zitat aus Jesaja an anderen Stellen des Neuen Testamentes auf (Apg 28,26 f; Joh 12,40; Röm 11,8).
[14] Vgl. Hooker, Saint Mark, S. 129.
[15] Vgl. Robert A. Guelich, Mark 1 – 8,26 (WBC 34A), Dallas: Word Books 1989, S. 214.

Die Auslegung des Gleichnisses von der Aussaat (4,13–20)

Schließlich geht Jesus auf die Bitte seiner Jünger nach einer Erklärung der Gleichnisse ein (V 10). Seiner Erklärung schickt er einen Ausruf voraus, wie ihn ein Lehrer in Reaktion angesichts einer wenig sachkundigen Frage von geistlosen Schülerinnen oder Schülern ausrufen könnte: Wenn sie dieses Gleichnis (das von der Aussaat) nicht verstehen, wie sollen sie dann „all die anderen Gleichnisse" verstehen (V 13b)![16] Der Ausruf legt nahe, dass das Gleichnis von der Aussaat etwas Beispielhaftes enthält. Positiv gewendet gibt der Ausruf zu verstehen, dass die allegorische Auslegung des Gleichnisses, die Jesus gleich seinen Jüngern anbieten wird, vorführt, wie die Jünger alle Gleichnisse verstehen sollen – d.h. in der gleich dargelegten allegorischen Weise.[17]

Während es sich beim Gleichnis um ein erweitertes Bild in erzählerischer Form handelt, das nur eine Aussage vorbringt, vermittelt eine Allegorie zum Zweck der Warnung, Ermahnung oder Erklärung eine Fülle von Einzelheiten in einer Geschichte oder einem erweiterten Bild über verschiedene Aspekte einer bestimmten Situation. Auch wenn es nicht ausgeschlossen ist, dass Jesus Allegorien verwendete, so scheinen doch die Allegorien, die in der Überlieferung der Evangelien vorkommen, die Lage der späteren Kirche widerzuspiegeln statt von ihm selbst verwendet worden zu sein. Nach Jesu Tod und im Lichte seiner Auferstehung und erwarteten Rückkehr haben die ersten Gläubigen seine Gleichnisse allegori-

---

[16] Markus kann den Ausruf insofern als gerechtfertigt betrachten, als die Jünger ja, nachdem ihnen das Geheimnis des Gottesreiches gegeben wurde (V 11), in der Lage sein müssten, dieses Gleichnis zu verstehen. Das Thema von der Uneinsichtigkeit der Jünger oder von deren Unfähigkeit zum Verstehen, das in der Erzählung eine ganz herausragende Stellung einnehmen wird (4,41; 6,51f; 8,14–21; 8,31–33; 9,32; 10,32), wird durch den Ausruf angedeutet.
[17] Vgl. Hooker, Saint Mark, S. 131.

siert, um ihnen einen Sinn für ihre eigene Zeit und Lage abzugewinnen, aus ihnen Lehren zu ziehen, und um in ihnen eine göttlich abgesicherte Orientierungshilfe für die sonst rätselhafte Heilsgeschichte zu finden.[18] Dies scheint bei der Allegorie vom Sämann der Fall zu sein, die eine Zeit vorauszusetzen scheint, in der die Hingabe an das EVANGELIUM inmitten von Verfolgungen und anderen Versuchungen (die Verlockung des Reichtums) gelebt werden muss, die kaum den kurzen Augenblick von Jesu eigenem Wirken widerspiegeln.[19] Das „Wort" ist zu einem Fachausdruck für das EVANGELIUM geworden. Hier wird es mit der Saat identifiziert, die der Sämann aussät. Seltsamerweise wird der Sämann selbst nicht allegorisch gedeutet, was die Möglichkeit offenlässt, in dieser Schlüsselfigur nicht nur den ursprünglichen Sämann Christus zu finden, sondern auch die Missionare der späteren Gemeinde des Glaubens, die die Aussaat des Wortes in seinem Namen weiterführten. Die Geschichte handelt also gleichermaßen von ihrer Zeit – und unserer Zeit – wie der von Jesus.

In jedem der jetzt folgenden vier Fälle wird das Wort „gehört", aber die Antwort unterscheidet sich entsprechend der Qualität des Aufnehmenden (dem Boden), auf den es fällt.[20] In

---

[18] Diese Entwicklung hat ihre Spuren vor allem im Matthäusevangelium hinterlassen. Die beiden sich außerhalb von Mk 4 befindenden Gleichnisse – die bösen Winzer (12,1–12) und der Türhüter (13,33–37) – werden beide als Allegorien dargestellt.
[19] Boring (Mark, S. 129f) listet zehn Überlegungen auf, die nahelegen, dass die allegorische Auslegung das Leben der frühen Kirche widerspiegelt.
[20] Mit Blick auf die verbleibenden Identifikationen ist die Logik etwas sperrig, denn während am Anfang die Saat „das Wort" ist, wird die Saat im weiteren Verlauf der Interpretation zu den Empfängern des Wortes, und deren Schicksal ist vorherbestimmt durch den Ort oder die Qualität des Bodens, auf den die Saat fällt. Am besten versteht man den wiederkehrenden Refrain „bei denen …" (so die Einheitsübersetzung) bzw. „dies sind die, die …" (so die Lutherbibel) im Sinn von „dies ist der Fall bei denen, die …".

den ersten beiden der drei negativen Fälle (VV 15–19) kommt das Problem von außen. Auf der harten Oberfläche des Weges (V 15) hat die Saat überhaupt keine Chance aufzukeimen. Wie die Vögel im Gleichnis schnappt Satan es sich einfach, bevor es überhaupt die Möglichkeit hat, auch nur auf eine tiefere Ebene zu gelangen. Dies ist der Fall, wenn das verkündete Wort einfach bei denen abprallt, die es hören; das Reich Gottes kann bei ihnen nichts gewinnen; sie bleiben Gefangene der dämonischen Welt. Im Fall der Saat auf dem felsigen Grund (VV 16 f) wird das Reich Gottes freundlich aufgenommen und für einige Zeit, nämlich wenn die Bedingungen vorteilhaft sind, ist alles in Ordnung. Doch wenn die Zugehörigkeit zum Wort teuer wird – dann, wenn Verfolgungen oder andere Widrigkeiten entstehen (dies war bei der markinischen Gemeinde tatsächlich der Fall) –, schwindet die Hingabe daran;[21] das Reich Gottes hat in ihnen nicht wirklich „Wurzeln" geschlagen und konnte deren Charakter noch nicht durch feste Tugenden stärken.

Bei anderen (V 18) ist das Problem unterschwelliger, und es kommt von innen. Die Einladung in das Reich Gottes hat diesem einen festen Platz in ihrem Leben gegeben; aus der Saat ist ein „Setzling" geworden, der für einige Zeit wachsen konnte. Aber daneben sind auch andere Pflanzen aufgegangen („Disteln"), die der Bauer vor seiner Aussaat nicht entfernt hatte. Diese wachsen kräftig und ersticken die Aufmerksamkeit für das Wort, die notwendig ist, damit das Reich Gottes seinen Platz behaupten kann.[22] Mit bemerkenswertem geistlichen Scharfsinn benennt die Allegorie drei von diesen „Disteln" (V 19). Zuerst sind da die „Sorgen der Welt", d. h. die Sorge um Dinge, die der gegenwärtigen, aber vergehenden

---

[21] Wörtlich: „sie skandalisieren sich" (*skandalizontai*). Das griechische Verb hat die Bedeutung von „über ein großes Hindernis zu stolpern mit der Folge, komplett hinzufallen"; vgl. Taylor, St. Mark, S. 260.
[22] Die Bedeutung ist also, dass das Wort im christlichen Leben ständig gehört werden muss.

Welt angehören, eine Welt, die durch das Zeitalter des Reiches Gottes abgelöst wird. [23] An sich können solche Sorgen begründet sein, aber sie können solche Ausmaße annehmen, dass sie das Leben eines Menschen voll in Beschlag nehmen und die grundlegende Orientierung am Reich Gottes ersticken. Zweitens gibt es den „Betrug des Reichtums" (V 19 Elberfelder Bibel). Reichtum ist ein „Betrug", weil er ängstlichen Menschen eine Sicherheit und eine Verheißung des Glücks in Aussicht stellt, die sich als Schein entpuppen; die einzig wirklich zuverlässige Sicherheit ist diejenige, die von Gott kommt.[24] Drittens – und allgemeiner gehalten – kommen Wünsche „nach anderen Dingen" aller möglicher Art hinzu, also neben dem Reichtum der Wunsch nach anderen begehrenswerten Gütern. Wünsche geben dem Leben eines Menschen Richtung; der Wunsch nach Macht, Ansehen oder Luxus kann den elementaren Wunsch nach Gott ersticken, den das Reich Gottes erfüllt. All diese Dinge machen das Wort „fruchtlos" (*akarpos* – V 19), d. h. sie machen es unfähig, die Art von Verwandlung des Lebens zu bringen, das die Gnade des Gottesreiches widerspiegelt.

Schließlich (V 20) stellt die Saat, die auf guten Boden ausgesät wird[25], den Fall derer dar, die das Wort nicht nur hören, sondern es freundlich aufnehmen; sie bringen (in dem oben erläuterten Sinn) „Frucht" in dem im ursprünglichen Gleichnis genannten dreimaligen Umfang. Die allegorische Erklärung hat sich mit den drei negativen Fällen beschäftigt, anstatt zu einem positiven Höhepunkt wie im ursprünglichen Gleichnis zu gelangen. Dennoch bewahrt es den Sinn der letzten,

---

[23] In der Q-Überlieferung, auf die sowohl Matthäus (6,25–34) als auch Lukas (12,22–31) zurückgreifen, widmet Jesus solchen Sorgen ausführliche Kommentare.
[24] Dies ist ein herausragendes Thema im Lukasevangelium; vgl. Byrne, Die Gastfreundschaft Gottes, S. 209–211.
[25] Der griechische Aorist Passiv *sparentes* (im Unterschied zum Präsens Passiv der drei negativen Fälle) vermittelt den Sinn eines Wachstumsprozesses, der schon seit geraumer Zeit andauert.

Jesus lehrt in Gleichnissen (4,1–34)

positiven Reaktion und gleicht die drei Fälle mehr als aus, in denen die Aussaat fruchtlos ist.

Was sollen wir von der Allegorie von der Aussaat als Ganzem halten? Die Interpretationen bewegen sich entlang von zwei Hauptlinien. Nach der einen Interpretation, die sich enger der Richtung des ursprünglichen Gleichnisses verpflichtet weiß, bietet die Allegorie einer Gemeinde – der markinischen Gemeinde – Trost und Stärkung, deren Missionstätigkeit wenig Widerhall fand, deren Anzahl sich durch Verfolgung oder den Abfall einiger ihrer Mitglieder verringert hat, oder die in ruhigeren Zeiten erleben musste, dass einige den hohen Anforderungen des EVANGELIUMS wegen der Verlockungen des Reichtums oder des Aufgehens in allen möglichen Sorgen den Rücken kehren.[26] Für eine solche Gemeinde lautet die Botschaft des so interpretierten Gleichnisses: „Seid guten Mutes! Die verbleibenden Gläubigen, die das Wort weiterhin hören und es in seiner Tiefe leben, bleiben ein fester Brückenkopf des Reiches Gottes, das am Ende siegen wird." Im Unterschied dazu kann die Allegorie, besonders die Analyse der Gründe für die drei Verluste als eine Mahnung an die Gemeinde verstanden werden, sich der Fallen bewusst zu sein, mit denen ihre Mitglieder vom Weg als wahre Jüngerinnen und Jünger abgebracht und bei denen „draußen" eingereiht werden können (V 11b).[27] Auch wenn diese zweite Interpretation in der christlichen Geschichte die bei weitem verbreiterer ist, ist es doch wichtig, die andere nicht aus dem Blick zu verlieren – besonders in Zeiten, wenn das institutionalisierte Christentum vor allem in den westlichen Gesellschaften eine Verringerung und Reduzierung auf einen gläubigen Rest erleidet. Am Ende ist es nicht notwendig, sich zwischen den beiden Interpretatio-

---

[26] So besonders Marcus, Mark I, S. 312 f; C. H. Dodd, The Parables of the Kingdom, London: Fontana 1961 (revised edition), S. 135; Nineham, Saint Mark, S. 140.
[27] Vgl. Gnilka, Markus I, S. 176; Moloney, Mark, S. 92 f; Jeremias, Die Gleichnisse Jesu, S. 77, Hooker, Saint Mark, S. 132.

nen zu entscheiden. Die Allegorie kann mit gleicher Gültigkeit auf unterschiedlichen Ebenen wirken: sowohl als Trost und Mahnung wie auch als Unterscheidung der Fallen, die Menschen davon abhalten, das Reich Gottes in ihr Leben eintreten und es verwandeln zu lassen.

Die Leuchte, der Scheffel und verwandte Worte (4,21–25)

Nach der Interpretation des Gleichnisses von der Aussaat folgt eine Reihe von Bildern und Worten[28], die Markus anscheinend gesammelt hat[29], um die Botschaft des Gleichnisses und seiner Interpretation für die Jünger zu bekräftigen.[30] Auf der Basis des Alltagslebens in einem palästinensischen Dorf berufen sich die Fragen über die Leuchte (V 21) nach dem *argumentum a fortiori* ("umso mehr") auf den gesunden Menschenverstand: Wenn keiner von uns eine Leuchte anzünden würde und dann so dumm wäre, sie dadurch zu verdecken, dass er sie unter ein Getreidemaß[31] oder ein Bett stellt, wie albern wäre es anzu-

---

[28] Marcus bezeichnet alle vier als „Gleichnisse" (Mark I, S. 314f). Die erste Aussage über die Leuchte (V 21) kann so bezeichnet werden, wenn man „Gleichnis" in einem weiten Sinn versteht, so dass es einfach ein Bild bezeichnen kann, ohne dass daraus wie bei den drei Gleichnissen von der „Saat" in diesem Kapitel eine „Geschichte" entwickelt wird. Die drei anderen haben eher den Charakter von Maximen oder Weisheitssprüchen; vgl. Gnilka, Markus I, S. 178.

[29] Im Matthäus- und im Lukasevangelium finden sich die vier Worte (V 21, V 22, V 24b und V 25) verteilt in unterschiedlichen Zusammenhängen (und Bedeutungen); drei von ihnen bringt Lukas jedoch in seinem Evangelium (8,16–18) parallel zu Mk 4, und Mk 4,25 hat eine Parallele bei Mt 13,12. Eine tabellarische Zusammenschau findet sich bei Marcus, Mark I, S. 316f.

[30] Die Worte kommen in einer Anordnung von zwei quasi-parallelen Paaren (VV 21 + 22; VV 24b + 25), die durch eine wiederholte Ermahnung zum „Hören" getrennt sind (vgl. V 3; V 10).

[31] Bei dem Getreidemaß, einem Scheffel, handelt es sich um ein metal-

nehmen, dass Gott die „Leuchte" des Reiches Gottes in der Welt entzünden könnte, nur um sie dann für immer verdeckt zu halten.³² Gegenwärtig mag es versteckt sein (V 22), doch nur, damit es eines Tages umso machtvoller offenbar wird und ans Tageslicht kommt. Angesichts der Entmutigungen über das Reich Gottes bestärkt wieder einmal dieses Aussagepaar die Jünger.

Nach einem Aufruf zu aufmerksamem Hören (VV 23b–24a; vgl. V 3 und V 10) verlegt das zweite Aussagepaar (VV 24b–25) den Schwerpunkt vom Reich Gottes selbst zum Aspekt der Reaktion oder Aufnahmefähigkeit der Menschen. Auf den Märkten der Menschen werden Güter mengenmäßig in genauer Proportion zueinander ausgetauscht (V 24c). Doch wo Gottes Geschenk des Gottesreiches bei Menschen die richtige Empfangsbereitschaft (Umkehr und Glaube) findet, ist nicht nur dieses Maß gefüllt, sondern es wird auch, wenn der Glaubensweg weitergegangen wird, immer mehr hinzugefügt (V 24d). Gleichzeitig (V 25; vgl. VV 11 f) werden diejenigen, die keine Empfangsbereitschaft für das Reich Gottes in sich haben, dieses nicht nur nicht empfangen, sondern sie werden aller möglichen Vorrechte beraubt, von denen sie dachten, dass sie diese hätten. Als „Außenstehende" sind hier wahrscheinlich die religiösen Führer im Blick, die tödliche Gegner Jesu und des Reiches Gottes geworden sind.³³

---

lenes Gefäß, das genutzt wurde, um die Menge von Getreide zu messen. Joachim Jeremias (Die Gleichnisse Jesu, S. 120 f) hat vorgeschlagen, dass ein solches Gerät auch über eine Leuchte gebracht wurde, um auf diese Weise das Licht sicher zu löschen, während das einfache Ausblasen der Flamme hätte Funken entzünden oder das Haus mit Rauch füllen können.

³² Die Wortwahl im Griechischen am Anfang des Bildes – „Kommt etwa die Leuchte ..." – könnte einen Hinweis auf Christus als „Licht" nahelegen; vgl. Gnilka, Markus I, S. 180; Boring, Mark, S. 135.

³³ Dies würde die markinische Gemeinde wahrscheinlich mit dem „Nein" zum EVANGELIUM des Großteils Israels in Verbindung bringen; vgl. die Erörterung zu V 12 oben.

Während der Haupttenor dieses Abschnitts darauf liegt, angesichts der unterschiedlichen Reaktionen auf das Reich Gottes (VV 24c–25), die Jünger zu bestärken (VV 21 f), gibt es auch eine parallele Strömung der Ermahnung (VV 23–24a).³⁴ Auf ihrem Glaubensweg müssen die Jünger auf das „achten", was sie hören (V 24a); das Wort Gottes ist in der Welt nicht das allein verkündete Wort; trügerische satanische Worte schreien auch danach, gehört zu werden (vgl. die Mahnungen in 13,5 f.22 f).³⁵ Immer besteht die Notwendigkeit der Unterscheidung.

Die verborgen wachsende Saat (4,26–29)

Die beiden verbleibenden „Saat"-Gleichnisse beziehen sich ausdrücklich auf das Reich Gottes (V 26; V 30).³⁶ Das erste, das von der verborgen wachsenden Saat, gibt es nur im Markusevangelium. Es stellt sich das Wachstum für eine Ernte in drei Abschnitten vor: (1) Zuerst wirft ein Mann die Saat auf dem Feld aus (V 26b); (2) dann folgt eine lange Zwischenzeit, in der die Saat im Erdreich sprießt und wächst, während sich der Mann mit anderen Dingen seines Lebens beschäftigt (VV 27 f); (3) erst wenn die gereifte Frucht erscheint, betätigt sich der Mann wieder, um die Ernte einzusammeln (V 29). Der Sinn des Gleichnisses scheint im Gegensatz zwischen der Untätigkeit des Mannes im mittleren Teil und der energischen

---

³⁴ Für Moloney (Mark, S. 93 f) ist dies der Aussageschwerpunkt des Abschnitts.
³⁵ Vgl. Marcus, Mark I, S. 319.
³⁶ Die abschließende Bemerkung in V 33 scheint nahezulegen, dass die Menge wieder die Zuhörerschaft dieser beiden Gleichnisse ist. Dagegen setzt V 34b voraus, dass Jesus den Jüngern die Art allegorischer Auslegung gab, die ihnen das „Geheimnis" des Gleichnisses von der Aussaat erschloss.

Wiederaufnahme der Arbeit zum Zeitpunkt der Ernte zu liegen. [37] Wenn die Aussaat erst einmal erfolgt ist, lässt der Mann es einfach sein und geht durch sein Leben in der Zuversicht, dass der Boden einen Wachstumsprozess bewirkt, den er nicht versteht und in den er nicht eingreifen muss. [38] Aber [39] wenn er sieht, dass das Getreide reif ist, weiß er, dass es Zeit ist, die Sichel anzusetzen. [40] In dieser Weise verstanden, verbildlicht die in dem Gleichnis erzählte „Geschichte" die gegenwärtige und zukünftige Lage des Reiches Gottes. Die „Saat" dieses Reiches wurde „ausgesät" – vermutlich durch die Verkündigung Jesu. Dann folgt eine lange Zeit – die gegenwärtige Zeit –, in der nichts zu geschehen scheint, jedenfalls nichts Sichtbares oder Dramatisches, doch in dieser ganzen Zeit findet Wachstum statt, und die Zeit für die Ernte wird kommen. So tritt das Gleichnis denjenigen entgegen, die dramatischere und herkömmlichere Erwartungen über das Reich Gottes hegen. Es drängt die Zuhörerinnen und Zuhörer Jesu, von Gott wie von dem Mann zu denken, der die Aussaat tätigt und sich dann zurücklehnt, um dem Wachstumsprozess seinen Lauf nehmen zu lassen. Wie im Gleichnis von der Aussaat und dessen Interpretation ist die gegenwärtige Zeit die Zeit, in der sich das Reich Gottes auf dem „Boden" des aufnahmebereiten menschlichen Herzens

---

[37] Vgl. Jeremias, Die Gleichnisse Jesu, S. 151.
[38] Der Wachstumsprozess wird in V 28 erklärt: „Die Erde bringt durch sich selbst (wörtlich: ‚automatisch' – griechisch: *automatē*) die Frucht hervor."
[39] Durch den griechischen Ausdruck *hotan de*, der den Schlussabschnitt einleitet, wird ein Ton starken Kontrasts angeschlagen; vgl. Taylor, St. Mark, S. 268.
[40] „Ernte" ist ein festes Bild für das letzte Gericht im Inventar der apokalyptischen Literatur des Judentums. Hier wird davon in aus Joël 3,13 entnommenen Begriffen gesprochen. Das „Aussenden" (*apostellein*) der Sichel findet einen Widerhall in der späteren Beschreibung (13,27) der Ankunft des Menschensohnes zur endgültigen Errichtung des Gottesreiches, wenn er seine Engel an die vier Enden der Erde „aussenden" wird, um die Erwählten zu sammeln.

festsetzt und Wachstum findet. Gott lässt dies zu und verzögert die „Ernte", bis die „Frucht" reif ist.

Von Anfang an hat dieses Gleichnis seine Auslegerinnen und Ausleger in Verzweiflung gestürzt.[41] Ich behaupte nicht, hier die definitive Auslegung angeboten zu haben. Versteht man es aber in dieser Weise, so scheint mir, dass das Gleichnis die Unterweisung über das wahre Wesen des Reiches Gottes fortsetzt, die sich durch den ganzen Abschnitt zieht. Alle Jüngerinnen und Jünger, sowohl die damals als auch die heute, müssen verstehen, dass die Abwesenheit von sichtbaren und dramatischen Zeichen nicht bedeutet, dass das Reich Gottes nicht schon wirksam ist; es ist anwesend und lebendig und bringt die „Früchte" hervor, die zur rechten von Gott gegebenen Zeit „geerntet" werden.

Das Senfkorn
(4,30–32)

Dieses kleine Gleichnis spricht das gleiche Thema an: die derzeitige Bedeutungslosigkeit des Reiches Gottes. Während das vorherige Gleichnis die verborgene Natur des Wachstums dieses Reiches bedachte, liegt der Sinn jetzt im Kontrast zwischen den winzigen Anfängen und dem gewaltigen Ausmaß des Endergebnisses. Tatsächlich handelt es sich beim Senfkorn nicht um das kleinste der Samenkörner[42], auch wenn es sprichwörtlich als solches betrachtet wurde. Ebenso wenig ist der Senfbusch der größte der Bäume: In Palästina handelt es sich um eine Staude, die bis zu einer Höhe von zwei oder drei Metern

---

[41] Matthäus und Lukas, die ältesten Deuter des Markusevangeliums, lassen diesen Abschnitt aus, auch wenn das Gleichnis vom Unkraut im Matthäusevangelium (13,24–30) einen frühen Versuch darstellen kann, diesem Sinn abzugewinnen.
[42] Diese Auszeichnung gebührt der Orchidee; vgl. Marcus, Mark I, S. 324.

wächst. Jesus verwendet ein Bild, mit dem seine Zuhörerinnen und Zuhörer vertraut sind: Die Senfbüsche wuchsen kräftig und konnten Gemüsegärten erobern.[43] Seinen Zuhörerinnen und Zuhörern dürfte auch bekannt gewesen sein, dass die Vögel im Schatten ihrer langen Zweige nisten konnten.[44] Dieses letzte Detail enthält mehr als einen Hinweis darauf, dass das Reich Gottes in seiner endgültigen Zusammensetzung die Randgruppen der Gesellschaft und, vor allem bei Markus, die Angehörigen der Völker der Welt umfassen wird.[45] Indem dieses Gleichnis auf das wahre Wesen des Reiches Gottes hinweist, wie es von Jesus verkündet wurde, gibt es denen Bestärkung und Hoffnung, die von dem entmutigt sind, was als unscheinbarer Anfang daherkommt.

Abschluss:
Jesu Verwendung von Gleichnissen
(4,33f)

Der ganze Abschnitt endet mit einer Zusammenfassung, die darauf hinweist, dass alle drei hier aufgeführten Gleichnisse ein Beispiel für das übliche Vorgehen Jesu sind: Immer spricht er zu der Menge in Gleichnissen. Die hinzugefügte Anmerkung, dass er dies soweit tat, „wie sie es aufnehmen konnten" (V 33b), und die Zusatzinformation, dass er alles im Privaten

---

[43] In ihren Fassungen lassen Matthäus (13,31f) und Lukas (13,18f) das Bild weniger realistisch werden, wenn sie davon sprechen, dass das Samenkorn ein „Baum" (*dendron*) wird und kein Busch.
[44] Matthäus und Lukas übertreiben wieder das Bild, wenn sie davon sprechen, dass die Vögel in den Zweigen Nester bauen, etwas, wozu der Senfbusch wenig geeignet ist.
[45] Die Beschreibung der Vögel, die Schutz finden, ist ein Widerhall auf Dan 4,12.21 (LXX) und Ez 31,6; Texte, in denen Vögel Schutz finden, symbolisieren die Völker der Welt, die sich unter den Flügeln großer Reiche niedergelassen haben.

seinen Jüngern erklärte, nimmt wieder die Unterscheidung von denen „draußen" und „drinnen" auf, die in VV 11–13 entwickelt wurde. Die Menge würde in den Gleichnissen mehr als nur reine „Rätsel" finden, wenn sie in der Lage wäre, mit bekehrten Herzen „zuzuhören". In Übereinstimmung mit der früheren Reflexion lautet die Schlussfolgerung, dass sie dies nicht können. Deshalb endet der Abschnitt mit der Vorstellung einer Menge, die vorerst im Dunkeln verbleibt, während die Jünger, Jesu neue Familie, ihren bevorrechtigten Zugang zum „Geheimnis des Reiches Gottes" erhalten (V 11). Die folgenden Szenen werden aber zeigen, welch große Strecke sie noch auf ihrem Weg zum vollen Verständnis zurücklegen müssen.[46]

---

[46] Vgl. Gnilka, Markus I, S. 191; Marcus, Mark I, S. 331.

Jesus zeigt die Macht des Reiches Gottes (4,35 – 6,6a)

Die Lehre Jesu in Gleichnissen (4,1–34) hat denen, die zum Verständnis gekommen sind, die wirksame Gegenwart des Reiches Gottes erschlossen, wie begrenzt auch immer die äußerlichen Belege dafür sein mögen. Nun bekräftigt der Lehrer seine Worte durch eine Reihe von Handlungen, in der die Macht des Reiches Gottes verschiedene Erscheinungsformen der zerstörerischen dämonischen Herrschaft herausfordert: in der Natur (4,35–41), bei dämonischer Besessenheit (5,1–20), bei einer lebenzerstörenden Krankheit (5,25–34) und beim Tod selbst (5,21–24.35–43). Jede Szene treibt die Frage danach, wer Jesus ist (Geschichte 1), und – in Entsprechung dazu seitens der Menschen – die Frage nach dem Glauben weiter voran.

Der Seesturm (4,35–41)

In der ersten Szene, so wie sie Markus erzählt, gibt es ein auffälliges Schwingen zwischen dem Menschlichen und dem Göttlichen. Am Abend des gleichen Tages (V 35), an dem er die Menge in Gleichnissen gelehrt hat, macht Jesus den Vorschlag, dass sie „auf die andere Seite" des Sees fahren sollen, d.h. in die heidnische Region auf dem Ostufer. Ob es ratsam war, diese Überquerung bei Anbruch der Nacht zu machen, wissen wir nicht. Die Jünger jedenfalls zögern nicht, sondern „nehmen ihn im Boot mit, wie er war" (V 36 Elberfelder Bibel).[1] Während der Vorschlag zur Überquerung des Sees von

---

[1] Der Ausdruck „nehmen ihn im Boot mit, wie er war" legt nahe, dass

ihm kam, nehmen jetzt sie die Dinge in die Hand. Schließlich sind die meisten von ihnen Fischer; auf dem See, da kennen sie sich aus. Markus hat als besonderes Detail die Information, dass „noch andere Boote bei ihm" waren (V 36d Lutherbibel). Mehr erfahren wir aber über diese Schiffe nicht. Doch „mit ihm [Jesus] sein" ist im Markusevangelium ein Fachausdruck für die Nachfolge (vgl. auch 3,14; 5,18). Wie in 4,10 weist der Text auf eine über die Zwölf hinausgehende erweiterte Gruppe von Jüngerinnen und Jüngern hin. Die Leserinnen und Leser können dadurch in die Erzählung eintreten, dass sie sich in eines dieser „anderen Boote" begeben.

Ein „heftiger Sturmwind" (V 37 Zürcher Bibel)[2] stört die Fahrt dieser kleinen Flotte und peitscht Wellen auf, die sie zu überschwemmen drohen (V 37). In der biblischen Literatur ist das unbeherrschbare Wasser ein übliches Bild für das Chaos (z. B. Ps 42,7); der ursprüngliche Schöpfungsakt stellte einen göttlichen Sieg über das Chaos der Wasser dar (Gen 1,6–9; Ps 104,5–9) – ein Sieg, den die anschwellenden Wasser der Sintflut (Gen 6 f) aufzuheben drohten. In einer unglaublichen Gleichgültigkeit gegenüber der drohenden Gefahr schläft Jesus gleichzeitig auf dem Bootsheck, wofür er das Kissen des Steuermanns als Kopfpolster requiriert hat.[3] Auf der einen Seite verleiht sein Schlaf der Geschichte einen menschlichen

---

Jesus das Boot nicht verlassen hatte, von dem aus er zu der Menge gesprochen hatte. Dieses Detail unterstreicht die Kontinuität zwischen der Lehre Jesu und seinem jetzt folgenden machtvollen Handeln.

[2] Bis zum heutigen Tag bleibt der See Genesaret für solche plötzlichen Sturmböen anfällig; vgl. Moloney, Mark, S. 98, Fußnote 140.

[3] Die Entdeckung eines überraschend gut erhaltenen, ungefähr in die Zeit Jesu zu datierenden Bootes im Schlamm bei den Ufern des Sees Gennesaret im Jahr 1986 legt nahe, dass das Heck eine erhöhte Plattform hatte, auf der der Steuermann stand. John P. Meier (A Marginal Jew Bd. 2, S. 1005) stellt sich vor, dass Jesus unterhalb dieser Plattform schlief. Das „Kissen" kann sich auf ein Lederkissen oder eine Tasche beziehen, wodurch die Beine des Steuermanns vor der Wand geschützt werden sollte.

Zug;[4] auf der anderen Seite zeigt er das Vertrauen an, dass die Kräfte des Chaos, die bald als dämonisch offenbart werden, den Sachwalter des Gottesreiches und seine neue Familie nicht überwältigen werden.[5]

Dieses Vertrauen teilen die Jünger nicht. Verzweifelt wecken sie ihn auf (V 38b) und fragen ihn grob, ob es ihn überhaupt kümmert, dass sie unterzugehen drohen. In der markinischen Erzählung bitten sie nicht notwendigerweise um ein Wunder, sondern nur, dass er ihnen irgendwie helfen möge. Auch wenn er kein Seemann ist, so könnte er doch wenigstens Wasser aus dem Boot schöpfen oder etwas vergleichbar Sinnvolles tun![6]

Schnell erhebt sich derjenige, der noch Augenblicke zuvor so menschlich wie ein Kind schlief, und „fährt" majestätisch den Wind „an", bringt den See „zum Schweigen" (V 39) und bewirkt so „eine große Stille" (*galēnē megalē*). Die Ausdrücke „anfahren" und „zum Schweigen bringen" erinnern an die Dämonenaustreibung in der Synagoge von Kafarnaum (1,25; vgl. 3,12; 9,25) und legen nahe, dass hinter den auf dem See entfesselten natürlichen Kräften die Bosheit der dämonischen Welt steht. Durch das, was in Wirklichkeit eine Dämonenaustreibung ist, hat der Sachwalter des Reiches Gottes einen töd-

---

[4] Dass der Hauptdarsteller schläft, während alle anderen auf der Fahrt mit dem Sturm kämpfen, ist nur eine Einzelheit, bei der die Erzählung Mk 4,35–41 sowohl in der Sprache als auch in den Motiven an die Fahrt des Propheten Jona erinnert (Jon 1,1–17; vgl. V 7). Zu weiterem, siehe Marcus, Mark I, S. 337f, der sowohl die Parallelen als auch die Unterschiede herausarbeitet.

[5] Auch der Schlaf Jesu, bevor er von den Jüngern geweckt wird, kann als Offenbarung seiner Göttlichkeit betrachtet werden angesichts einer biblischen Tradition, in der Gott aufgerufen wird, vom Schlaf aufzuwachen und Rettung zu bringen: Ps 35,23; 44,23; 59,4; vgl. Marcus, Mark I, S. 338.

[6] In der markinischen Erzählung wird dies durch die Anrede „Lehrer" (Meister) ausgedrückt. Im Kontrast dazu haben wir es in Mt 8,25 – „Herr, rette uns, wir gehen zugrunde!" – fast mit einem liturgischen Ruf zu tun.

lichen Angriff auf sich und den Kern der Gemeinde, die er zum Brückenkopf dieses Reiches aufbaut, zurückgeschlagen. In diesem erneuten Wettkampf zwischen dem Starken (Satan) hat sich Jesus wieder als der Stärkere erwiesen (vgl. 1,7; 3,37).[7] Nachdem der Sturm unterworfen ist, wendet sich Jesus den Jüngern zu und fragt sie wegen ihrer Angst und ihrem fehlenden Glauben an (V 40). Die zweite Frage („Habt ihr noch keinen Glauben?") unterstreicht die erste („Warum habt ihr solche Angst?"). Hätten sie zu diesem Zeitpunkt ausreichenden Glauben, um eine ungefähre Ahnung davon zu haben, wer er ist, so hätten sie sich nicht solcher Angst hingeben müssen.[8] Konnten sie nicht verstehen, dass es in seiner Gegenwart, wenn auch schlafend, keine Möglichkeit gab, dass die Mächte des Chaos und der Zerstörung sie überwältigen konnten?

Der Glaube der Jünger bedarf also noch eines langen Weges, bevor er dem Geheimnis Jesu angemessen ist. Am Ende jedoch (V 41) stellen sie zumindest die richtige Frage: „Wer ist denn dieser, dass ihm sogar der Wind und das Meer gehorchen?". Die biblische Tradition lehrt sie, dass eine solche Beherrschung der Mächte des Chaos allein dem Schöpfer eigen ist (vgl. Ps 65,7; 89,9; 106,9; 107,23–30; Ijob 26,11f; 38,8–11; Jes 51,10); sie wissen, dass sie Zeugen der Ausübung göttlicher Macht geworden sind. Deswegen sind sie „von großer Furcht" erfüllt – die menschliche Reaktion auf die Gegenwart des Göttlichen (vgl. 16,8).[9] Im Verlauf dieser einen kurzen

---

[7] Vgl. Marcus, Mark I, S. 336.
[8] Das hier verwendete griechische Wort *deilos* bezeichnet eine feige, verzagte Angst.
[9] Wörtlich heißt es: „Sie fürchteten eine große Furcht" (*ephobēthēsan phobēn megan*). Bei dieser ehrerbietigen Furcht handelt es sich um ein Gefühl, das deutlich von der feigen Angst unterschieden werden muss, derer sie Jesu in V 40 bezichtigt. Das Adjektiv „groß" läuft wie ein verbindender Faden durch diese ganze Erzählung: „großer Sturmwind" (V 37), „große Stille" (V 39), „große Furcht" (V 41).

Szene hat sich die markinische Erzählung schnell von einer Sicht auf einen sehr menschlichen Jesus zu einer Sicht hinbewegt, in der er seine göttliche Macht in ganz dramatischer Weise zeigt.

Aus dem Mund der Jünger intensiviert damit diese Szene die Schlüsselfrage dieses Teils des Evangeliums: „Wer ist dieser …?" (Geschichte 1). Eine weitere symbolische Resonanz erhält es dadurch, dass das Boot wie in allen vier Evangelien ein Symbol der Kirche ist, während das Meer – insbesondere das unbeherrschbare Meer – die von Mächten beherrschte Welt darstellt, die der Kirche feindlich gesinnt sind und die versuchen, sie zu zerstören. Um jedoch ihre Sendung zu erfüllen und Menschen für das Reich Gottes zu gewinnen („fischen"), muss die Kirche auf das Meer ausfahren, das die Welt ist. In der Geschichte der Kirche gibt es Zeiten, in denen der Herr abwesend oder schlafend scheint, Zeiten, in denen der Glaube an die göttliche Gegenwart und Macht geprüft wird, selbst Zeiten, in denen die Mächte des Todes tatsächlich obsiegen und zum Martyrium für die Sache des Glaubens und der Gerechtigkeit führen. Der Herr, der die Jünger vor dem Tod auf dem See rettete, wird nicht immer die Gläubigen vor dem Tod bewahren – so wie der Vater den Sohn auch nicht vor dem Tod bewahrte, sondern ihn von den Toten erweckte, als dessen „Gehorsam bis zum Tod" seinen Lauf genommen hatte (Phil 2,8 f). Die Geschichte ruft diejenigen, die sich mit Jesus „in das Boot" begeben haben, zum Glauben an den Gott auf, der durch den Tod und über diesen hinaus rettet, aber nicht notwendigerweise vor dem Tod.[10]

---

[10] Vgl. Boring, Mark, S. 146.

III. Das späte Wirken in Galiläa (3,7 – 6,6a)

Die Befreiung eines tief gestörten Menschen im Gebiet der Gerasener (5,1–20)

Die Geschichte, wie Jesus einen von einer „Legion" Dämonen besessenen Mann im Gebiet der Gerasener rettet, ist eine der längsten Einzelgeschichten des Markusevangeliums. Trotz einiger Unebenheiten in der Geschichte[11] handelt es sich hierbei im Hinblick auf die erzählerische Wucht um eine der packendsten. Die ausführlichste und dramatischste Dämonenaustreibung im Evangelium stellt ein Beispiel der ganzen Sendung Jesu dar, das Leben von Menschen für die Freiheit des Reiches Gottes zu gewinnen. Bezeichnenderweise geschieht dies, nachdem Jesus und seine Jünger den See überquert haben, um zum ersten Mal in nichtjüdischem oder heidnischem Gebiet an Land zu gehen.[12] Er hat sich dem Dämonischen in einer jüdischen Umgebung entgegengestellt (in der Synagoge von Kafarnaum – 1,21–28) und seinem Ansturm in den Naturkräften standgehalten (4,35–41). Jetzt soll er deren „Vereinnahmung" der weitaus größeren heidnischen Welt die Stirn bieten – also dem wesentlichen Umfeld derjenigen bildet, für die das Markusevangelium geschrieben wurde.

Die lange Erzählung gliedert sich in vier voneinander unterschiedene Abschnitte:
1. Jesu Begegnung mit dem Besessenen (VV 1–10),
2. das Geschehnis mit der Schweineherde (VV 11–13),

---

[11] Die Unebenheit ist offensichtlich in der wiederholten Beschreibung des Zugehens des Mannes auf Jesus in VV 2b und 6. Die Forderung Jesu, den Namen des Dämonen zu erfahren (V 9), scheint in dem Wechselspiel eher „verspätet" zu kommen, weil er ihm schon befohlen hat auszufahren (V 8). Die Schweinehüter berichten zweimal, was mit der Herde geschehen ist: VV 14 und 16. Vermutlich ist Markus von zwei unterschiedlichen Quellen abhängig, aus denen er keinen ganz stimmigen Bericht zusammengefügt hat; vgl. ferner Boring, Mark, S. 149 f.
[12] Dies wird durch den geographischen Hinweis (das Ostufer des Sees war keine Gegend mit jüdischen Siedlungen) und Aufzucht von für Juden unreinen Tieren (Schweine) deutlich.

Jesus zeigt die Macht des Reiches Gottes (4,35 – 6,6a) 173

3. die Reaktion der Menschen aus der nahe gelegenen Stadt (VV 14–17),
4. die Sendung des vormals Besessenen (VV 18–20).

Als Jesus aus dem Boot steigt, von dem aus er den Sturm stillte, steht er augenblicklich einem Menschen „von den Gräbern ..., der von einem unreinen Geist besessen war" gegenüber (V 2). Die Beschreibung des Mannes durch Markus ist bildhaft und gedehnt:

> ³ Er hauste in den Grabstätten. Nicht einmal mit einer Kette konnte man ihn bändigen. ⁴ Schon oft hatte man ihn mit Fußfesseln und Ketten gebunden, aber er hatte die Ketten zerrissen und die Fußfesseln durchgescheuert; niemand konnte ihn bezwingen. ⁵ Bei Tag und Nacht schrie er unaufhörlich in den Grabstätten und auf den Bergen und schlug sich mit Steinen.

Dieser Mensch ist ein wahres Ebenbild von Selbstzerstörung und sozialer Isolation: Jemand, der bei den Gräbern in den Todesgefilden lebt (wie wir nicht weniger als dreimal – VV 2, 3 und 5 – erfahren) und den keiner zu „fesseln" vermag. Die wiederholte Betonung der menschlichen Unfähigkeit, den Mann zu „fesseln", erinnert sofort an Jesu Bild von Satan als dem „Starken", dessen „Haus" nur ausgeraubt werden kann, wenn es einem „Stärkeren" gelingt, ihn zuerst zu fesseln (3,27). In der persönlichen Begegnung zwischen Jesus und dem Besessenen sollen wir das Beispiel von Jesus als dem Stärkeren sehen (vgl. die Beschreibung des Täufers in 1,7), der mit göttlicher Macht den fesselt, gegen den menschliche Anstrengungen erfolglos sind.

Wie ein Wachhund, der sein Revier bewacht, lässt der Dämon den Besessenen mit einem lauten Schrei zu Jesus laufen (VV 2 + 6a). Das Niederfallen vor Jesus, der Protest („Was haben wir mit dir zu tun?")[13], die Anrede Jesu als „Sohn des

---

[13] Der Protest, der ein getreuer Widerhall von dem Einspruch des Dämons in der früheren Konfrontation in Kafarnaum ist (1,24), bedeutet: „Wir gehören zwei vollständig voneinander getrennten Bereichen an. Warum dringst du in unseren Bereich ein?"

höchsten Gottes" (VV 6b–7)[14]: All dies zeigt die Anerkennung einer überlegenen Macht. In der Gegenwart dieses Stärkeren fühlt sich der Dämon schon der Bestrafung unterworfen (wörtlich: Qual, Folter), die Gott entsprechend den damaligen Erwartungen beim Jüngsten Gericht der dämonischen Welt auferlegen wird (V 7a).[15]

Das Kräftemessen erreicht eine höhere Ebene, als Jesus den Dämon zwingt, seinen Namen preiszugeben: „... Legion, denn wir sind viele" (V 9). Dieses Eingeständnis erläutert den extremen Zustand, in dem sich der Mann befindet: Er ist von einer Heerschar von Dämonen besessen. Darüber hinaus ist es ein Hinweis darauf, dass die dämonische Welt ihn und seine Umgebung besetzt halten, so wie die Streitkräfte Roms den größten Teil der damals bekannten Welt besetzt und beherrscht hielten.[16]

Die Auskunft, dass Jesus einer Heerschar von Dämonen die Stirn bietet, leitet auf den vielleicht groteskesten Aspekt der gesamten Geschichte über: die Bitte der Dämonen, in eine

---

[14] Diese Anrede an das Göttliche findet sich sowohl in jüdischen als auch in heidnischen Quellen; vgl. Gnilka, Markus I, S. 204; Marcus, Mark I, S. 344. Sie kommt hier passend aus dem Mund eines in einer nichtjüdischen Gegend lebenden Menschen.

[15] Die matthäische Parallele (8,29a) bringt den endzeitlichen Verweis deutlicher zur Geltung: „Bist du hierhergekommen, um uns vor der Zeit zu quälen?" Vgl. auch Offb 20,10.

[16] Ob das Auftauchen des lateinischen militärischen Wortes „Legion" in dem den Dämonen entrungenen Namen eine Gleichsetzung der römischen militärischen Besetzung mit dem Dämonischen beinhaltet (so besonders Myers, Binding the Strong Man, S. 191–194; ebenfalls Marcus, Mark I, S. 351f), ist eine viel diskutierte Frage. Einige (z.B. Donahue/Harrington, Mark, S. 134; Moloney, Mark, S. 104, Fußnote 170) stehen solchen sozio-politischen Interpretationen skeptisch gegenüber: Jesus vertreibt hier nicht Dämonen aus jüdischem Land, denn er befindet sich in einer heidnischen Gegend, die möglicherweise der römischen Herrschaft gegenüber sehr positiv eingestellt ist. Der soziopolitische Verweis kann aber auch allgemeiner verstanden werden, und zwar nicht als Hinweis ausschließlich auf Palästina, sondern auf die heidnische Welt, die als Ganze der Macht Roms unterworfen war.

große, zufällig in der Nähe weidende Schweineherde einfahren zu dürfen, statt aus der Gegend vertrieben zu werden, Jesu Einwilligung dazu, der daraufhin einsetzende Schweinsgalopp in den See und das Ersaufen der Tiere dort (VV 11–13). Schon seit langem finden die Leserinnen und Leser des Evangeliums dies das am meisten verstörende Detail des gesamten Geschehens. Wie konnte Jesus gegenüber der Vernichtung so vieler Tiere derart gleichgültig sein, ganz zu schweigen vom Verlust des Viehbestandes und des Lebensunterhalts ihrer Besitzer, die die Schweine weideten? Solche Bedenken sind nachvollziehbar, doch tragen sie in den Text Überlegungen hinein, die aus einem wörtlichen Verständnis stammen, das weit über die Grenzen von dessen ausgeprägt symbolischer Ausrichtung geht.[17] Der Wunsch, in Tiere einzufahren, die von den Juden als unrein betrachtet wurden, und das nachfolgende Ersaufen im See verstärkt die Vorstellung von der Unreinheit der Dämonen und ihrer Zerstörungskraft, die sie auf diejenigen übertragen, von denen sie Besitz ergriffen haben, was schon im Verhalten des Besessenen selbst offenkundig war (V 5). Ferner zeigt die Geschichte die Macht Jesu, mit der er die Dämonen überlistet. Ihre Verhandlungsversuche zielten darauf ab, mit ihm zu einer Vereinbarung zu kommen, die für sie das geringste Übel wäre: keine Vertreibung aus dem Land (vgl. V 10), sondern – wenn dies bei Menschen nicht mehr möglich ist – doch zumindest eine Besitzergreifung von Tieren. Stattdessen führt ihr Trick dazu, dass sie über den See in die Unterwelt, ihren normalen Aufenthaltsort, zurückkehren, das Land aber von ihrer Anwesenheit gereinigt ist.

Der Bericht über die Schweineherde führt zur nächsten Stufe des Geschehens: die Reaktion und Antwort der Menschen der Gegend, als sie davon erfahren (VV 14–17). Geschickt verweilt der Autor bei dem Eindruck, den das Bild bei den Menschen hervorruft, als sie bei Jesus ankommen. Sie sehen „bei ihm den Mann, der von der Legion Dämonen be-

---

[17] Zu Weiterem siehe Boring, Mark, S. 152 f.

sessen gewesen war, bekleidet und bei Verstand" und wir erfahren: „Da fürchteten sie sich" (V 17). Sie sehen einen Menschen, der völlig verwandelt ist: Der Mann, den sie vorher als wütenden und selbstzerstörerischen Ausgestoßenen kannten, sitzt jetzt friedlich da, wahrhaft ein Bild wiedergewonnener Menschlichkeit. Auf einer menschlichen Ebene wiederholt sich die „große Ruhe", die Jesus in der vorigen Geschichte bewirkte, als er das Toben des Sees „anfuhr" (4,39).

Auf den ersten Blick ist die Reaktion der Bewohner mit der der Jünger vergleichbar: „Da fürchteten sie sich" (V 17d).[18] Ihre Furcht stammt aus der Erkenntnis, dass das, was sie sehen, nur durch die Ausübung von mehr als rein menschlicher Macht bewirkt sein konnte. Aber ihre weitere Reaktion ist seltsam. Anstatt zu fragen, wer das sein mag, der mit solch befreiender Wirkung zu ihnen gekommen ist, drängen sie Jesus, ihre Gegend zu verlassen. Es scheint, dass es für sie bequemer ist, mit einem von Dämonen besessenen Wahnsinnigen am Rand ihrer Stadt zu leben als mit der Anwesenheit eines Menschen, der göttliche Macht in solch befreiender Weise ausüben kann.[19]

So wie sie begonnen hatte[20], endet die Geschichte mit einem Gespräch zwischen dem (vormals) Besessenen und Jesus (VV 18–20). Der Mann möchte „mit Jesus sein", im Markusevangelium der Fachausdruck für die enge Nachfolge Jesu (vgl. 3,14). Jesus gestattet das nicht, sondern schickt ihn in eine andere Richtung: Er soll in sein Haus und zu den Seinen zurückkehren und ihnen erzählen, was der Herr für ihn

---

[18] Im Griechischen *ephobēthēsan* wie in 4,17.
[19] Man könnte auch argumentieren, dass die Vernichtung ihrer Schweine bei ihnen der Auslöser für den Wunsch war, Jesus loszuwerden. Aber in diesem Fall wäre es wahrscheinlicher, dass ihre Reaktion mit Zorn anstatt mit Furcht beschrieben worden wäre; vgl. Donahue/Harrington, Mark, S. 167.
[20] Der Ausdruck „als er ins Boot stieg" im Genitivus absolutus (V 18a) greift auf die in der gleichen grammatischen Form gestaltete Aussage „als er aus dem Boot stieg" in V 2a zurück.

getan hat und welches Erbarmen er empfangen hat (V 19). Mit anderen Worten, der bislang Ausgestoßene soll versuchen, wieder in sein Haus und in seine Familie aufgenommen zu werden, indem er erzählt, wie seine Verwandlung geschah. Tatsächlich aber handelt der Mann weit über die Anweisung Jesu hinaus (V 20): Er geht los, und fängt an, in der ganzen Dekapolis (d.h. in den vorwiegend griechischen Städten im Osten und Südosten des Sees Genesaret) zu verkünden, was *Jesus* für ihn getan hat.[21] Diese Verkündigung durch den Geheilten deutet auf die Sendung zu den Heiden hin, die nachfolgende Gläubige verwirklichen, als das „EVANGELIUM Gottes" (1,15) zum „EVANGELIUM Jesu Christi" (1,1) wurde.[22] Die Befreiung aus der Gefangenschaft durch das Dämonische, die dieser Mann erfahren hat, lässt etwas davon ahnen, was es für die vom EVANGELIUM angesprochenen Angehörigen der heidnischen Welt bedeutet, durch die Macht des Reiches Gottes gewonnen und verwandelt zu werden. Die Reaktion auf die Verkündigung dieses Mannes lautet: „und alle staunten" – keinesfalls ein Ausdruck, der eine Bekehrung bezeichnet.[23] Doch wurde ein Tor für die Mission auf dem gesamten Erden-

---

[21] Es ist möglich, VV 19–20 als einen weiteren Verstoß gegen das Gebot des „Messiasgeheimnisses" (vgl. 1,45) zu betrachten: Jesus beschränkt den Mann darauf, seiner Familie seine Verwandlung zu erklären; indem der Mann diese Nachricht viel weiter verbreitet, missachtet er dieses Gebot; so Gnilka, Markus I, S. 206 f. Aber der markinische Text scheint zwischen dem Gebot und seiner Ausführung keinen Konflikt zu sehen: „Der Mann legt das Gebot Jesu sehr weit, aber nicht falsch aus." (Marcus, Mark I, S. 346).
[22] Die Änderung von „was der Herr (=Gott) getan hat" in V 19 zu der Parallele „was Jesus für ihn getan hat" in V 20 ist ein weiterer Hinweis auf die ausgeprägte Christologie des Markus; vgl. Marcus, Mark I, S. 354.
[23] Neben dem Vorkommen an dieser Stelle beschreibt das Wort (*thaumazein*) das Erstaunen Jesu über den Unglauben seiner Mitbewohner in Nazaret (6,6) und zweimal die Reaktion von Pilatus während der Passion (15,5.44).

rund geöffnet. Der heidnische Hauptmann, der auf den Tod Jesu reagiert (15,39), wird der erste Bekehrte sein.[24] Wie der vormals Besessene werden die ursprünglichen Leserinnen und Leser des Evangeliums – und alle späteren Gläubigen bis hin zu uns – den Wunsch gehabt haben, im gleichen Sinn wie die Zwölf und die anderen engen Jünger während seines irdischen Wirkens Jüngerinnen und Jünger Jesu sein zu können. Der Fluss der Zeit hat ihnen (und uns) dieses Vorrecht verweigert. Doch dieser Mensch, den Jesus in dieser heidnischen Gegend befreite, kann die Stelle bilden, an der wir in die Erzählung eintreten können. Wie dieser können wir Jesus hören, der uns aufträgt, die Frohe Botschaft der Befreiung in unserer Zeit und in unserem Umfeld zu verbreiten.[25] Vielleicht entdecken wir sogar Einzelheiten unseres Lebens und unseres Charakters in der Beschreibung des Mannes vor seiner Befreiung durch Jesus, wenn auch vielleicht nicht in diesem extremen Ausmaß: Weisen, in denen wir uns isoliert „bei den Gräbern wohnend" finden, gefesselt in selbstzerstörerischen Verhaltensmustern, denen wir nicht entrinnen können. Ich glaube, wir können dankbar sein, dass Markus sich entschieden hat, diese Geschichte mit so vielen Einzelheiten und in so großer erzählerischer Wucht zu berichten. Diese Geschichte führt uns, mehr als vielleicht irgendeine andere des Evangeliums, in eine verstörende mythische Welt. Doch genau dadurch dringt sie zum Kern der Befreiung vor, die Gott den Menschen durch die Macht Jesu anbietet.

---

[24] Vgl. Moloney, Mark, S. 106.
[25] Vgl. Trainor, Quest for Home, S. 118.

Jesus zeigt die Macht des Reiches Gottes (4,35 – 6,6a)

Zwei Menschen des Glaubens: Jaïrus und die vom Blutfluss geheilte Frau (5,21–43)

Die beiden miteinander verflochtenen Geschichten von der Heilung einer Frau mit Blutfluss und der Erweckung der Tochter des Jaïrus sind vielleicht das Meisterstück markinischer Erzählkunst. Diese Geschichte, menschlich berührend und reich an Einzelheiten, ist auch das bemerkenswerteste Beispiel der „Sandwich-Technik" des Evangelisten: Eine Geschichte wird von einer weiteren so umgeben, dass der dramatische Effekt gesteigert wird und die beiden sich gegenseitig beleuchten. Die beiden Hauptpersonen dieser miteinander verflochtenen Geschichten erweisen sich als Menschen des Glaubens, aber sie veranschaulichen verschiedene Aspekte des Glaubens und ermöglichen so der Geschichte als ganzer zu einer runden Unterweisung über diese Grundhaltung zu werden. In der ersten Geschichte dieses Zyklus von Wundergeschichten, in der Jesus den Sturm stillte (4,35–41), tadelte Jesus die Jünger, dass sie keinen Glauben hatten (V 40). Abgeschlossen wird der Zyklus mit einem Besuch in seiner Heimatstadt, wo er sich über ihren Unglauben wundert (6,6a). Vor diesem negativen Hintergrund ragen Jaïrus und die Frau, die die Gewänder Jesu berührt, als sich ergänzende Beispiele für die Weise des Glaubens hervor, der notwendig ist, wenn das Leben von Menschen durch die verwandelnde Macht des Reiches Gottes erfasst werden soll.

Jaïrus – Teil 1 (VV 21–24)

Als Jesus vom heidnischen Gebiet auf die andere Seite zurückkehrt, wartet wieder eine große Menge am Seeufer auf ihn (V 21). Vermutlich ist er bereit, sie dort zu lehren (vgl. 4,1 f), als sich ihm ein führender Amtsträger der Synagoge, Jaïrus[26],

---

[26] Der Ausdruck *archisynagōgos* weist auf eine Art führendes Amt inner-

in großer Sorge nähert: Seine kleine Tochter ist im Begriff zu sterben. Er fällt Jesus zu Füßen und fleht ihn an mitzukommen und seiner Tochter die Hände aufzulegen, „damit sie geheilt wird und am Leben bleibt" (V 23). Für einen Vertreter des religiösen Establishments ist es ungewöhnlich, sich Jesus so zu nähern, aber die Verzweiflung des Jaïrus[27] als Vater bringt ihn dazu, seine Würde beiseite zu legen und sich an diesen prophetischen Menschen zu wenden, dessen Fähigkeit zur Heilung Bekanntheit erlangt hat. In Antwort auf diese Bitte macht sich Jesus sofort zum Haus des Jaïrus auf und wird dabei von einer großen Menschenmenge begleitet und eingeengt (V 24; vgl. V 21b).

Die Frau mit dem Blutfluss (VV 25–34)

Der Andrang der Menge bildet den Hintergrund für die jetzt folgende Unterbrechung. Während Jaïrus in wachsender Angst, dass das Leben seiner Tochter entschwindet (eine Angst, die wir als Leserinnen und Leser teilen), wartet, hält Jesus inne, um sich mit einem anderen verzweifelten Menschen zu beschäftigen. Markus verharrt bei der Beschreibung der namenlosen Frau und ihres Zustands, der sie dazu gebracht hat, sich Jesus zu nähern: Ihr zwölfjähriges Leiden an Blutfluss und deren mangelnde Behebung durch Ärzte, die es

halb der Leitungsstruktur der Synagoge hin – ein Vorstand beim Gottesdienst oder ein Funktionär vergleichbar einem Geschäftsführer. Für Markus ist es ungewöhnlich, den Namen eines Beteiligten in einer Wundergeschichte zu nennen (sonst kommt das nur noch bei Bartimäus, dem blinden Bettler in 10,46–51 vor). John P. Meier (A Marginal Jew Bd. 2, S. 787) schlägt vor, dies als Hinweis zu verstehen, dass der Erzählung eine konkrete geschichtliche Erinnerung zu Grunde liegt.
[27] Der Gebrauch der griechischen Diminutivform *thygatrion* („Töchterchen") drückt Gefühle aus. Jaïrus ist der erste von zwei Vätern und einer Mutter im Markusevangelium, die Hilfe für ihr Kind suchen (vgl. 7,26 f; 9,17–24; vgl. Marcus, Mark I, S. 365).

nur schlimmer gemacht und sie in Armut gestürzt haben. Ihr Zustand macht sie zu einer chronisch Menstruierenden und aufgrund der Vorschriften der Tora (Lev 12,1–7; 15,19–25) folglich nicht nur dauerhaft unrein, sondern auch verantwortlich dafür, diese Unreinheit auf jeden zu übertragen, den sie berührt. Für uns ist es nicht leicht, die Idee der rituellen Unreinheit und den sich daraus ergebenden sozioreligiösen Ausschluss aus der Gesellschaft zu verstehen. Wir sollten allerdings in Erinnerung behalten, dass das Evangelium das Beiwort „unrein" (*akathartos*) den dämonischen Geistern zuschreibt (1,23.26.27; 3,11.30; 5,2.8.13; 6,7; 7,25; 9,25), die die Hauptwidersacher von Jesu messianischer Sendung sind. Ihr Zustand hat diese unglückliche Frau der Herrschaft der dämonischen Welt unterworfen, von der keine menschliche Macht (Ärzte) sie bislang befreien konnte. Zumindest sinnbildlich musste sie wie der Besessene von Gerasa „bei den Gräbern wohnen" (VV 3 + 5).

Allerdings hat sie von Jesus gehört (V 27), und der Druck der Menge gibt ihr die Möglichkeit – so meint sie jedenfalls – unerkannt die Reinheits-Mauer zu durchbrechen und so Zugang zu seiner Macht zu erhalten. Wie Jesus später zeigt (V 34), ist dies ein wahrer Akt des Glaubens, der die Freisetzung göttlicher Macht bewirkt. Als Jesus sich der Kraft bewusst wird, die von ihm ausgegangen ist, und fragt, wer ihn berührt hat, macht der grobe Protest der Jünger (V 31; vgl. 4,38b) den Unterschied zwischen dem Schubsen der Menge und der Berührung im Glauben deutlich, die zur Heilung führt.

Wir könnten meinen, dass es von Jesus rücksichtsvoller gewesen wäre, die Frau, die von einem solch peinlichen Leiden befreit ist, einfach unbemerkt davonlaufen zu lassen. Doch solch eine anonyme und „mechanische" Bewirkung der Heilung ohne persönlichen Kontakt ist nicht seine Sache. Wenn die Frau „sich fürchtend und zitternd" (V 33 Münchener Neues Testament) nach vorne kommt, ihm zu Füßen fällt und die „ganze Wahrheit" anerkennt (V 33), dann entspricht dies einem christologischen Bekenntnis: eine Anerkennung der in ihm anwesenden göttlichen Macht, die sie aus den Fängen des Dämonischen befreit hat.[28] Seine Antwort (V 34) ist sowohl ein Ausdruck persönlichen Zuspruches als auch ihre gesellschaftliche Rehabilitierung. Indem er sie als „Tochter" anspricht, verkündet er ihre Wiedereingliederung in die Gemeinde und vielleicht auch in die „neue Familie" des Reiches Gottes. Seine Erklärung „Dein Glaube hat dich gerettet; geh in Frieden" macht aus ihr ein Beispiel für die Macht des Glaubens, Menschen aus dem Dämonischen zu retten und sie für die Fülle des Lebens („Frieden") zu gewinnen, die mit der messianischen Zeit verbunden ist. Nachdem sie von einem zwölfjährigen Leiden befreit ist, hat sie sowohl persönlich als auch gesellschaftlich ihr Leben wiedergewonnen.

Jaïrus – Teil 2 (VV 35–43)

Gerade als Jesus diese Worte der Ermutigung spricht, kommen Boten aus dem Haus des Jaïrus mit der brutalsten aller Botschaften in den Evangelien: „Deine Tochter ist gestorben. Warum bemühst du den Meister noch länger?" (V 35). Während Jesus sich der Frau zuwandte, haben wir die Angst von Jaïrus geteilt, der darauf wartet, dass Jesus seinen Weg weitergeht. Jetzt werden seine schlimmsten Befürchtungen bestätigt. So hart sie auch sein mögen, drücken die Worte der Boten wie vorher die der Jünger (V 31) nur aus, was der gesunde Menschenverstand sagt. Der „Meister" war vielleicht in der Lage, etwas für die Tochter zu tun, sofern noch etwas Lebenskraft in ihr war. Doch jetzt ist sie tot. Worauf also noch hoffen?

---

[28] Der Ausdruck „sich fürchtend und zitternd" steht weniger für menschliche Ängstlichkeit, sondern für die charakteristische biblische Antwort der Furcht in der Gegenwart des Göttlichen; vgl. Phil 2,12; Gnilka, Markus I, S. 216, Markus, Mark I, S. 359 f.

Jesus hat jedoch die schonungslose Nachricht „mitbekommen"[29]. Angesichts dessen lädt er Jaïrus ein, ihn auf seinem Weg des Glaubens zu begleiten: „Fürchte dich nicht! Glaube nur!" (V 36). Der Gebrauch des Imperativs Präsens im Griechischen betont das Verständnis des Glaubens, der durchhalten und eine ganz neue Dimension erreichen muss: Über die ernsthafte Erkrankung hinaus muss er jetzt der Tatsache des Todes selbst in das Gesicht blicken.[30]

Jesus setzt seinen Weg zum Haus des Jaïrus fort und nimmt nur Petrus, Jakobus und Johannes mit sich, den „innersten Kreis" seiner neuen Familie (V 37), die bei zwei weiteren bedeutsamen Ereignissen ebenfalls bei ihm sein werden: seiner Verklärung (9,2–9) und in der Stunde, wenn er im Garten Getsemani seinen bevorstehenden Tod in den Blick nehmen muss (14,32–42). Als er im Haus angekommen ist (V 38), findet er dort eine weitere Menge versammelt, die das Totenritual des Weinens und Klagens vollzieht. Es scheint, dass der Tod schon Besitz von diesem Schauplatz ergriffen hat. Doch dies ist eine Schlussfolgerung, die Jesus trotzig in Frage stellt: „Das Kind ist nicht gestorben, es schläft nur" (V 39c).[31] Die Aussage ist zweideutig – zweifellos ganz bewusst. Im Umfeld der göttlichen Macht, die er alsbald demonstrieren wird, ist der Tod tatsächlich ein „Schlaf", aus dem die Menschen erweckt werden können.[32] Aber für diejenigen, die schon die Totenrituale

---

[29] Das griechische Partizip *parakousas* könnte auch die Bedeutung von „ignorieren" haben, aber der Zusammenhang mit Jesu tröstenden Worten macht „mitbekommen" wahrscheinlicher; vgl. Hooker, Saint Mark, S. 149.
[30] Dieser Aspekt, über die schwere Erkrankung hinauszugehen, um der Tatsache des Todes ins Gesicht zu blicken, die durch die von Jesus verursachte Verzögerung bewirkt wurde, ist eine Einzelheit, die diese Geschichte mit der langen Erzählung von der Erweckung des Lazarus in Joh 11 gemeinsam hat; vgl. Byrne, Lazarus, S. 41, 49, 56, 84–89.
[31] Vgl. wiederum die ersten Worte Jesu über Lazarus: Joh 11,11–14.
[32] Vgl. andere Verweisstellen auf den Tod als „Schlaf" im frühen christlichen Sprachgebrauch: 1 Thess 4,13; 1 Kor 15,20.51; usw. „Der Tod wird nicht ‚Schlaf' genannt, um so zu tun, als sei er nicht wirklich, son-

vollziehen, ist dies reiner Unsinn. Sie lachen ihn nur aus (V 40a).

Diesen Kreis des Unglaubens „vertreibt" Jesus aus dem Haus (V 40b) – so wie er auch die Dämonen „austrieb".[33] Dann schafft er eine häusliche Umgebung des Glaubens, indem er den Vater und die Mutter des Kindes sowie die drei auserwählten Jünger in den inneren Bereich des Hauses mitnimmt (V 40cd). Dort erfasst er die Hand des Kindes und spricht sie in Worten an, die Markus im ursprünglichen Aramäisch erhalten und dann erst übersetzt hat: „Kleines Mädchen, ich sage dir: Steh auf!" (V 41). Als das Mädchen sich sofort erhebt und anfängt herumzugehen (V 42a), ist die Unterwerfung des Todes vollständig.

In einem scheinbar beiläufigen Nachsatz zu diesem erstaunlichen Geschehen fügt Markus die Angabe hinzu: „Es war zwölf Jahre alt" (V 42b). Aber diese Angabe ist überhaupt nicht beiläufig. Die Zahl der Jahre (zwölf) verbindet das Mädchen unweigerlich mit der Frau, deren zwölf Jahre andauernder Blutfluss Jesus auf dem Weg in das Haus der Familie geheilt hat. Nach zwölf Jahren der Gefangenschaft in der „Unreinheit" sowohl in ihrem privaten als auch in ihrem gesellschaftlichen Leben hat diese Heilung der Frau ermöglicht, wieder ein vollwertiges Leben zu führen. Das Mädchen, das gerade gestorben war, war an der Grenze zum heiratsfähigen Alter.[34] Indem er sie aus dem Reich des Todes befreite, gab Jesus ihr – am Ende der zwölf Jahre – die gleichen Möglichkeiten, für die er auch die Frau wiederhergestellt hat. Beide sind nun in der Lage, neues Leben zu schenken.[35] Wie im Fall

---

dern um ihm abzusprechen, dass er endgültig ist." (Boring, Mark, S. 162)

[33] Das hier verwendete griechische Verb *ekballein* taucht regelmäßig bei Dämonenaustreibungen auf (1,34.39; 3,15.22.23; 6,13; 7,26; 9,18. 28.38; [16,9.17]).

[34] Vgl. Moloney, Mark, S. 110 sowie die weiteren Verweisstellen in der Fußnote 198.

[35] Vgl. Boring, Mark, S. 158.

des Aussätzigen (1,41) hat Jesus seine Hand ausgestreckt und etwas äußerst Unreines berührt, nämlich einen toten Körper. *Er* hat sich durch die Berührung nicht unrein gemacht; ganz im Gegenteil sind Leben und Ganzheitlichkeit aus ihm in das Reich der Unreinheit und des Todes hinausgeflossen, um diesen jungen Menschen mit Worten („aufstehen" [*egeire*]; „sich erheben" [*anestē*]), die seine eigene Auferstehung andeuten, für das Leben zu gewinnen.[36]

Diese Verbindung zur Auferstehung erklärt Jesu sonst völlig unrealistisches Gebot, dass die Anwesenden mit niemandem über das Geschehen sprechen sollen (V 43a). Wie sollte, nach der großen öffentlichen Demonstration der Trauer nach dem Tod des Mädchens, deren Wiederherstellung zum Leben geheim bleiben? Der Realismus der Erzählung beugt sich hier jedoch der Theologie. Die Bedeutung der hier stattgefundenen Totenerweckung kann nur von denen begriffen werden, die im Glauben an Jesu Auferstehung bewandert sind; diese darf niemals von deren Vorgeschichte getrennt werden: sein gehorsamer Tod am Kreuz.[37] Für die Leserinnen und Leser des Evangeliums, die diesen Glauben teilen, ist Jesu Unterwerfung des Todes in der Wohnung der Familie, die zu einem Haus des Glaubens geworden ist, eine Garantie und ein Beispiel dafür, dass die gleiche göttliche Macht in ihren Hauskirchen und Zusammenkünften am Werk ist. In der Stunde der Not war die Synagoge für Jaïrus trotz seines Ansehens und seiner Autorität dort keine Hilfe. Indem er diese Welt verließ und zum Glauben kam, hat er in seinem eigenen Haus eine „Rettung" und eine Spendung von „Leben" erfahren, die weit über das hinaus-

---

[36] Der starke Ausdruck des Erstaunens seitens der Anwesenden (wörtlich: „Sie waren außer sich in großem Erstaunen [*ekstasis*]") wird in der Beschreibung des inneren Zustands der Frauen wiederholt, als sie von dem leeren Grab Jesu fliehen (16,8).
[37] Vgl. Jesu vergleichbare Aufforderung an die drei selben Jünger, nachdem sie Zeugen seiner Verklärung geworden waren (9,9); vgl. auch Hooker, Saint Mark, S. 111; Moloney, Mark, S. 111.

gingen, worauf er gehofft hatte, als er Jesus bat, mit ihm zu kommen und seiner Tochter seine Hand aufzulegen.[38] Natürlich ist für Eltern, die selbst den Verlust eines Kindes erleiden mussten, diese Geschichte aus dem Evangelium sehr schmerzhaft. Für Jaïrus und seine Frau geht es gut aus; doch wo war Jesus, als unser Sohn oder unsere Tochter starb? Darauf gibt es keine einfache Antwort, aber man kann zumindest auf die Tatsache hinweisen, dass Gott die Tochter des Jaïrus sterben ließ; aufgehalten durch die Frau, traf Jesus zu spät am Schauplatz ein. Doch seine Überwindung des leiblichen Todes in diesem einen Fall verweist in einem sakramentalen Sinn auf eine tiefere Wahrheit. Im leiblichen Tod und über diesen hinaus, den er selbst bis zur vollen Neige schmecken sollte, ist er derjenige, durch den Gott für alle Gläubigen der Urheber und Spender des ewigen Lebens ist.[39]

Auf diese Weise entwickelt diese Erzählung die Frage von Geschichte 1 weiter: Wer ist dieser Mensch, der über die verbündeten Mächte der „Unreinheit" (das Dämonische) und den Tod eine Macht ausübt, die der göttlichen Macht entspricht?[40] Gleichzeitig ergänzen die beiden miteinander verflochtenen Wundererzählungen gleichermaßen unser Wissen über den Glauben, der notwendig ist, um diese Macht in unser Leben eintreten zu lassen. Die Frau veranschaulicht, wie der Glaube Mauern überwindet – solche, die durch Status und Gesellschaft errichtet wurden genauso wie die durch tiefsitzende Selbstzweifel bewirkte. Angesichts ihrer extremen ge-

---

[38] So gesehen haben wir in dieser Szene die gleiche Bewegung von der Synagoge zum häuslichen Schauplatz, die wir in 1,21–31 schon am Anfang des Wirkens Jesu beobachtet haben. Siehe ferner Trainor, Quest for Home, S. 118–120.
[39] „Die Tochter ‚darf' sterben – so wie Jesus sterben wird –, wodurch das Ganze zu einer Geschichte des Sieges über den Tod wird." (Mark McVann, Destroying Death. Jesus in Mark and Joseph in „The Sin Eater", in: Robert Detweiler/William G. Doty (Hg.), The Daemonic Imagination. Biblical Text and Secular Story (AARSR 60), Atlanta: Scholars Press 1990, S. 123–135, hier S. 128.
[40] Vgl. Gnilka, Markus I, S. 217.

sellschaftlichen Isolierung, die sie erlitten hatte, hätte sie auch zu sich selbst sagen können: „Ich bin für ihn zu ‚unrein', zu schmutzig und wertlos, als dass er daran interessiert wäre, mich zu heilen." Aber ihr Glaube durchbrach diese Mauer und fand Zugang zu Jesu heilender Macht. Auch Jaïrus musste eine gesellschaftliche Mauer überwinden: Der Chef der Synagoge musste sich vor diesem populären Propheten demütigen. Sein Teil in diesem Geschehen zeigt, wie sich der Glaube gelegentlich auf den Weg machen muss, um im Verlauf auf größere Herausforderungen als am Anfang zu stoßen. Jaïrus bat Jesus zu kommen und seiner Tochter, die ernsthaft erkrankt war, seine Hände aufzulegen. Am Ende sah er, wie er sie bei der Hand nahm und vom Tod ins Leben rief. Er sah, was alle Gläubigen sakramental in der Taufe erleben und was sie schließlich im Geheimnis des Todes erleben werden: Wie der Herr sie kraftvoll zum Leben zieht.

Jesus begegnet in seiner Heimatstadt Unglauben (6,1–6a)

In einem Umfeld des Glaubens hat Jesus gerade zwei herausragende Wunder bewirkt. Der Abschnitt schließt mit einer Szene, in der Jesus, der seine Heimatstadt Nazaret besucht[41], im Gegensatz dazu einen eklatanten Mangel an Glauben erlebt. Einerseits zeigt diese Geschichte Jesus in seiner ganzen Menschlichkeit. Sie reiht ihn in seine biologische Familie ein, deren Mitglieder mit einiger Ausführlichkeit aufgezählt werden (V 3)[42], und weist auf seine Machtlosigkeit hin, wegen

---

[41] Der Name von Jesu Heimatstadt (*patris*) wird nicht genannt, aber 1,9 macht deutlich, dass es sich um Nazaret handeln muss.
[42] Die Bezeichnung Jesu als „Sohn der Maria" ist ungewöhnlich; es war üblich, einen Menschen durch seinen Vater zu identifizieren, auch wenn dieser schon tot war. Joachim Gnilka (Markus I, S. 231 f) sieht hier einen markinischen Hinweis auf das Motiv der jungfräulichen Empfängnis Je-

ihres Glaubensmangels „Machttaten" zu vollbringen (V 5). Andererseits erkennen die Fragen derer, die ihn in der Synagoge am Sabbat lehren hören, an, dass er eine Weisheit und eine Macht zeigt, die ihm von einer geheimnisvollen Quelle „gegeben" ist, die sie nicht ergründen können (V 2). Wir, die Leserinnen und Leser des Evangeliums, kennen die Quelle dieser Macht und Weisheit. Wir wissen, dass sie von seiner Bevollmächtigung als Sohn Gottes durch den Geist kommen (1,9–11). Wir sehen, wie die Menschen aus Nazaret mit dieser Frage ringen und schließlich „Anstoß" an ihm nehmen (V 3d), weil er, wie ihre Fragen belegen, sich nach ihrer Ansicht von ihnen nicht unterscheidet.[43]

Diese Geschichte zeigt, dass der größte Feind des Glaubens ganz einfach die „Vertrautheit" sein kann: die Weigerung zu glauben, dass die Gegenwart Gottes – und die prophetischen Bevollmächtigten dieser Gegenwart – ganz einfach in einer so vertrauten Gestalt wie dem Menschen von nebenan uns entgegentreten kann. Die Menschen aus Nazaret hatten ihre feste Vorstellung, wann und wo und wie der Messias zu Israel kommen soll – und derjenige, den sie als den Zimmermann kannten, der Sohn Marias (V 3), entsprach schlicht und einfach nicht diesem Muster. Der einzige Ort also, der sich die Machttaten Jesu wirklich entgehen ließ, war seine eigene Heimatstadt.[44]

---

su, das sich später in den Kindheitsgeschichten von Matthäus und Lukas findet. Die nachfolgende Auflistung der „Brüder" und „Schwestern" Jesu widerspricht nicht diesem Motiv. Wenn es sich bei den hier Genannten um die Geschwister Jesu handelt, steht dies im Widerspruch zu dem anderen Motiv der immerwährenden Jungfräulichkeit Mariens, das in der katholischen und orthodoxen Tradition hochgehalten wird. Zu diesem Thema, siehe Byrne, Gott, der die Last nimmt, S. 58–60; Moloney, Mark, S. 112, Fußnote 212; Donahue/Harrington, Mark, S. 187 f.

[43] Vgl. Donahue/Harrington, Mark, S. 183.

[44] Mit dem Sprichwort, das Jesus in der Erwiderung zitiert – über die Propheten, die überall anerkannt werden, außer in ihrer Heimatstadt (V 4) – bezieht er das biblische Motiv des „abgelehnten Propheten" (Jer 35,15; Ez 2,15; Hos 9,5; usw.) auf sich selbst. Lukas baut auf dieser

Fortschritt im geistlichen Leben – Wachstum im Geist – zeigt sich fast immer in der Fähigkeit, Gott im Normalen, im Alltäglichen zu entdecken. Die großen Heiligen waren immer wieder voller Staunen über die geheimnisvolle Gegenwart Gottes, die sie ständig um sich herum spürten. Die volle Bedeutung der Menschwerdung besteht nicht allein darin, dass der Sohn Gottes Mensch wurde, sondern dass er die menschliche Gestalt in einer Stadt annahm, die so normal, so unbedeutend und so am Rande war wie Nazaret (vgl. Joh 1,46). Das Evangelium lädt uns ein, das „Nazaret" unseres eigenen Lebens aufzuspüren und zu benennen.

Szene in Nazaret auf (vgl. Lk 4,14–30), um das Motiv des „abgelehnten Propheten" zu einem christologischen Leitmotiv im Dritten Evangelium zu machen.

IV. Jesus weitet sein Wirken aus (6,6b – 8,21)

Beteiligung am Wirken Jesu (6,6b–56)

An dieser Stelle fängt ein vierter Hauptabschnitt des Evangeliums an. Wie die beiden vorangegangenen Abschnitte des Wirkens in Galiläa (1,14 – 3,6 und 3,7 – 6,6a) beginnt er mit einer Zusammenfassung (6,6b) und einer neuen Aussendung der Jünger (6,7–13) und endet mit einer Bemerkung über den Unglauben (8,14–21; vgl. 3,6 und 6,1–6a). In diesem Abschnitt verstärkt sich besonders mit Blick auf die Jünger die Frage, wer Jesus in Wahrheit ist (Geschichte 1). Während sie an der Sendung Jesu teilhaben, wird ihr beständiges Versagen, ihn zu verstehen und entsprechend zu handeln, ein Hauptthema, das den offenen Konflikt mit dem Dämonischen ersetzt, der in den vorangegangenen Abschnitten behandelt wurde. Gleichzeitig weitet Jesus sein Wirken aus, indem er dieses zuerst mit den Zwölf teilt (6,6b–13.30f) und sich dann mehr und mehr in Richtung nichtjüdisches (heidnisches) Gebiet bewegt (7,24–37). Auch wenn verschiedene Muster unterschieden werden können, liegt also ein Zusammenspiel verschiedener Themen in diesem Abschnitt vor.

Aus einem strukturellen Blickwinkel besteht dieser Teil des Evangeliums grob gesagt aus zwei Unterabschnitten: (1) 6,6b–31: Jesus dehnt sein Wirken durch die Aussendung der Zwölf aus; die Zeit vor ihrer Rückkehr wird für die Beschreibung vom Tod des Täufers genutzt; (2) 6,32 – 8,21: Es handelt sich um einen längeren Unterabschnitt, der von zwei „Speisungs-Abschnitten" (6,32 – 7,23 und 8,1–21) beherrscht wird, von denen jeder mit einer wunderbaren Speisung beginnt (6,32–43 und 8,1–10) und dann (in unterschiedlicher Reihenfolge) eine Szene im Boot (6,45–52 und 8,14–21) und eine Auseinandersetzung mit den Pharisäern (7,1–23 und 8,11f) enthalten. Zwischen den beiden Speisungs-Abschnitten gibt es zwei Wunder, die Jesus in heidnischen Gegenden bewirkt (die Heilung der Tochter der Syrophönizierin [7,24–30] und die Heilung eines Taubstummen in der Dekapolis [7,31–37]). Auf der rechten Seite ist der Aufbau grafisch dargestellt.

Jesus sendet die Zwölf zur Mission aus (6,6b–13)

Im Anschluss an seinen erfolglosen Besuch in seiner Heimatstadt (6,1–6a) wandert Jesus durch die umliegenden Dörfer und lehrt (V 6b). Diese kurze Zusammenfassung zeigt Jesus in seiner charakteristischen Rolle als Lehrer – vielleicht auch mit einer leichten Andeutung, dass diese Orte im Unterschied zu seinem eigenen für seine Botschaft aufgeschlossener waren. Wie dem auch sei, die Fortführung seines Wirkens bildet den Hintergrund dafür, dass er anfängt, seine Sendung mit den Jüngern zu teilen. „Anfangen" legt den Beginn eines Prozesses nahe, der über die Aussendung seiner ersten Jünger im Leben der späteren Kirche fortdauern wird. Als auferstandener Herr wird er in der Kirche die persönliche Sendung fortsetzen, die er hier mit den Jüngern zu teilen beginnt.[1]

Natürlich hatte Jesus schon die Zwölf ausgewählt und ernannt, „damit sie mit ihm seien und damit er sie aussende, zu verkünden und mit Vollmacht Dämonen auszutreiben" (3,14f). Jetzt (V 7) füllt er diese Ernennung mit Leben, indem er sie „jeweils zwei zusammen" aussendet. In Paaren können

---

[1] Vgl. Gnilka, Markus I, S. 238f.

Beteiligung am Wirken Jesu (6,6b–56)

Teil 1: 6,6b–31

Zusammenfassung: 6,6b

→ Die Aussendung der Zwölf: 6,7–13

    Die Gedanken des Herodes, wer Jesus ist: 6,14–16

    Herodes lässt Johannes den Täufer hinrichten: 6,17–29

→ Die Rückkehr der Zwölf und ein Rückzug: 6,30f

Teil 2: 6,32 – 8,21

→ Speisungs-Sequenz 1: 6,32 – 7,23

- Die Speisung der **Fünftausend**: 6,32–44
- Boot-Sequenz (Jesus erscheint/die Jünger verstehen nicht: 6,45–52
- Zusammenfassung: 6,53–56
- Auseinandersetzung mit den Pharisäern (Durchbruch der Mauer von „rein" und „unrein"): 7,1–23

Die Heilung der Tochter der (heidnischen) Syrophönizierin: 7,24–30

Die Heilung des Taubstummen in der (heidnischen) Dekapolis: 7,31–37

→ Speisungs-Sequenz 2: 8,1–21

- Die Speisung der **Viertausend**: 8,1–10
- Auseinandersetzung mit den Pharisäern: 8,11f
- Boot-Sequenz (die Jünger verstehen nicht): 8,14–21

sie glaubwürdig den Anbruch des Reiches Gottes bezeugen.[2] Versehen mit Jesu Vollmacht, Dämonen auszutreiben, werden sie den für das Reich Gottes schon gewonnenen Raum vergrößern, wenn sie Menschen aus der Herrschaft Satans zurückgewinnen. Jesus fügt Unterweisungen darüber hinzu, wie sie reisen (VV 8 f) und was sie bei der Suche nach einer Unterkunft tun sollen (VV 10 f). Sie sollen nur mit leichtem Gepäck reisen und sich so das Risiko der Gastfreundschaft zumuten: Kein Brot – denn für ihre Nahrung soll gesorgt sein; keine Reisetasche[3] – denn Unterkünfte sollen für sie bereitgestellt werden; und, aus genau dem gleichen Grund, kein Geld. Sandalen: Ja; und ein Stab, weil sie ständig „unterwegs" sein werden.[4] Wenn sie an irgendeinem Ort Ungastlichkeit und Ablehnung erfahren (so wie Jesus es gerade in Nazaret erlebt hat), dann sollen sie den Staub von ihren Füßen schütteln[5] (ein prophetisches auf das Gericht hinweisendes Zeichen) und anschließend weitergehen. Die „Leichtigkeit" dessen, was sie mit sich führen sollen, ist

---

[2] Die biblischen Bestimmungen verlangten zwei Zeugen für eine gültige Bezeugung: Dtn 17,6; 19,15; vgl. Hooker, Saint Mark, S. 155.

[3] Das griechische Wort *pēra* bezeichnet einen Ledersack, der von Reisenden genutzt wurde; die moderne Entsprechung wäre ein Schlafsack.

[4] Die Erlaubnis von Sandalen und einem Stab (ein Wanderstab, der aber auch zur Abwehr von gefährlichen Tieren oder Räubern genutzt werden konnte) ist eine Einzelheit, bei der sich der markinische Bericht von den strengeren Bestimmungen der von der Logienquelle Q beeinflussten synoptischen Parallelen unterscheidet (Mt 10,1–14; Lk 9,1–6; vgl. auch Lk 10,1–16). Die Ausnahme spiegelt die Vorstellung von Markus wider, dass Jesus und die Jünger, vom göttlichen Drängen des Reiches Gottes angetrieben, ständig unterwegs sind; vgl. Moloney, Mark, S. 122.

[5] Diese Geste vollziehen Paulus und Barnabas, wenn sie Antiochia in Pisidien verlassen (Apg 13,5). Spätere jüdische Texte legen nahe, dass die Handlung von Juden vollzogen wurden, wenn sie bei ihrer Rückkehr in das Heilige Land heidnisches Gebiet verließen, damit sie auch nicht das kleinste Teilchen von „Unreinheit" mit sich führen; vgl. Moloney, Mark, S. 123. Diese Geste wäre dann gleichbedeutend mit einer Auslieferung der Städte, die ihre Verkündigung abgelehnt haben, an die „unreine" dämonische Welt.

ein Ausdruck ihres Vertrauens in die göttliche Vollmacht, die ihnen übertragen wurde; es ist gleichzeitig eine Abwehr jedes Verdachts, dass sie aus selbstsüchtigen Gründen handeln. Sie müssen das Vertrauen haben, dass der Schatz, den sie in der Gestalt des EVANGELIUMS bringen, jegliche Last, die ihr Aufenthalt mit sich bringt, so massiv aufwiegt, dass sie von all denen bereitwillig aufgenommen werden, die dazu bestimmt sind, für das Reich Gottes gewonnen zu werden.

So unterwiesen, brechen die Zwölf auf (VV 12f), tragen den Ruf Jesu zur Umkehr angesichts des Reiches Gottes weiter (1,14f) und legen durch die „Austreibung vieler Dämonen" Zeugnis von dessen Gegenwart ab. Wie Jesus heilen auch sie viele (6,5b), wofür sie sie mit Öl salben.[6]

Die Aussendung der Zwölf bildet die Sendung der Kirche voraus und legt einige grundlegende Elemente für ihr Leben fest: dass sie immer eine Gemeinde in der Aussendung ist, der das EVANGELIUM, der großartigste Schatz, anvertraut ist sowie der Dienst der Heilung, der durch die Spendung der Sakramente wahrgenommen wird. Wie die Kirche unserer Zeit diese ersten Missionare in der „Leichtigkeit" von deren Reiseausstattung nachahmen soll, ist heute bei weitem das größere Problem, wenn man die massive Institutionalisierung und den Reichtum in den Blick nimmt, der sich im Laufe der Jahrhunderte angesammelt hat. Dafür gibt es keine leichten Lösungen, sieht man einmal von der sonst traumatischen Erfahrung der Verfolgung ab. Doch das EVANGELIUM erinnert die Kirche daran, dass die Wirksamkeit ihrer eigenen prophetischen Aufgabe – ihre Kritik an den vorherrschenden kulturellen Voraussetzungen und Praktiken – sich im Großen und Ganzen nach der Leichtigkeit ihres „Reisegepäcks" bemisst: dem Vertrauen in die Güte (Gastfreundschaft) der normalen Menschen und dem Fehlen von Selbstsucht, wenn sich ihre Dienerinnen und Diener der Welt zuwenden.

---

[6] Die Salbung mit Öl spiegelt eine spätere Praxis der Kirche wider; vgl. Jak 5,14f.

Das prophetische Zeugnis und der Tod Johannes des Täufers (6,14–29)

Während die Jünger auf ihrer Mission unterwegs sind, fügt Markus mit dem Bericht über die Hinrichtung des Täufers durch Herodes[7] ein erzählerisches Zwischenspiel ein. Dem voraus geht ein kurzer Abschnitt (VV 14–16), der von der Aufmerksamkeit erzählt, die Herodes Jesus entgegenbrachte, und der von dem weit verbreiteten Glauben berichtet, dass die in Jesus wirksamen Kräfte bedeuten, dass er der von den Toten auferstandene Johannes der Täufer sei – oder Elija oder einer der anderen Propheten (V 15). Herodes jedenfalls begnügt sich damit, er sei der von den Toten auferstandene Täufer – eine unheilschwangere Schlussfolgerung, weil Herodes für den Tod des Täufers verantwortlich ist, wie Markus zu erzählen nun fortfährt (VV 17–29). Die Fragen des Herodes und seine Schlussfolgerung verstärken die Fragen, wer Jesus ist (Geschichte 1), die sich durch den ganzen ersten Teil des Evangeliums zieht.

Der Bericht vom Tod des Täufers (VV 17–29) ist darin einmalig, dass es sich um den einzigen längeren Bericht im Evangelium handelt, in dem Jesus abwesend ist. Er ist auch bemerkenswert in dem Sinn, dass keiner der in dieser Geschichte Mitwirkenden – abgesehen von Johannes dem Täufer, dem absolut passiven Opfer – unbescholten aus der Geschichte herausgeht. Wir haben hier im Gegenteil eine hervorragend erzählte Geschichte über einen Festschmaus des sinnlichen Voyeurismus, der zu einem schrecklichen Höhepunkt kommt, als eine junge Frau ihrer Mutter den abgetrennten Kopf eines Menschen „auf einem Teller" (V 28 Münche-

---

[7] Gemeint ist hier Herodes Antipas, Tetrarch von Galiläa und Peräa (4 v. Chr. – 39 n. Chr.). Der Bericht über den Tod des Täufers im Markusevangelium steht offensichtlich im Widerspruch zu einem weiteren Bericht durch den jüdischen Geschichtsschreiber Josephus (Jüdische Altertümer 18,116–119). Für eine vollständige Erörterung der historischen Frage, s. Marcus, Mark I, S. 394–396 und 399 f.

ner Neues Testament) „serviert". Durch ein Zusammenspiel von rachsüchtiger Grausamkeit (Herodias) und kopfloser Narrheit (Herodes) erleidet ein gerechter Prophet (Johannes der Täufer) einen gewaltsamen Tod, während ein schwacher Herrscher durch selbstgeschaffene Umstände gezwungen wird, gegen seine bessere Einsicht und Neigung zu handeln.[8]

Wir können uns zu recht fragen, was diese ganz und gar unerbauliche Geschichte im Evangelium zu suchen hat – außer vielleicht als Warnung vor den Lastern und Narrheiten, die sie so lebhaft veranschaulicht. Erinnern wir uns daran, dass das Letzte, was wir von Johannes dem Täufer hörten, die kurze Bemerkung vor dem ersten Auftreten Jesu war: „Nachdem Johannes ausgeliefert worden war (*paradothēnai*), kam Jesus nach Galiläa" (1,14a). Jetzt können wir die tiefere Bedeutung des rätselvollen Ausdrucks „ausgeliefert werden" würdigen: Wenn es heißt, Johannes verkündete (1,4–8; 6,18) und wurde ausgeliefert, dann ist dies der Anfang eines Musters („ihr verkündigt, und ihr werdet ausgeliefert"), das auch auf Jesus (3,19; 9,31; 10,33; 14,10.11.18.21.41.42.44; 15,1.10.15) und auf seine Jünger (13,9.11.12) zutrifft. Die Zwölf wurden gerade zur Verkündigung ausgesandt, und ihre Verkündigung ist erfolgreich (V 13). Der eingeschobene Bericht über den Tod des Täufers dient als eine Erinnerung daran, dass es nicht möglich ist, Menschen für die vom EVANGELIUM verkündete Freiheit zu gewinnen, ohne dafür einen Preis zu zahlen. Stattdessen wird dadurch regelmäßig das Zusammenspiel von menschlicher Lasterhaftigkeit, Eigeninteresse und Narrheit herausgefordert und provoziert, die in dieser Geschichte wirksam waren und den einsamen Tod des Täufers bewirkten.

Hinzu kommt, dass Jesus, auch wenn er in dieser Geschichte körperlich abwesend sein mag, von einem erzähleri-

---

[8] Die Todesumstände von Johannes dem Täufer verbinden ihn ein weiteres Mal mit dem Propheten Elija, wobei Herodias den Part von Isebel und Herodes den von König Ahab einnimmt (vgl. 1 Kön 18 f). Für einen genaueren Vergleich, s. Boring, Mark, S. 178.

schen Standpunkt aus überhaupt nicht abwesend ist, weil unter verschiedenen Gesichtspunkten das Schicksal des Täufers das von Jesus andeutet. Die Verhaftung und Fesselung des Johannes (6,7) nimmt die Verhaftung und Fesselung Jesu in den Blick (14,46; 15,1).[9] Ebenso wird der römische Statthalter Pilatus, die Schwäche des Herodes gegenüber seinen Gästen wiederholend, Jesus, den er als unschuldig betrachtet, aus der Angst heraus übergeben, dass der Mob außer Kontrolle geraten könnte (15,10.14a.15a).[10] An einer Stelle gibt es aber einen Unterschied. Am Ende der Geschichte kommen die Jünger des Täufers, die von seinem Schicksal erfahren haben, und setzen seinen Leichnam respektvoll in einem Grab bei (6,29). Mit dem Tod Jesu ist kein solcher Trost verbunden. Von einem Fremden (Josef von Arimathäa) wird er bestattet, während alle seine Jünger ihn verlassen haben und geflohen sind (15,42–47). Unter dieser Rücksicht stirbt Jesus einen viel einsameren Tod als Johannes der Täufer. Doch die deutlichen Parallelen, die es zwischen diesen beiden Todesfällen gibt, legen nahe, dass das sonst sinnlose Leiden des Täufers – und all der Menschen, die unter vergleichbaren Umständen leiden – an das Leiden Jesu, den „verworfenen Stein", angebunden ist, den Gott rechtfertigt, indem er ihn von den Toten erweckt und ihn zum Eckstein eines neuen „Tempels" (12,11–21) macht.[11] Aus dieser größeren Perspektive ist der Bericht über den Tod des Täufers, so unerbaulich er beim ersten Betrachten auch sein mag, nicht ohne Bedeutung für all diejenigen, die das EVANGELIUM und ihre gesellschaftlichen Folgen zu einem hohen Preis und oft einsam bezeugen.

---

[9] Vgl. Marcus, Mark I, S. 400.
[10] Vgl. Moloney, Mark, S. 127.
[11] Vgl. Marcus, Mark I, S. 404.

Die Rückkehr der Zwölf
(6,30f)

Die Apostel kehren zurück und berichten Jesus „alles, was sie getan und gelehrt hatten" (V 30).[12] Man erkennt in dem Bericht das atemlose Gefühl der Begeisterung von Neulingen – die der zunehmenden Begeisterung der Menge entspricht, die sie keine Zeit zum Essen finden lässt (V 31). Für Jesus ist die Reaktion des Volkes zwiespältig. Die Jünger haben noch einen langen Weg vor sich, bevor sie geistlich in der Lage sind, damit „umzugehen": deshalb fordert er sie auf, sich eine Zeitlang an einen entlegenen Ort zurückzuziehen (vgl. 1,35–37; 6,45).

Der Hirtenkönig gewährt in der Wüste Gottes Gastfreundschaft – Die Speisung der Fünftausend
(6,32–44)

Die Begeisterung der Menge durchkreuzt den Versuch Jesu, sich für etwas Ruhe und Entspannung zurückzuziehen. Die Menschen beobachten seine Abfahrt im Boot und folgen ihm zu Fuß, so dass sie an dem entlegenen Ort bereitstehen, ihn zu begrüßen, als er aus dem Boot steigt (VV 32f).[13] Sogleich über-

---

[12] Sie werden hier nicht „Apostel" im später geprägten Sinn der „zwölf Apostel" genannt, sondern in der wörtlichen Bedeutung des griechischen Wortes *apostolos*: der Ausgesandte. Die Hinzufügung von „lehren" zu ihren ursprünglich genannten Tätigkeiten (VV 7 + 12f) bedeutet, dass sie – und alle zukünftigen Dienerinnen und Diener der Kirche, auf die sie vorab hindeuten – nun für Dienste befähigt sind, die bis zu diesem Zeitpunkt Jesus vorbehalten waren.
[13] Dass diese große und wenig organisierte Menge, die die Landroute um den See herum nahm, vor Jesus eintreffen konnte, ist geschichtlich unrealistisch. Durch die Betonung der Begeisterung der Menge macht die markinische Erzählung eine theologische Aussage; vgl. Marcus, Mark I, S. 417.

wältigt ihn der Anblick mit „Mitleid".¹⁴ Sie erscheinen ihm wie „Schafe ohne Hirten", ein biblischer Ausdruck, der das Volk Israel beschreibt, das unter korrupten oder gleichgültigen Herrschern leidet (Num 27,17; 1 Kön 22,17 [Par.: 2 Chron 18,16]; Jdt 11,19; vgl. Ez 34,8; Sach 10,2), für die Herodes gerade als bemerkenswertes Beispiel diente. Im Gegensatz dazu wird sich Jesus als der wahre Hirte nach dem Beispiel von Mose und David – beide wurden als Hirten zur Führung des Volkes berufen – erweisen, indem er das Volk zuerst lehrt (V 34d), dann ordnet (V 39) und speist (V 41 f). Die für Markus charakteristische Darstellung Jesu als Lehrer und jetzt als derjenige, der dem Volk Speise gibt, verleiht der Gesamtepisode eine sich entfaltende Dualität von „Wort und Sakrament", die den späteren Dienst der Kirche vorwegnimmt.¹⁵

In allen vier Evangelien wird Jesu wunderbare Speisung mehrerer tausend Menschen in der Wüste nicht weniger als sechsmal erzählt (Mk 6,32–44 [Parallelen: Mt 14,13–21; Lk 9,10–17]; Mk 8,1–10 [Parallele: Mt 15,32–39]; Joh 6,1–13).¹⁶ Für die frühe Gemeinde der Glaubenden war es eindeutig eine Überlieferung, die als Offenbarung sowohl über Jesus selbst als auch über Gottes Pläne für den Menschen im Zusammenhang mit der vollen Ankunft des Reiches Gottes von hoher Bedeutung war. Verschiedene alttestamentliche Motive

---

[14] Die Erzählung benutzt den starken griechischen Ausdruck *splangchnizomai* – „in seinem Innersten bewegt sein"; im Lukasevangelium drückt das gleiche Wort die Reaktion des barmherzigen Samariters (10,33) und die des Vaters im Gleichnis vom verlorenen Sohn (15,20) aus.
[15] Vgl. Donahue/Harrington, Mark, S. 211.
[16] Für eine ausführliche Erörterung der wahrscheinlichen Ursprünge und Beziehungen zwischen den Überlieferungen, die den Berichten zugrunde liegen, vgl. John P. Meier (A Marginal Jew Bd. 2, S. 950–967), der mit Bezug auf die Geschichtlichkeit zu folgendem Schluss kommt: „Ob tatsächlich ein Wunder geschah, kann von dem Historiker mit dem ihm zur Verfügung stehenden Mitteln nicht entschieden werden ... Letztendlich hängt eine Entscheidung für oder dagegen von dem jeweiligen Weltbild ab" (S. 966).

stehen im Hintergrund dieses Berichtes, besonders aber über den Propheten Elija, der trotz des Einwands seines Dieners hundert Männer mit zwanzig Broten speiste und noch Reste übrig waren, nachdem alle gegessen hatten (2 Kön 4,42–44). Jesus bringt die Menschen dazu, sich auf dem grünen Gras niederzulassen (V 39) und speist sie dann; dies ruft Erinnerungen an den Psalm 23 („Der HERR ist mein Hirt") wach sowie an die Vorstellung von Jesus als König aus dem Hause David, der sein Volk als wahrer Hirte hüten wird (im Unterschied zu [dem Nicht-Daviden!] Herodes).[17] Die Versorgung mit Nahrung in der Wüste erinnert auch daran, wie Gott Israel mit dem Manna nach dem Auszug aus Ägypten speiste.[18] Schauen wir in eine andere Richtung, in die Zukunft: Wenn Jesus die fünf Brote und die beiden Fische „nimmt", sie „segnet", „bricht" und sie den Jünger „gibt", um sie dem Volk anzubieten (V 41), dann nimmt die Beschreibung der Gesten Jesu dessen Gesten beim Letzten Abendmahl vorweg, wenn er den Kelch mit Wein als den letzten bezeichnet, den er mit ihnen teilen wird, bevor er daraus „von Neuem" im Reich Gottes trinken wird (14,22 f).[19]

Die Tradition der Speisungswunder blickt also in zwei Richtungen. Sie schaut zurück auf die Exodus-Tradition, als Gott sein wanderndes Volk in der Wüste ernährte, aber auch auf die Verheißung eines Hirtenkönigs aus dem Hause David, der sein Volk sammeln und speisen wird, eine Verheißung, die

---

[17] Abschnitte wie z.B. Jer 23,1–6 oder Ez 34,22–34 sprechen von dem zukünftigen Herrscher aus dem Haus David als dem Hirten seines Volkes; vgl. die spätere Entwicklung dieses Gedankens in eine messianische Richtung in PsSal. 17,40 f; vgl. Hooker, Saint Mark, S. 165.
[18] Die Parallele in Joh 6, und ganz besonders die Unterweisung, die Jesus im Anschluss in der Synagoge von Kafarnaum erteilt (6,22–66), entwickelt diesen Gedanken ausdrücklich und kontrastiert Jesus mit Mose. Die Anwesenheit von mosaischen Untertönen in den markinischen Erzählungen der Brotvermehrung (in diesem Sinn Marcus, Mark I, S. 406) ist m. E. weniger deutlich.
[19] Zu den eucharistischen Untertönen, siehe Meier, A Marginal Jew Bd. 2, S. 961–964; Donahue/Harrington, Mark, S. 210.

jetzt in der Person Jesu erfüllt wird. Sie schaut nach vorne auf die Eucharistie, die von Jesus beim Letzten Abendmahl eingesetzt und von der Kirche gefeiert wird. Darüber hinaus nimmt sie auch das Festmahl des vollendeten Gottesreiches vorweg. Auf dem Hintergrund dieses weit zusammenhängenden Ganzen zeichnet die Geschichte von der Speisung ein Bild der Gastfreundschaft Gottes, für die die Eucharistie sowohl ein Versprechen als auch ein Zeichen ist. Die abschließende Bemerkung „alle aßen und wurden satt" (V 42) legt nahe, dass alle mit dem Reich Gottes verbundenen menschlichen Bedürfnisse, die leiblichen genauso wie die geistlichen, befriedigt wurden. Die Angabe über die übriggebliebenen Reste (V 43) zusammen mit der Bemerkung über die Zahl der Gespeisten (V 44) unterstreicht den großzügigen – sogar sorglosen – Überfluss der göttlichen Gastfreundschaft, während das Zusammensammeln der übrig gebliebenen Reste in zwölf Körben darauf hindeutet, dass die Versorgung mit Nahrung durch Jesus – sowohl leiblich wie auch sakramental (die Eucharistie) – im Wirken der Kirche andauern wird.[20]

Für die Jünger ist diese Geschichte wieder einmal eine Lernerfahrung. Am Anfang hatten sie den menschlich vernünftigen und in der Tat verantwortbaren Vorschlag gemacht, die Leute wegzuschicken, damit sie sich vor Einbruch der Nacht selbst Nahrung kaufen können (VV 35 f). Als Jesus darauf reagierte, indem er ihnen sagte: „Gebt ihr ihnen zu essen" (V 37a), haben sie – auch diesmal mit einer gewissen Schärfe (vgl. 5,31) – auf das menschliche Unvermögen hingewiesen, eine solche Versorgung bereitzustellen (V 37b).[21] Wieder reagiert Jesus darauf, und zwar diesmal, indem er sie vollständig in die folgende Handlung einbindet: Er lässt sie feststellen, wie gering tatsächlich die Nahrungsmenge ist, die ihnen zur Ver-

---

[20] Vgl. Marcus, Mark I, S. 421.
[21] Sowohl Matthäus (14,16 f) als auch Lukas (9,13) ersparen Jesus diesen groben Einwand der Jünger.

fügung steht (fünf Brote und zwei Fische[22] – V 38), und dann sagt er den Jüngern, sie sollten dafür sorgen, dass sich die Menschen in geordneten Gruppen wie bei einem Festmahl hinsetzen sollen, was deutlich den Eindruck erweckt, dass Nahrung angeboten wird.[23] Es gibt keine Beschreibung, wie der Überfluss an Nahrung geschaffen wird. Die Jünger erhalten von Jesus einfach die Befähigung, dem Volk die Gastfreundschaft zu anbieten zu können, die aus rein menschlichen Überlegungen unmöglich scheint. Von ihm hatten sie schon die Befähigung erhalten, aus den Menschen Dämonen auszutreiben und sie zu lehren (6,7–13). Jetzt bekommen sie die Befähigung, sie zu ernähren, wobei ihre mageren Vorräte in die göttliche Großzügigkeit einbezogen werden, um jenseits alles Vorstellbaren vervielfacht zu werden.[24] Die wundersame Speisung als bedeutender Vorgeschmack auf und wichtiges Zeichen für das Reich Gottes vermittelt kraftvoll die Vorstellung, dass Gott die Menschen als seine geehrten Gäste beim Festmahl des Lebens dabei haben möchte.

---

[22] Brot und getrockneter Fisch waren Grundbestandteile für eine Mahlzeit.
[23] Die seltsame markinische Wendung *symposia symposia* benutzt das durch Platons *Symposium* berühmt gewordene griechische Wort für ein Fest in einer semitischen Ausdrucksform. Der Ausdruck wird im nächsten Vers wiederholt: „Gruppen" (*prasiai prasiai*; wörtlich: „Gartenbeete") zu hundert und zu fünfzig. Diese angeordnete Zusammenstellung kann die Aufteilung der Exodus-Gemeinde Israels durch Mose widerspiegeln: Ex 18,21.25; vgl. Dtn 1,15; ähnliche angeordnete Zusammenstellungen für das endzeitliche Volk Gottes tauchen in der späteren jüdischen Literatur, wie z.B. den Rollen vom Toten Meer, auf, um den Gedanken von der Identität mit dem wahren Israel zu verstärken; vgl. Moloney, Mark; S. 131; Donahue/Harrington, Mark, S. 206.
[24] Die Beziehung zwischen der Brotvermehrung und der Eucharistie war wahrscheinlich in der frühen Kirche greifbarer, wo die Sakramente im direkten Zusammenhang mit einem gemeinschaftlichen Mahl gefeiert wurden; vgl. die Beschwerde und Anweisung von Paulus in 1 Kor 11,17–34.

Jesus wandelt auf dem See
(6,45–52)

Nach der Speisung des Volkes drängt Jesus seine Jünger, in ihre Boote zu steigen und ihm „ans andere Ufer" – d. h. nach Bethsaida – vorauszufahren, während er sich darum kümmern wird, die Menge wegzuschicken (V 45). Der starke Ausdruck „drängen" (ēnangkasen) legt seinen Wunsch nahe, sie so schnell wie möglich von der gefährlichen Begeisterung der Menge zu entfernen – gefährlich nämlich im Hinblick auf das richtige Verständnis seiner Sendung (vgl. VV 31–33). Er steigt auf einen Berg, um zu beten (V 46) – vermutlich um die wahre Ausrichtung seiner Sendung zu erneuern.

Die zeitweilige körperliche Trennung Jesu von seinen Jüngern, die jetzt draußen auf dem See und durch Gegenwind unter Druck sind, erlaubt ihm, in einer Weise zu ihnen zurückzukehren, die wohl den intensivsten Augenblick der Selbstoffenbarung im Evangelium bildet. Um dies vollständig würdigen zu können, müssen wir uns der biblischen, also alttestamentarischen Anspielungen als Hintergrund mehr als sonst bewusst sein.[25] Jesu Aufstieg auf den Berg, um mit Gott zu sprechen (V 46), erinnert an die Beschreibung eines ähnlichen Aufstiegs des Mose (Ex 24,15–18). Wenn er zu ihnen während der vierten Nachtwache[26] kommt und dabei auf dem See mit der Absicht, „an ihnen vorüberzugehen" (V 48) wandelt, dann ist damit ein Rang verbunden, der weit über den des Mose hinausgeht. Auf dem Meer zu gehen – um die Urmächte des Chaos und der Zerstörung niederzutrampeln – ist ein Vorrecht Gottes.[27] Das sonst rätselhafte Detail über seine Absicht,

---

[25] Für eine gründliche Untersuchung dieser Hintergründe und ihrer Folgen für die markinische Christologie, s. Meier, A Marginal Jew Bd. 2, S. 914–919.
[26] Diese ist kurz vor Morgenanbruch; entsprechend den Berechnungen des römischen Militärs wurde die Nacht in vier Abschnitte à drei Stunden eingeteilt; die vierte Nachtwache ging von 3 Uhr bis 6 Uhr.
[27] Vgl. Ijob 9,8 [LXX]: „Er (ist es), der allein den Himmel aufgespannt

„an ihnen vorüberzugehen", klärt sich im Licht des Gebrauchs der Wendung „Vorübergehen" nahezu im Sinne eines Fachbegriffs in biblischen Berichten über eine Theophanie (eine Begegnung mit dem Göttlichen), insbesondere diejenigen, die Mose und Elija erlebt haben.[28] Mose kann nicht das Antlitz Gottes schauen und weiter leben, aber Gott verspricht, ihn in eine Felsspalte zu stellen, während die göttliche Herrlichkeit „vorübergeht" (Ex 33,19.22; 34,6). Elija erlebt eine ähnliche Theophanie auf dem Berg, wenn ihm gesagt wird: „Komm heraus und stell dich auf den Berg vor den HERRN!", und weiter heißt es: „Da zog der HERR vorüber" (1 Kön 19,11; vgl. Dan 12,1 in der Septuagintafassung, wo dies vom Erzengel Michael gesagt wird; Gen 32,31–33).[29]

Die Jünger sehen Jesus auf dem See gehen und denken in ihrem Schrecken, dass es sich um einen Geist handele (VV 49–50a). Vor dem oben skizzierten biblischen Hintergrund handelt es sich aber um nicht weniger als die Offenbarung Gottes in der Person Jesu – eine Offenbarung des Gottes, der die Welt aus den Wassern des Urchaos schuf (Gen 1,2 f) und Israel durch die Teilung der Wasser des Roten Meeres rettete (Ps 77,16–20). Das letzte Offenbarungselement ist in den Worten der Ermutigung enthalten: „Habt Mut, ich bin (es) (*egō eimi*); fürchtet euch nicht!" (V 50d Münchener Neues Testament). Oberflächlich handelt es sich bei der Wendung *egō eimi* um eine einfache Selbstidentifizierung, die jeder machen könnte, der einen Menschen im Dunkeln überrascht. Im Zusammenhang mit einem weiteren biblischen Motiv, das auf die Erfahrung des Mose am brennenden Dornbusch zurückgeht (Ex

---

hat und auf dem Meer umhergeht wie auf dem Erdboden" (vgl. 38,16); Ps 77,20: „Durch das Meer ging dein Weg, dein Pfad durch gewaltige Wasser"; ferner Hab 3,15; Jes 51,9 f.
[28] Dieses Verständnis begreift die Schlussaussage in V 48, die mit der griechischen Konjunktion *kai* beginnt, in einem erklärenden Sinn; vgl. Meier, A Marginal Jew Bd. 2, S. 917.
[29] Vgl. Marcus, Mark I, S. 426.

3,14), ist es ein feierlicher Ausdruck der göttlichen Gegenwart und Macht zur Rettung (Dtn 32,39; Jes 43,10; 41,4).[30] Die Erscheinung Jesu in dieser Form macht die Jünger „entsetzt und fassungslos" (V 51b Zürcher Bibel) – ein Ausdruck ihrer völligen Ratlosigkeit in der Gegenwart der göttlichen Macht (vgl. an anderer Stelle in Mk: 2,12; 5,42). Der letzte Vers (V 52) sucht – zumindest für uns – sehr kryptisch nach einer Erklärung für ihren Zustand: Sie hatten die Sache mit den Broten nicht verstanden, weil ihre Herzen verhärtet waren. Dies bedeutet also, dass sie nicht so überrascht von der Manifestation seines göttlichen Ranges gewesen wären, wenn sie die mit Jesu Vermehrung der Brote einhergehende Offenbarung – ein Geschehen, bei dem sie aktiv einbezogen waren –, richtig erfasst hätten. Im Rückblick wirft also diese Geschichte Licht auf die Brotvermehrung und deren wesentliche Fortsetzung. Als die Jünger die Brote verteilten, hätten sie begreifen sollen, dass die Verwirklichung der göttlichen Gastfreundschaft, in die sie einbezogen waren, ein Zeichen sowohl für den Anbruch des Reiches Gottes ist als auch für die Gegenwart dessen, der das Werkzeug der Ankunft dieses Reiches in der Welt ist. Im Boot haben sie einfach die Ausweitung dieser göttlichen Gegenwart in einen anderen Bereich erlebt. Hätten sie diese Verbindung gezogen, dann wären sie jetzt nicht so ratlos.

Schwieriger ist allerdings der Abschlusskommentar: „Ihr Herz war verstockt" (V 52b). Das biblische Motiv der „Verstockung" oder „Verhärtung" des Herzens ist bislang nur in Bezug auf die Widersacher Jesu aufgetaucht (3,5). Die Verwendung hier für die Reaktion der Jünger legt in einer gewissen Weise nahe, dass *sie* zumindest unter dem Aspekt ihres Unverständnisses der gegnerischen Seite zurechnen sind.[31]

---

[30] Vgl. Moloney, Mark, S. 134.
[31] Der Passivausdruck „wurden verhärtet/verstockt" legt ein Handeln Gottes nahe. Die Jünger haben keinen angemessenen Glauben an die göttliche Gegenwart in Jesus gezeigt. Wie im Fall derer „draußen" in

Der wichtigste Widerstand, mit dem Jesus bis zu seiner Passion zu kämpfen hat, wird die „Herzensverstockung" der Jünger sein. Sie bleiben seine Mitarbeiter, aber die Frontlinie des Kampfes wird sich immer mehr von der offenen Auseinandersetzung mit Dämonen und feindlichen menschlichen Autoritäten auf das schwierige Terrain der Herzen der Jünger verlegen. Die körperliche Trennung zu Beginn der Geschichte, als Jesus auf einem Berg mit dem Vater spricht, während seine Jünger auf dem Boot gegen mit dem Gegenwind kämpfen, weist symbolisch auf die Lage der späteren Kirche hin, die die Abwesenheit (und die Verzögerung seiner Rückkehr; vgl. Mk 13) ihres Herrn deutlich spürt, während sie mit all den Mächten kämpfen muss, die sich ihr in der Welt widersetzen. Jesus mag körperlich abwesend sein (im Himmel bis zu seiner *parousia*), aber er „sieht" (vgl. V 48) die Kirche in ihrem Kampf und unterstützt sie mit seinem Gebet (vgl. Röm 8,34). Dass er anschließend zu den Jüngern in der beschriebenen offenbarenden Weise kommt, ist eine Zusicherung seiner immer bestehenden Bereitschaft einzugreifen und zu retten. Es ist die „Verstockung des Herzens" – die Verweigerung in zureichender Tiefe zu glauben –, die die Jüngerinnen und Jünger Jesu zu allen Zeiten davon abhält, die Gegenwart des Herrn wahrzunehmen, besonders in den Zeiten, in denen mehr als in anderen der Eindruck besteht, „gegen den Wind zu segeln" (V 48).

4,11–13, hat Gott darauf reagiert, indem er sie in dieser Herzenseinstellung „festhielt" (vgl. 8,17).

Jesu Macht zu heilen zieht wieder einmal die Menge an (6,53–56)

Als Jesus mit seinen Jüngern am Ufer von Gennesaret anlegt, wird er wieder von der Menge „belagert",[32] die ihn erkennt und ihre Kranken zu ihm auf Liegen bringt (VV 53 f). Dies ist jedoch nur der Anfang einer größeren Bewegung; zu ihm zu strömen, wo immer er sich auch aufhält – Städte, Dörfer oder Gehöfte (VV 55–56b). Die im Verlauf immer intensiver werdende Beschreibung[33] gipfelt bei den Kranken („da legten sie die Kranken auf den Markt" – V 56 Lutherbibel), die versuchen, den Saum seines Gewandes zu berühren (V 56c). Diese letzte ausführliche Zusammenfassung ist der Höhepunkt einer Reihe von Aussagen, die die Begeisterung der Menge betonen, Zugang zur heilenden Macht zu bekommen, die geradezu automatisch von ihm ausstrahlt.[34] Von Jesus selbst hören wir kein Wort, und es ist weder von Dämonenaustreibungen noch vom Glauben die Rede. Am Ende ist da nur die lakonische Bemerkung, dass alle, die ihn berührten, geheilt wurden (V 56d). Man kann den Eindruck gewinnen, dass seine Heilungen so etwas wie eine Nebenerscheinung seiner Sendung sind; weder sind sie für deren Richtung wichtig noch offenbaren sie seine göttliche Herkunft.[35] Dafür muss ein viel längerer Weg des Glaubens gegangen werden.

---

[32] Was die Geographie angeht, ist Markus wieder einmal (vgl. 4,35) entweder sorglos oder unwissend. Gemäß 6,45 fahren die Jünger nach Betsaida, einer Stadt auf dem nordöstlichen Ufer des Sees Gennesaret. Gennesaret, bei dem es sich weniger um eine Stadt als vielmehr um eine kleine fruchtbare Ebene handelt, liegt auf dem Westufer zwischen Tiberias und Kafarnaum.
[33] Vgl. Marcus, Mark I, S. 437 f.
[34] Es lässt sich eine weitere Steigerung feststellen: in 3,7–12 berühren die Menschen Jesus; in 5,21–34 berührt die Frau sein Gewand; hier (6,56) müssen die Menschen nur den Saum seines Gewandes berühren; vgl. Marcus, Mark I, S. 438.
[35] Vgl. Gnilka, Markus I, S. 273.

In die heidnischen Gegenden (7,1 – 8,21)

Die Begeisterung der Menge, die sich auf Jesus stürzte, als er bei Gennesaret das Boot verließ (6,52–56), steht in einem Gegensatz zur Feindseligkeit der jüdischen Autoritäten, die jetzt wieder die Bühne betreten (vgl. 2,1 – 3,6; 3,22–30). Die von ihnen angestoßene Auseinandersetzung über „rein" und „unrein" (7,1–23) ist mit einem jüdischen Thema verbunden und findet wahrscheinlich in einer (nicht näher genannten) jüdischen Gegend statt. Indem Jesus aber die Mauer von „rein/unrein" sowohl im gesetzlichen als auch im theologischen Sinn durchbricht, öffnet sich der Weg für sein körperliches „Durchbrechen" in die unter formellen Gesichtspunkten gesehen „unreine" heidnische Gegend in den darauffolgenden Abschnitten (7,24 – 8,21). Von daher ist es angemessen, die Abfolge 7,1 – 8,21 als eine Einheit zu betrachten. Durch das immer wiederkehrende Motiv von „speisen" oder „Brot" wird diese Einheit sowohl zusammengehalten als auch mit den vorherigen Erzählungen verbunden.

Die Auseinandersetzung über „rein" und „unrein" (7,1–23)

Die Tatsache, dass die Jünger Jesu – oder zumindest einige von ihnen – mit ungewaschenen Händen aßen (V 2), bildet das Ausgangsproblem für diesen langen Abschnitt. Zum Nutzen der nichtjüdischen Leserinnen und Leser wendet sich Markus in einem kleinen Einschub den Lesenden direkt zu, um die jüdische Praxis der unterschiedlichen Reinigung von Gegenständen zu erklären, die als unrein betrachtet wurden (VV 3 f).

Diese Zusammenfassung ist sehr unfreundlich gehalten und von der Tonlage distanzierend; sie stimmt auch nicht ganz, weil nicht „alle Juden" der hier beschriebenen pharisäischen Praxis folgten. Die gesetzlichen Vorschriften über „rein" und „unrein" finden wir in Lev 11 – 15. Sie entspringen einer Vorstellung von Israel als einem heiligen Volk, das vor Gott in einem heiligen Land mit einer Heiligkeit lebt, die erhalten werden muss, und dessen Heiligkeit wiederzustellen ist, wenn diese durch den Kontakt mit etwas Fremdem und Unheiligem verletzt worden ist. Das Ziel der Pharisäer war, dass das jüdische Volk seine Berufung als das heilige Volk Gottes in einer heterogenen Gesellschaft lebt, die es im Palästina in den Tagen Jesu gab. Die strengere Reinheit, die die Tora von den Priestern verlangte, dehnten sie auf das Volk als Ganzes aus, und zu diesem Zweck entwickelten sie eine ganze Reihe von Traditionen, die sie auf ein mündliches Gesetz zurückführten, das Mose neben der geschriebenen Tora mitgeteilt worden war.

In Vers 5 scheinen die Pharisäer und Schriftgelehrten davon auszugehen, dass Jesus ihre Sicht eines verbindlichen mündlichen Gesetzes teilt, als sie sich beschweren, dass die Jünger sich gegen „die Überlieferung der Alten" (d.h. gegen die Überlieferung, die angeblich seit alten Zeiten weitergegeben wurde) vergehen, wenn sie Brot mit ungewaschenen Händen essen.[1] Dies ist bei Jesus aber mitnichten der Fall. Sofort geht er in die Offensive und weitet die Fragestellung vom Waschen der Hände vor dem Essen zu einem Totalangriff auf die „Überlieferung" aus, auf die sie sich berufen haben (VV 6–8). Er zitiert eine göttliche Klage gegen Israel, die in Jes 29,13 überliefert ist:

---

[1] Das Connectivum „aber" (griechisch: *alla*) zwischen den beiden Teilsätzen legt nahe, dass es insgesamt nur eine Beschwerde ist: Mit ungewaschenen Händen zu essen, ist zwar ein Beispiel, aber ein typisches Beispiel für die Ablehnung der gesamten Überlieferung.

„Dieses Volk ehrt mich mit den Lippen,
sein Herz aber ist weit weg von mir.
Vergeblich verehren sie mich;
was sie lehren sind Satzungen von Menschen."

Auch wenn der erste Teil des Zitats nicht unmittelbar bedeutsam für das hier behandelte Thema ist, führt er eine wesentliche Wahrheit ein, nämlich dass in der menschlichen Beziehung zu Gott das „Herz" wesentlich ist, also der moralische Kern eines Menschen, aus dem alles hervorkommt – ein Schwerpunkt, der später in diesem Abschnitt wieder erscheinen wird (VV 19 und 21). Der zweite Teil dieses Textes spricht verächtlich von „Satzungen von Menschen", mit denen Jesus die „Überlieferung der Alten" verbindet.[2] Mit Hilfe dieser prophetischen Autorität kann er dann seine Kritiker anklagen, das Gebot Gottes beiseitezuschieben, um sich an (rein) „menschliche Überlieferung" zu halten (V 8).

Jesus bekräftigt diese Anklage, indem er ausführlich einen Fall zitiert (VV 9–12), in dem die Berufung auf die Überlieferung die Tora offensichtlich untergräbt. Es handelt sich um ein Praxisbeispiel, das in dem Text etwas kryptisch beschrieben wird. In der Tora gibt es die strenge Aufforderung, Vater und Mutter zu ehren (Ex 20,12; Dtn 5,16), wozu gehört, sich besonders um deren Wohlergehen in ihren alten Tagen zu kümmern. Um sich dieses Gebotes zu entledigen, gab es Menschen, die ihr Eigentum als „*korban*" erklären, d. h. sie versprechen es dem Tempelschatz mit der Folge, dass es der Unterstützung der Eltern entzogen ist. Entweder duldete die pharisäische „Überlieferung" diese Praxis stillschweigend, oder sie verhinderte, diese zu beseitigen, weil sie etwa denjenigen, die ein solches Gelübde unbedacht abgelegt hatten, verbot, dieses für nichtig zu erklären, mit der Begründung, dass das Gebot, dass ein Gelübde auch zu erfüllen ist, selbst in diesem Fall bindend

---

[2] Das ablehnende Urteil über die menschliche Überlieferung hat in der Septuaginta-Fassung (diese zitiert Markus) eine bessere Grundlage als im ursprünglich hebräischen Text von Jes 29,13.

bleibt (Num 30; Dtn 23,22 f). Im zweiten Fall rechnet die durch die Überlieferung begründete Entscheidung einfach geistlos ein Gebot der Tora gegen ein anderes auf, ohne zu begreifen, dass das stärkere Gebot das sein sollte, das den Menschen am meisten nützt.[3] Wie auch immer der von Jesus beklagte Missbrauch zu verstehen ist, diese Praxis dient als ein typisches Beispiel dafür (V 13b), wie das Wort oder der Wille Gottes zugunsten „eurer" Überlieferung beiseite geschoben wird.

Die Erzählung gesteht den Pharisäern und Schriftgelehrten kein Recht auf Widerspruch zu. Stattdessen ruft Jesus „die Menge" zusammen (V 14), um in Rückgriff auf die Ausgangsfrage eine Grundsatzerklärung über die Frage von „rein" und „unrein" abzugeben: „Nichts, was von außen in den Menschen hineinkommt, kann ihn unrein machen, sondern was aus dem Menschen herauskommt, das macht ihn unrein" (V 15)[4]. Es bleibt der Menge überlassen, wie sie diese Erklärung deuten möchte. Als die Jünger aber mit Jesus allein in einem Haus sind (vgl. 4,10), drängen sie ihn zu einer Erläute-

[3] Dies ist die Erklärung für Jesu Kritik an der „Qorban"-Praxis, die gewöhnlich übernommen wird; vgl. Nineham Saint Mark, S. 195 f; Hooker, Saint Mark, S. 141; Moloney, Mark, S. 140 f. Ein Problem dieser Erklärung besteht darin, dass es dann um die Auseinandersetzung zwischen zwei Vorschriften der Tora geht, anstatt zwischen einem Gebot der Tora und einem der „Überlieferung", worauf die Argumentation Jesu abzielt. So gesehen handelt es sich hier bei der „Überlieferung" um eine falsche Auslegung, die der Bestimmung über „Gelübde" Vorrang vor dem vierten Gebot gibt (vgl. Moloney, Mark, S. 141). In meiner Deutung handelt der in V 11 beschriebene Mensch weniger unüberlegt als vielmehr kühl kalkulierend: So sucht er zynisch nach einem Weg, wie er Vermögensgüter absichern kann, damit sie bei späterer Gelegenheit verfügbar sind, genauso wie heute manchmal ein Bankrott funktioniert; vgl. Gnilka, Markus I, S. 283 f.

[4] Diese Stellungnahme scheint vorauszusetzen, die Pharisäer dächten, dass die ungewaschenen Hände die Unreinheit auf das, was gegessen wird, übertragen, und folglich auch auf den, der isst; zu den Problemen, die damit auf dem Hintergrund unseres Wissens über die historischen Pharisäer aufgeworfen werden, vgl. Marcus, Mark I, S. 446.

rung.⁵ Im Umgang mit seinen Jüngern mittlerweile typisch, beginnt Jesus mit einem Ausdruck seines Ärgers über ihr Unverständnis (V 18b; vgl. V 14b). Dann untergräbt er radikal die ganze Reinheitsgesetzgebung von Lev 11 – 15, indem er seine vorherige Erklärung (V 15) mit seinen beiden Aspekten ausweitet: zunächst den Aspekt über das, was in einen Menschen von außen hineingeht (VV 18b–19c), dann in der umgekehrten „Richtung" über das, was aus dem Inneren eines Menschen nach außen gelangt (VV 20–23).⁶ In beiden Fällen steht das Herz im Zentrum der Betrachtung. Speisen, die ein Mensch von außen in sich aufnimmt, durchlaufen die üblichen physiologischen Prozesse, die das Herz nicht berühren, sondern es umgehen (V 19a–c). Auf der Grundlage dieser Stellungnahme stellt der Erzähler in einer Nebenbemerkung fest (V 19d), dass Jesus damit alle Speisen für rein erklärte.⁷ Während damit zwar alle Fragen zu den Speisen geklärt sind, kommt das wirklich grundlegende Wort, als Jesus feststellt, was einen Menschen tatsächlich unrein macht, nämlich das, was aus dem Herzen kommt: böse Absichten, die sich in einer Unzahl von Handlungen und Laster zeigen, von denen der Text zwölf benennt (VV 21 f).⁸

---

⁵ Wörtlich: „fragten ihn seine Jünger nach diesem Gleichnis" (so die Lutherbibel); Gleichnis wird hier in einem weiten Sinn als etwas verstanden, das einer Erklärung bedarf.
⁶ Es ist nicht sicher, wie weit die Haltung, die das Evangelium hier schildert, wirklich den geschichtlichen Jesus wiedergibt. Es ist schwierig, die langwierigen Auseinandersetzungen zu dieser Frage in der frühen Kirche (vgl. 1 Kor 8 – 10; Gal 2,11–14; Röm 14,1 – 15,13; Apg 10,9–16; 15,1–21) einzuordnen, wenn wichtige Personen wie z. B. Petrus in dieser Auseinandersetzung hätten sagen können, dass sie zu dieser Frage von Jesus eine klare Anweisung hatten. Für eine hervorragende Auseinandersetzung mit dieser Frage, vgl. Donahue/Harrington, Mark, S. 227–230.
⁷ Das Matthäusevangelium, das sich der Radikalität dieser Stellungnahme in einem jüdischen Kontext sehr bewusst ist, lässt diesen Satz weg (vgl. Mt 15,17). Es befindet sich hier in enger Übereinstimmung mit der Forderung des Paulus in Röm 14,14.20 nach Rücksichtnahme in allen Fragen, die mit Essen zu tun haben.
⁸ Bei den ersten sechs Elementen, die im Plural aufgezählt werden, han-

Während Jesus hier, wie oben festgestellt, durch sein Beharren auf dem Primat der Ethik über die rituelle Heiligkeit die Reinheitsgesetzgebung untergräbt, steht er gleichzeitig mitten in der prophetischen Tradition Israels (vgl. seine Berufung auf Jesaja in VV 6 f).[9] „Reinheit" oder Heiligkeit ist vor allem eine Frage des Herzens. Wenn man wissen möchte, ob ein Mensch heilig ist oder nicht, d. h. ob er in Berührung mit der wahren Quelle der Heiligkeit (Gott) ist, dann muss man auf das schauen, was aus seinem oder ihrem Herzen kommt. Die Liste der Laster ist eine Art Checkliste, der wir aktuelle, uns betreffende Beispiele hinzufügen können. Aus dem gleichen Grund können wir auch – positiv gewendet – an Eigenschaften denken, die die wahre Heiligkeit des Herzens belegen.[10]

delt es sich um Handlungen; die anderen sechs, die nun im Singular aufgelistet sind, bezeichnen eher Laster oder Tendenzen. Solche Listen waren üblich und befinden sich an verschiedenen Stellen im Neuen Testament (Röm 1,29–31; Gal 5,19–21; 1 Petr 4,3; vgl. 1 Kor 6,9 f; vgl. auch Weish 14,25 f).

[9] Donahue/Harrington (Mark, S. 228 f) bestehen darauf, dass abgesehen von V 19d Jesus von Markus nicht als jemand dargestellt wird, der moralische Integrität gegen rituelle Observanz stellt und behaupten, dass beides im Buch Leviticus zusammengehalten wird (vgl. besonders Lev 19,11–18). Es bleibt jedoch das Paradox, dass der markinische Jesus einerseits seine Gegner beschuldigt, durch ihre Überlieferung die Tora zunichte zu machen, um sich dann andererseits daran zu machen, die Tora zumindest bezüglich seiner rituellen Vorschriften abzuschaffen. Markus glaubt vielleicht, dass Jesus als Sohn Gottes die Vollmacht hat, einigen Stellen der Tora Vorrang vor anderen zu geben – wie z. B. bei den Sabbatvorfällen: 2,23–28; 3,1–6a; vgl. Hooker, Saint Mark, S. 179 f.

[10] Vgl. die Liste von Paulus über die „Früchte des Geistes" in Gal 5,22 f.

Jesus befreit die Tochter einer Syrophönizierin (7,24–30)

Mit seinem Wort über das, was einen Menschen „unrein" macht, und was nicht, hat Jesus Heiligkeit neu definiert, so wie er das schon früher in seiner Begegnung mit dem Aussätzigen (1,40–45) und der blutflüssigen Frau (5,21–36) getan hatte. Heiligkeit ist eine Eigenschaft, die von Gott herkommt, während das Gottesreich, so wie es von Jesus verkündet und zum Leben gebracht wird, das Reich des wirklich „Unreinen", des Dämonischen, zurückdrängt und Gottes heiliges Volk neu gründet. Eine zentrale Frage, mit der sich die frühe Gemeinde des Glaubens befassen musste, handelte von der Frage, wo die Grenzen dieses Volkes gezogen werden mussten. Konnten dazu Nicht-Juden, frühere „unreine" Heiden gehören? Die nun folgende Geschichte – Jesu Begegnung mit einer syrophönizischen Frau in der Gegend von Tyrus – ist die erste einer Reihe von Geschichten, die sich dieser Frage widmen.

Die Wendung am Anfang, die wörtlich übersetzt lautet „aufstehend brach Jesus in die Gegend von Tyrus auf" (V 24a), weist auf einen neuen Schritt seinerseits hin.[11] Tyrus, der wichtigste Hafen in Phönizien, war die führende Stadt in einem Gebiet mit gemischter Bevölkerung, wo die Juden als bedrohte und unterdrückte Minderheit lebten.[12] Jesus bricht zwar in eine neue Richtung auf, aber er befindet sich nicht auf einer „Missionsreise"; im Gegenteil, er versteckt sich in einem Haus und möchte nicht bemerkt werden (V 24b).

Wie ganz häufig vorher, ist sein Versuch, unter dem Radar durchzukommen, erfolglos. Eine Frau aus der Gegend, eine Heidin[13], die aber von seinem Ruf als Heiler und Austreiber

---

[11] An Wendepunkten seiner Sendung „steht" Jesus „auf": 1,35–37; 10,1; natürlich bezeichnet der gleiche griechische Ausdruck auch seine Auferstehung (8,31; 9,10; 9,31; 10,34); vgl. Donahue/Harrington, Mark, S. 232.
[12] Vgl. Boring, Mark, S. 207.
[13] Das Wort „Syrophönizierin" bestimmt sie als Phönizierin aus Syrien

der Dämonen gehört hat, kommt zu ihm, fällt ihm zu Füßen (vgl. 5,22.33) und bittet ihn, den Dämon auszutreiben, der von ihrer Tochter Besitz genommen hat.[14] Die Antwort Jesu „Lasst die Kinder zuerst satt werden; denn es ist nicht recht, das Brot den Kindern wegzunehmen und den Hunden vorzuwerfen" (V 27) ist wegen seiner Schroffheit in den Evangelien ohne Beispiel. Dabei ist der erste Teil noch nicht schroff. Innerhalb des häuslichen Bildes, das er entwirft, greift „Kinder" die auf mehreren biblischen Texten beruhende jüdische Auffassung von Israel als Gottes „Kind" und den Israeliten als Gottes „Söhnen und Töchtern" auf, eine besondere Bezeichnung, die niemals auf Nicht-Juden ausgeweitet wurde.[15] Jesus spricht die Frau als eine Heidin an und trägt als Argument vor, dass seine Sendung, die „Fülle" des Gottesreiches heraufzuführen (vorweggenommen in seiner Speisung der Fünftausend [hier: Juden] in der Wüste, bis alle satt wurden – 6,42), sich zuerst und vor allem an die Jüdinnen und Juden richtet.[16] Das Wort „zuerst" lässt die Möglichkeit offen, dass die Zeit

---

statt aus anderen Gebieten, z.B. Libyen, in denen sich Phönizier niederließen. Markus nennt sie auch eine „Griechin", aber nicht im ethnischen Sinn, sondern um sie als Heidin (vgl. Röm 1,16; 1 Kor 1,22–24) zu identifizieren.

[14] Markus beschreibt den Zustand des Kindes mit den Worten: „Sie hatte einen unreinen Geist" (V 25b; vgl. Lutherbibel), auf den einfach mit dem Ausdruck „Dämon" verwiesen wird (VV 26, 29, 30). Das Wort „unrein" verknüpft diesen Abschnitt mit der vorherigen Auseinandersetzung (VV 1–23). In einer späteren Erzählung (9,14–29) bittet ein gleichermaßen bekümmerter Vater Jesus, einen Dämon aus seinem Sohn auszutreiben. Dessen Zustand wird ausführlich beschrieben. Wenn am Schluss der Geschichte das Kind friedlich auf seinem Bett liegt, können wir auch hier an einen psychosomatischen Zustand denken, zu dem auch Krämpfe gehören, vielleicht also um eine Epilepsie, die die antike Weltsicht einer dämonischen Besessenheit zuschrieb. Zu dieser schwierigen interpretatorischen Frage, vgl. die weisen Beobachtungen von Meier, A Marginal Jew Bd. 2, S. 661 sowie die Endnoten 77 und 78 auf S. 677.

[15] Vgl. Byrne, „Sons of God" – „Seed of Abraham", S. 9–78.

[16] Das gleiche Verständnis des Vorrangs Israels klingt auch im Römerbrief von Paulus an (1,16) – auch wenn dies im zeitlichen Sinn geheim-

kommen mag, in der nach „den Kindern" auch andere zu essen bekommen. Aber die zweite Aussage, bei der das Bild nicht nur Kinder, sondern auch Haushunde[17] enthält, scheint dies schroff auszuschließen. Im Palästina zur Zeit Jesu wurden Hunde als unrein betrachtet. Jemanden einen „Hund" zu nennen, war eine schwere Beleidigung, und doch nutzten Juden dieses Wort für Heiden, die üblicherweise als „unrein" betrachtet wurden.[18] Das Wort Jesu gibt die Vorstellung einer gewaltigen sozioreligiösen Trennmauer wieder, die Gottes heiliges Volk von der „unreinen", das Volk umgebenden heidnischen Welt trennt.

Die Frau greift das Bild Jesu auf und nutzt es so aus, dass sie diese Mauer direkt durchbricht. Ihr höfliches „Herr" (V 28)[19] akzeptiert den jüdischen Vorrang, den Jesus zum Ausdruck gebracht hatte. Dann aber weist sie – vielleicht aufgrund ihres besseren Wissens über häusliche Angelegenheiten – darauf hin, dass die Haushunde unter dem Tisch es in der Tat schaffen, einen Teil der Krumen zu bekommen, während die Kinder essen.[20] Ihre Schlagfertigkeit – und ihr in der markinischen Erzählung nicht ausdrücklich genannter Glaube – bewirken eine totale Veränderung. Jesus sagt ihr, dass sie

---

nisvoll umgekehrt sein mag (11,26–32); siehe dazu Byrne, Romans, S. 349–353.
[17] Die Verkleinerungsform *kynarion* verweist wahrscheinlich auf Haustiere, die von den auf den Straßen herumstromernden Hunden zu unterscheiden sind.
[18] Vgl. Marcus, Mark I, S. 463 f.
[19] Das Wort „Herr" (griechisch: *kyrios*) ist mehrdeutig: Es kann sowohl die höfliche Form sein, mit der man einen Fremden anredet, es kann hier aber auch ein Hinweis auf den „Herrn" des christlichen Bekenntnisses sein (vgl. Röm 10,9; 1 Kor 12,3; Phil 2,11).
[20] In der matthäischen Parallele (15,27) „fallen" die Krumen „vom Tisch", vielleicht weil die Kinder unordentlich essen. Die nicht so detailreiche Schilderung von Markus ist für die Deutung offen, dass die Kinder absichtlich die Haushunde unter dem Tisch füttern (wörtlich: „werfen" Krumen). Boring (Mark, S. 212) verweist darauf, dass nur in heidnischen Häusern Hunde sich im Hausinneren aufhalten durften.

sich auf den Weg nach Hause machen soll: Der Dämon hat ihre Tochter schon verlassen (V 29). Seinem Wort vertrauend, bricht sie nach Hause auf, wo sie die Lage genauso vorfindet, wie er es gesagt hatte: Der Dämon ist verschwunden, und ihre Tochter liegt (friedlich, wie wir vermuten können) auf dem Bett.

Jesus kam nicht in ihr Haus. Doch ihr Glaube, der die Mauer durchbrochen hat,[21] hat den Weg frei gemacht, dass seine Macht nun auch dorthin gelangen kann. Das Haus, in das sie zurückkehrt, ein heidnisches Haus, ist ein Ort seiner Macht geworden, Menschen aus der „unreinen" dämonischen Welt zu befreien und sie für das Gottesreich zu gewinnen. Diese namenlose Frau wird zur Pionierin und zum Beispiel für alle heidnischen Gläubigen, die, auch wenn sie erkennen, dass Jesu Sendung auf Erden auf Israel beschränkt war, doch in ihren Häusern seine Gegenwart und Macht als auferstandener Herr erfahren durften. Auch sie können essen und „satt werden", wie es geschieht, als Jesus das Speisungswunder für die Viertausend (hier: Heiden) wiederholt (8,1–10).[22] Auch wenn diese Geschichte für die herkömmliche Frömmigkeit eine Herausforderung sein kann, hat sie eine Schlüsselstellung im Evangelium, in der die Lage der späteren Kirche – unserer Kirche – an dem Bild Jesu, wie es zu seinen Lebzeiten erstellt wurde, abprallt, und uns so einlädt, uns mit der Frau in ihrer Verzweiflung und ihrem Glauben zu identifizieren. Die Geschichte legt auch nahe, dass die engen Grenzen der „Rechtschaffenheit", die die Kirche um sich selbst zu ziehen geneigt ist, oft von Außenstehenden „Gewalt erleidet" (Mt 11,12), die

---

[21] Über die ethnische Trennlinie (Jude/Heide) hinaus, hat die Frau auch die Mauer der Geschlechterrollen durchbrochen, die Frauen davon abhielt, auf ihnen unbekannte Männer zuzugehen (vgl. Joh 4,9.27); vgl. Moloney, Mark, S. 148.

[22] In beiden Fällen – dem der Frau, die Hilfe für ihre Tochter sucht, und dem der Viertausend – können das „Brot" und die „Krumen", das „Essen" und das „Sattwerden" eucharistische Anklänge haben; vgl. Trainor, Quest for Home, S. 135.

unter dem Drängen von Gottes alle Menschen einschließender Gnade Zugang zu ihren Schätzen suchen.[23]

Die Heilung eines Menschen mit einem Hör- und Sprechbehinderung (7,31–37)

Nachdem er die Gegend von Tyrus verlassen hat, macht Jesus eine lange Rundreise, zuerst nördlich nach Sidon, dann nach Osten durch den Norden Galiläas in das Gebiet der Dekapolis (V 31). Geographisch ist die Route kaum sinnvoll, aber sie vermittelt die Vorstellung, dass Jesus sich in den heidnischen Gegenden bewegt, die an der Grenze zu Palästina liegen.[24] Dadurch wird der Eindruck erweckt, dass der Mann, der geheilt wird, zusammen mit denen, die ihn zu Jesus bringen und dann auf die Heilung reagieren, Vorläufer der Menschen aus den Völkern der Welt ist, die auf Jesus zustimmend antworten.

Der Mann wird als „taub" beschrieben und, dass er „mit Mühe redete" (V 32 Elberfelder Bibel).[25] Jesus geht auf die Bitte der Menschen, die den Mann zu ihm bringen, in einer

---

[23] Es ist bedauerlich, dass bei der Zusammenstellung des Lektionars für die römisch-katholische Kirche diese Geschichte (7,24–30) wie auch die des Besessenen von Gerasa (5,1–20) nicht in die Textauswahl für die Evangelien der Sonntage des Lesejahrs B aufgenommen wurden. Sicherlich handelt es sich um einen, allerdings fehlgeleiteten, Versuch, die Gläubigen vor den herausfordernden Inhalten des EVANGELIUMS zu „schützen".

[24] Zur Bedeutung dieser Wanderung, vgl. besonders Meier, A Marginal Jew Bd. 2, S. 712.

[25] Der zweite Teil enthält das seltene griechische Wort *mogilalos*, das sowohl die Bedeutung haben kann, dass jemand ganz einfach unfähig zum Sprechen ist („stumm"), oder aber dass er unfähig ist, klar zu sprechen. Dass die zweite Bedeutung hier gemeint ist, beweist die Aussage nach der Heilung, dass er richtig sprechen konnte (V 35b). Die einzige Stelle, an der in der griechischen Bibel das Wort *mogilalos* auftaucht, ist in der Septuaginta-Fassung von Jes 35,6. Auf diese Stelle spielt der Lobpreis am Ende an (V 37c).

sehr körperlichen Weise ein. Er bringt den Mann weg von der Menge an die Seite und führt dann eine ganze Reihe von Gesten aus: Er steckt seine Finger in die Ohren des Mannes, berührt seine Zunge mit Speichel, schaut zum Himmel auf und endet dann mit einem Befehl, der zuerst in Aramäisch wiedergegeben (*effata*) und anschließend mit „Öffne dich" übersetzt wird (VV 33 f). Die Gesten erinnern an Beschreibungen von Wunderheilungen in der hellenistischen Welt[26], doch hier ist keine Magie am Werk. Die Heilung geschieht durch die Anrufung der göttlichen Macht (das Schauen zum Himmel und das Seufzen) und dann durch ein vollmächtiges Wort der Weisung. Dieser Befehl und besonders die Bemerkung „das Band (*desmos*) seiner Zunge löste sich" (V 35 Zürcher Bibel), verleihen der Heilung eine stark exorzistische Note:[27] Auch hier befreit Jesus einen Menschen aus der Gewalt des Dämonischen.

Dass Jesus den Mann abgeschieden von der Öffentlichkeit heilt und ihm anschließend aufträgt, niemandem etwas davon zu sagen (V 36), ist wieder einmal völlig wirkungslos. Die Antwort auf die Heilung ist eine weitverbreitete Begeisterung in einem bisher nicht gekannten Ausmaß und allgemeiner Beifall: „Er hat alles gut gemacht; er macht, dass die Tauben hören und die Stummen sprechen" (V 37). Die Anerkennung spielt auf Jes 35,5 f an, einen der wichtigsten Texte für die Hoffnung auf die messianische Zeit. Wie die syrophönizische Frau, deren Tochter Jesus gerade befreit hat, sind diese Menschen aus der Dekapolis ein Vorzeichen für all jene Heiden, die Zugang zum Reichtum des jüdischen Messias erhalten.

Die ausgesprochen körperliche Weise dieser Heilung machte sie für eine symbolische Interpretation in der christlichen Tradition besonders offen. Der Mann ist taub und im

---

[26] Vgl. Meier, A Marginal Jew Bd. 2, S. 713; Donahue/Harrington, Mark, S. 242.
[27] Die Unfähigkeit zu sprechen wird in Mk 9,17.25 ausdrücklich dämonischer Besessenheit zugeschrieben; vgl. Marcus, Mark I, S. 475 und 478.

Sprechen behindert. Durch seinen Zustand ist er in der Kommunikation sehr benachteiligt: Weder kann er hören, was andere sagen, noch kann er seine eigenen Gedanken und Gefühle frei mitteilen; er befindet sich in einem einsamen und isolierten Zustand. Jesus führt ihn durch sein Wort und seine Berührung in die hörende und sprechende Welt des zwischenmenschlichen Austausches. In dieser Hinsicht steht dieser Mann für alle Gläubigen. Ohne die Gnade Gottes sind wir „taub" gegenüber dem Wort des Lebens, das der Schöpfer zu uns spricht. Indem er unsere Ohren öffnet, verleiht uns Jesus die Fähigkeit, sein lebenspendendes Wort zu hören, wenn er zu uns in der Schrift spricht, die von der Kirche vorgetragen wird.[28] Wenn wir dieses Wort im Zusammenhang unserer eigenen Lebenserfahrung gehört haben, können wir uns dem Zeugnis und dem Lobpreis zuwenden. Wir können in den Chor der Gemeinde des Glaubens einstimmen und rufen: „Er hat alles gut gemacht" (V 37).

Noch einmal:
Gastfreundschaft an einem abgelegenen Ort –
Jesus speist die Viertausend (8,1-9)

Während er sich wahrscheinlich immer noch auf seiner „Tour" durch die Gegend der Dekapolis befindet (7,31), wiederholt Jesus das Wunder der Speisung einer Menschenmenge an einem abgelegenen Ort (6,35–44). Diese Erzählung weicht nur in Einzelheiten von der vorherigen Speisung ab, und wir können uns fragen, warum dieses kurze Evangelium zwei derartige Erzählungen enthält.[29] Die beste Erklärung lautet, dass

---

[28] Die Gesten Jesu haben natürlich auch ihren Weg in die Riten der christlichen Taufe gefunden, wenn der Zelebrant die Ohren des Täuflings berührt und das „Effata" verkündet.
[29] Die beiden Speisungsgeschichten (wie auch die in Joh 6,1–15) stam-

Jesus das zweite Wunder für die Menschen der heidnischen Gegenden vollbringt, durch die er zieht.[30] In der vorherigen Erzählung handelte er als Hirtenkönig Israels, der Mitleid mit der Menge hatte, die wie „Schafe ohne Hirten" (6,34) zu sein schienen. Hier in der heidnischen Gegend zeigt Jesus einfach sein Mitleid mit dem menschlichen Bedürfnis nach Nahrung, nachdem sie drei Tage mit ihm zusammen waren, besonders weil „einige von ihnen ... von weit her gekommen" sind (V 3). Die sieben Körbe mit den eingesammelten Resten nach dieser zweiten Speisung können auf die spätere Mission unter den Völkern der Welt hinweisen, deren Zahl herkömmlicherweise auf siebzig geschätzt wurde; auch diese sind natürlich „von weit her gekommen."[31]

Wie in der vorherigen Erzählung sind die Gesten über den Broten[32] (Danksagung, Brechen der Brote, Weitergeben an die Jünger, damit sie diese an die Menge verteilen) ein Vorzeichen der Einsetzung der Eucharistie (Mk 14,22–25). Gleichermaßen verweist die abschließende Bemerkung „und sie aßen und wurden satt" (V 8a) auf die Fülle und Sättigung beim endgültigen Festmahl im Reich Gottes, auf die sowohl die Speisung als auch die Eucharistie hindeuten. Bei der ersten Speisung (6,31–44) hat Jesus die „Kinder" (Israels) gesättigt; diesmal akzeptiert er die Forderung der syrophönizischen Frau, dass „selbst die Hunde unter dem Tisch" (die Heiden) an den Krumen der Kinder Anteil erhalten sollen. Zusammen betrachtet, verweisen beide Speisungswunder auf den in Jesu Wirken an

---

men höchstwahrscheinlich von zwei voneinander unabhängigen vormarkinischen Überlieferungen; vgl. Meier, A Marginal Jew Bd. 2, S. 950–967.

[30] Diese Ansicht ist weitgehend, aber nicht allgemein akzeptiert. Gegen diejenigen, die skeptisch auf die Meinung reagieren, dass die Heiden hier im Blick sind (z.B. Hooker, Saint Mark, S. 187f), siehe Moloney, Mark, S. 154–156.

[31] Vgl. Moloney, Mark, S. 155.

[32] Der Verweis auf die „paar Fische" (V 7) wirkt in der markinischen Erzählung nachgetragen.

Israel begonnenen und von der Kirche zu den Völkern weitergetragenen göttlichen Willen, die ganze Menschheitsfamilie in die Gastfreundschaft Gottes einzubeziehen.

Ein verwirrender Aspekt dieser zweiten Speisung betrifft die Apostel. Angesichts der früheren Speisung, in der sie eine Schlüsselrolle hatten, beweist ihr Aufschrei wegen des Problems, so viele Menschen an einem abgelegenen Ort zu versorgen (V 4), dass sie mindestens sehr vergesslich sind, wenn nicht sogar ausgesprochen dumm.[33] Um den Preis der Stimmigkeit aber hat der Evangelist wahrscheinlich diesen Aufschrei aus einer früheren Überlieferung beibehalten, weil dieser etwas hervorhebt, was der Evangelist ständig zu beschreiben versucht: Ein Zustand, mit dem umzugehen oder für den Abhilfe zu schaffen nach menschlichen Maßstäben unmöglich ist, wird durch die Anwendung göttlicher Vollmacht bewältigt (vgl. 5,26.39 f; 9,3).[34] Die Frage „*Wodurch* ist jemand in der Lage, mit Brot diese Menschen an einem abgelegenen Ort zu sättigen" schreit nach der Antwort: „Durch die Macht und die Großzügigkeit Gottes, die in Jesus wirksam ist." Damit wird wieder die zentrale Frage dieser ersten Hälfte der Erzählung in den Vordergrund gerückt: „Wer ist dieser Mensch unter uns?" (Geschichte 1).

Die Pharisäer verlangen ein Zeichen (8,10–13)

Nachdem er die Menge gespeist und entlassen hat (V 9b), verlässt Jesus die heidnische Gegend der Dekapolis und kehrt in einem Boot zusammen mit seinen Jüngern in das jüdische Gebiet auf der gegenüberliegenden Seite zurück.[35] Hier hat er

---

[33] Vgl. Hooker, Saint Mark, S. 189; Moloney, Mark, S. 153 f.
[34] Vgl. Eduard Schweizer, Das Evangelium nach Markus (NTD), Göttingen: Vandenhoeck & Ruprecht ²1968, S. 88.
[35] Dieser Ort mit dem Namen Dalmanuta entzieht sich einer genauen Lokalisierung; vgl. Donahue/Harrington, Mark, S. 245 f.

eine kurze Begegnung mit Pharisäern, die anfangen, sich mit ihm zu streiten und von ihm ein „Zeichen vom Himmel" verlangen (V 11). Angesichts der vielen von ihm vollbrachten Wunder mag diese Forderung überraschen. Aber ein „Zeichen vom Himmel" ist mehr als ein Wunder. Die Wendung legt ein kosmisches Wunder nahe, das auf das Ende der Welt hinweist – jene Art von Zeichen, die er später als Vorboten der Ankunft des Menschensohnes benennen wird (13,24 f).[36] Sie kommen in feindlicher Absicht und „erproben" (*peirazontes*) ihn so, wie ihn der Satan in der Wüste „erprobte" (1,13).

Die Antwort Jesu (V 12) – sein Aufseufzen im Geist gefolgt von einem feierlichen Schwur der Absage – legt nahe, dass er hinter dieser Forderung nach einem Zeichen einen weiteren Trick des Dämonischen erkennt.[37] Seine Verkündigung des Gottesreiches beruht auf einer eigenen Vollmacht (1,22.27). Der Versuch, diese durch ein „Zeichen" zu verstärken, würde diese Vollmacht verheerend schädigen und ihn in die Falle führen, die ihm durch die Aufforderung gestellt wurde.[38] Die „Generation", die ein solches Zeichen sucht, erweist sich selbst als Erbe der widerspenstigen Generation des Exodus, die direkt, nachdem sie mit dem Manna gespeist worden war (Ex 16), Gott versuchte, indem sie ein weiteres Zeichen verlangte (Ex 17,1–7; vgl. Ps 95,7b–11).[39] Wenn Menschen von Gott ein Zeichen verlangen, dann behandeln sie Gott als einen Partner, der seine Glaubwürdigkeit noch unter Beweis stellen muss. Das ist das genaue Gegenteil des Glaubens. Die Forderung nach einem Zeichen beweist tatsächlich das gleiche Erstarren im Unglauben, das diejenigen, „die draußen sind", beim Hören der Lehre Jesu in den Gleichnissen an den Tag legen (4,11 f); in der Verspottung Jesu am Kreuz wird sich dies

---

[36] Vgl. Donahue/Harrington, Mark, S. 248.
[37] Vgl. besonders Marcus, Mark I, S. 501.
[38] Vgl. Vincent Taylor: „Wenn Er versucht, dieses Zeichen zu geben, wird Er versagen; wenn Er ablehnt, dies zu geben, wird Er an Unterstützung im Volk verlieren." (St. Mark, S. 362)
[39] Vgl. Marcus, Mark I, S. 503.

wiederholen (15,32).⁴⁰ Mit diesen Pharisäern kann Jesus nicht mehr machen als einfach auf das Boot zurückzukehren und sie zu verlassen (V 13). Über seinen Umgang mit diesen Zeichen verlangenden Vertretern der religiösen Führung Israels fällt jetzt der Vorhang.⁴¹ Von nun an wird das Unverständnis der eigenen Jünger seine Hauptherausforderung sein.

Die vergesslichen Jünger (8,14–21)

Wir kommen jetzt zu der letzten der drei Boot-Szenen, die für die Offenbarung von Jesu göttlicher Herkunft und die Schwierigkeit seiner Jünger, damit zu Rande zu kommen, eine Schlüsselrolle einnehmen.⁴² In der ersten Szene (4,35–61) hat Jesus seine gottgleiche Fähigkeit gezeigt, den Winden und den Wassern zu befehlen, was seine von Ehrfurcht ergriffenen Jünger zur Frage veranlasste: „Wer ist denn dieser …?" (V 41). In der zweiten (6,45–52) – auf die erste Brotvermehrung folgenden Szene – hat er wieder eine gottgleiche Fähigkeit gezeigt, als er auf dem See wandelte, aber an ihnen vorübergehen wollte (V 48). Am Ende dieser Geschichte lesen wir, dass die Jünger völlig bestürzt waren: „Denn sie waren nicht zur Einsicht gekommen, als das mit den Broten geschah; ihr Herz war verstockt" (VV 51b–52). Die letzte Boot-Szene enthält keine weitere Offenbarung über den Rang Jesu. Stattdessen erinnert er seine Jünger an die beiden Vermehrungswunder und tadelt sie schwer, weil sie daraus nicht die richtigen Schlüsse über seine göttliche Herkunft, seine Gegenwart und seine Macht ziehen. Trotz aller Schwierigkeiten, die diese Szene für die Auslegung darstellt, führt sie eine Reihe von Motiven und Themen zu-

---

[40] Vgl. Donahue/Harrington, Mark, S. 250.
[41] Vgl. Paulus: „Die Juden fordern Zeichen, die Griechen suchen Weisheit. Wir dagegen verkünden Christus als den Gekreuzigten: für Juden ein Ärgernis, für Heiden eine Torheit" (1 Kor 1,22 f).
[42] Vgl. Watts, Isaiah's New Exodus, S. 220–239.

sammen, die im Laufe der ersten Hälfte des Evangeliums aufgetaucht sind. Vor allem bildet sie einen Höhepunkt für das Motiv des geistlichen Unverständnisses der Jünger. Im Bild der „Blindheit" wird dies der beherrschende Gedanke im Zentralabschnitt des Evangeliums (8,22 – 10,52) sein.

Die Erzählung wird mit der Angabe eröffnet, dass die kleine Gemeinschaft, die Jesus und seine Jünger bilden, zu ihrer Fahrt über den See ohne Vorsorge aufgebrochen ist: Sie haben vergessen, Brot mitzunehmen – sieht man von dem einen Brot ab, das sie im Boot dabei haben (V 14). Plötzlich – und aus der Perspektive des Erzählflusses her auch sehr zudringlich – warnt Jesus sie „vor dem Sauerteig der Pharisäer und dem Sauerteig der Herodianer" (V 15). Das Stichwort „Sauerteig" scheint bei den Jüngern ein Bewusstsein für ihren Mangel an Brot zu wecken. Sie missachten Jesu Warnung und beginnen untereinander eine Diskussion über diesen Mangel, was Jesus wiederum dazu bringt, eine nachdrückliche Rüge auszusprechen, die aus nicht weniger als acht eindringlichen Fragen besteht (VV 17–21). Wie ein frustrierter Lehrer belehrt Jesus sie über ihr Unverständnis in einer Sprache („verstocktes Herz", „haben Augen und sehen nicht", „haben Ohren und hören nicht"), die bislang seinen Feinden und „denen draußen" vorbehalten war (3,5; 4,11 f).[43] Die letzten Fragen gehen auf ihr Versagen, „sich zu erinnern", ein (V 18c) und ihr Versagen, die Schlüsse aus den beiden Speisungswundern zu ziehen, an die Jesus jeweils mit genauen Einzelheiten erinnert (VV 19 f).[44] Auf dem Höhepunkt (V 21) schließt die Befragung mit dem

---

[43] Die Sprache von V 18 erinnert nicht nur an Jer 5,21, Ez 12,2 und Ps 115,5 f (LXX: 113,13 f), sondern auch an die Formulierung aus Jes 6,9 f, die in der stark negativen Aussagen über „die draußen" in 4,12 zitiert werden.

[44] Die Einzelheiten gehen so weit, dass die verschiedenen Ausdrücke für die Behälter genannt werden, in denen die übrig gebliebenen Reste gesammelt wurden: *kophinoi* für die Fünftausend und *spyrides* für die Viertausend, in der Lutherbibel mit „Handkörbe" (6,43) und „Körbe" (8,8) übersetzt.

In die heidnischen Gegenden (7,1 – 8,21) 227

unverblümten Satz: „Versteht ihr immer noch nicht?" Das „noch nicht" (*oupō*) lässt zumindest die Möglichkeit offen, dass eine Zeit kommen wird, zu der sie verstehen werden. Doch worum genau handelt es sich bei dem Sauerteig der Pharisäer und dem der Herodianer, vor dem Jesus seine Jünger warnt? Und welche Schlüsse genau hätten sie aus den beiden Speisungswundern ziehen sollen, so dass, wenn sie sich daran erinnert hätten, sie sich nicht über ihren Mangel an Brot gesorgt hätten? Es ist nicht leicht, diese beiden Fragen zu beantworten, und das Verhältnis der ersten Frage zur zweiten ist dunkel.[45] Wenden wir uns zuerst der zweiten Frage zu. Hier müssen wir fragen, was die Speisungswunder über Jesus offenbart haben sollen. Die Antwort kann nur lauten, dass sie ihn als denjenigen offenbaren, in dem der Schöpfer die Gastfreundschaft des Gottesreiches – für Israel und potenziell auch für alle Völker der Welt – anbietet, und dies in einer Großzügigkeit (sichtbar in der Überfülle der Reste) tut, die wahrhaft göttlich ist. Wenn fünf Brote für mehr ausreichte als für die Speisung von fünftausend Menschen, und sieben Brote für viertausend, wie kann es dann sein, dass in der Gemeinschaft mit Jesus ein Brot für sie nicht ausreichend sein soll? Wenn sie das verstanden hätten, dann wären sie nicht so sehr um ihr Essen besorgt gewesen, dass sie seine Warnung vor dem „Sauerteig" überhört oder sogar schlimmstenfalls ignoriert hätten.[46]

---

[45] Ohne die Warnung in V 15, die im Lukasevangelium an einer anderen Stelle auftaucht (12,1), wäre der Erzählfluss geschmeidiger. Im Zusammenhang mit V 15 an seiner jetzigen Stelle kann man die Konjunktion *hoti* in V 16 am besten folgendermaßen verstehen: „Sie besprachen untereinander, dass er dies gesagt hatte, weil (*hoti*) sie kein Brot hatten" (vgl. Marcus, Mark I, S. 507).
[46] Das bedeutet, dass der Text in erster Linie aus christologischer Sicht zu betrachten ist; vgl. Hooker, Saint Mark, S. 192, Nineham, Saint Mark, S. 213 f, Gnilka, Markus I, S. 311. In dem „einen Brot" einen eucharistischen Verweis zu entdecken (so Marcus Mark I, S. 510, Moloney, Mark, S. 162, Trainor, Quest for Home, S. 140, Donahue/Harrington, Mark, S. 254, Boring, Mark, S. 226 f) scheint mir über die Belege im Text hinauszugehen.

In der biblischen und der mit dieser verbundenen Literatur tauchen Sauerteig oder Hefe, wesentliche Elemente für das Backen, als ein Bild für ein verborgenes Element auf, das verdeckt und heimtückisch moralische Verderbtheit hervorruft (vgl. 1 Kor 5,6–8; Gal 5,9).[47] Jesus unterscheidet zwischen dem „Sauerteig der Pharisäer" und dem „Sauerteig des Herodes" (V 15) und legt damit zwei verschiedene Quellen des bösen Einflusses nahe. Die Pharisäer sind immer wieder als Jesu Kritiker aufgetaucht, angetrieben von ihrer Weigerung anzuerkennen, dass mit dem Anbruch des Gottesreiches die einschränkenden Hindernisse der alten Zeit (Sünder/Gerechte [2,15–17], Fasten/Feiern [2,18–22], Sabbat/menschliche Nöte [2,23–28; 3,1–6a], rein/unrein [7,1–5]) beseitigt wurden. Gerade haben sie als Beweis, dass die neue Zeit wirklich angebrochen ist, ein Zeichen verlangt (8,11–13).[48] In all dem zeigen sie ein „verstocktes Herz" (vgl. 3,5), das sie zu Gegnern des Heilsprojekts werden lässt, das nun begonnen hat. Vor dieser Gefahr warnt sie Jesus (8,17d; vgl. 6,52). Auf der anderen Seite ist Herodes ein Repräsentant der weltlichen Macht, die töricht, brutal und letztendlich mörderisch ausgeübt wird (vgl. 6,17–29) und die absolut dem Weg widerspricht, den Jesus als der messianische König eingeschlagen hat. Auf ihre je eigene Weise ist jede dieser Neigungen ein „Sauerteig" der Versuchung, gegen die sich die Jünger wappnen müssen, wenn sie wirklich seine Anhänger sein wollen. Damit bereitet diese Szene den Weg für einen großen Teil des nun noch zu erzählenden Evangeliums, indem gezeigt wird, dass die Jünger an einer geistlichen „Erblindung" leiden, die Jesus heilen muss.

---

[47] Vgl. Marcus, Mark I, S. 510; Donahue/Harrington, Mark, S. 252.
[48] Sie werden außerdem Jesus erproben (über die Frage der Ehescheidung – 10,1–12), und sie werden, wieder im Verbund mit den Herodianern, versuchen, ihm in der Frage der Steuerzahlung an den Kaiser eine Falle zu stellen (12,13–17).

V. Der „Weg" nach Jerusalem (8,22 – 10,52)

Der Messias, der leiden und sterben muss (8,22 – 9,29)

Wir nähern uns jetzt dem wichtigsten Wendepunkt im Markusevangelium. Die Frage, die von Anfang an bestand: „Wer ist dieser Mensch, der mit einer solch bemerkenswerten Macht zu lehren, zu heilen und zu befreien ausgestattet ist", diese Frage wird nun bald beantwortet – zumindest für die Jünger. In der Person des Petrus zumindest werden sie ihn als den „Christus" (8,29) anerkennen und erhalten so Zugang zu dem, was ich als die „Geschichte 1" bezeichnet habe: Die den Leserinnen und Lesern – und auch der Welt des Dämonischen – bekannte Wahrheit, dass Jesus der Messias ist, der Sohn Gottes. Doch von dem Augenblick an, in dem die Jünger zu dieser Erkenntnis gelangen, müssen sie sich mit einer weiteren Offenbarung auseinandersetzen: dass ihm genau als Messias und Gottes „geliebtem Sohn" bestimmt ist zu leiden und zu sterben (Geschichte 2 – 8,31–33). Jesu beständiger und weitgehend erfolgloser Versuch, die tiefere Wahrheit über sich und seine Sendung den Jüngern mitzuteilen, bildet den thematischen Schwerpunkt seines nun vor ihm liegenden Weges nach Jerusalem.

Die Jünger haben schon bewiesen, dass sie geistlich blind sind und haben sich für vieles als vergesslich erwiesen, was sie von Jesus gehört und an ihm gesehen haben: „Augen habend seht ihr nicht" (8,18 Münchener Neues Testament). Blindheit ist ab jetzt eine ständige Metapher für die neuen Schwierigkeiten, die sie mit dem haben, was ihnen als radikaler Widerspruch zwischen Geschichte 1 und Geschichte 2 vorkommen muss, und mit denen sie zu ringen haben. Mit der Heilung des blinden Mannes in Betsaida (8,22–26) rückt Markus dieses Bild in den Vordergrund. Mit der vergleichbaren Heilung eines Blinden (Bartimäus) in Jericho kommt der Weg nach Jerusalem an sein Ende (10,42–50). Die beiden Heilungen von körperlich blinden Männern „rahmen" also Jesu ständigen Versuch, die „Blindheit" der Jünger auf dem Weg nach Jerusalem zu heilen. An dieser zentralen Stelle des Evangeliums bündelt die erste Heilung unter dem Stichwort „Blindheit" das bisherige Geschehen und verweist auf den bevorstehenden schwierigen Prozess der Erleuchtung.[1]

Jesus heilt einen Blinden in Betsaida (8,22–26)

Diese Wundergeschichte taucht wie die Heilung des Mannes mit einer Hör- und einer Sprechbehinderung in 7,31–37 nur im Markusevangelium auf und hat mit dieser Geschichte auch viel gemeinsam. Wie bei dieser früheren Heilung spielt auch hier eine sehr körperliche Geste eine große Rolle: die Benutzung von Speichel und das Auflegen der Hände. Einzigartig an dieser Erzählung ist, dass es sich um das einzige Wunder in den Evangelien handelt, bei dem die Heilung in zwei Schritten stattfindet.[2] Nach einem ersten, zum Teil erfolgreichen Öffnen der Augen des Mannes (er kann Menschen sehen, aber als et-

---

[1] Treffend spricht John P. Meier (A Marginal Jew, Bd. 2, S. 691) von der Janus-Gestalt dieser Geschichte, die nach hinten und nach vorne schaut; vgl. auch Moloney, Mark, S. 163.
[2] Die Durchführung des Wunders in zwei Schritten mag sowohl Matthäus als auch Lukas dazu veranlasst haben, diese Geschichte auszulassen, weil darin eine Begrenzung der Macht Jesu gesehen werden könnte.

was, „das wie Bäume aussieht" – VV 23 f),[3] legt Jesus wieder seine Hände auf die Augen des Mannes, woraufhin dieser endlich alles deutlich sieht.[4] In typisch markinischer Weise endet die Heilung damit, dass Jesus den Mann nach Hause schickt und ihm verbietet, das Dorf zu betreten – vermutlich, weil dann die Heilung, die er bewusst in der Abgeschiedenheit vorgenommen hatte (V 23a), bekannt würde.[5]

Wie oben schon festgestellt ist die Hauptfunktion dieser Geschichte in der Erzählung des Markus symbolischer Art. Die zweistufige „Erleuchtung" des Mannes deutet an und erläutert vorwegnehmend die zweistufige Erleuchtung der Jünger. Bald werden sie eine teilweise Vorstellung davon erlangen, wer Jesus ist (8,29: Geschichte 1), verharren aber auf diesem Stand bis zum Ende des Evangeliums. Ihre Erleuchtung bleibt unvollständig, bis sie – jenseits der Erzählung des Evangeliums selbst – in der Herrlichkeit des Auferstandenen den Herrn sehen (vgl. 16,7), dessen Verhaftung, Leiden und Tod (Geschichte 2) sie völlig gebrochen hatte.

Neben ihrer symbolischen Funktion ist diese Szene aber auch ansprechend wegen ihrer Fülle an menschlichen Einzelheiten und wegen ihrer sakramentalen Aspekte der körperlichen Hinwendung, die Jesus diesem Mann zukommen lässt,

---

[3] Die Tatsache, dass er das, was für ihn wie Bäume aussieht, als Menschen bezeichnen kann, legt nahe, dass er im Unterschied zu dem Mann, der von Jesus in Joh 9,1–5 (wieder sehr „körperlich") geheilt wird, nicht blind von Geburt an war.

[4] Die Beschreibung ist sehr detailliert; wörtlich: „er blickte scharf hin (*dieblepsen*, vgl. Griechisch-deutsches Wörterbuch zu den Schriften des Neuen Testaments und der frühchristlichen Literatur von Walter Bauer, 6. völlig neu bearbeitete Auflage, hg. von Kurt Aland und Barbara Aland, Berlin/New Yourk: Walter de Gruyter 1988, Sp. 363) und (seine Sicht) wurde wieder hergestellt (*apekatestē*) und er sah alles deutlich (*eneblepsen tēlaugōs hapanta*)." Die letzte Wendung, zu der das seltene Adverb *tēlaugōs* gehört, bedeutet wörtlich: „Dinge auf die Entfernung deutlich sehen". Zu den Verben vgl. Donahue/Harrington, Mark, S. 257.

[5] Die Textüberlieferung zu V 26 ist bekanntermaßen sehr vielfältig; zu Einzelheiten vgl. Meier, A Marginal Jew, Bd. 2, S. 739, Endnote 59.

auch wenn einige Einzelheiten, z. B. der Speichel, für den modernen Geschmack eine Herausforderung sind.[6] Insbesondere die zweistufige Heilung des Mannes, mit der dieser die volle Sehkraft erst wieder erlangt, spricht die meisten Menschen auf ihrem Glaubensweg an, bei dem es sich normalerweise um einen allmählichen Verlauf mit vielen Stufen verschwommener Ansichten auf dem Weg handelt. Diese Szene lädt uns ein, zu fühlen, wie Jesus uns an der Hand nimmt und uns an einen Ort führt, wo er uns nach und nach erleuchten kann, bis wir schließlich Sein Gesicht und die Welt um uns herum mit der klaren Sicht sehen, die der reife Glaube schenkt.

Der Messias, der leiden und sterben muss (8,27–33)

Von Betsaida (8,22) aus führt Jesus seine Jünger in die Gegend von Cäsarea Philippi, den nordöstlichsten Punkt, der in den Evangelien genannt wird. An diesem Ort wird er umkehren und seinen langen Weg nach Süden beginnen, der ihn an die Tore Jerusalems führen wird (11,1). Verbunden mit diesem äußeren Weg ist ein innerer Weg in das Geheimnis seiner göttlichen Herkunft und seiner Sendung. Von Beginn an hat das Markusevangelium Jesus als einen Lehrer gezeichnet; sein Lehren in Vollmacht hat nicht weniger als seine Austreibungen von Dämonen Menschen aus der Gewalt des Dämonischen befreit und sie für das Reich Gottes gewonnen. Von diesem Zeitpunkt an richtet sich seine Lehre an die Jünger und zielt genauer auf den Widerstand in ihren Herzen über die Richtung, in die er sie nun führt. Wie seine Zurechtweisung des Petrus zeigt, ist dieser Widerstand nicht weniger eine Er-

---

[6] Zu dieser Geste finden sich, wie auch schon bei der früheren Heilung (7,31–37), Parallelen in den Heilungserzählungen der hellenistischen Welt; vgl. Meier, A Marginal Jew, Bd. 2, S. 693.

Der Messias, der leiden und sterben muss (8,22 – 9,29)   233

scheinung des Dämonischen als die eher offensichtlichen Beispiele, denen er in seinem exorzistischen Handeln begegnete.

Während sie sich noch „auf dem Weg" nach Cäsarea Philippi befinden, stellt ihnen Jesus die Frage nach seiner Identität, die sich wie ein roter Faden durch die ganze bisherige Erzählung zieht: „Für wen halten mich die Menschen?" (V 27b). Als Leserinnen und Leser des Evangeliums wissen wir von Beginn an, dass er „Christus, Gottes Sohn" ist (1,1 – Geschichte 1), doch war dies den anderen Teilnehmerinnen und Teilnehmern am Geschehen bislang verborgen. Als sich sein Wirken in den Städten und Dörfern Galiläas entfaltet, ringen die Jünger mit der Frage, die sie, nachdem er den Wind und den See gestillt hatte, stellten: „Wer ist denn dieser, dass ihm sogar der Wind und das Meer gehorchen?" (4,41). Auch die Menschen sind von der Vollmacht seiner Lehre und seinen machtvollen Heilungen und Dämonenaustreibungen beeindruckt, sehen in ihm aber, wie die Jünger jetzt berichten (8,28; vgl. auch vorher 6,14 f), den wiedererstandenen Johannes den Täufer oder eine der Personen – Elija oder einen der Propheten –, deren Wiederkehr als Vorboten des Gottesreiches verstanden wurde.[7] Nur die Dämonen, die die Kraft seiner messianischen Macht spürten, erkannten ihn als Sohn Gottes an (1,24; 3,11; 5,7). Jesus aber brachte sie zum Schweigen; wer er ist, soll nicht von einer bösartigen Quelle wie dieser offenbart werden. Ähnlich versuchte er – in der Regel ohne Erfolg (vgl. 1,45; 7,36 f) –, die Berichte über diese Heilungen zu unterdrücken, vermutlich um jene populäre Begeisterung zu dämpfen, die aus fehlgeleiteten messianischen Erwartungen entstehen konnte.

Jetzt ist für Jesus die Zeit gekommen, um seine Jünger zu einer ausdrücklichen Anerkennung seiner göttlichen Herkunft zu bewegen. Die vorherige Frage und der Bericht über die unzureichenden Ansichten der Menschen im Allgemeinen bringen die Jünger in eine besondere Lage, und zwar sowohl mit

---

[7] Zu diesen Personen vgl. Donahue/Harrington, Mark, S. 260.

Blick auf die Frage („Ihr aber, für wen haltet *ihr* mich?") als auch die Antwort darauf. Die Frage entspricht der einen Frage, die Jesus dem Blinden nach der ersten Heilungsstufe gestellt hatte: „Siehst du etwas?" (V 23d).[8] Petrus, der für alle Jünger spricht, hat es verstanden: „Du bist der Christus (der Messias)." Im Unterschied zu den Menschen, aber wie der Mann, der jetzt Menschen wie Bäume herumgehen sah (V 24), haben sie ein richtiges, aber unvollständiges Verständnis der Geschichte 1: Jesus ist der Messias im Sinn der üblichen Erwartungen.

Weder bestätigt Jesus die Antwort des Petrus, noch lobt er ihn dafür. Vielmehr mahnt er die Jünger eindringlich, diese Erkenntnis an niemanden weiterzugeben (V 30), und geht dann direkt dazu über, von seinem kommenden Leiden und Tod zu sprechen. Kaum haben die Jünger also einen gewissen Zugang zu Geschichte 1 erlangt, legt Jesus – einfach und offen (V 32a) – das daneben, was ich Geschichte 2 genannt habe: die Bestimmung, dass dieser Messias leiden und sterben muss, bevor er am dritten Tag wieder aufersteht.[9] Das Wissen über Jesu messianischen Rang darf auch nicht einen Moment von der Weise des Messias-Seins getrennt werden, für die er bestimmt ist: Nicht jemand, der bedient und geehrt wird, wie es für die Herrscher dieser Welt üblich ist, sondern der gekommen ist, „um zu dienen und sein Leben hinzugeben als Lösegeld für viele" (10,45). Für den Rest des Evangeliums werden die Jünger darum ringen, diese beiden Wahrheiten zusammenzubringen: Jesus ist wirklich der langerwartete Messias (Geschichte 1), und er wird seine messianische Aufgabe so erfüllen, dass er die Schmerzen und Leiden dieser Welt teilt –

---

[8] Vgl. Moloney, Mark, S. 166.
[9] Jesus spricht von sich selbst nicht als Messias, sondern als Menschensohn; diese Selbstbezeichnung benutzt er zum ersten Mal seit 2,20 und 2,28. „Seine Messianität soll in seiner Zukunft als Menschensohn entdeckt werden." (Moloney, Mark, S. 173)

bis zum Tod (Geschichte 2). Letzteres war in den üblichen jüdischen Messiaserwartungen überhaupt nicht vorgesehen.[10] Die Vorhaltungen des Petrus (V 32b) sind ein Ausdruck der Meinung, dass diese beiden Aspekte miteinander unvereinbar sind. Wie kann es sein, dass der Messias so leiden soll? Wie kann Gott zulassen, dass so etwas Gottes auserwähltem Werkzeug zur Rettung Israels widerfährt? Die Schärfe des Tadels, den Petrus für seine Vorhaltungen erhält – „Tritt hinter mich, du Satan!" (V 33a) –, zeigt, dass Jesus dahinter eine Strategie des Dämonischen vermutet.[11] Der Versuch, Jesus von seinem von Gott bereiteten Pfad abzubringen, bedeutet, das Spiel Satans zu spielen, der Gottes Geschenk zerstören will – das Geschenk, das die Welt durch Jesu teuren „Dienst" (10,45) erhalten soll. Petrus und alle anderen Jünger (diese sind durch Jesu herumgleitenden Blick miteingeschlossen: „sich umwendend und sehend seine Jünger" – V 33c Münchener Neues Testament) sollen in dem Sinn hinter ihn treten, dass sie ihm auf seinem Weg folgen, anstatt ihm durch den von Petrus ausgesprochenen Protest *im* Weg zu stehen.[12] Anders zu handeln, bedeutet, sich auf der Seite der Menschen statt auf der Seite Gottes zu befinden (V 33c). Dieser letzte Kommentar bringt die Dichotomie von Göttlichem und Menschlichem zur Sprache, die im Markusevangelium ein ständiges Thema ist. Dieses Wort ist nicht „unmenschlich", sondern drückt die Wahrheit aus, dass die nun begonnene radikale Rettung der Welt viele Ansichten und Werte der Menschen in Frage stellen muss, die an der Gefangenschaft durch das Dämonische teilhaben. Bei der Messiaserwartung, die sich hinter dem Protest des Petrus versteckt, handelt es sich genau

---

[10] Zu den üblichen Messiaserwartungen verweise ich die Leserinnen und Leser wieder auf die Erörterung des Ausdrucks „Messias" im Einleitungskapitel oben „Das Weltbild hinter dem Markusevangelium"; vgl. auch Moloney, Mark, S. 166, Fußnote 261.
[11] Vgl. Boring, Mark, S. 242.
[12] Vgl. Moloney, Mark, S. 174.

um die Sicht des Messias, die Jesus infrage stellen muss, wenn seine Sendung ihre Bestimmung erreichen soll.

Wir dürfen mit Petrus aber auch nicht zu hart sein. Es ist nur natürlich, wenn wir die Menschen, die wir lieben, vor Leiden bewahren wollen, auch wenn wir anerkennen, dass ein bestimmtes Maß an Leiden die unvermeidbare Nebenwirkung dessen ist, was uns und sie zu einem reicheren Leben führt. Die Tatsache, dass ein Jünger (Petrus), der gerade etwas so Großartiges (das Bekenntnis zu Jesus als dem Messias) hinbekommen hat, sofort danach beim Gedanken an das Leiden derart schwer ins Stolpern gerät, kann eine Ermutigung enthalten, nämlich die Anerkennung in den Evangelien, dass wir alle beim Thema Leid schlecht abschneiden. Jede neue Versuchung, der wir auf unserem Weg begegnen, kann eine Einladung in diese Geschichte sein, um Jesu Befehl „Tritt hinter mich …" als einen Ruf zur engeren und besser „erleuchteten" Nachfolge auf seinem Weg zu hören.

Die Herausforderung und Hoffnung der Nachfolge (8,34 – 9,1)

In aller Deutlichkeit hat Jesus skizziert, was die Zukunft für ihn bereithält (V 31). Jetzt fährt er fort, gleichermaßen deutlich zu machen, was es für diejenigen bedeutet, die ihm folgen. Das sind in erster Linie seine unmittelbaren Jünger, aber der Hinweis darauf, dass er die Menge zu sich ruft (V 34), schließt die Leserinnen und Leser des Evangeliums und alle nachfolgenden Gläubigen in den Kreis der Angesprochenen ein. Die Unterweisung stellt ein Grundprinzip auf (V 34b) und begründet dieses mit einer Reihe weiterer Aussagen (VV 35–38), die in der Zusage der zukünftigen Rechtfertigung der Jünger gipfelt (9,1). Das Grundprinzip nennt zwei Bedingungen für die Nachfolge: zuerst die Bereitschaft, „sich selbst zu verleugnen", und dann sein Kreuz auf sich zu nehmen und Jesus nach-

Der Messias, der leiden und sterben muss (8,22 – 9,29) **237**

zufolgen (V 34b). „Sich selbst zu verleugnen" heißt, die Anforderungen der Nachfolge über alle anderen Wünsche und Pläne zu stellen, die ein Mensch schätzt oder für wichtig hält.[13] Solche Bestrebungen werden dadurch nicht notwendigerweise ausgeschlossen, doch werden sie den höheren Forderungen der Nachfolge Jesu untergeordnet.[14] Die zweite Bedingung, die unter dem starken Bild steht, „sein Kreuz zu tragen", fordert die Bereitschaft, Jesus bis in den Tod zu folgen.[15] In der Welt des Markusevangeliums, in der die Kreuzigung eine nur allzu vertraute Form der Hinrichtung war, hatte eine solche Sprache eine durchdringende Wirkung. In einem erweiterten Sinn (die wir schon in der lukanischen Formulierung sehen: *täglich* sein Kreuz auf sich zu nehmen – Lk 9,23) legt dieses Bild nahe, dass jeder Jünger, auch wenn in seinem Leben von ihm nicht verlangt wird, Jesus bis in den Tod zu folgen, nichtsdestotrotz zu einer lebenslangen Hingabe an sein Anliegen aufgerufen ist und zur Bereitschaft, sich in die teure Gemeinschaft mit ihm in der Welt des Leidens zu begeben.

Zur Begründung dieser Selbsthingabe spielen die nun folgenden Aussagen (VV 35–37) mit der doppelten Bedeutung des Wortes „Leben", für das das griechische Wort *psychē* steht und auf das nicht weniger als sechsmal verwiesen oder selbst benutzt wird. *Psychē* kann einfach die Lebensspanne eines jeden Menschen bezeichnen, die mit dem Tod endet. Innerhalb des vom Evangelium vorausgesetzten eschatologischen Rahmens kann es auch den innersten Kern eines Menschen bezeichnen, der durch die Macht Gottes die Begrenzungen der körperlichen Sterblichkeit übersteigen und an der Auferstehung teilhaben kann. Jesus kann also das Paradox ausdrücken, dass jeder Mensch, der sein oder ihr „Leben" im frühe-

---

[13] Vgl. Gnilka, Das Evangelium nach Markus II, S. 23.
[14] Wir befinden uns hier in großer Nähe zum „Prinzip und Fundament" am Anfang der ignatianischen Geistlichen Übungen (Nr. 23).
[15] Simon von Cyrene, der gezwungen wird, das Kreuz hinter Jesus bis zum Ort der Kreuzigung zu tragen, wird später (15,21) zum Beispiel schlechthin dieses Bildes.

ren (begrenzten) Sinn um jeden Preis retten will, Gefahr läuft, es im späteren (weiteren) Sinn zu verlieren (V 35a), während diejenige oder derjenige, die ihr oder der sein Leben bereit ist, um Jesu und seines EVANGELIUMS willen im früheren Sinn zu verlieren, es im späteren Sinn retten wird (V 35b). Die nächsten beiden Sätze (VV 36 f) untersuchen die Gründe tiefer. Selbst in einer rein diesseitigen Welt ist es sinnlos, alle Güter dieser Welt zusammen mit den Freuden und der Sicherheit zu erlangen, die dieser Reichtum zu versprechen scheint, wenn die Lebensdauer fehlt, um sich derer zu erfreuen. Um wie viel „sinnloser" ist es dann, all dies um den Preis des Verlusts des „Lebens" in einem tieferen, ewigen Sinn zu erwerben! Wenn (V 37) kein weltlicher Reichtum – wie groß er auch sein mag – zum Tausch für ein weiteres Stück des körperlichen Lebens ausreicht, um wie viel weniger kann dieser Reichtum ewiges Leben „kaufen"[16], das ganz und gar ein Geschenk Gottes ist.

Die beiden letzten Sätze (VV 38 f), die die eschatologische Spur weiterführen, buchstabieren die definitive Begründung für die Annahme des teuren Lebens der Nachfolge aus. Diejenigen, die diesen Weg verwerfen – d. h. diejenigen, die von den Werten der gegenwärtigen „treulosen und sündigen Generation" gefangen gehalten sind und Jesus, seine Worte und sein Schicksal zum „Schämen" finden – werden selbst zur Quelle der Beschämung für den Menschensohn, wenn dieser mit den heiligen Engeln in der Herrlichkeit des Vaters kommt (V 38); vor dem ganzen himmlischen Hof wird er sie im Gegenzug verwerfen. Jesus, der bisher von sich als „Menschensohn" in Bezug auf sein Leiden und seinen Tod gesprochen hat (V 31), tut dies nun in Bezug auf sein Kommen als endzeitlicher Richter (das Ereignis, das ich „Geschichte 3" genannt

---

[16] Das griechische Wort *antallagma* hat die Bedeutung von etwas, das für den Erwerb eines Gutes in einem gewerblichen Tausch gegeben wird; vgl. Griechisch-deutsches Wörterbuch zu den Schriften des Neuen Testaments und der frühchristlichen Literatur von Walter Bauer, 6. völlig neu bearbeitete Auflage, Sp. 144. Der Gedanke ähnelt dem in Ps 49,7–9.15.

habe und das in der Erzählung hier zum ersten Mal auftaucht). Der Ausdruck „in der Herrlichkeit meines Vaters" beinhaltet für Jesus die Bedeutung der göttlichen Sohnschaft, die schon nach seiner Taufe verkündet wurde (1,11) und bald in der Verklärung bestätigt wird (9,7). Jetzt, da er seinen teuren Weg geht, mag dieser göttliche Rang verborgen sein. Er wird in all seiner Herrlichkeit offenbar werden, wenn der himmlische Hof auf Erden für das Gericht am Ende erscheint (14,62).

Jesus drückt hier den negativen Fall aus: das, was denjenigen widerfährt, die sich seiner „geschämt" haben. Diese Drohung hat aber auch ihr positives Gegenstück: Diejenigen, die „ihr (biologisches) Leben" um Jesu und des EVANGELIUMS willen „verloren haben" (V 35), werden ihr Leben in einem tieferen Sinn „retten". Der Menschensohn, dessen sie sich nicht geschämt haben, wird sich beim himmlischen Hof dafür verbürgen, dass sie würdig sind, Anteil zu erhalten am ewigen Leben, zu dem er auferweckt wurde (vgl. 13,24–27).

Die Einfügung von „und um des EVANGELIUMS willen" (V 35) in den Grund, warum sie ihr Leben verloren haben, ist ein wichtiges markinisches Detail. Es betont, dass zur Nachfolge nicht nur die Verbundenheit mit Christus gehört, sondern auch ein Engagement für sein Anliegen, ein Anliegen, das nach seinem leibhaftigen Abgang von der Bühne weitergehen soll. Seine Verkündigung der Herrschaft Gottes aufzugreifen, die die Gewalt des Satans vertreibt (1,14f), führt unausweichlich zu Leiden.[17] Die gegenwärtige Welt ist eine „treulose und sündige Generation" (V 38), weil sie die Werte und Strukturen dieser feindlichen Verbundenheit widerspiegelt. Sie wird ihren Besitz nicht aufgeben, ohne einen Preis zu fordern – einen Preis, der sich vor allem in der Passion Jesu zeigt und der sich fortsetzt in den Leiden, manchmal bis zum Tod, all derjenigen, die das EVANGELIUM verkünden und deren Werte im Leben von Menschen umsetzen möchten.

---

[17] S. besonders Nineham, Saint Mark, S. 227 f.

Die Schlussaussage dieser Spruchfolge (9,1) hat zu vielfältigen Schwierigkeiten geführt, weil die Behauptung Jesu, dass das Gottesreich kommen werde, bevor „einige von denen, die hier stehen" sterben, tatsächlich nicht wahrgeworden ist (vgl. seine „Unkenntnis" über den Zeitpunkt „dieses Tages" in 13,32). Am besten versteht man dieses Wort nicht als eine Weissagung, sondern als eine in Begriffen der prophetischen Übertreibung gekleidete Zusicherung, dass, was immer die Nachfolge Jesu zur gegenwärtigen Zeit als Preis verlangt, die gerade beschriebene Rechtfertigung aufgrund der Treue Gottes mit größter Sicherheit kommen wird.[18] Das wird der Augenblick sein, in dem das Reich Gottes, das derzeit verborgen und in mehrfacher Hinsicht scheinbar ohne Ergebnis ist (vgl. Mk 4), sich „in Macht" zeigen wird. Mit Rückgriff auf die Formulierungen, die ich zur Auslegung des Markusevangeliums verwende, kann man sagen, dass die Spannung, die durch die Platzierung von Geschichte 2 neben der Geschichte 1 geschaffen wird, ihre Auflösung in der von Geschichte 3 verkündeten Rechtfertigung findet.

Die Verklärung: Gottes geliebter Sohn wird geoffenbart (9,2–8)

Mit dieser geheimnisvollen Geschichte, die in der Tradition als „Verklärung" bezeichnet wird, erreichen wir den Mittelpunkt

---

[18] So auch Morna D. Hooker (Saint Mark, S. 212), die auch eine hilfreiche Untersuchung und Kritik der verschiedenen Interpretationen durchführt (S. 211 f). Eine weitverbreitete Ansicht lautet, dass für den Evangelisten die in 9,1 gemachte Zusage mindestens eine teilweise Erfüllung in der Erfahrung von Petrus, Johannes und Jakobus in der Verklärungsgeschichte enthält, die unmittelbar darauffolgt. Hooker weist aber darauf hin, dass die Tatsache, dass dieses Ereignis eine Woche später stattfindet, die Feierlichkeit der Zusage Jesu, „einige" würden vorher „den Tod nicht schmecken", absurd erscheinen lässt (S. 212).

des Markusevangeliums. Es ist die zweite von drei Szenen, in denen Jesus als Sohn Gottes bezeichnet wird: beim ersten Mal geschieht dies nach seiner Taufe (1,11), beim dritten Mal aus dem Mund des Hauptmanns direkt nach seinem Tod (15,39). Wie ich in meinem kurzen Kapitel über den Plan des Markus erläutert habe, bilden diese drei Offenbarungsmomente die „Säulen", auf denen die gesamte Erzählung ruht. Bedeutsamer ist aber noch, dass jeder dieser Offenbarungsmomente nach einer Beschreibung oder einer Anspielung kommt, in der es um Jesu tiefen gehorsamen Eintritt in die Wirklichkeit der Menschen geht, die von Gott entfremdet sind.[19] Die erste kommt nach seiner Unterwerfung – zusammen mit der Menge bekehrungswilliger Israeliten – unter die Taufe durch die Hand Johannes des Täufers (1,9). Die Verklärung folgt seiner ersten Ankündigung, dass er leiden und sterben muss (8,31). Die dritte und letzte Erklärung ist eine Reaktion auf seinen Tod, der gerade eingetreten ist. Bei jeder dieser drei Säulen tritt also das geheimnisvolle Zusammenwirken von Geschichte 1 und Geschichte 2 offen zu Tage. Jesus wird als Messias und Sohn Gottes offenbart, der sich gehorsam in die Tiefen des menschlichen Daseins begeben hat.

Die Verklärung Jesu ist also eine Offenbarung von Jesu wahrer Herkunft gegenüber Petrus, Jakobus und Johannes, jenem inneren Kreis der drei Jünger, die bei der Auferweckung der Tochter des Jaïrus seine Macht am Werk sahen (5,37) und die später Zeugen seines qualvollen Ringens in Getsemani mit dem ihm bevorstehenden „Kelch" werden (14,33). Sie werden Zeugen der Offenbarung auf dem Berg, nur werden sie diese nicht verstehen. Als Leserinnen und Leser beobachten wir sie auf diesem neuen Abschnitt ihres Stolperpfades von der „Blindheit" zu einem gewissen Grad von Erkenntnis.

Die Geschichte selbst ist mit Symbolik reich ausgestattet, auch wenn es über die Bedeutung vieler dieser Elemente nur

---

[19] Vgl. Dorothy Lee, Transfiguration (New Century Theology), London/New York: Continuum 2004, S. 24–30.

wenig Übereinstimmung gibt. Im biblischen Denken sind Berge die natürlichen Orte für die Begegnung von Gott und Mensch; auf Bergen ist die Luft in mehr als nur einer Hinsicht „dünn".[20] Die Zeitangabe „sechs Tage danach" (V 2) verbindet diese Geschichte mit der vorhergehenden Unterweisung über das Schicksal Jesu und den Preis der Nachfolge Jesu (8,27–38). Wahrscheinlich spielt sie auch auf den Aufstieg Moses auf den Berg Sinai an, wo die Herrlichkeit des HERRN sich in Gestalt einer Wolke sechs Tage lang niederließ, bevor der HERR am siebten Tag Mose aus der Wolke ansprach (Ex 24,13 – 25,1). Hier auf diesem Berge[21] macht Jesus vor den Augen seiner Jünger eine „Metamorphose" (gr.: *metamorphē*) durch, die sich besonders im Weiß seiner Kleidung widerspiegelt – ein Weiß jenseits dessen, was menschliche Hände hervorbringen können (V 3). In der jüdischen Literatur bedeutet „weiß" – und insbesondere weiße Kleidung – eine Zugehörigkeit zum Bereich des Himmlischen/Göttlichen, während der griechische Begriff *morphē* die Weise bezeichnet, wie sich das innere Wesen eines Menschen nach außen hin zeigt. Hier wird also eine Verwandlung beschrieben, bei der der göttliche Rang Jesu nach außen hin offengelegt wird.[22]

Die Erscheinung (V 4) von „Elija und mit ihm Mose", die beide mit Jesus sprechen, verleiht dieser Offenbarung eine be-

---

[20] A. a. O. S. 15.
[21] Der Berg wird nicht näher bezeichnet, wird aber in der Tradition mit dem Berg Tabor in Mittelgaliläa identifiziert. Der Berg Hermon wäre ein bedeutsamerer Ort sowohl mit Blick auf seine Höhe (vgl. „hoher Berg" in V 2c) als auch von seiner Lage her, die näher an der Gegend (Cäsarea Philippi) liegt, wo die vorherige Episode stattfand. Vielleicht hat Markus den Berg ohne Namen gelassen, um Assoziationen mit dem Berg Sinai zu ermöglichen – eine unter geographischen Gesichtspunkten wenig sinnvolle Möglichkeit.
[22] Im Vergleich mit den Aussagen über Jesus des Christus-Hymnus in Phil 2,6–11 – „Er, der in der Gestalt (*morphē*) Gottes war, ... entäußerte sich selbst und nahm Knechtsgestalt (*morphēn doulou*) an." (VV 6 f Lutherbibel) – entwickelt sich diese Verwandlung in umgekehrter Richtung; vgl. Donahue/Harrington, Mark, S. 269.

sondere Note.²³ In der biblischen Tradition erfreuen sich diese beiden Gestalten des einzigartigen Vorrechts, mit Gott auf einem Berg haben sprechen zu dürfen (Mose: Ex 33,11; 34,35; vgl. auch Dtn 34,10; Sir 45,5 f; Elija: 1 Kön 19,8–18). Nach schweren Versuchungen und Verfolgungen erfuhren beide ein geheimnisvolles Ende ihres Lebens, zu dem bei Elija explizit (2 Kön 2,9–11) und bei Mose implizit (Dtn 34,5 f)²⁴ eine Entrückung in die himmlische Welt gehört. Von beiden wurde erwartet, bei den mit der endgültigen Errichtung des Reiches Gottes verbundenen Geschehnissen eine Rolle zu spielen, entweder als Vorläufer (Elija: Mal 3,1; 4,5 f) oder als Vorbild für die endzeitliche prophetische Gestalt (Mose: Dtn 18,15–18). Es ist nicht klar, welche dieser Anspielungen hier vorherrschend ist. Nach meiner Einschätzung bevorzugt Markus die erste Variante. Mose und Elija sprechen jetzt mit Jesus, so wie sie einst mit dem Gott Israels auf dem Berg Sinai (Horeb) gesprochen hatten.²⁵ In diesem Sinn verstärken ihre Gegenwart und ihr Gespräch das, was die Verwandlung der Gewänder Jesu schon zeigt: dass in seiner Person die Gegenwart und Macht Gottes sich mit Menschen austauscht.²⁶

---

²³ Im Unterschied zur biblischen Chronologie wird Elija wegen seiner Bedeutung im Markusevangelium vor Mose erwähnt (im Unterschied zu Mt 17,3 und Lk 9,30).
²⁴ Die jüdische nachbiblische Literatur deutete die Auskunft in Dtn 34,5 f, dass keine Spur von Moses Grab gefunden wurde, als Hinweis für seine „Aufnahme" in den Himmel.
²⁵ Der griechische Ausdruck *syllalountes* („sich besprechen") ist ein Widerhall auf Moses *syllalein* mit Gott in der Septuaginta-Fassung von Ex 34,35 (vgl. auch Sir 45,5).
²⁶ Im Unterschied zu häufig vertretenen Thesen handelt es sich bei dieser Geschichte weder um eine Auferstehungserscheinung, die in das irdische Leben Jesu zurückverlegt wurde, noch um eine Vorwegnahme der *parousia* Jesu als Menschensohn, weil es hier keine Andeutung auf das Gericht oder die Rechtfertigung der Erwählten (vgl. 13,24–27) gibt. Für einen Moment wird der „Schleier" zwischen dem Göttlichen und dem Menschlichen gehoben, um die göttliche Herkunft Jesu zu offenbaren.

Wie in 8,29 ist hier Petrus wieder der Sprecher (V 5). Sein einleitender Ausruf „Rabbi, es ist schön (*kalon*), dass wir hier sind" (V 5 Zürcher Bibel) erfasst wohl kaum die wahre Würde Jesu, die hier offenbar wird. Aber das Wort „schön", das man auch mit „wunderbar" übersetzen kann, verleiht der menschlichen Sehnsucht nach der Schau Gottes und der Gemeinschaft mit dem Göttlichen Ausdruck; es ist eine Erfahrung des „Trostes" höchsten Ausmaßes. Sein Vorschlag, „drei Zelte" (*skēnai* – so auch die Übersetzung von V 5 im Münchener Neuen Testamant) zu bauen, um jeder der drei himmlischen Gestalten ein Heim zu geben, ist der Punkt, an dem er zu straucheln anfängt, wie der Kommentar des Evangelisten über seine Unwissenheit nahelegt (V 6a). Dieses Detail wird zwar ebenfalls verschieden interpretiert,[27] aber das Wort „Zelt" legt ein Bedürfnis nahe, diese wunderbare Erfahrung unbegrenzt zu bewahren, indem Orte bereitgestellt werden, an denen die drei himmlischen Gestalten wohnen können.[28] Petrus hat die Unterweisung Jesu über den teuren „Weg" und das vor ihm liegende Schicksal (8,31) vergessen oder vielleicht nicht wirklich „gehört".

Die überschattende Wolke (V 7) weist auf die Gegenwart Gottes hin und bereitet die feierliche, richtigstellende Erklärung vor. Jesus ist nicht einfach ein „Rabbi": Nein. „Dieser ist mein geliebter Sohn; auf ihn sollt ihr hören." Der wahre Rang Jesu (Geschichte 1), der nur ihm (und den Leserinnen und Lesern) im Anschluss an die Taufe verkündet wurde (1,11), wird jetzt den drei Jüngern bekannt gemacht. Aber sie sollen auch auf das „hören", was er ihnen gesagt hat und was er ihnen weiterhin ungeachtet ihres Unverständnisses sagen wird: Seine unmittelbare Bestimmung ist es zu leiden und zu sterben und am dritten Tage wieder aufzuerstehen (8,31;

---

[27] Für einen kritischen Überblick über die wichtigsten Vorschläge, vgl. Lee, Transfiguration, S. 19–21.
[28] Vgl. Gnilka, Das Evangelium nach Markus II, S. 35; Moloney, Mark, S. 179; Donahue/Harrington, Mark, S. 270; Lee, Transfiguration, S. 20.

9,31 f; 10,32–34). Dies macht deutlich, dass Jesus dieses Schicksal (Geschichte 2) nicht nur als Messias durchmacht, sondern auch als „geliebter Sohn". Was Gott am Ende von Abraham nicht verlangte, nämlich das Opfer seines geliebten einzigen Sohnes (Isaak: Gen 22), wird er sich selbst zur Rettung der Welt abverlangen (vgl. Röm 8,32). Dies ist das Hauptthema, mit dem die Jünger für den Rest des Evangeliums ringen müssen: Wie kann Jesus der Messias sein – und wirklich Gottes geliebter Sohn –, und doch dazu bestimmt sein, am Kreuz zu sterben? Die Verklärung ist also nicht einfach eine Offenbarung des göttlichen Ranges Jesu; es ist eine Offenbarung des tiefgründigen Geheimnisses, das das Herzstück des EVANGELIUMS bildet: Gottes eigene und teure Auseinandersetzung mit dem Bösen in der Welt.

Nachdem die Stimme gesprochen hat, endet die Vision im Gegensatz zum Verlangen des Petrus, diese Erfahrung festzuhalten. Die Jünger schauen umher, finden sich aber in der Gegenwart von „Jesus allein" (V 8), dem ihnen bekannten menschlichen Jesus. Wieder einmal erleben wir die Neigung des Markus, für einen rasch aufeinander folgenden Wechsel zwischen dem Göttlichen und dem Menschlichen zu sorgen (vgl. 4,35–41). Doch alles hat sich gewandelt: Auch wenn die Jünger immer noch um das Verständnis ringen, wissen wir, dass die Erzählung uns auf einen Weg nimmt, den Weg Jesu, der zutiefst in die Schmerzen und die Leiden dieser Welt eintreten wird, um diese zu befreien (10,45), ohne dass sein göttlicher Rang als Sohn Gottes beiseitegeschoben wird, sondern vielmehr im Gehorsam gegenüber dem Vater.[29]

Wie ich gesagt habe, bleibt die Verklärung eine geheimnisvolle Geschichte. Doch handelt sie eher von der Nähe als von der Ferne Gottes. Die „haarfeine" Trennlinie zwischen dem Menschlichen und dem Göttlichen auf dem Berg offenbart eine gleichermaßen haarfeine Linie in der Ebene: Eine Durch-

---

[29] Wieder befinden wir uns in großer Nähe zu der Sicht, die im Christushymnus des Philipperbriefes (2,6–11) ihren Ausdruck findet.

lässigkeit des Göttlichen, die Mystiker und Mystikerinnen im alltäglichen Leben der Menschen entdecken und die die Sakramente der Kirche offenlegen. Manchmal sind wir mit Jesus auf dem Berg, aber die meiste Zeit in der Ebene; was immer wir in einem bestimmten Augenblick fühlen mögen, wir sind niemals wirklich fern von ihm, der die Quelle unseres Lebens und unserer Hoffnung ist.

Der Abstieg vom Berg: „Was ist mit Elija?" (9,9–13)

Während Jesus und seine Jünger vom Berg in die Ebene herabsteigen, hören wir ihnen bei ihrem Gespräch zu. In typischer Weise warnt Jesus sie, nichts von der Vision zu erzählen, „bis der Menschensohn von den Toten auferstanden sei" (V 9). Die Herrlichkeit, deren Zeugen sie werden durften, darf nicht von der Passion und dem Tod getrennt werden, die ihm bald bevorstehen. Die Warnung lässt die Jünger verwirrt darüber zurück, was „von den Toten auferstehen" bedeuten könne (V 10). Die Idee von der Auferstehung ging damals herum und wurde in der jüdischen Welt kontrovers diskutiert, wie die Auseinandersetzung mit den Sadduzäern zeigen wird (12,18–27). Dort, wo diese Idee akzeptiert war, geschah dies als Erwartung einer *gemeinsamen* Auferstehung von den Toten (vgl. Dan 12,1 f), nicht aber als Auferweckung, die vor diesem Ereignis geschieht. Die Jünger, die sich auf die Tradition der Schriftgelehrten berufen, dass Elija kommen müsse, um „alles wiederherzustellen", bevor die Auferstehung stattfinden kann (Mal 4,5 [LXX: 3,23]), fragen, wie die Wiederkunft dieser endzeitlichen Gestalt in das Bild passt, das Jesus gerade skizziert hat (V 11).

In seiner Antwort legt Jesus die Tradition der Schriftgelehrten sowohl mit Blick auf Elija als auch mit Blick auf sich selbst neu aus. In der Gestalt Johannes des Täufers ist Elija *schon* gekommen (V 12a), wie auch die Beschreibung des Täufers am Anfang andeutet (1,2–6), und dieser Elija/Johannes der Täufer hat schon „alles wieder in Ordnung gebracht", und zwar nicht nur durch seine Verkündigung, sondern auch dadurch, dass er das Schicksal desjenigen, dessen „Weg" er bereitete (1,2), durch seine Treue und seinen Tod vorzeichnete (6,17–29). In der Schrift gibt es ebenfalls einen Beleg für das Leiden und die Ablehnung des Menschensohnes (V 12b), wenn die Gestalt, die in Dan 7,13 f als „einer wie ein Menschensohn" beschrieben wird, in dem Sinn verstanden wird, dass es sich um einen einzelnen Menschen handelt, der nach seiner Treue in großen Leiden Herrlichkeit und Herrschaft empfängt. Im Schicksal Elijas/Johannes des Täufers ist schon geschehen, was die Schrift vorausgesagt hatte, und dies wird wieder in Jesu Schicksal als dem Menschensohn geschehen.[30] Wie Elija und wie der Täufer folgt Jesus dem Muster, dass nach der Treue im Leiden die Rechtfertigung kommt, die Daniel für den Menschensohn vorausgesagt hatte. Der in der Schrift angedeutete endzeitliche „Plan" ist gerade dabei, umgesetzt zu werden.

Jesus befreit einen besessenen Jungen, dem seine Jünger nicht helfen konnten (9,14–29)

Als Jesus mit seinen drei Gefährten wieder zur Gruppe der restlichen Jünger hinzustößt, wird er unmittelbar an die andauernde Herrschaft Satans über die Welt erinnert. Im Unterschied zu den früheren Austreibungsgeschichten liegt der Schwerpunkt dieser Geschichte in Übereinstimmung mit dem alles bestimmenden Thema des zweiten Teils des Evangeliums

---

[30] Vgl. Moloney, Mark, S. 182, dessen Ausführungen zu dieser Stelle im Licht von Dan 7,13 f ich viel verdanke.

auf der Unfähigkeit der Jünger, in dieser Situation Abhilfe zu schaffen, nämlich irgendwie dem Vater zu helfen, dessen Sohn von einem sehr gewalttätigen Dämon besessen ist. Angesichts dieses Bösen sind sie machtlos, weil sie zu der „ungläubigen Generation" gehören (V 19), während – wie Jesus betont (V 23) – denjenigen „alles möglich ist", die glauben.[31] In einem bewegenden Austausch mit dem Vater des Jungen (V 24) sorgt Jesus für das nötige Umfeld des Glaubens. Dies ermöglicht die Austreibung des Dämons und die Rettung des Jungen vor seinem – aus der Perspektive der Zuschauenden – kurz bevorstehenden Tod (V 26).

Auch wenn es sich hier um Hauptthemen handelt, ist die Geschichte selbst weitschweifig und vertrackt.[32] Wie bei ähnlich langen Erzählungen im Markusevangelium, besonders der Geschichte vom Besessenen in Gerasa (5,1–20), gibt es nichtsdestotrotz eine Fülle von Einzelheiten und anderen Elementen, die ansprechend und unwiderstehlich sind. Als Leserinnen und Leser sind wir unmittelbar vom Schmerz des Vaters berührt, wenn er ausführlich die Symptome des Zustands seines Sohnes beschreibt (V 18)[33] und Jesus bittet, Mitleid zu zeigen

---

[31] Viele Exegetinnen und Exegeten entdecken in dieser Aussage zumindest einen anfänglichen Hinweis auf Jesu eigenen Glauben; so Gnilka, Das Evangelium nach Markus, Bd. 2, S. 48 + 50; Hooker, Saint Mark, S. 224; Moloney, Mark, S. 184. Allerdings „… die Macht, die Jesus besitzt, hat er aufgrund seines Ranges als Sohn Gottes und Messias, nicht aufgrund seiner Glaubensbeziehung zu Gott" (Nineham, Saint Mark, S. 247). Jesus ermahnt den Vater des Jungen, Glauben zu haben.

[32] Die Menge scheint zweimal einzutreffen (V 15 und V 25); das mit der Besessenheit des Jungen verbundene „Krankheitsbild" wird zweimal in allen Einzelheiten wiederholt (V 18 und VV 21b-22a); die Schriftgelehrten, die am Anfang erwähnt werden (V 14), spielen keine weitere Rolle. Diese Unebenheiten sind wahrscheinlich der Tatsache geschuldet, dass Markus sich auf mehr als eine Überlieferung verließ, oder auch dass er in die vorgefundene Grunderzählung der Wundergeschichte die Jünger und ihre Unfähigkeit einfügte; vgl. ferner Moloney, Mark, S. 182 f, Fußnote 50.

[33] Es ist schon lange anerkannt – als erstem von Matthäus (17,15) –, dass der Junge an einem schweren epileptischen Zustand leidet, der in der

(V 22b).³⁴ Als der vom Dämon besessene Junge Jesus erblickt, reagiert er heftig. Angesichts dessen wirkt Jesu Reaktion zunächst kühl und nüchtern: „Wie lange hat er das schon?" (V 21a). Dies entlockt dem Vater eine zweite Beschreibung des Verhaltens des Jungen, die die ausgesprochen zerstörerische Natur des Dämons in seinem Versuch deutlich macht, den Jungen zu verbrennen oder ihn zu ertränken (V 22a; vgl. 5,5.13). Unser Mitgefühl erreicht seinen Höhepunkt als er, der mit Jesu doch leicht gereizter Forderung nach Glauben ringt (V 23), in Qualen schreit: „Herr, ich glaube; hilf meinem Unglauben." (V 24). Dieser Schrei, der schon lange ein Trost für diejenigen ist, die mit ihrem Glauben ringen, erkennt an, dass Jesus die Lösung aller Aspekten des Problems ist: Er hat nicht nur die Macht, die Dämonen auszutreiben, er kann auch die Tiefe des Glaubens bewirken, die notwendig ist, um diese Macht in die jeweilige Notlage zu leiten. Der Glaube des Vaters mag klein sein, aber zumindest schaut er in der richtigen Richtung nach Hilfe aus.

Die Austreibung selbst folgt dem vertrauten Muster der vorher im Evangelium beschriebenen Austreibungen (1,21–28; 5,1–20). Jesus „droht" dem „unreinen Geist" und befiehlt ihm, das Kind zu verlassen und nie mehr in es zurückzukehren (V 25).³⁵ Der Dämon zieht nicht schweigend ab: Mit Geschrei unternimmt er einen letzten Versuch, den Jungen zu zerstören,

---

antiken Welt als dämonische Besessenheit gedeutet wurde. Diese Zuordnung, die durch die medizinische Wissenschaft völlig überholt ist, verlangt einen sorgfältigen Umgang mit der Geschichte, damit den heute Erkrankten und den für diese Sorgenden keine weiteren Lasten und Schmerzen auferlegt werden; zu dieser pastoralen Frage, vgl. Donahue/Harrington, Mark, S. 281 f.
³⁴ Wörtlich: „Mitleid (*splangchnistheis*) mit uns haben"; das Pronomen in der ersten Person Plural ist ein Hinweis darauf, dass sich der Zustand des Jungen auf die ganze Familie auswirkt.
³⁵ Seltsamerweise legt die Erzählung nahe, dass Jesus angesichts der zusammenkommenden Menge (als wäre die vorherige Menge zwischenzeitlich irgendwie verschwunden – VV 14 f) anfängt, mit dem Dämon zu verhandeln. Wie im Fall der Erweckung der Tochter des Jaïrus will Jesus

und zerrt ihn so heftig bei seinem Weggang (vgl. 1,26), dass viele den Eindruck gewinnen, der Junge sei gestorben. Jesus nimmt ihn an der Hand und richtet ihn wieder auf, so dass er aufstehen kann (V 27). Wieder einmal, wie im Fall der Tochter des Jaïrus (5,35–43), ist Jesus in das Reich der „Unreinheit" und des Todes vorgedrungen. In einem Familienumfeld des Glaubens hat er einen jungen Menschen ergriffen, ihn der Gewalt des Todes entrissen und ihn „auferstehen" lassen, damit er an seinem eigenen auferstandenen Leben teilhat.[36]

Einem Standardmuster des Evangeliums folgend, kommt die Geschichte zu einer Art Abschluss, als die Jünger Jesus „im Haus" (V 28) fragen, warum sie unfähig waren, den Dämon auszutreiben. Angesichts der Bedeutung, die die Notwendigkeit des Glaubens bisher in der Geschichte hatte, erwarten wir vielleicht, dass seine Antwort diesen Aspekt unterstreichen wird. Stattdessen spricht er vom Gebet. Diese Antwort ist nicht so überraschend, wenn wir uns vor Augen halten, dass das Gebet die erste Übung des Glaubens und ein Versuch ist, das eigene Leben und Handeln vollständig auf den Plan Gottes und seine Macht auszurichten. Wir haben gesehen, wie Jesus sich zum Gebet zurückzog (1,35; 6,46), bevor er sein Wirken und seinen Kampf mit dem Satan wieder aufnahm. Wenn die Jünger in der Zeit, in der Jesus tatsächlich nicht mehr länger bei ihnen ist (vgl. V 19c), sein Werk weiterführen, Menschen für das Leben des Reiches Gottes zu gewinnen, dann wird die Art des Zugangs zur Macht Gottes, die das Gebet bewirkt, unentbehrlich sein (vgl. Eph 6,10–20).

---

vielleicht den Jungen eher in einer häuslichen als in einer öffentlichen Umgebung heilen (vgl. 5,37).
[36] „Wenn die Wundergeschichte an ihr Ende kommt, erschallt die christliche Sprache der Auferstehung" (Moloney, Mark, S. 185.).

Die Unterweisung der Jünger auf dem „Weg" (9,30 – 10,52)

Jetzt (V 30a) beginnt Jesus den langen Weg nach Süden, der ihn am Ende nach Jerusalem bringen wird. Er durchquert Galiläa, das bisher die Stätte seines öffentlichen Wirkens war, tut dies aber im Stillen. Er vermeidet öffentliche Aufmerksamkeit, um sich auf das zu konzentrieren, was jetzt seine Hauptaufgabe ist: die Unterweisung der Jünger (VV 30b–31a).

Die zweite Leidensankündigung und eine Lehre für die Jünger über den demütigen Dienst (9,30–37)

Wieder einmal geht es bei der Unterweisung um das Schicksal, das ihn als Menschensohn erwartet (Geschichte 2): dass der Menschensohn in die Hände der Menschen ausgeliefert[1] und getötet wird, nach drei Tagen aber auferstehen wird (V 31b). Für diese Wahrheit sind die Jünger weiterhin unempfänglich, und „sie verstanden das Wort nicht, fürchteten sich jedoch, ihn zu fragen" (V 32). Sie verstehen zwar ansatzweise, was er sagt, menschlich verständlich schrecken sie jedoch vor der vollen Erkenntnis dieser unangenehmen Wahrheit zurück. Sie ziehen es vor, sich an die aufregenden Aussichten für ihre Zu-

---

[1] Wie ich im Zusammenhang mit der „Auslieferung" des Täufers in 1,14 angemerkt habe, hat das griechische Verb *paradidōmi* eine Vielfalt von Bedeutungen, zu denen sowohl „ausliefern" als auch „verraten" gehört und kann entsprechend auch im Passiv, wie hier gegeben, sowohl den Verrat des Judas als auch die göttliche Absicht (*passivum divinum*) einschließen, die hinter all dem menschlichen Handeln in Jesu Passion und Tod wirksam ist.

kunft zu klammern, die ihnen als enge Vertraute des (im üblichen Sinn verstandenen) Messias verheißen sind.

Ein dazugehöriger Aspekt ist der Inhalt des Streits, den sie „auf dem Weg" haben (VV 33f Lutherbibel). Sie streiten darüber, wer von ihnen der Größte ist – und sich damit in der Spitzenposition befindet, wenn es darum geht, eine führende Rolle im kommenden messianischen Reich zu spielen. Nichts könnte wohl dem, was Jesus sie zu lehren versucht hat, mehr entgegengesetzt sein. Wegen ihrer Schuld entsteht dieses halbwissende Schweigen, als Jesus sie im Haus in Kafarnaum nach dem Inhalt ihrer Unterredung fragt.

Jesus setzt sich in Reaktion darauf nieder (die Haltung des Lehrens), ruft die Zwölf – also die Führungsgruppe – zusammen und legt ihnen das Prinzip dar, das die Ausübung von Leitung in seiner messianischen Gemeinde prägen soll: Wer der Erste sein will, muss der Letzte von allen und der Diener (*diakonos*)[2] aller sein (V 35). Er veranschaulicht seine Belehrung (V 36), indem er ein Kind des Hauses nimmt und es vor sie alle hinsetzt. Er legt seine Arme um das Kind und macht dann eine ungewöhnliche Aussage darüber, mit wem er sich identifiziert: „Wer ein solches Kind in meinem Namen aufnimmt, nimmt mich auf; und wer mich aufnimmt, der nimmt nicht nur mich auf, sondern den, der mich gesandt hat" (V 37)[3].

---

[2] Im Griechischen ist ein *diakonos* jemand, der für jemanden etwas auf Befehl eines Dritten ausführt. In der parallelen Stelle Mk 10,41–45 wird Jesus seine Sendung so beschreiben: „Der Menschensohn ist nicht gekommen, um sich dienen zu lassen (*diakonēthēnai*), sondern um zu dienen (*diakonein*)."

[3] Dieses Wort wäre vielleicht passender in der zweiten Unterweisung Jesu über Kinder platziert (10,13–16), d.h. nach 10,14, während die Aussage über die Aufnahme des Gottesreiches wie ein kleines Kind (10,15) in dieser Unterweisung passender wäre und 9,37 ersetzen würde (in der matthäischen Parallele: 18,1–5). Morna Hooker (Saint Mark, S. 228) schlägt vor, dass diese beiden Worte versehentlich während der mündlichen Phase der Überlieferung vertauscht wurden. Beide Perikopen sind aber auch sinnvoll in ihren jetzigen Fassungen.

Um die volle Macht dieser Handlung Jesu zu erfassen, müssen wir die Idealisierungen der Kindheit vergessen, die im 19. Jahrhundert entstanden sind. Zweifelsohne waren in der Welt der Antike Kinder für ihre Eltern wertvoll, aber darüber hinaus hatten sie keinen gesellschaftlichen Rang oder Wert; bevor sie erwachsen wurden, waren sie *nobodies*.[4] Für jemanden, der nicht zur Familie gehört, ein Kind „aufzunehmen" hieße, die vorherrschenden Werte und gesellschaftlichen Gepflogenheiten auf den Kopf zu stellen; es würde verlangen, die eigenen Vorstellungen über die eigene Bedeutung und den Rang als Erwachsenen beiseite zu schieben und dem Kind als Gleichem zu begegnen, von „Kind" zu Kind. Das, so sagt Jesus, müssen seine Jünger „üben". Dies zu tun bedeutet, ihn aufzunehmen, und nicht nur ihn, sondern den Vater, der den Hintergrund seines ganzen Lebens und seiner ganzen Sendung bildet, die eben nicht von Vorherrschaft und Bedient-Werden beherrscht sind, sondern vom Dienst, der dazu bestimmt ist, im höchsten „Dienst" (*diakonia*) der Lebenshingabe als Lösegeld für viele (10,45), seinen Höhepunkt zu finden.

Es ist schwer, diese Geste der göttlichen Identifizierung mit einem Kind zu übertreiben. Das stellt nicht nur das Messiasverständnis der Jünger in Frage, sondern trifft das Zentrum ihres – und unseres – Gottesbildes. Müssen wir uns Gott als einen außerirdischen Herrscher vorstellen, dem nur Furcht und Dienst entgegengebracht werden dürfen? Oder wird Gott durch Jesus als der Gott offenbar, dessen vorrangige Geste gegenüber den Menschen die eines Dienenden ist, eines Menschen, der in Gestalt eines Kindes zu uns kommt? Machtvoller als irgendein Wort es ausdrücken könnte, zeigt Jesu Umarmung eines Kindes vor allen Jüngern den Wert eines jeden Menschen für Gott, unabhängig wie klein oder unbedeutend dieser Mensch auch sein mag. Wir alle werden – in unserer „Kleinheit" eher als in unseren Erfolgen – jetzt von Gott umarmt.

---

[4] Vgl. Gnilka, Markus II, S. 57; Donahue/Harrington, Mark, S. 285.

Diese Lektion – die Infragestellung der weltlichen Werte und Wertschätzungen –, die für die Jünger so schwierig ist, fordert die Kirche zu jeder Zeit heraus. Nach den frühen Jahrhunderten der Verfolgung stieg die Kirche zur Zeit des Kaisers Konstantin (frühes viertes Jahrhundert) aus den Katakomben auf, um viele der Insignien und Funktionen römischer Amtsträger anzunehmen. Wir sind nun Zeugen des Endes der „Konstantinischen Kirche", in der den führenden Männern in der Kirche Status und Ehrenzeichen zugestanden wurden, die mehr die weltliche Macht widerspiegeln als die Werte Jesu, und in der die Institution selbst in die gesellschaftlichen Strukturen hineinverflochten war. Der Schmerz, der mit dem Verlust von Status und Ehre einhergeht, ist vielleicht vergleichbar der Erfahrung der Jünger Jesu, die sowohl darum rangen, ihn zu hören, als auch dem zu widerstehen, was er sagte. Wie sie befinden wir uns alle mit Jesus auf dem Weg nach Jerusalem.

Gutes außerhalb und Anstößiges in der Gemeinde (9,38–50)

An dieser Stelle zeigt das Evangelium, wie Jesus seine Jünger über eine Vielzahl von Themen unterweist oder korrigiert, die zunächst einmal sehr unverbunden miteinander scheinen. Eine genauere Untersuchung legt offen, dass bestimmte Unterweisungen durch eine Anzahl von Begriffen und Wendungen miteinander verbunden sind, die sie gemeinsam haben: „Name" (VV 37, 38 + 42), „Kinder/Kleine" (VV 37 + 42), „Ärgernis" (VV 42 + 43–47), „Feuer" (VV 48 + 49) und „Salz" (VV 49 + 50).[5] Vermutlich dienten diese Verbindungen als Gedächtnisstützen für die Katecheten in der mündlichen Phase der Überlieferung. Auch wenn die Verbindungen und damit der Gedan-

---

[5] Für eine vollständige Darlegung dieses Musters, siehe Taylor, St. Mark, S. 409.

kengang in dieser Hinsicht künstlich sind, lässt sich der ganze Abschnitt in zwei Hauptteile aufgliedern: Die Unterweisung in den VV 38–41 handelt von dem Guten *außerhalb* der Gemeinde, während die VV 42–50 vor den ernsten Konsequenzen des Bösen (Anstoß – *skandalon*) *innerhalb* der Gemeinde warnen.

Johannes, der Sohn des Zebedäus, der nur bei dieser Gelegenheit als Einzelperson herausgehoben wird, und der – wie Petrus in 8,29 – im Namen aller spricht, lenkt Jesu Aufmerksamkeit auf die Tatsache, dass die Jünger, als sie jemanden sahen, der im Namen Jesu Dämonen austrieb, versuchten, dies zu beenden. Sie handelten so, weil „er nicht zu ihnen gehört" (vgl. V 38). Statt einer Anerkennung, die sie wahrscheinlich für ihren Einsatz erwarteten, erhalten die Jünger von Jesus einen sanften Tadel (V 39). Ihn kümmert es nicht, wenn sein Name von anderen für einen guten Zweck benutzt wird; es ist unwahrscheinlich, dass so jemand schlecht über ihn redet (V 40a). Hauptsache, Menschen werden aus der Macht des Satans befreit und für die Fülle des Lebens gewonnen, die mit dem Kommen des Reiches Gottes verbunden ist.[6] Im Gegensatz dazu zeigt die Handlung der Jünger, dass es ihnen weniger um das objektiv Gute geht, das geschieht, als dass sie sich vielmehr darum sorgen, dass ein Fremder Nutzen aus dem zieht, was sie als ihr Vorrecht und ihren Besitz betrachten: die „Marke" Jesus.

Nach einer eher allgemein gehaltenen Grundregel (V 40) bekräftigt Jesus seine Lektion, indem er auf Fremde verweist, die den Mitgliedern der Gemeinde (wahrscheinlich sind hier Wandermissionare besonders im Blick) einen Becher Wasser

---

[6] Num 11,25–29 bietet ein lehrreiches biblisches Vorbild für diese Geschichte. Diese Stelle erzählt von einer ähnlich fehlgeleiteten Reaktion Josuas, als zwei Männer (Eldad und Medad), die nicht zu den designierten siebzig Ältesten gehören, die Mose helfen sollen, den gleichen Prophetengeist wie die Siebzig zeigen. Die Großherzigkeit des Mose steht im Gegensatz zu dieser Reaktion.

zu trinken geben, „weil ihr zu Christus gehört"[7] (V 41). Solche Fremde erwiesen anderen den Dienst, der ein Merkmal all derjenigen sein soll, die Jesus nachfolgen. Die „Belohnung", die jemandem (beim Gericht) zugesprochen wird, richtet sich nicht danach, ob jemand innerhalb oder außerhalb der Gemeinde ist, sondern ob jemand den Dienst tut, der von der Gemeinde erwartet wird.

Beide Teile der Unterweisung Jesu zusammengenommen zeigen eine bemerkenswerte Offenheit für die Möglichkeit von gutem Handeln und wirksamem Dienst außerhalb der Jüngergemeinde im strengen Sinn. Sie laden die Jünger ein, den Blick von ihrem Verständnis der Unterschiedenheit und Bevorzugung abzuwenden und bereit zu sein, gutes Handeln, wo immer es getan wird, zu entdecken und sich daran zu erfreuen. Das heißt nicht, die Bedeutung, mit Jesus verbunden zu sein, herunterzuspielen. Vielmehr gilt es zu betonen, dass die höchste Bedeutung dieser Zugehörigkeit darin liegt, für den teuren Dienst bereit zu sein, statt sich auf Privilegien und Macht auszuruhen.

Soweit über das *Gute außerhalb* der Gemeinde. In ausgleichender Weise wenden sich die verbleibenden Unterweisungen (VV 42–50) der Frage des *Bösen* zu, das *innerhalb* der Gemeinde vorkommen kann. Jede Gemeinde besteht aus Starken und Schwachen sowie aus Menschen, deren Glaube schon reif ist, und Menschen, deren Glauben sich noch im Wachstum befindet. „Diese Kleinen" (V 42) sind entweder Kinder oder einfach die eher Schwachen im zweiten Sinn: Jene, deren Glauben – und von daher auch deren Heil – „skandalisiert" werden kann, d. h. dass deren Glauben durch ein schlechtes Beispiel oder durch ausbeutendes Verhalten seitens der stärkeren Gemeindemitglieder gefährdet werden kann.[8] Vorausgesetzt

---

[7] Der einzigartige Verweis auf „Christus" im Sinne eines Nachnamens für Jesus spiegelt den Gebrauch in der späteren christlichen Gemeinde wider.
[8] „Skandalisieren" bzw. „Anstoß erregen" (gr.: *skandalizein*) heißt im

wird hier eine Ansicht, der Paulus einen unvergesslichen Ausdruck verleiht: „Das Leben und der Tod eines jeden von uns beeinflusst andere Menschen"[9] (Röm 14,7). Die Vorstellung, dass Fehlverhalten nicht einfach nur eine Privatangelegenheit, sondern ein Gemeindethema ist, begründet sich aus der Ernsthaftigkeit der Alternative, die Jesus mit prophetischer Übertreibung als die bessere darstellt: an einen massiven Stein gefesselt und ins Meer geworfen zu werden.[10]

Die folgenden Aussagen (VV 43–48),[11] die empfehlen, bestimmte Körperteile zu opfern (die Hand – V 43, den Fuß – V 45, das Auge – V 47)[12] setzen das Thema „Anstoß geben" fort, konzentrieren sich aber auf die Auswirkungen für die Handelnden selbst, die Anstoß zum Ärgernis geben, statt auf die Auswirkungen für die von den Handlungen den Betroffenen. Im Blick scheint wohl eine medizinische Operation zu stehen, bei der ein erkranktes Körperteil geopfert wird, um den ganzen Körper zu retten.[13] Das dahinterstehende Prinzip – die Opferung eines Teils zur Rettung des Ganzen – wendet

---

biblischen Sinn wörtlich, ein Hindernis (*skandalon*) einem Menschen in den Weg legen, damit dieser fällt. Hier bedeutet es, aus der Heilsgemeinde herauszufallen.

[9] [Anmerkung des Übersetzers: Brendan Byrne zitiert im Original ausdrücklich die englische Übersetzung der Jerusalemer Bibel. In der Einheitsübersetzung wird dieser Vers wie folgt übersetzt: „Denn keiner von uns lebt sich selber, und keiner von uns stirbt sich selber."]

[10] Der griechische Ausdruck *mylos onikos* (wörtlich: „Mühlstein eines Esels") verweist auf den mächtigen Oberstein einer Mühle, der von einem Esel bewegt wird. Einen Menschen zu ertränken, indem ein massiver Stein an ihm befestigt wird, war eine römische Hinrichtungsart.

[11] VV 44 und 46, die nach VV 43 + 45 das Zitat Jes 66,24 in V 48 ebenfalls enthalten, sind in den frühen Handschriften nicht bezeugt und werden im allgemeinen als nicht ursprünglich betrachtet; vgl. Donahue/Harrington, Mark, S. 288.

[12] Die Auswahl der Körperteile mag durch Ijob 31 (V 1: Augen, V 5: Füße, V 7: Herz, Augen und Hand) beeinflusst sein.

[13] Eine Auslegungsmöglichkeit ist auch die römische Strafpraxis, bei der ein Delinquent, der zum Tode verurteilt wurde, das Leben retten konnte, indem er sich für bestimmte körperliche Verstümmelungen entschied.

Jesus auf den Gewinn und den Verlust des ewigen Leben („in das Reich Gottes kommen" – V 47) an. Die vorgeschlagenen drastischen Maßnahmen sind sicherlich nicht dazu gedacht, im wörtlichen Sinne ausgeführt zu werden, aber die prophetische Schärfe im Ton und besonders die wiederholte Erwähnung des negativen Schicksals – in die „Gehenna" mit ihrem unauslöschlichen Feuer zu kommen (am Ende noch verstärkt durch das Zitat aus Jes 66,24) – fordern die modernen Leserinnen und Leser heraus.[14] Jesus muss zugestanden werden, aus dem den Hintergrund seiner Verkündigung bildenden apokalyptischen Weltbild seiner Zeit heraus und mit einer prophetischen Schärfe zu sprechen, die sich von der Ernsthaftigkeit der hier zur Debatte stehenden Fragen ableitete. Anstatt sich einfach nur auf die negativen Aspekte zu konzentrieren, ist es vielmehr wichtig zu erkennen, was in dieser Weise so kräftig *bestätigt* wird: das Leben im Reich Gottes als oberster Wert.[15] Das eigene Heil und das der anderen Gemeindemitglieder ist von solch überragender Bedeutung, dass man bereit sein muss, energisch gegen die eigenen Interessen oder Versuchungen vorzugehen, um es nicht zu verlieren.

Die hinzugefügten Aussagen über Feuer und Salz (VV 49f) gehören zu den am meisten verwirrenden im Neuen Testa-

---

[14] „Gehenna" meinte ursprünglich das Hinnomtal, das südwestlich von Jerusalem gelegen ist. Während der frühen Königszeit ein Ort für verbotenen heidnischen Kult, wurde es unter dem Reformkönig Josija die Müllgrube der Stadt. Die Tatsache, dass dort beständig Feuer brannten, machten es zu einem Inbegriff für den Ort, wo die Übeltäter ihre Strafe erfuhren. Hier muss festgehalten werden, dass im Bild das Feuer beständig ist („unauslöschlich"), aber nicht die Strafe; die Existenz der Übeltäter, die einst für die Gehenna bestimmt waren, hört einfach auf; vgl. Moloney, Mark, S. 191, Fußnote 94. Die „Gehenna" und besonders im vorliegenden Abschnitt die Verweise auf die „Feuer" dürfen nicht einfach mit dem traditionellen christlichen Verständnis von „Hölle" identifiziert werden, das in den vergangenen Jahren bemerkenswerte Neuinterpretationen erfahren hat; vgl. Anthony Kelly, Eschatology and Hope, New York: Maryknoll 2006.
[15] Vgl. Gnilka, Markus II, S. 66; Moloney, Mark, S. 191.

ment; ihre Bedeutung ist vielleicht hoffnungslos verloren.[16] Das Wort „Salz" kann wegen dessen reinigenden und konservierenden Eigenschaft benutzt worden sein, und „Feuer" kann vielleicht eine Metapher für die mit Verfolgungen verbundenen Herausforderungen sein oder aber für die zunehmende Not, die im Vorfeld des endgültigen Siegs der Herrschaft Gottes erwartet wurde. Wenn, wie in Mt 5,13, „Salz" die Qualität einer Gemeinde im Unterschied zum Lebensstil der sie umgebenden Welt meint, dann kann die Aussage „Jeder wird mit Feuer gesalzen" den Sinn haben, dass das Feuer der Verfolgung die Qualität der Gemeinde ernsthaft erprobt und dass dies die Art von Opfern verlangt, die in den vorangegangenen Warnungen angesprochen wurden (VV 43–48). Die abschließende Ermahnung (V 50c–d) kann dann folgenden Sinn haben: Wenn ihr, bei allen Opfern, die damit verbunden sind, diese Lebensqualität bewahrt, werdet ihr ungeachtet alles anderen miteinander in Frieden leben; die Kleinen werden nicht „skandalisiert" (V 42).

Über Ehe und Scheidung
(10,1–12)

Nachdem er Galiläa jetzt verlassen hat, setzt Jesus seinen Weg nach Judaä im Süden fort und nimmt dabei die Route östlich des Jordan (V 1a).[17] Seine Anwesenheit zieht die Menschen an, und er beginnt, sie zu lehren, „wie er es gewohnt war" (V 1b). Dieser Bericht über seine sich an alle richtende Lehre (vermutlich die Verkündigung des Reiches Gottes – 1,14 f) kommt

---

[16] Eine gute Erörterung dazu findet sich bei Hooker, Saint Mark, S. 233.
[17] Wie so oft ist der geographische Hinweis bei Markus ungenau und vom Text her unsicher. Ich habe den Vorschlag aufgegriffen, dass Jesus die Südroute nimmt, mit der er vermeidet, durch Samaria zu ziehen; für weitere Möglichkeiten siehe Donahue/Harrington, Mark, S. 292, und in erschöpfender Genauigkeit Taylor, St. Mark, S. 416 f.

überraschend, weil seine Hauptsorge jetzt, wie wir lesen konnten (9,30–31a), die Unterweisung seiner unmittelbaren Jünger ist. Aus dem gleichen Grunde hätte auch die Frage über die Scheidung, die ihm einige Pharisäer[18] jetzt stellen, um ihn zu erproben (V 2), ihren Platz während seines Wirkens in Galiläa vor dem „Scheidepunkt" in Cäsarea Philippi (8,27–30) finden können. Wie ganz häufig bei Markus (vgl. 4,10; 9,28) folgt nach der Diskussion mit den Pharisäern eine eher private Unterweisung der Jünger (VV 10–12), so dass man in diesem Sinn feststellen kann, dass die Geschichte einem Muster folgt. Ein ähnliches Muster wird bei der Belehrung über den Reichtum und vergleichbare Anhänglichkeiten folgen, die durch die Frage eines reichen Mannes ausgelöst wird (10,17–31). Beide Abschnitte des Evangeliums handeln von Bereichen des menschlichen Lebens – Treue in der Ehe und Anhänglichkeit an Reichtum –, und beide Abschnitte legen Standards für die Gemeinde des Gottesreiches, die weit über die Standards der die Gemeinde umgebenden Gesellschaft hinausgehen, egal ob es sich um das Palästina der Zeit Jesu, die weite griechisch-römische Welt zur Zeit der Abfassung des Evangeliums oder um die Gesellschaften handelt, in denen die Leserinnen und Leser heute leben. Beide Abschnitte berühren Aspekte des Lebens, in denen der Preis der Nachfolge, den Jesus seinen Jüngern deutlich machen möchte (8,31 f. 34 f; 9,31), gleichsam von der Theorie in die Praxis übergeht.[19] In diesem Sinn haben beide Abschnitte ihren passenden Platz in diesem Teil des

---

[18] Eine ausdrückliche Erwähnung der „Pharisäer" fehlt in einigen frühen Handschriften, was einige Exegetinnen und Exegeten dazu bringt, sie als einen Import aus Mt 10,3 zu betrachten. Allerdings sind die Pharisäer nicht von der Bühne verschwunden, und sie werden zurückkehren, um ihn zusammen mit den Herodianern in der Auseinandersetzung über die Frage, ob man dem Kaiser die Steuern zahlen darf (12,13), wieder „auf die Probe zu stellen".
[19] Vgl. Nineham, Saint Mark, S. 260 (Fußnote); Moloney, Mark, S. 192 f.

Evangeliums, in dem die Unterweisung der Jünger das Hauptanliegen ist.

Das Gesetz des Mose enthält Regelungen für die Scheidung, wobei die Initiative ausschließlich beim Mann liegt, dem erlaubt ist, seine Frau mit einem Scheidebrief wegzuschicken, wenn ihm irgendetwas an ihr nicht gefällt (Dtn 24,1). Zur Zeit Jesu ging die Diskussion im Judentum nicht um die Erlaubtheit der Scheidung als solcher, sondern um die Gründe, aufgrund derer der Mann behaupten durfte, dass seine Frau ihm nicht mehr gefällt, um so ihr Wegschicken zu rechtfertigen.[20] Wenn also die Pharisäer an Jesus herantreten und ihn zur Erlaubtheit der Scheidung als solcher befragen (V 2), dann scheinen sie aufgrund ihnen schon vorliegender Kenntnisse zu handeln, dass er diese ablehnt,[21] und stellen ihm so, wie die Bemerkung über die „Erprobung" deutlich macht, eine Falle: Sie wollen ihn als jemanden enttarnen, der sich im Widerspruch zum mosaischen Gesetz befindet.

Für ihre Strategie erweist sich Jesus als mehr als nur ein ebenbürtiger Gegner. Er bittet sie zu zitieren, was Mose ihnen „gebot" (*eneteilato* – V 3). Daraufhin benennen sie, was Mose „gestattete" (*epetrepsen*) und zitieren Dtn 24,1 („einen Scheidungsbrief auszustellen und die Frau aus der Ehe zu entlassen"). Der Unterschied zwischen den beiden Verben ist entscheidend. Jesus hat sie dazu gebracht, ausdrücklich zuzugeben, dass die ganze Sache mit der Scheidung nicht etwas ist, das Mose „geboten", sondern das er einfach nur „ge-

---

[20] Bei dieser Diskussion handelt es sich um einen klassischen Konfliktfall zwischen der Schule des Rabbi Schammai, der zu den Gründen eine strengere Haltung einnahm, und der des Rabbi Hillel, der eine liberalere Position bezog. Die ganze Lage wird mit bewundernswerter Klarheit in Donahue/Harrington, Mark, S. 296 f dargelegt. In der matthäischen Parallele (19,1–12) versuchen die Pharisäer, Jesus in diese Auseinandersetzung hineinzuziehen, statt ihn zur Frage der Erlaubtheit als solcher herauszufordern.
[21] Vgl. Gnilka, Markus II, S. 71; Moloney, Mark, S. 194; Donahue/Harrington, Mark, S. 293 und S. 295.

stattet" hat.²² Das heißt, das mosaische Gesetz nahm die Scheidung als Lebenswirklichkeit hin und führte etwas ein, was man modern ausgedrückt als „Verfahren zur Schadensbegrenzung" in dem Sinn bezeichnen kann, dass versucht wird, die Rechte der Frauen zu schützen, die sonst der Verdächtigung ausgesetzt wären, sich untreu verhalten zu haben.²³ Nach Jesu Ansicht ist dieses mosaische „Zugeständnis" eine fragwürdige Ausnahmegenehmigung, bei der die Herzenshärte vorherrscht (V 5) – eine Härte, die sich darin zeigt, dass eine Maßnahme (der Scheidungsbrief), die dazu gedacht war, Frauen vor dem herzlosen Ausführen eines Brauches zu schützen, sich nun ausschließlich nach dem Willen und dem Vergnügen des Mannes ausrichtet. Diese „Herzenshärte" ist charakteristisch für die Missstände bei den Menschen, die die Herrschaft Gottes beseitigen möchte, um dem ursprünglichen Plan des Schöpfers wieder Geltung zu verschaffen. Daher Jesu Berufung (VV 6–8) auf den Schöpfungsbericht (Gen 1f), in dem dieser ursprüngliche Plan niedergelegt ist. Gott erschuf sie „männlich und weiblich" (Gen 1,27) und „darum²⁴ wird der Mann Vater und Mutter verlassen (und hängt seiner Frau an)²⁵, und die zwei werden ein Fleisch sein" (VV 7f). Jesus schließt also die Scheidung mit der Begründung aus: „Was Gott (in der Schöpfung) verbunden hat, das darf der Mensch nicht trennen" (V 9). Gegenüber der mosaischen Gesetz-

---

²² Vgl. Donahue/Harrington, Mark, S. 293.
²³ Wie Dtn 24,2–4 zeigt, ist die Hauptabsicht der deuteronomistischen Gesetzgebung tatsächlich einen Missbrauch zu verhindern, wenn ein Mann versuchte, seine Frau zurückzuholen, die er entlassen hatte und die die Frau eines anderen Mannes geworden war, der sie wiederum entlassen hatte.
²⁴ Jesus bezieht die Erklärung in Gen 2,24 auf den ersten Schöpfungsbericht (1,27) statt auf den Bericht von der Erschaffung der Frau aus der Seite des Mannes wie im Bericht Gen 2,21–24; vgl. Nineham, Saint Mark, S. 265.
²⁵ Man geht allgemein davon aus, dass dieser Teil des Zitats aus Gen 2,24 versehentlich in der Überlieferung der Handschriften herausgefallen ist; vgl. Hooker, Saint Mark, S. 236.

gebung, deren Ziel die Schadensminimierung innerhalb einer sündhaften, den Mann begünstigenden Ausnahmegenehmigung war, führt Jesus im Namen des Reiches Gottes das ursprüngliche Ideal wieder ein, in der die Ehe eine unzertrennliche Einheit einer gegenseitigen Gemeinschaft ist. Anders als seine Gegner gehofft haben, ist er nicht in die Falle gelaufen, das mosaische Gesetz zu ignorieren.[26] Stattdessen deutet er es im Lichte des ursprünglichen Willens des Schöpfers, der im Buch Genesis niedergelegt ist (und dessen Autor nach vorherrschender Ansicht Mose war), mit Vollmacht neu.

Die private Unterweisung, die er später den Jüngern erteilt (VV 10–12), führt diese Frage weiter. In seiner Antwort auf ihre Frage gibt Jesus zu verstehen, dass eine Wiederheirat nach einer Scheidung zu einem Verstoß des Gebots gegen den Ehebruch führt.[27] Im jüdischen Verständnis konnte eine Frau gegenüber ihrem Mann ehebrüchig werden, und er konnte gegenüber einem anderen Mann (mit dessen Frau) ehebrüchig werden, aber weil eine Frau als Eigentum ihres Mannes betrachtet wurde, konnte er sich im strengen Sinn nicht des Ehebruches gegenüber seiner Frau schuldig machen. Gegen diese den Mann begünstigende Ungleichheit betont Jesus die Würde der Frau, indem er feststellt, dass der Mann durch eine Scheidung und seine anschließende Wiederverheiratung gegenüber seiner Frau ehebrüchig wird (V 11). Sein zweites Wort in dieser Sache, das in V 12 überliefert ist, unterstreicht ebenfalls den gesellschaftlichen Rang der Frau, wenn auch einen negativen Fall betreffend, indem er die Möglichkeit ins Auge fasst, dass eine Scheidung von einer Frau ausgeht – etwas, das im jüdischen Gesetz nicht vorgesehen ist, im römischen Umfeld des Evangeliums aber zulässig war.[28]

---

[26] Vgl. Hooker, Saint Mark, S. 235.
[27] Vgl. Moloney: „Die Worte Jesu an seine Jünger zeigen, wie Ungehorsam gegenüber seiner Auslegung der Tora zum Bruch der Tora führt." (Mark, S. 195).
[28] Vgl. Donahue/Harrington, Mark, S. 295.

Die gesamte Unterweisung, die Jesus hier entsprechend der Erzählung erteilt, widerspricht nicht nur massiv der damals vorherrschenden Kultur, sondern auch der unserer Gesellschaft, so dass sie mehr von dem her verstanden wird, was sie verbietet (die Scheidung), als von dem, was sie gutheißt. Es wäre aber schade, wenn die negative Bemerkung, mit der sie endet (VV 11 f), dazu führte, die positiven Aspekte genauso zu übersehen wie den – in der Sprache unserer Zeit – innovativen Charakter der Lehre Jesu über die Ehe, in der die Einheit der beiden in „einem Fleisch" einfach der genaueste Ausdruck einer Bindung, Partnerschaft und Vertrautheit ist, die das gesamte Leben umfasst. Auf der anderen Seite gehört es zu den nicht zu leugnenden Tatsachen, dass zu den meisten Gemeinden, die heute das EVANGELIUM hören, eine beachtliche Anzahl von Menschen gehört, die in einer zweiten Ehe leben oder es Gemeindemitglieder in beträchtlicher Zahl gibt, die geschiedene Familienmitglieder haben und davon betroffen sind. In vielen, wenn nicht den meisten Fällen kam es zu dieser Lage durch Umstände, die sie nicht beherrschen konnten oder von denen sie sich heute nicht verantwortlich freimachen können. Diese Worte Jesu im EVANGELIUM ohne Kommentar oder ohne Differenzierungen einfach vorzulesen, hieße das EVANGELIUM zum Gesetz zu wandeln und die Last der Schuld, die jetzt schon erdrückend sein kann, noch zu vergrößern.

Aus den Berichten des Neuen Testamentes wird deutlich, dass Jesus Scheidung und Wiederheirat für die Gemeinde ausschloss, die er als Brückenkopf des Reiches Gottes in der Welt bilden wollte.[29] Gleichzeitig muss eine Auslegung seiner Worte verschiedene Faktoren berücksichtigen. Erstens war die Lebenserwartung in der Welt der Antike etwa halb so lang wie die in den entwickelten westlichen Gesellschaften heute; es wurde kaum damit gerechnet, dass Ehen länger als zwanzig Jahre dauern würden, bevor der Tod sie schied. Zweitens lebten Jesus und die frühe Gemeinde in der Erwartung, dass die

---

[29] Vgl. a. a. O., S. 297.

damals bestehende Welt bald – vielleicht sogar noch zu Zeiten ihrer Generation – vergehen würde (Mk 9,1; 13,32). Die Erwägung einer zweiten Ehe ist in solch einer Situation ein ganz anderes Unterfangen als in Gesellschaften, in denen die Menschen sehr viel länger leben und in der die Vorstellung vorherrschend ist, dass die Welt in ihrer heutigen Gestalt unendlich weiter besteht. Schon im Matthäusevangelium sehen wir im Bericht über Jesu Worte zur Scheidung (5,32; 19,9) eine gewisse Entwicklung Richtung Anpassung an die neue Lage, in der sich die Gläubigen befanden (vgl. auch 1 Kor 7,10–16). Außerdem gehört zum Leben, dass Menschen Fehler machen und Beziehungen scheitern – etwas, das durch die längere Lebensdauer und die hohe Wertschätzung, die persönliche Freiheit und Entwicklung heute erfahren, in der Gegenwart häufiger vorkommt. Auch wenn die Kirche dem Ideal, das Jesus im Namen des Reiches Gottes lehrte, treu bleiben muss, muss sie doch einen Weg finden, um den Menschen zu helfen, in ihrem Scheitern zu wachsen und die Erfahrung von Gnade und einer vertieften Gotteserfahrung zu machen.[30]

Das Gottesreich wie ein kleines Kind empfangen (10,13–16)

Jesu Segnung der Kinder folgt ganz natürlich aus den vorherigen Ausführungen zur Ehe und dem darin enthaltenen Thema des Familienlebens. Aber sie führt auch seine Unterweisung der Jünger weiter, die wieder einmal etwas falsch auffassen. Als Menschen ihre Kinder zu Jesus bringen, damit er sie berührt – d.h. damit er sie segnet (V 13a) – verhalten sich die Jünger wie eine „Leibwache" und versuchen, sie wegzuscheuchen (V 13b). Offensichtlich erinnern sie sich nicht daran, wie

---

[30] Vgl. ferner die einfühlsamen Betrachtungen dieses Problems durch Pheme Perkins, Mark (New Interpreter's Bible Bd. 8), S. 646.

er noch vor Kurzem ein Kind umarmt und darauf bestanden hat, dass mit der Aufnahme eines Kindes sie ihn selbst aufnehmen (9,36 f). Hier liegt vermutlich auch der Grund für die Entrüstung Jesu, mit der er die Jünger bei dieser Gelegenheit tadelt (V 14a). Die Kinder sollen nicht daran „gehindert werden", sich ihm zu nähern (V 14b–c), „denn solchen wie ihnen gehört das Reich Gottes" (V 14d). Diese Erklärung macht aus diesem Vorfall eine Gelegenheit für eine Belehrung über die Natur des Gottesreiches. Kinder verdienen nichts und können auch keine sinnvollen Arbeiten durchführen. Was immer sie empfangen, erhalten sie als reines, unverdientes Geschenk Gottes.[31] Wenn Jesus die Menschen aufruft, „Kehrt um und glaubt an das Evangelium" des Reiches Gottes (1,15), nennt er eine einzige Bedingung, um dieses empfangen zu können: Die Umkehr des Herzens hin zum Glauben, dass Gott so gut, so freigiebig ist, dass er uns das Gottesreich – und alle darin enthaltenen Segnungen – frei und ohne Bedingungen gibt. So nehmen Kinder Geschenke in Empfang, und so sind sie „Vorbild" dafür, wie man das Reich Gottes empfangen soll. Die hinzugefügte Warnung (V 15) schaut in die Zukunft, in der dieses Reich etwas ist, in das man auch „eintreten" kann, d. h. das „Festmahl des Lebens", das Gottes höchster Wille für die Menschen ist. Nur wenn man das Reich Gottes wie ein Kind empfängt – also als reines Geschenk –, wird man in der Reihe derer sein, die diese höchste Würde empfangen, wenn das, was man vom Reich Gottes hier und heute (in der erneuerten Beziehung zu Gott) hat, auf alle anderen Aspekte des Lebens ausgedehnt wird.[32]

---

[31] Vgl. Donahue/Harrington, Mark, S. 301. Zu Recht warnen die Autoren vor „leichtsinnigem theologischen Sprechen" (man kann hier durchaus die Wortwahl einiger populärer Lieder einschließen) die von „unserem Aufbau oder dem Herbeiführen des Reiches Gottes" sprechen.
[32] Die Aussagen Jesu über das Reich Gottes enthalten so gesehen hier in seiner Verkündigung (VV 14 f) sowohl die gegenwärtigen als auch die zukünftigen Aspekte darüber; vgl. Hooker, Saint Mark, S. 239; Gnilka, Markus II, S. 81.

Jesus rundet seine „Lektion" (V 16) damit ab, dass er die ursprüngliche Bitte nicht nur vollauf erfüllt: Über die reine Berührung der Kinder (V 13) segnet er sie, indem er sie umarmt (vgl. 9,36). Diese Geste macht seinen Standpunkt mehr als deutlich. In ihrer – zweifellos frohen – Annahme dieser freien, liebenden Umarmung durch denjenigen, der selbst das Reich Gottes verkörpert, zeigen die Kinder, wie es von allen angenommen werden soll.[33] Noch einmal sei gesagt: Der „Frohen Botschaft" zu glauben, heißt von Gott „umarmt" zu werden (vgl. 9,36 f).

Den Schatz auf Erden oder im Himmel: der Reichtum und das Gottesreich (10,17–31)

Während Jesus seinen Weg fortsetzt (V 17), konzentriert sich die Unterweisung, die er seinen Jüngern gibt, wieder (vgl. 10,1–12) auf eine praktische Frage. Ein langer Abschnitt handelt von der Frage des Besitzes in Bezug auf die Nachfolge Jesu und genauso den Eintritt in das Reich Gottes. Diese Frage wird in aller Deutlichkeit durch die Geschichte aufgeworfen, in der die Anhänglichkeit an den Reichtum einen Mann daran hindert, das zu bekommen, was er sich zutiefst wünscht (VV 17–22). Dem folgt wieder eine private Unterweisung über die Frage nach dem Nutzen für die Jünger (VV 23–27). Am Ende und positiver wird den Jüngern, die alles verlassen haben, um Jesus zu folgen, zugesichert, dass sie keinen tieferen und beständigeren „Reichtum" missen werden (VV 28–31).

---

[33] Vgl. Nineham, Saint Mark, S. 268; Gnilka, Markus II, S. 81.

a. Ein reicher Mann geht traurig weg (10,17–22)

Die Erzählung vom reichen Mann,[34] der zu Jesus kommt, um ihn zu fragen, was er tun muss, um das ewige Leben zu erben (VV 17–22), ist ein weiteres Beispiel für eine markinische Erzählung, die reich an Einzelheiten ist und menschliches Interesse zeigt. Wir spüren die Ernsthaftigkeit des Mannes, wenn er dem wandernden Jesus entgegenläuft, auf seine Knie fällt und vermutlich atemlos seine Frage stellt. Ewiges Leben zu erhalten ist mehr oder weniger gleichbedeutend damit, in das Reich Gottes einzutreten. Der Mann nimmt an, dass es da etwas gibt, was er „tun" muss, um es zu erlangen, und er erwartet von diesem „guten Lehrer", ihm zu sagen, was das ist.

Wie ein „guter Lehrer", der er in Wahrheit auch ist, gibt Jesus dem Mann keine einfache Antwort, sondern fängt an, mit ihm die Frage auf einer tieferen Ebene zu untersuchen. Scheinbar empört er sich über die Zuschreibung „gut" und besteht darauf, dass dies nur Gott zusteht (V 18). Dabei geht es ihm weniger darum, das Gut-Sein für sich abzuweisen[35] als vielmehr zu versuchen, die Aufmerksamkeit des Mannes, von dem, was *er tun* muss,[36] auf das Gut-Sein und die Großzügigkeit Gottes zu lenken – dem zentralen Gesichtspunkt in der Antwort, die er ihm schließlich gibt. Jesus beginnt dann (V 19), die Gebote aufzuzählen, die der Mann als gläubiger Jude „kennen" müsste. Er verweist auf die „sozialen" Gebote,

---

[34] In der Erzählung des Markus (im Unterschied zu Mt 19,20) wird von diesem Mann nicht gesagt, dass er jung ist. Sein Kniefall in Vers 20 kann nahelegen, dass er im fortgeschrittenen Alter ist. Beachtet werden muss auch, dass wir erst ganz am Ende (V 22c) und mit einem beachtlichen dramatischen Effekt erfahren, dass er reich ist.
[35] Die Auswirkungen für die Christologie haben die Exegetinnen und Exegeten schon lange beschäftigt; eine ausführliche Übersicht über die verschiedenen Vorschläge findet sich bei Taylor, St. Mark, S. 426 f; Aktuelleres findet sich bei Moloney, Mark, S. 199, Fußnote 144.
[36] Vgl. Moloney, Mark, S. 198: „Die Frage ‚was muss ich tun?' ist die falsche Frage."

die die Beziehung zum Nächsten regeln.[37] Mit Ausnahme des letzten Gebotes (das vierte Gebot, bei dem es um die Verpflichtung gegenüber den eigenen Eltern geht) zählen alle auf, was man *nicht* tun darf. Sofern damit nicht ein sehr negativer Eindruck über das Leben nach der Tora vermittelt werden soll, deutet diese Antwort zumindest eine Lücke an, die darauf wartet, positiv gefüllt zu werden. Deswegen sind wir nicht groß überrascht, wenn der Mann einwendet, dass er all dies von seiner Jugend an eingehalten hat (V 20) und so zu verstehen gibt, dass er mehr sucht.

Dieser Ausdruck der Leere im Leben dieses Mannes bereitet den Weg für die Einladung, die ihm Jesus nun ausspricht (V 21). Durch ein Detail, das einzig bei Markus vorkommt, erfahren wir, dass Jesus, bevor er die Einladung ausspricht, „ihn ansah und liebgewann" (V 22 Lutherbibel).[38] Es ist falsch zu meinen, dass Jesus ihn liebt, weil er die Gebote gehalten hat.[39] Vielmehr kommt hier die göttliche Liebe zum Ausdruck, die allem vorangeht und hinter jeder Berufung steht.[40] Jesus ruft den Mann auf einen Weg des Lebens, dessen Ausgangs- und Ruhepunkt eine innige persönliche Beziehung zu ihm ist. Dem Mann „fehlt noch eines", wie Jesus sagt, aber bei dieser Sache handelt es sich im gewissen Sinn um alles.

---

[37] Der Liste der den Zehn Geboten entnommenen Verbote (Ex 20,12–16) fügt Jesus noch ein weiteres hinzu: „Du sollst keinen Raub begehen". Es gibt dazu eine Parallele in Sir 4,1 (vgl. auch Dtn 24,14). Dort steht dieses Gebot im Zusammenhang mit Warnungen davor, die schwache Situation von Armen auszunutzen – eine Versuchung, die für Reiche besonders groß ist (vgl. Jak 5,4). Zusammen mit seiner Bedeutung im jetzigen Zusammenhang fügt dieses Verbot der Begegnung eine sozioökonomische Dimension hinzu; vgl. Boring, Mark, S. 295
[38] Das Verb kann beinhalten, dass Jesus seine Zuneigung durch irgendeine Geste greifbar machte. Vgl. auch die Übersetzung von V 21a in der neuen Einheitsübersetzung: „Da sah ihn Jesus an, umarmte ihn und sagte".
[39] Dies ist eine Standardauslegung; vgl. z. B. Donahue/Harrington, Mark, S. 303.
[40] Vgl. Gnilka, Markus Bd. 2, S. 87.

Statt nach der Erkenntnis zu suchen, was er noch mehr „*tun*" muss, während er die Grundrichtung seines bisherigen Lebens beibehält (V 17), lädt Jesus diesen Mann zu einer völligen Verwandlung seines Lebens ein. Der erste Schritt dieser Verwandlung besteht darin, die Verpflichtungen gegenüber den Nächsten (vgl. die in V 19 genannten „sozialen Gebote") dadurch radikal zu erfüllen, dass er all seinen Besitz verkauft und den Erlös den Armen gibt (V 21b). Reichtum spiegelt vor, die beste Quelle der Sicherheit in diesem Leben zu sein.[41] Darauf zu verzichten ist mit einem Verlust an Sicherheit verbunden. Aber auf Reichtum in der Weise zu verzichten, wie es Jesus empfiehlt (ihn den Armen zu geben), bedeutet, ihn einfach auf eine weitaus sicherere „Bank" zu transferieren, eine himmlische Bank, so dass er „einen Schatz im Himmel" hat. Das heißt, dass die Sicherheit von nun auf der Treue und der Zuverlässigkeit des „guten" Gottes beruht (V 18) – die einzige Sicherheit, die über das gegenwärtige Leben hinausreicht und die Mauer des Todes überwindet.

Entkleidet von der zweifelhaften Quelle der Sicherheit, die auf Reichtum gründet, wird der Mann frei, sich Jesus auf seinem Lebensweg anzuschließen („dann komm und folge mir nach" – V 21d), der das radikale Vertrauen auf das Gut-Sein des Vaters als Grundlage und Inspiration hat.[42] Wenn er Gott in diesem absoluten Sinn vertraut, dann wird er die Offenheit haben, das Reich Gottes wie ein Kind zu empfangen (10,15), also als reines Geschenk. Dann befindet er sich auf dem Weg,

---

[41] Vgl. Nineham: „Wenn der Reichtum eines Menschen groß ist, dann ist es für diesen Menschen schrecklich schwer, diesen wegzugeben, weil dies bedeutet, sich selbst der Mittel zu entledigen, auf die er sich bislang mit Blick auf seinen Status, seine Sicherheit, seine Interessen und seine Vergnügungen im Leben verlassen hat" (Saint Mark, S. 271).

[42] Faktisch nennt Jesus also die Bedingungen, um ihm in der Weise der Wandermissionare zu folgen, wie er sie in seiner Unterweisung vor der Aussendung in 6,7–13 empfohlen hat; vgl. Donahue/Harrington, Mark, S. 307.

Unterweisung der Jünger auf dem „Weg" (9,30 – 10,52)   271

in das Reich Gottes „einzutreten" und so das ewige Leben entsprechend seinem ursprünglichen Wunsch zu erhalten. Während der Gegensatz zu dem Weg des Mannes, den er bis jetzt gegangen ist und der der Weg der Tora war, nicht überbetont werden darf, bedeutet die Einladung, die er erhält, eindeutig eine Schwelle zu überschreiten: Von einem auf die Tora und ihre Gebote ausgerichteten Leben hin zu einem Leben, das vollständig auf die Person Jesu ausgerichtet ist. Wie ganz häufig bei Markus befinden wir uns wieder einmal in großer Nähe zur Theologie des Apostels Paulus:

> Doch was mir ein Gewinn war, das habe ich um Christi willen für Verlust gehalten. Ja noch mehr: Ich halte dafür, dass alles Verlust ist, weil die Erkenntnis Christi Jesu, meines Herrn, alles überragt. Seinetwegen habe ich alles aufgegeben und halte es für Unrat, um Christus zu gewinnen und in ihm erfunden zu werden. Nicht meine Gerechtigkeit will ich haben, die aus dem Gesetz hervorgeht, sondern jene, die durch den Glauben an Christus kommt, die Gerechtigkeit, die Gott schenkt aufgrund des Glaubens (Phil 3,7–9).

Traurigerweise schreckt der Mann vor der Einladung zurück und geht weg (V 22). In seinem gesenkten Blick wird seine Enttäuschung sichtbar.[43] Was er voll Eifer suchte (V 17), kann

---

[43] [Anmerkung des Übersetzers: In der englischen Ausgabe der Jerusalemer Bibel aus dem Jahr 1968, die in Australien in der Liturgie verwendet wird, lautet V 22: „But his face fell at these words", also „Bei diesen Worten schaute sein Gesicht nach unten". Da diese Übersetzungsmöglichkeit in den gängigen deutschen Übersetzungen des Markusevangeliums nicht verwendet wird, sei eine kleine Ergänzung eingefügt. Das Standardwerk Griechisch-deutsches Wörterbuch zu den Schriften des Neuen Testaments und der frühchristlichen Literatur von Walter Bauer, 6. völlig neu bearbeitete Auflage, nennt als Bedeutungen des hier verwendeten griechischen Verbes *stygnazō*: sich entsetzen, trübe sein/werden (Sp. 1540). Das Analytical Lexicon of the Greek New Testament (hg. von Timothy Friberg, Barbara Friberg und Neva F. Mille) ergänzt zu den Bedeutungen „*be/become gloomy/dark*" noch die Möglichkeit „*as a facial expression: be downcast*" (als Gesichtsausdruck: nach unten gewandt sein). Diese Deutung wird plausibel, wenn man sich den mensch-

er nicht gewinnen, weil die Macht seines „großen Besitzes" ihn gefangen hält. Im Unterschied zu dem Mann in einer früheren Geschichte (9,14–29), der, weil ihm sein Mangel an dem erforderlichen Glauben bewusst war, sich um so inständiger an Jesus wandte („Herr, ich glaube; hilf meinem Unglauben" – 9,24), begeht dieser den fatalen Fehler, seine Augen von Jesus und der angebotenen Beziehung abzuwenden, und denkt nur an seinen Reichtum und seine Unfähigkeit, diesen loszulassen. Er behält seinen Reichtum – und jene Sicherheit, die dieser zeitweilig bieten mag –, aber statt Freude und Freiheit, die er in der liebenden Gemeinschaft mit Jesus erfahren kann, hat er die Traurigkeit zu wissen, dass er gefangen ist, beherrscht und gehindert, dass ihm seine tiefste Sehnsucht erfüllt wird. So subtil hält ihn das Dämonische in seinem Griff.

b. Wie der Reichtum in die Quere kommt (10,23–31)

Die Geschichte mit dem reichen Mann ist die einzige Erzählung im Evangelium, in der eine Berufung durch Jesus ohne Folgen bleibt (im Unterschied zu 1,18.20; 2,14). Jesus lässt den Mann gehen; Liebe beherrscht nicht. Aber der unglückliche Ausgang veranlasst ihn, seine Jünger zusammenzurufen[44] und eine eher allgemein gehaltene Betrachtung über die durch Reichtum bedingte Schwierigkeit anzustellen (VV 23–27), in das Reich Gottes zu kommen (V 23b). Als die Jünger ihrer „Bestürzung" darüber Ausdruck verleihen (V 24a) – Reichtum wurde allgemein als Zeichen von Gottes Gunst und

---

lich wahrscheinlichen Unterschied zwischen einem verärgerten und einem traurigen Gesichtsausdruck als Reaktion auf die Äußerung eines Gegenübers vor Augen hält: Der verärgerte Ausdruck wird wahrscheinlich versuchen, den Kontakt zu halten, der traurige dagegen, diesen zu meiden.]

[44] Dies ist die Wirkung des Partizips „herumschauend" (*periblepsamenos*), mit dem der Abschnitt beginnt (V 23).

Segen betrachtet (vgl. Dtn 28,1–14; Ijob 42,12) –, macht Jesus seinen Standpunkt mit einem Ausruf klar: „Wie schwer ist es, in das Reich Gottes zu kommen!" (V 24b). Dann verstärkt er im Hinblick auf die Reichen diese Aussage noch mit dem höchst faszinierenden (und wahrscheinlich sprichwörtlichen) Wort über ein Kamel, das durch ein Nadelöhr geht (V 25).[45] Die Jünger, die darüber noch mehr staunen (V 26), schließen daraus verständlicherweise, dass dieses Wort Jesu bedeutet, dass das Heil (d. h. der Eintritt in das Gottesreich) unzugänglich ist: „Wer kann dann noch gerettet werden?" (V 26)[46]. Dieses aus der menschlichen Sicht sich steigernde Verständnis der „Unmöglichkeit" erlaubt Jesus, die grundlegende Wahrheit herauszustellen: Blickt man alleine auf die menschlichen Möglichkeiten, dann bleibt es bei der Unmöglichkeit, aber damit ist das Thema noch nicht beendet, „denn für Gott ist alles möglich" (V 27).[47] Der „gute" Gott (V 18), der sein Reich als reines, unverdientes Geschenk gibt (10,14f), wird auch den Menschen die Fähigkeit verleihen, sich dem teuren Lebensstil des Gottesreiches anzupassen, den dieses verlangt. Der reiche Mann versagte, weil er nur auf das Opfer schaute, das *er* bringen musste. Er begriff nicht, dass im Zusammenhang mit der

---

[45] Zu den Versuchen, dieses Wort zu rationalisieren, sei auf Morna Hookers kluge Beobachtung verwiesen: „Es ist nur das Ergebnis einer außerordentlichen Unfähigkeit der Kommentatoren, die Übertreibung und den Humor dieses Bildes zu schätzen, die sie dazu gebracht hat vorzuschlagen, das Kamel (*kamēlos*) auf die Größe eines Taus (*kamilos ...*) zu verkleinern oder aber das Nadelöhr zu einem imaginären Tor in der Stadtmauer Jerusalems zu vergrößern." (Saint Mark, S. 242f)
[46] Vgl. Donahue/Harrington: „Wenn es für die Reichen, die ausreichend Muse haben, um Gottes Gebote einzuhalten, und die über ausreichend Rücklagen verfügen, um Almosen zu geben, schwer ist gerettet zu werden, um wie viel schwieriger muss es dann für alle anderen sein!" (Mark, S. 304f).
[47] Dieses Wort ist ein Widerhall der Antwort, die Abraham in Gen 18,14 (vgl. auch Röm 4,18–21) von dem Engel erhält, der ihn besucht; vgl. auch die ähnliche Zusicherung Gabriels an Maria in der Verkündigungsgeschichte (Lk 1,37).

Liebe und der Gefährtenschaft (mit Jesus), zu denen er eingeladen wurde, er bei sich die Fähigkeit hätte finden können, nicht so sehr das „Unmögliche" zu „tun", als es vielmehr zu *leben*.[48] Dieser äußerst herausfordernde Abschnitt schließt (VV 28–31) mit einer zuversichtlichen Bemerkung.[49] Petrus, der wieder für die Gruppe der Jünger spricht, weist darauf hin, dass *sie* im Unterschied zu dem reichen Mann alles verlassen haben und Jesus nachgefolgt sind. Als Antwort gibt Jesus ihnen eine feierliche und ausführliche Zusage (VV 29 f). In allen Einzelheiten nennt er, was die Gemeindemitglieder um seinetwillen und um des EVANGELIUMS willen hinter sich gelassen haben[50], und präsentiert dann eine parallele Aufzählung dessen, was sie in dieser Zeit hundertfach zurückerhalten, bevor sie in der kommenden Zeit das empfangen werden, was der reiche Mann wollte: „ewiges Leben". Die Aufzählung dessen, was sie hinter sich gelassen haben, und dessen, was sie hundertfach erhalten werden, sind identisch mit einer Ausnahme: Unter den Familienmitgliedern in der zweiten Liste taucht der „Vater" nicht auf. Die Angehörigen von Jesu neuer Familie teilen mit ihm den einen „Vater": Gott.

Das Ganze läuft auf die außerordentliche Beteuerung hinaus, dass das Leben in der Gemeinde des Gottesreiches für all das Familienleben, das um des EVANGELIUMS willen geopfert wurde, mehr als ein Ersatz sein wird.[51] Dies nicht, weil alles

---

[48] Hier stimmt wieder das Markusevangelium mit Paulus überein: Das Heil beginnt und endet mit der Gnade Gottes (Röm 1,16 f; 5,17; 10,12 f, usw.).
[49] Moloney, Mark, S. 202.
[50] In dieser Aufzählung kommen die materiellen Güter, Häuser und Äcker am Anfang und am Ende und umrahmen so die familialen: Brüder, Schwestern, Mütter, Väter und Kinder.
[51] Wenn im Unterschied zum vorherrschenden Pessimismus der jüdischen Apokalyptik die christliche Gemeinde in „dieser Zeit" etwas Positives entdecken kann („das Hundertfache"), denn deshalb, weil diese Gemeinde selber in dieser Zeit so etwas wie einen Brückenkopf des Reiches Gottes darstellt; vgl. Donahue/Harrington, Mark, S. 306.

süß und leicht sein wird; der sonst aufdringliche Einschub von den „Verfolgungen" ist eine aufreizende Erinnerung an die äußere Wirklichkeit, mit der die Gemeinde zurechtkommen muss. Das „Hundertfache" kommt von dem Verständnis, Gottes geliebte Söhne und Töchter zu sein und schon jetzt die aus der Zugehörigkeit zum Gottesreich erwachsenden Beziehungen in der sicheren Hoffnung auf ihren endgültigen „Besitz" in der kommenden Zeit zu leben. Eine große Umkehrung der gegenwärtigen Verhältnisse wird zu dieser Zeit zum Vorschein kommen: diejenigen, die jetzt nach der Wertschätzung der Welt die „Letzten" sein werden (die Jüngergemeinde), werden sich selbst als die „Ersten" vorfinden, während diejenigen, die heute die „Ersten" gemäß Prestige, Macht und Reichtum sind, dann die Letzten sein werden (V 31).[52]

Trotz seines Abschlusses in positiver Tonlage ist dieser Abschnitt des Markusevangeliums die vielleicht radikalste Herausforderung für die Leserinnen und Leser heute. Ist der Eintritt in das Reich Gottes allen mit Ausnahme derer verwehrt, die bereit sind alles zu verkaufen und alles – die Familie eingeschlossen – hinter sich zu lassen, um die radikale Unsicherheit und den ruhelosen Lebensstil von Jesus und seinen ersten Gefährten zu übernehmen? Wenn alle diejenigen, die Jesus nachgefolgt sind, diesen Weg eingeschlagen, also alle natürlichen Familienbande durchschnitten hätten, um einfach als Gottes Familie zu leben, dann hätte die messianische Gemeinde, die sich im Glauben an Jesus zusammengefunden hatte, kaum die erste Generation überlebt. Schon im Neuen Testament sehen wir Versuche, ein ruhigeres Leben in gläubiger Bindung an das EVANGELIUM mitzuberücksichtigen. Besonders Lukas wird die Frage von Armut und Reichtum mit sehr großer Tiefe und

---

[52] Während sich die Umkehrung vor allem auf diejenigen außerhalb der Gemeinde bezieht, kann die Einschränkung im Einleitungssatz „viele" (= „nicht alle") einen Warnhinweis an die Leiter der Gemeinde enthalten: Die endgültige Ordnung unterliegt Gottes souveränem und freiem Willen; es gibt vorab keine „Reservierungen" mit Blick auf den Rang oder vermutete Verdienste; vgl. Gnilka, Markus Bd. 2, S. 93.

Feinheit untersuchen. Die Stimme des Markus ist also nicht die einzige, die gehört werden darf. Aber der markinische Jesus ruft alle Menschen auf, ihren Lebensstil mit Blick auf das höchste Gut-sein Gottes und das radikale Vertrauen und die radikale Hoffnung, die aus dieser Wahrnehmung erwachsen, zu bedenken.

Die dritte Leidensankündigung: der größte Dienst des Messias (10,32–34.35–45)

Die gerade beschriebenen Unterweisungen und Vorfälle in der zweiten Hälfte des Evangeliums geschahen alle auf dem langen Weg Jesu nach Süden. Jetzt (V 32) wird ausdrücklich festgestellt, dass das Ziel dieser Wanderung Jerusalem ist. Jesus „geht" seinen Jüngern mit der Entschlossenheit „voraus", sich dem zu stellen, was vor ihm liegt, aber die Jünger trotten hinter ihm her in einer Stimmung von Entsetzen, Angst und einem extremen Widerwillen ihm zu folgen.[53] Der hier vermittelte Eindruck lautet, dass sie spüren, dass er sie in eine ganz gefährliche Lage bringt, die sie nicht verstehen und über die sie sich auch nicht klar werden wollen (vgl. 9,32). Wie der blinde Mann bei Betsaida nach der ersten Stufe seiner Heilung (8,24) können sie gerade genug „sehen", um Angst zu haben; Jesus führt sie dorthin, wohin sie von sich aus lieber nicht gehen würden.

Im Zusammenhang mit diesem allgemeinen Entsetzen nimmt Jesus die Zwölf beiseite und sagt ihnen in allen Einzelheiten und ganz ausdrücklich, was ihm (dem „Menschensohn") in Jerusalem widerfahren wird. Diese Ankündigung

---

[53] Der Text von Vers 32 legt nahe, dass über die Zwölf hinaus eine größere Gruppe Jesus begleitet, sagt aber nicht, welcher Gruppe oder welchen Gruppen die beschriebenen Gefühle (wörtlich: „Entsetzen" und „Angst") zuzuschreiben sind.

ist eine perfekte Zusammenfassung der Hauptgeschehnisse der Passion, die zur Auferstehung führt. Wir erfahren nichts über irgendeine Reaktion der Zwölf, aber die Bitte von zweien von ihnen, Jakobus und Johannes, direkt danach (V 35) legt nahe, dass sie wieder einmal die Ankündigung nicht „gehört" haben. Tatsächlich könnte nichts die „Blindheit", mit der sich die Jünger abmühen, machtvoller veranschaulichen, als diese Bitte, die allem, was er gesagt hat, direkt zuwiderläuft. Die Zebedäussöhne Jakobus und Johannes bilden mit Petrus den „inneren Kreis der Drei", die die privilegierten Zeugen von Jesu Verklärung auf dem Berg und Hörer der göttlichen Weisung waren, „ihn zu hören" (9,2–8). Ihre forsche Bitte,[54] dass – nachdem er „in seiner Herrlichkeit" erschienen ist (V 37) – einer an seiner rechten und der andere an seiner linken Seite sitzen darf, beweist, dass sie nicht zugehört haben. Der Wunsch, rechts und links von ihm zu sitzen, gibt den Ehrgeiz zu erkennen, bei der endgültigen Errichtung des messianischen Reiches, dargestellt als Festmahl nach dem errungenen Sieg[55], seine führenden Gefährten zu sein. Sie begreifen also, dass er der Messias ist (Geschichte 1) und sind mit diesem Verständnis „halb sehend" (vgl. 8,24). Sie versagen aber völlig dabei anzuerkennen – oder vielleicht ziehen sie auch nur vor, dies zu ignorieren –, dass sein Weg zur messianischen Herrlichkeit durch Leiden, Tod und Auferstehung in Jerusa-

---

[54] Die Forschheit ergibt sich aus ihrer ursprünglichen Bitte, die auf einen Blankoscheck hinausläuft: „Lehrer, wir möchten, dass du für uns tust, worum wir dich bitten" (V 35b). Die Anrede „Lehrer" leitet häufig ein unangemessenes oder distanzierendes Herangehen auf Jesus ein (z. B. 4,38; 5,35; 9,38; 12,14.19; 13,1).

[55] Als interessanter Hintergrund zu dieser Erwartung trifft die „Messiasregel" aus Qumran (1 Q Sa) detaillierte Vorkehrungen für das endgültige messianische Festmahl, wobei den Fragen nach Rang, Ehre und Vortritt viel Aufmerksamkeit gewidmet wird; vgl. Donahue/Harrington, Mark, S. 314. Vielleicht stellen sich Jakobus und Johannes vor, dass Jesus nach Jerusalem zieht, um für sich den Thron Davids zu beanspruchen; vgl. Hooker, Saint Mark, S. 246.

lem führt (Geschichte 2), worüber er gerade ausdrücklich gesprochen hat.

Jesus wischt ihre Bitte nicht vom Tisch, sondern versucht wieder einmal, sie über die Konsequenzen zu belehren. Er verwendet biblische Bilder, um anzudeuten, was auf ihn und sie zukommt, wenn ihr Wunsch erfüllt wird. Können sie den „Kelch" trinken, den er trinken muss, und können sie sich der „Taufe" unterziehen, mit der er getauft werden muss (VV 38 f)? In den Psalmen und der prophetischen Literatur verweist „Kelch" häufig auf das Schicksal, das vor einem Menschen liegt: was er oder sie aus der Hand Gottes erhält[56] (vgl. Mk 14,36). Der Ausdruck „Taufe" verweist nicht auf das christliche Sakrament, sondern spielt auf die gängige biblische Metapher an, die Prüfungen und Gefahren mit dem Bild der Durchquerung stürmischer und unruhiger Wasser verbindet.[57] Anscheinend ohne vollständig zu realisieren, worauf sie sich einlassen, drücken Jakobus und Johannes ihre Bereitschaft aus, das Schicksal Jesu zu teilen (V 39a). Er nimmt ihre Erklärung an und bestätigt deren Erfüllung (V 39b) – etwas, was zumindest Jakobus erfahren wird, wenn er gemäß Apg 12,2 den Tod eines Märtyrers stirbt.[58] Doch dann fährt er fort zu erläutern (V 40), dass die Zuteilung der Plätze im Königreich nicht ihm zusteht, sondern dem Vater.[59] Diese Erklärung zeigt, dass er selber nicht in berechnender Weise dem Tod gegenübertritt, so etwa nach dem Motto: Ja, die Leiden werden schrecklich sein, doch hat die ganze Sache ein glückliches Ende (die Auferstehung). Nein, Jesus geht gehorsam den ihm bereiteten Weg und legt seine Zukunft ganz in Gottes Hände,

---

[56] Dabei kann es sich um Gutes (Ps 23,5; 116,13) wie auch Böses (Ps 75,8; Jes 51,17–22; Jer 25,15; 49,12; Ez 23,31–34; Klgl 4,21, usw.) handeln.
[57] 2 Sam 22,5; Ps 42,7; 69,2.15; Jes 43,2; vgl. Lk 12,50.
[58] Bei Johannes ist die Tradition unklarer; vgl. Moloney, Mark, S. 206, Fußnote 182.
[59] Der Verweis auf den Vater (ausdrücklich in Mt 20,23) ist in der Passivkonstruktion mitenthalten (*passivum divinum*).

dessen Macht, Treue und Großzügigkeit er völlig vertraut. Wer sein Gefährte oder seine Gefährtin sein will, muss ihn auch in diesem Vertrauen begleiten.

Die Geschichte erreicht eine zweite Stufe (VV 41–45), als die verbleibenden zehn Jünger (verständlicherweise) ihrem Ärger darüber Ausdruck verleihen, was sie als einen Versuch der Zebedäussöhne betrachten, für sich die höchsten Plätze im messianischen Reich zu ergattern. Ihre Entrüstung gibt Jesus eine Gelegenheit, die ganze Gruppe zusammenzurufen und den radikalen Unterschied zwischen der Ausübung von Herrschaft in seinem Reich und dem Verständnis von Amtsgewalt zu erklären, die sowohl der Bitte von Jakobus und Johannes als auch dem Ärger der anderen zugrunde liegt. Die sogenannten Herrscher der Völker[60] herrschen über ihre Untertanen und missbrauchen ihre Macht für ihren eigenen Vorteil (V 42b).[61] Doch in der Gemeinde des Messias Jesus darf Macht so nicht ausgeübt werden. Im Gegenteil müssen sich diejenigen, die die Leitung wahrnehmen, als Diener und Sklaven aller betrachten, d.h. als Menschen, die ihre Stärke und ihre Fähigkeit nicht zu ihrem eigenen Nutzen ausüben, sondern allein für das Wohl und den Aufbau der anderen (vgl. 9,35).

Mit einer der einprägsamsten Aussagen der Überlieferung des EVANGELIUMS macht Jesus seinen Standpunkt klar, indem er sich auf das eigene Beispiel beruft: „Denn auch der Menschensohn ist nicht gekommen, um *sich dienen zu lassen (diakonēthēnai)*, sondern um zu *dienen (diakonein)* und sein Leben hinzugeben als Lösegeld für viele" (V 45). Von Anfang an ist sein Wirken durch große Vollmacht gekennzeichnet (*exou-*

---

[60] Der Ausdruck „sogenannt" (griechisch: *hoi dokountes*) vermittelt die Vorstellung, dass diese Herrscher nur durch den zulassenden Willen Gottes an der Macht sind, und dass sie unter der Drohung des kommenden Gerichts stehen.

[61] Diese Beschreibung spiegelt die Erfahrung der markinischen Gemeinde über die Weise wider, wie die besiegten und besetzten Völker die Herrschaft Roms erlebten.

sia: 1,22.27; 2,10). Aber diese Vollmacht, die sich in seiner Lehre und in seinen Machttaten (Dämonenaustreibungen) zeigt, hat er immer nur genutzt, um Menschen aus der Gewalt Satans zu befreien und sie für das Gottesreich zu gewinnen. Nun steht sein „Dienst" kurz vor dem Höhepunkt in der teuren Befreiung, die er durch sein Leiden und seinen Tod bewirkt. Immer wieder versuchte er seinen Jüngern die Wahrheit beizubringen, dass er sterben muss. Hier sagt er zum ersten Mal etwas über die Bedeutung und den Sinn seines Todes. Die Hingabe seines Lebens (*psychē*) dient als „Lösegeld für viele". Der Ausdruck „Lösegeld" (*lytron*) bezeichnet den Preis, der gezahlt werden musste, um Menschen aus irgendeiner Form der Gefangenschaft (Versklavung, Geiselnahme, Kriegsgefangenschaft) zu befreien. Der Ausdruck „für viele" (*anti pollōn*) kann ein Widerhall auf die Schlusszeilen des Vierten Gottesknechtsliedes (Jes 52,13 – 53,12) sein, in dem der Knecht dadurch „viele" gerecht macht, dass er ihre Sünden trägt (VV 10+12).[62] Jesus zieht nach Jerusalem hinauf, um sei-

---

[62] Viele Exegetinnen und Exegeten sind skeptisch, ob hier eine Anspielung auf Jes 53 vorliegt; vgl. Hooker, Saint Mark, S. 248–251, Moloney, Mark, S. 214; Dowd/Malbon, Significance of Jesus' Death, S. 283–285. Der wörtliche Anklang liegt weder nahe am Hebräischen, noch – was angesichts der markinischen Verwendung noch bedeutsamer ist – an der griechischen (Septuaginta-) Fassung von Jes 53,10–12. Allerdings ist es schwierig, den Gebrauch des semitischen Idioms „für viele" hier (wie auch in den Worten über den eucharistischen Kelch in 14,24) zu verstehen, ohne Bezug auf den Gedankengang dieses Abschnitts bei Jesaja zu nehmen, wo das Leiden eines Einzelnen in einem stellvertretenden Verständnis dem Nutzen anderer dient; vgl. Gnilka, Markus Bd. 2, S. 104, Donahue/Harrington, Mark, S. 313 + 315; Watts, Isaiah's New Exodus, S. 269–287. Die Vorstellung des stellvertretenden Leidens scheint in späteren Zeit in den Makkabäerbüchern auf: 2 Makk 7,37f; 4 Makk 6,28f; 17,20–22, wo der Märtyrertod als Versöhnungsopfer für die Sünden des Volkes dient. Der Evangelist hat vielleicht eine Anspielung an Jes 53 in einer Sprache ausgedrückt, die für seine Zuhörerschaft im griechisch-römischen Umfeld mehr Bedeutung hatte, in dem das Motiv des „edlen Todes" für andere oder anstelle anderer vertraut war (vgl. auch Paulus in Röm 5,6 f); vgl. Adela Yarbro Collins, The Signification

ne messianische Aufgabe zu erfüllen, aber nicht in Übereinstimmung mit der üblichen Erwartung (der die Jünger noch anhängen), sondern entsprechend der Aufgabe, die in den Schriften (vgl. 14,21.27.49) vorgezeichnet ist. Sein „Dienst" (*diakonia*) wird darin bestehen, die Sünden der anderen zu tragen („viele" in der semitischen Sprechweise)[63], um für sie so Freiheit und Leben zu erwerben („Lösegeld").

Am Ende von Vers 45 ist klargeworden, dass das, was als ein Versuch Jesu begann, dem falschen Ehrgeiz seiner Jünger zu begegnen, mit einer tiefgründigen Aussage über die Bedeutung des Todes schließt, der ihm in Jerusalem bevorsteht. Diese Aussage begründet die Ausübung von Macht in der Gemeinde als einen „Dienst" für nichts anderes als das erlösende Handeln Christi. Wenn Jakobus und Johannes sowie die zehn anderen Jünger – und auch alle diejenigen, die Jüngerinnen und Jünger sein möchten – wünschen, in die Herrlichkeit Jesu einzutreten und an ihr teilzuhaben, dann gibt es nur einen Weg: Ihm in seinem sich selbst opfernden Dienst der Menschlichkeit zu folgen, der seinen Höhepunkt am Kreuz findet.

Am Ende des Weges: Ein Blinder wird zum Jünger (10,46–52)

Die Heilung des blinden Bettlers Bartimäus in den Außenbezirken Jerichos ist die letzte Geschichte, bevor Jesus Jerusalem betritt, das Ziel seines in Galiläa begonnenen langen Weges.

---

of Mark 10:45 among Gentile Christians, in: Harvard Theological Review 90 (1997), S. 371–382.
[63] Die semitische Wendung „viele" darf nicht im ausschließenden Sinn („viele, aber nicht alle") verstanden werden, sondern einschließend: „Der Gegensatz besteht nicht zwischen den vielen, die gerettet werden, und den anderen, bei denen dies nicht der Fall ist, sondern zwischen den Vielen und dem Einen, der an ihrer Stelle handelt" (Hooker, Saint Mark, S. 249).

Während dieser Wanderung war es die Hauptaufgabe Jesu, die Jünger über die wahre Natur seiner messianischen Sendung und deren Vollendung in Jerusalem zu unterweisen – eine Unterweisung, der sie sich immer wieder verweigert haben. Kurz vor dem Ende dieses langen Weges entspricht die Heilung des blinden Bartimäus der früheren Heilung eines blinden Mannes in Betsaida, kurz vor dem Aufbruch (8,22–26). Durch die Stellung am Anfang und am Ende des Weges haben die beiden Heilungen die symbolische Funktion, Jesu Versuch zusammenzuhalten, die (geistliche) „Blindheit" über seine göttliche Herkunft und seine Sendung zu überwinden. Die schwierige, zweistufige Heilung des blinden Mannes in Betsaida nimmt die teilweise Heilung der Blindheit des Petrus vorweg, wenn er Jesus richtig als den Messias benennt (Geschichte 1), aber sich jeder weiteren Aufklärung über die Weise, wie er seine messianische Sendung ausführen muss (Geschichte 2), heftig widersetzt. Dieser Widerstand setzt sich auf dem ganzen Weg fort. Die sofortige Heilung der Blindheit des Bartimäus angesichts seines kräftigen Glaubens zusammen mit seiner anschließenden Nachfolge Jesu auf dessen Weg deckt die gegenwärtige Blindheit der Jünger auf, verweist aber auch auf die Hoffnung einer endgültigen Überwindung der Blindheit (die „zweite Stufe"), wenn sie nach seinem Tod und seiner Auferstehung nach Galiläa gehen werden, um ihn dort zu „sehen" (16,7).[64] So hat die Heilung des Bartimäus also eine wichtige Brückenfunktion. Sie rundet die nur teilweise erfolgreiche Erleuchtung der Jünger ab, die (symbolisch) in Betsaida begann, und leitet eine neue Stufe der Erleuchtung ein, die mit der Ankunft Jesu in Jerusalem beginnt.

Bartimäus sitzt vermutlich am Stadttor und bettelte um Almosen von den Pilgern, die auf dem Weg nach Jerusalem durch Jericho ziehen. Als er hört, dass zu der großen Menge, die vorbeizieht, auch der Wundertäter aus Nazaret gehört, beginnt er ein großes Spektakel und ruft laut aus: „Sohn Davids,

---

[64] Vgl. Meier, A Marginal Jew Bd. 2, S. 687.

Jesus, hab Erbarmen mit mir!" (V 47). An früheren Stellen im Evangelium brachte Jesus messianische Ausrufe dieser Art zum Verstummen. Dass er dies hier nicht wiederholt, mag damit zusammenhängen, dass der Zeitpunkt seiner Passion, die seine Messianität prägen wird, kurz bevorsteht.[65] Im Gegenteil, es ist die Menge, die – wie sich herausstellt: erfolglos – versucht, die Rufe des blinden Mannes zu unterdrücken (VV 48 f). Das genaue Verständnis seiner eigenen Not bringt ihn dazu, die von der Menge errichtete Mauer zu durchbrechen und zu Jesus zu gelangen. Vermutlich sollen wir die Entschiedenheit, die er an den Tag legt – dass er seinen Mantel wegwirft[66], aufspringt und zu Jesus geht – als einen nach außen gekehrten Ausdruck seines Glaubens hinter seinem Schreien verstehen (V 50).

Die Frage Jesu: „Was willst du, dass ich dir tue" (V 51a) und die Antwort des Bartimäus: „Rabbuni, ich möchte wieder sehen können" (V 51b) scheinen überflüssig zu sein; die Not des Mannes ist offensichtlich. Doch dürfen wir nicht vergessen, dass es sich um genau die gleiche Frage handelt, die Jesus den Zebedäussöhnen in der vorangegangenen Szene stellte (V 36). Sie wollten für sich in seiner Herrlichkeit die Plätze rechts und links von ihm und bewiesen so ihre fortdauernde geistliche „Blindheit". Die Bitte des Bartimäus, „wieder sehen zu können", hebt das hervor, was sie so dringend nötig haben,

---

[65] Vgl. Gnilka, Markus Bd. 2, S. 112. Diese Anrede bereitet den Weg für die davidischen und daher messianischen Untertöne von Jesu Einzug in Jerusalem in der nächsten Szene (Mk 11,1–11). Die Reaktion auf die Heilung des tauben und stummen Menschen, die in 7,31–35 berichtet wird, zeigt, dass das Wirken von Wundern wesentlich zu der messianischen Erwartung gehörte; vgl. auch den Text „Der Messias des Himmels und der Erde" aus Qumran (4 Q 521).
[66] Das Wegwerfen seines Mantels kann ein Ausdruck seiner Bereitschaft sein, seinen einzigen Besitz hinter sich zu lassen: Wie die ersten vier Jünger (1,18.20) verlässt er alles, was er hat, um Jesus zu folgen. Es kann auch eine eher allgemeine Verwandlung eines Lebens durch die Bekehrung bezeichnen; vgl. Boring, Mark, S. 306.

doch worum zu beten sie in ihrer Unwissenheit versagen: die Fähigkeit zu „sehen" und wirklich zu verstehen.

Im Unterschied zu dem mühsamen zweistufigen Vorgehen bei der Heilung des blinden Mannes in Betsaida, gibt es hier weder eine Geste Jesu noch ein Wort der Heilung. Jesus sagt dem Mann nur, dass er gehen soll, weil sein Glaube ihn „gerettet" (*sesōken*) hat (V 52). Er hat sein Augenlicht erhalten, auf einer tieferen Ebene jedoch das Heil erfahren. Tatsächlich geht er nicht weg, sondern mit seinem wiederhergestellten Augenlicht folgt er „Jesus auf seinem Weg nach". Im Unterschied zu den Jüngern also, die so ausgeprägte Schwierigkeiten haben, Jesus auf seinem „Weg" zu folgen (vgl. besonders 10,32), folgt Bartimäus Jesus auf seinem Weg nach Jerusalem mit einem bereiten Glauben, alles zu bezeugen, was dort geschehen wird. So wird der blinde Bettler Bartimäus zu einem Vorbild für die Nachfolge und den Glauben.[67] Wir sind alle eingeladen, Jesus auf dem Weg nach Jerusalem mit den offenen Augen des Bartimäus zu begleiten.

---

[67] Vgl. Gnilka, Markus Bd. 2, S. 111; Hooker, Saint Mark, S. 253.

VI. Der Messias in Jerusalem (11,1 – 13,37)

Jesus zieht in Jerusalem ein und reinigt den Tempel (11,1–25)

Mit Jesu Einzug in Jerusalem, der Stadt des Messias, fangen die letzten Ereignisse seines Lebens an, Gestalt anzunehmen. Markus fügt mit einigen Zeitangaben[1] alle diese Geschehnisse in eine Woche. Daraus ist in der liturgischen Tradition des Christentums die „Heilige Woche" bzw. die „Karwoche" entstanden. Geschichtlich betrachtet wäre diese Woche sehr vollgepackt gewesen. Der Zeitrahmen von Markus ist wahrscheinlich das Ergebnis seines Wunsches, den Eindruck zu vermitteln, dass alles in Übereinstimmung mit dem Willen Gottes rasant zum Höhepunkt kommt.

Die „Woche" beginnt mit Jesu messianischem Einzug in Jerusalem, dem seine Reinigung des Tempels folgt, eine Handlung, die symbolisch dessen Ende als Ort der Anbetung Gottes und der Versöhnung mit vorausschattet (11,1–25). Angefeuert durch die Frage nach der Vollmacht, mit der Jesus diese Handlung ausführt (11,28), folgte eine Reihe von Begegnungen mit den führenden Gruppen in der Stadt, in denen Jesus zumindest verbal und moralisch die Oberhand behält (11,27 – 12,44). Auf dem Ölberg sitzend hält er eine lange Rede, die die Zukunft in den Blick nimmt: Die Zerstörung des Tempels und Jerusalems sieht und sagt er voraus, ebenso die Leiden seiner Jünger und deren endgültige Rechtfertigung bei der Ankunft

---

[1] Vgl. 11,11.20,27; 14,1.12 15,1.42; 16,1.

des Menschensohnes (13,1–37). Die eigentliche Passionserzählung beginnt mit der Verschwörung, die das Ziel hat, Jesus zu verhaften, und geht bis zu seinem Tod und seinem Begräbnis weiter (14,1 – 15,47). Eine neue Woche beginnt mit der Entdeckung des leeren Grabes durch die Frauen, der Erklärung des Engels, warum es leer ist, und der Weisung, dass sie den Jüngern sagen sollen, diese sollten nach Galiläa gehen, wo sie den auferstandenen Herrn sehen werden (16,1–8).

Jesus zieht in Jerusalem ein (11,1–11)

Wie im Markusevangelium (und in der Tat in allen Evangelien) beschrieben, ist Jesu Ankunft und Eintritt in die Stadt Jerusalem eine sorgfältig inszenierte Angelegenheit. Bevor er die Stadt selbst betritt, hält er auf dem Ölberg in der Nähe von zwei Dörfern, Betfage und Betanien, inne.[2] Von dort schickt er zwei seiner Jünger in eines der Dörfer, um ihm ein Füllen zu besorgen, mit dem er in die Stadt reiten kann. Die detaillierten Anweisungen, die er ihnen gibt, und die Tatsache, dass alles genau so ausfällt, wie er es vorhergesagt hat, vermitteln den Eindruck, dass er bewusst und ruhig einem göttlichen Plan folgt, von dem er besondere Kenntnisse hat. Die Wahl, in die Stadt auf einem Füllen reitend einzuziehen, auf dem vorher noch nie jemand gesessen hat, erinnert an Sach 9,9 in der Fassung der Septuaginta:

> Freue dich sehr, Tochter Sion,
> verkündige, Tochter Jerusalem!

---

[2] Wieder einmal ist die Geographie von Markus verschwommen und ungenau. Betanien ist ein Dorf etwa 3 Kilometer östlich von Jerusalem gelegen. In den letzten Wochen seines Lebens scheint Jesus hier eine Art Zuflucht gefunden zu haben, wohin er sich nachts von Jerusalem zurückziehen konnte (11,11 f; 14,3–9). Betfage scheint ein Dorf auf dem Ölberg zwischen Betanien und Jerusalem gewesen zu sein.

Siehe, dein König kommt zu dir. …
sanftmütig und reitet auf einem Lasttier
und zwar (auf) einem jungen Füllen.³ Auch wenn der Ritt auf einem Esel einen demütigen Eindruck vermitteln kann, handelt es sich doch in der biblischen Tradition durchaus um ein königliches Reittier.⁴ Die Bedingung, dass kein Mensch bislang auf dem Tier geritten sein darf, ist ein Hinweis, dass es für den sakralen Gebrauch geeignet ist.⁵ Schließlich ist die Erklärung „Der *kyrios* braucht es" (V 3), die die Jünger geben sollen, wenn sie gefragt werden, warum sie es losbinden sollen, ausreichend mehrdeutig, so dass es sowohl eine göttliche als auch eine menschliche Beschlagnahmung bezeichnen kann: Auf der einen Ebene kann der *kyrios* auf dessen menschlichen Besitzer verweisen; für die Leserinnen und Leser des Markusevangeliums ist der *kyrios* aber auch der „Herr", für den der „Weg" „bereitet" wurde (1,3) und der nun diesen „Weg" durch seinen Einzug in die Stadt des Messias abschließen wird.

Diese ganzen Vorbereitungen erlauben Jesus einen Einzug in die Stadt, der königlich und messianisch ist, auch wenn dieser sorgsam durch die Tatsache definiert ist, dass er einem biblischen Plan (Sacharja) folgt, statt wie ein weltlicher Herrscher zu handeln.⁶ Der Beitrag der Jünger zur Vorstellung von einem

---

³ Auch wenn im Unterschied zu Matthäus (21,4f) und Johannes (12,14f) im Markusevangelium die Anspielung auf Sach 9,9 nicht ausdrücklich gemacht wird, so wird darauf doch durch die Vorgabe verwiesen, dass das Füllen „unberitten" sein muss, was den Ausdruck „junges Füllen" aus Sach 9,9 aufnimmt; vgl. Taylor, St. Mark, S. 453 f.
⁴ Im 1 Kön 1,32–40 sichert David die Thronbesteigung Salomos, indem er ihn auf einem königlichen Esel reiten lässt.
⁵ Vgl. Gnilka Bd. 2, S. 117.
⁶ Francis Moloney (Mark, S. 220) behauptet, dass die Jünger in der Erzählung des Markus Jesu Bemühen um einen demütigen Einzug vereiteln, indem sie diesen entgegen seiner Absicht in ein messianisches Ereignis verwandeln. Wenn aber die Jünger ihre Kleider auf das Füllen zur Bestätigung seines Königtums legen, dann ist dies auch bei Jesus der Fall, wenn er sich auf das Füllen setzt (V 7).

königlichen Ereignis besteht darin, dass sie ihre Gewänder auf das Fohlen legen und Jesus darauf setzen,[7] während die Menschen aus der Menge ihre Gewänder auf der Straße vor ihm auslegen und ebenfalls grüne Zweige, die sie zu diesem Zweck von den Feldern genommen haben (VV 7f).[8] Die Menge, die vor und hinter ihm geht, preist ihn in der Sprache von Psalm 118,26 als den, „der im Namen des Herrn kommt" (V 9), d.h. als denjenigen, der mit der Vollmacht des Herrn kommt, um den göttlichen Willen auszuführen.[9] Sie grüßen ihn aber nicht (im Unterschied zu Mt 21,9) als „Sohn Davids", sondern rufen aus: „Gepriesen sei das Reich unseres Vaters David, das da kommt" (V 10 Zürcher Bibel). Diese Einschränkung vermittelt den Eindruck, dass Jesus sich der Stadt als messianischer Kandidat nähert, dessen königliche Einsetzung noch aussteht. Das lässt die Möglichkeit einer Neudefinition des davidischen Königtums durch Jesus offen (12,35–37) und vor allem dafür, paradoxerweise in seinem gehorsamen Tod am Kreuz und seiner Erhöhung zur Rechten Gottes nach seiner Erweckung von den Toten seine wahre „Inthronisierung" zu sehen. Vermutlich ist es diese Nähe zur grundlegenden „Neudefinition" des Königtums, die Jesus an dieser Stelle wie auch kurz zuvor bei Bartimäus („Sohn Davids – 10,47.48) erlaubt, seine Anerkennung als Messias, der er bislang so heftig widerstanden und zu unterdrücken versucht hatte, zu akzeptieren und mitzutragen.

Jesus zieht in der Stadt ein und geht direkt zum Tempel (V 11). Der Blick, den er um sich wirft (*periblepsamenos*; vgl. 10,23), bevor er mit den Zwölf nach Betanien zurückkehrt, kündet eine Aufgabe an, die bald an diesem Ort ausgeführt wird.

---

[7] Vgl. den Versuch in 2 Kön 9,13, Jehu als König einzusetzen.
[8] Palmzweige begleiteten den festlichen Einzug von Simon Makkabäus in die Zitadelle Jerusalems (1 Makk 13,51).
[9] Ursprünglich handelt es sich um einen Willkommensgruß für die Pilger, die sich dem Tempel näherten; die Wendung kann zur Zeit Jesu messianische Untertöne erhalten haben (vgl. Mt 11,3 [Par.: Lk 7,19]; Joh 1,15.27; 6,14; 11,27); vgl. Taylor, St. Mark, S. 457.

Der Feigenbaum und der Tempel (11,12–25)

Zwischen Jesu Erkundung des Tempelbezirks und seiner dramatischen Aktion am nächsten Tag erscheint eine der befremdlichsten Geschichten in der Bibel (11,12–14). Auf seinem Weg von Betanien zurück nach Jerusalem geht Jesus zu einem Feigenbaum, weil er hungrig ist. Als er dort keine Früchte, sondern nur Blätter findet, stößt er einen harten Fluch gegen den Baum aus – trotz der Tatsache, dass es, wie der Evangelist feststellt (V 13d), nicht die Zeit (*kairos*) für Feigen war. Am nächsten Tag, als Jesus und die Jünger wieder vorbeikommen, macht Petrus darauf aufmerksam, dass der Tags zuvor von Jesus verfluchte Baum verdorrt ist (V 21). Dies führt zu einer Reihe von Reflexionen über die Wirksamkeit des Gebetes, das im vom Zweifel nicht angefochtenen Glauben gesprochen wird (V 22–25). Jesu prophetische Handlung im Tempel (VV 15–18) geschieht zwischen diesen beiden Geschichten vom Feigenbaum. Markus bietet uns hier also ein „Doppel-Sandwich":

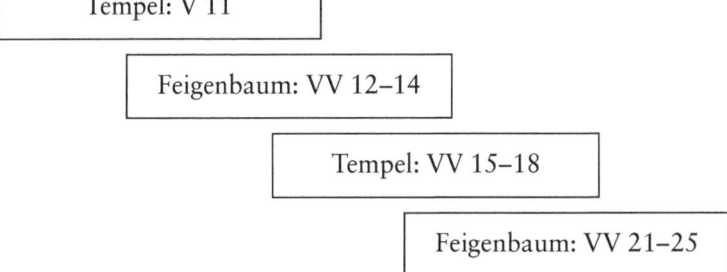

Diese sorgfältige Anordnung weist darauf hin, dass es sich bei beiden Ereignissen um prophetische Handlungen handelt, die sich gegenseitig interpretieren sollen.[10] Dies liefert den Anhaltspunkt für die Interpretation dieses einzigartigen „Wun-

---

[10] Zur ganzen Feigenbaum-Geschichte und deren Ort im Markusevangelium, siehe die hervorragende Erörterung von John P. Meier (A Marginal Jew Bd. 2, S. 885–889).

ders", des einzigen im Evangelium, das Jesus nicht zum Nutzen eines anderen, sondern für sich betrachtet aus einer für ihn untypischen – und unerbaulichen – plötzlichen Gereiztheit heraus bewirkt.[11] Jesus vollzieht eine provokante Handlung – ähnlich wie die von Jeremias auf göttliche Anweisung ausgeführte Handlung mit dem Leinenschurz (Jer 13,1–11) –, um darauf aufmerksam zu machen, dass das göttliche Gericht über Israel oder in diesem Fall genauer über dem Tempel schwebt.[12]

Als Jesus zum Tempel zurückkehrt (V 14), den er am vorigen Tag kurz erkundet hat, tritt er direkt in Aktion: Er treibt die hinaus, die dort kaufen und verkaufen, und wirft die Tische der Geldwechsler und die Stühle der Taubenverkäufer um (V 15). Das griechische Verb *ekballein* ist im Markusevangelium geradezu ein Fachausdruck für die Austreibung von Dämonen (1,12.34.39; 3,15.22.23; 6,13; 7,26; 9,18.28.38; [16,9.17]). Dies verleiht dem, was er da tut, die Aura einer Dämonenaustreibung. Er greift die Geschäfte an, die für die Aufrechterhaltung der Tempelopfer mit dem erforderlichen Maß an kultischer Reinheit notwendig waren.[13] Die zusätz-

---

[11] Um nun doch einmal meine Regel zu brechen, nicht über das zu spekulieren, was auf der Ebene des historischen Jesus „sich wirklich ereignet hat": Angesichts dieses seltsamen Wunders können die Leserinnen und Leser in der Schlussfolgerung John P. Meiers Trost finden, dass die Verfluchung des Feigenbaums nicht auf Jesus zurückgeht, sondern dass es sich um die Schöpfung eines frühen christlichen Autors handelt, der auf die biblische Tradition der Strafwunder zurückgriff, um die Handlung Jesu im Tempel als ein Symbol für das Gericht zu interpretieren (vgl. A Marginal Jew Bd. 2, S. 896).

[12] Die Beobachtung des Markus, dass es „nicht die Zeit der Feigen" war (11,13d Münchener Neues Testament), „erklärt" also kaum die Handlung Jesu; vielmehr weist sie deren „prophetische" Absurdität hin.

[13] Die Geldwechsler tauschen fremde (griechische oder römische) Münzen in tyrische oder jüdische Währung um als einzig zugelassenes Zahlungsmittel im Tempel sowohl für die Entrichtung der Tempelsteuer (ein halber Schekel: vgl. Ex 30,11–16) als auch für den Erwerb von Tieren oder Produkten für das Opfer. Die Tauben wurden als Gaben der Armen (vgl. Lk 2,22–24) oder anderer Bevölkerungsgruppen verkauft; vgl. Donahue/Harrington, Mark, S. 327f; so wie sie Markus beschreibt, weist

Jesus zieht in Jerusalem ein ... (11,1–25)

liche Angabe, dass Jesus nicht zuließ, dass jemand irgendetwas durch den Tempel trug (V 16) – eine Besonderheit der markinischen Erzählung – legt nahe, dass er seine Handlungen zumeist im Vorhof der Heiden ausführte, jenem großen äußeren Hof, der den inneren Tempelbereich umgab, den zu betreten Nichtjuden unter Androhung der Todesstrafe verboten war.[14] Diese Schlussfolgerung wird durch das Mischzitat aus dem Alten Testament gestützt, auf das Jesus sich beruft, als er in einem Kommentar zu seinem Handeln zu „lehren" anfängt: „Heißt es nicht in der Schrift: Mein Haus soll ein Haus des Gebetes für alle Völker genannt werden? Ihr aber habt daraus eine Räuberhöhle gemacht" (V 17). Der erste Teil des Zitats entstammt Jes 56,7, dem Höhepunkt einer Reihe, in denen der prophetische Text die Trennung des Volkes Gottes von den Fremden, „die sich dem HERRN anschließen", verbietet und ihnen sagt:

> Sie werde ich zu meinem heiligen Berg bringen
> und sie erfreuen in meinem Haus des Gebets.
> Ihre Brandopfer und Schlachtopfer
> werden Gefallen auf meinem Altar finden,
> denn mein Haus wird ein Haus des Gebetes
> für alle Völker genannt werden.

Der zweite Teil des Zitats in Mk 11,17 stammt aus Jer 7,1–15, ein Abschnitt, der die völlige Unvereinbarkeit von Gottes Gegenwart im Tempel und verschiedener von den Menschen praktizierter Formen sozialer Ungerechtigkeit und Götzendienst darstellt; der HERR droht „dieses Haus, über dem mein Name ausgerufen ist", aber das „eine Räuberhöhle geworden ist" (Jes 7,11), zu zerstören.[15] Jesus führt dieses Mischzitat an,

---

die Handlung Jesu wahrscheinlich auf das Ende des Tempelkultes hin (so sehr stark Moloney, Mark, S. 223 f; auch Boring, Mark, S. 322), doch liegt m. E. der Schwerpunkt darauf, den Ausschluss von Heiden aus dem „Haus des Gebetes" bloßzulegen und zu überwinden.
[14] Vgl. Nineham, Saint Mark, S. 302, der darin R. H. Lighfoot folgt.
[15] Da in vielen englischen Übersetzungen (z. B. der King James Version und der New American Bible) in diesem Vers das griechische Wort *lēstēs* mit „thieves" – „Diebe" übersetzt wird, hier eine kurze Begründung für

um zunächst einmal in einem bestätigenden Sinne auf das zu verweisen, was Gott mit dem Tempel will, dass er nämlich ein „Haus" sein soll, in dem alle Völker Zugang zu dem Schöpfer haben, dann aber auch im verneinenden Sinn herauszustellen, wie die Autoritäten in Israel („ihr") diese göttliche Absicht behindern.[16] Sie haben ihn auf einer Ebene durch die Zulassung von Handel und Geschäftigkeit behindert, die den Vorhof der Heiden als einen Ort des Gebetes zerstört. Auf einer tieferen Ebene ist es aber genau die Teilung des Hauses Gottes in einen inneren Bereich für das „Heilige" (Israel) und einen äußeren für das „Unheilige" (die Völker, die Heiden), die die göttliche Absicht hintertreibt. An anderen Stellen im Evangelium haben wir gesehen, wie Jesus in Parallele zu seinen Dämonenaustreibungen die Mauer von „heilig/unheilig" überwindet. Es ist bemerkenswert, dass die Hohepriester und Schriftgelehrten erschrecken, als sie hören, was Jesus getan hat, und einen Weg suchen, ihn zu vernichten (V 18a), während das Volk von seiner „Lehre" höchst erstaunt ist (V 18b) – es handelt sich hier um genau die gleiche Reaktion wie die auf seine Lehre und seine Dämonenaustreibung in der Synagoge von Kafarnaum am Anfang des Evangeliums (1,21–28).

meine Wiedergabe mit dem englischen Wort „bandits" („Gangster, Räuber"). Ich habe mich entschlossen, dieses griechische Wort, das in dem Jeremiazitat erscheint, in der Bedeutung zu übersetzen, die es im ganzen Evangelium hat. Dort bezeichnet es weniger Diebe als vielmehr Gewalttäter und insbesondere bewaffnete Revolutionäre – die Art ultranationalistischer Rebellen (die Zeloten, wörtlich: Eiferer), die sich den Römern bis zum Ende der Belagerung im Jahre 70 n. Chr. widersetzten und die die heftige Reaktion gegen sich, aber auch gegen die Bevölkerung nach dem Fall der Zitadelle, verursachten; den ursprünglichen Leserinnen und Lesern des Markusevangeliums dürfte dies ausreichend bekannt gewesen sein. So gesehen würde das Zitat aus Jeremia sich nicht so sehr auf Unehrlichkeit beim Handel im Tempel beziehen (so Donahue/Harrington, Mark, S. 328) als vielmehr auf die Tatsache, dass der Tempel aus nationalistischen Gründen streng geteilt war. Diese Kenntnis verdanke ich Watts, Isaiah's New Exodus, S. 330.
[16] Vgl. Gnilka, Markus Bd. 2, S. 129.

Welche „Lehre" hat also Jesus hier (V 17) durch die Vertreibung der Händler erteilt? In Verbindung mit dem Anbruch des Reiches Gottes (vgl. 1,15) hat es sicherlich etwas damit zu tun, ein „Haus des Gebetes für alle Völker" zu schaffen. Bei diesem „Haus" kann es sich kaum um den Tempel handeln, wie er sich gerade präsentiert, auch wenn er durch Jesus gerade gereinigt wurde. In Kürze wird er die Zerstörung des Tempels weissagen (13,1 f).[17] Wie Anspielungen später in der Erzählung bestätigen (12,10 f; 14,57 f), wird das „Haus des Gebetes für alle Völker" die Gemeinden der Gläubigen aus allen Völkern der Welt umfassen. Sie werden vereint durch den Glauben, dass Gott sich durch das Vergießen des Blutes Jesu am Kreuz ihnen in ihrer Unheiligkeit zugewandt hat, um sie durch die reinigende Macht des Geistes (1,8) zu Gliedern eines erneuerten heiligen Volkes Gottes, zum Brückenkopf des Reiches Gottes in der Welt zu machen (vgl. 15,39; 2 Kor 5,21).[18]

Am nächsten Morgen weist Petrus darauf hin, dass der Feigenbaum, den Jesus verflucht hat, bis an die Wurzeln verdorrt ist (VV 20 f). Das Verdorren vollendet das prophetische Zeichen, das sein Handeln im Tempel „rahmend" umfasst. Der Tempel wird einem ähnlichen „Verdorren" ausgesetzt sein, weil er nicht die von Gott beabsichtigten „Früchte" gebracht hat. So, wie er derzeit beherrscht wird, wurde aus ihm kein „Haus des Gebetes für alle Völker".

Die Antwort Jesu auf Petrus (VV 22–25) enthält eine Reihe von Unterweisungen über den Glauben und das Gebet, die, bei welcher Betrachtung auch immer, ein seltsamer Kommentar über das Verdorren des Feigenbaums als Folge seines Fluchs sind.[19] Es scheint sehr wahrscheinlich, dass in der Mar-

---

[17] Vgl. auch den später angestellten negativen Vergleich über das Tempelopfer von einem Schriftgelehrten, der als „nicht fern vom Reich Gottes" beschrieben wird (12,32–34).
[18] Vgl. Gnilka, Markus Bd. 2, S. 129; Moloney, Mark, S. 226.
[19] Die Worte enden mit V 25. Der Satz, den einige Handschriften als V 26 haben, wird allgemein als sekundäre Einfügung aus Mt 6,15 betrachtet.

kus vorausgehenden Überlieferung jemand versuchte, dass untypisch harsche Handeln Jesu in eine erbaulichere Sequenz durch die Zusammenstellung von drei für sich stehende, aber aufeinander beziehbare Worte umzuwandeln, um der Geschichte vom Feigenbaum eine kurze Lehre über Glauben und Gebet abzugewinnen.[20] Das Wort vom Glauben, der „Berge versetzt" (V 23) entspricht – wenn auch mit prophetischer Übertreibung – der allgemeinen Vorstellung im Markusevangelium, dass durch den Glauben die Macht Gottes in unsere Welt kommt. Das zweite Wort (V 24) bringt – wieder mit einem gewissen Maß der Übertreibung – den Glauben in den übergeordneten Zusammenhang des absoluten Vertrauens in das Gutsein wie auch die Macht Gottes. Das letzte Wort (V 25) ist ein Echo auf eine Bitte des Vaterunsers (vgl. Mt 6,12.14 f; Lk 11,4; ebenfalls Mt 18,21–35; Lk 17,4). Es lehrt, dass, auch wenn menschliche Vergebung Gott nicht zur Vergebung bewegt, deren Fehlen aber den Fluss der göttlichen Vergebung behindert, die allem Leben in der Gemeinde des Glaubens zugrunde liegt.[21] So seltsam auch diese Reihe von Worten als eine Reaktion auf das Verdorren des Feigenbaums sein mögen, als Ganzes genommen passt sie doch in die umfassendere Perspektive, dass eine Gemeinde, die reich an Glauben, vertrauendem Gebet und Vergebung ist, wirklich das „Haus des Gebetes" ist, das „für alle Völker" zu bauen Gott versprochen hat.[22]

---

[20] Nineham kommentiert mit scharfer Zunge: „Genau genommen handelt es sich bei der Verfluchung des Baumes weder um einen Glaubensakt noch um ein Gebet, und sie scheint kaum geeignet, den in V 25 verlangten Geist der Vergebung zu veranschaulichen" (Saint Mark, S. 299).
[21] Vgl. Boring: „Wenn die christliche Gemeinde ein ‚Haus des Gebetes für alle Völker' sein soll, dann muss sie eine vergebende Gemeinde sein, weil nur Vergebung es den Menschen möglich macht, zusammen zu leben." (Mark, S. 325)
[22] Vgl. Moloney, Mark, S. 238.

Wessen Autorität zählt in Jerusalem? (11,27 – 12,44)

Durch seinen messianischen Einzug in die Stadt und durch sein prophetisches Handeln im Tempel hat Jesus den Autoritäten in Jerusalem den Fehdehandschuh vor die Füße geworfen. Er hat das religiöse Establishment herausgefordert, das sich an jede Macht klammert, die sie durch die Gunst der römischen Besatzungsmacht und durch die Zustimmung weiter Teile der Bevölkerung hat. Das Evangelium schildert jetzt eine Reihe von Auseinandersetzungen, in denen die Vertreter der vier Gruppen in der jüdischen Führung Jesus im Verlauf eines sehr langen „Tages" in Jerusalem konfrontieren:

11,27 – 12,12: Die Hohepriester, die Schriftgelehrten und die Ältesten
[12,1–12: Das allegorische Gleichnis von den mörderischen Winzern]
12,13–17: Die Pharisäer und Herodianer (Steuer)
12,18–27: Die Sadduzäer (Auferstehung)
12,28–34: Ein Schriftgelehrter (das größte Gebot)

Danach geht Jesus selber in die Offensive:

12,35–37: Das wahre Wesen des Messias (Sohn Davids oder mehr?)
12,38–40: Warnung vor den Schriftgelehrten
12,41–44: Das Gegenbeispiel der armen Witwe

Diese Auseinandersetzungen, die Jesus ausnahmslos gewinnt, finden in der Öffentlichkeit mit dem Ergebnis statt, dass die Autoritäten ihre Autorität[1] zugunsten des Propheten aus Gali-

---

[1] [Anmerkung des Übersetzers: Im Englischen verwendet der Autor das Wort *authority* in drei unterschiedlichen Bedeutungen. Erstens dient es

läa dahinschwinden sehen, dessen Siege über die „Fachkundigen" das Volk mit Freude betrachtet (vgl. 12,37). Das verstärkt den Wunsch, Jesus zu vernichten – ein Wunsch, der nur durch die Angst vor seinem Einfluss beim Volk im Zaum gehalten wird (11,18). Die Bedrohung von Jesu Leben, die vorerst ohne Wirkung bleibt, aber im Laufe der Zeit verstärkt wird, bildet den dramatischen Hintergrund für die Auseinandersetzungen, die sich jetzt zutragen.

In welcher Vollmacht ...?
(11,27–33)

Während Jesus im Tempel umherwandelt, gehen die Hohepriester, Schriftgelehrten und Ältesten auf ihn zu und stellen ihm die Frage, die den gesamten Abschnitt beherrschen wird: „In welcher Vollmacht tust du das? Wer hat dir diese Vollmacht gegeben, das zu tun?" (VV 27f). Die drei Gruppen, die als die gemeinsamen Fragesteller genannt werden, vertreten

als Bezeichnung für eine machthabende Gruppe (amtliche *authority*); zweitens bezeichnet es den Respekt oder das Ansehen, mit denen Menschen von anderen betrachtet werden können (charismatische *authority*); drittens verweist es auf die Machtbefugnis, die jemand übertragen bekommen hat (delegierte *authority*), wofür Markus das griechische Wort *exousia* (Vollmacht) verwendet. Für die Übersetzung ins Deutsche stellt sich das Problem, das in den ersten beiden Fällen das Wort „Autorität" verwendet werden kann, nicht aber im dritten Fall, was bedauerlich ist, weil Brendan Byrne in diesem Kapitel mit dieser Bedeutungsvielfalt spielt. Dessen englische Überschrift – „The Contest for Authority in Jerusalem" – ist ein sehr gutes Beispiel dafür: Die Jesus vom Vater delegierte *authority* ist die Quelle seiner charismatischen *authority* beim Volk; dies hat einen Schwund der charismatischen *authority* der Hohepriester, Schriftgelehrten und Ältesten beim Volk zur Folge, die deswegen ihre amtliche *authority*, also ihre Machtbasis, bedroht sehen. Ich empfehle, beim Lesen dieses Kapitels darauf zu achten, wie weit bei den Wörtern „Autorität" und „Autoritäten" die Bedeutung von „Vollmacht" mitschwingen kann und umgekehrt.]

die Spitze der Regierungsgewalt im jüdischen Staat, also diejenigen, die gegenüber der römischen Besatzungsmacht für die Aufrechterhaltung der Ordnung in Jerusalem und dessen Lebensnerv, den Tempel, verantwortlich waren.[2] Ihre Frage bezieht sich zweifelsohne auf seine Tat im Tempel. Deren zweite Formulierung („*Wer* gab dir Vollmacht ...?") personalisiert die Frage. Sie stellen die Frage unter dem Gesichtspunkt menschlicher Vollmacht. Als Leserinnen und Leser konnten wir beobachten, wie Jesus von Anfang an seine Vollmacht (*exousia*) sichtbar macht, und wir kennen deren wahre Quelle: seine Begabung mit dem Heiligen Geist (1,10). Jetzt sehen wir, wie er mit dieser feindlichen Herausforderung umgeht.

Jesus bedient sich der rabbinischen Methode, eine Frage mit einer Gegenfrage zu beantworten, in diesem Fall über den Ursprung der Taufe durch Johannes: Kam sie vom Himmel (d. h. von Gott) oder von Menschen (VV 29 f)? Bei dieser Gegenfrage geht es nicht einfach um einen Ritus (die Taufe). Vielmehr zielt sie auf die Gültigkeit des Zeugnisses und des gesamten Wirkens des Täufers ab.[3] Daraus ergibt sich das Dilemma, mit dem die Gegner nun konfrontiert sind (VV 31 f). Wenn sie anerkennen, dass das Wirken des Täufers eine Bestätigung vom Himmel hatte, dann machen sie sich für den Vorwurf angreifbar, dass sie seiner Verkündigung nicht geglaubt haben, deren zentraler Bestandteil sein Zeugnis über den „Stärkeren" war, der nach ihm kommen und „mit dem Heiligen Geist taufen" wird (1,7 f); dann müssten sie aber ihre ursprüngliche Frage („In welcher Vollmacht ...?") beantworten können – und wären gezwungen, dementsprechend die Folgen zu tragen. Wenn sie aber den himmlischen Ursprung des Wirkens von Johannes dem Täufer abstreiten, dann riskieren sie, Ein-

---

[2] Diese drei Gruppen werden in der ersten Leidensweissagung genannt (8,31), und sie werden die wichtigste Antriebskraft gegen Jesus sein. Zusammen bilden diese drei Gruppen den Hohen Rat (Sanhedrin), vor dem Jesus erscheinen wird, bevor er den Römern ausgeliefert wird; vgl. Donahue/Harrington, Mark, S. 334.
[3] Vgl. Gnilka, Markus Bd. 2, S. 139; Hooker, Saint Mark, S. 271 f.

fluss beim Volk zu verlieren, das Johannes für einen Propheten hält. Dieses Dilemma zwingt sie zu dem demütigenden Rückzieher „Wir wissen es nicht" (V 33) und ermöglicht so Jesus, nicht nur ihrer Nachstellung zu entgehen (V 34), sondern auch den Ursprung seiner Vollmacht durch stillschweigende Schlussfolgerung statt durch erzwungene Bestätigung zu beweisen. Trotz seines einsamen Todes (6,16–29) wirkt das Zeugnis des Täufers weiter.

Die mörderischen Winzer
(12,1–12)

Nachdem er die Führer zum Schweigen gebracht hat, geht Jesus zum Angriff über. Ganz typisch für ihn tut er dies durch das Erzählen eines Gleichnisses, das unter dem Titel „Gleichnis von den bösen Winzern" bekannt ist, auch wenn das Wort „böse" mit Blick auf das beschriebene Verhalten ein wenig lahm wirkt. Bei dem Gleichnis handelt es sich, so wie es im Text des Markusevangeliums vorkommt, ganz deutlich um eine Allegorie.[4] Die Beschreibung des Weinbergs und seine sorgsame Zurichtung durch seinen Eigentümer (V 1) ist nahezu Wort für Wort ein Widerhall des Anfangs der Allegorie in Jes 5,1–5, in der der Weinberg Israel ist und der Eigentümer („mein Freund") Gott. Zwar bleiben diese Identifizierungen bestehen; das markinische Gleichnis schlägt aber eine andere Richtung ein, wobei die Änderung der Ausgangslage entscheidend ist: der Eigentümer geht weg und verpachtet zuvor seinen Weinberg an Winzer, damit diese ihn während seiner Ab-

---

[4] Ich behandele das Gleichnis hier so, wie es im Markusevangelium erzählt wird. In seiner Grundgestalt (ohne V 5 und VV 10 f) geht es auf Jesus selbst zurück. Hooker bringt ein Modell, wie das von Jesus erzählte Gleichnis wahrscheinlich seine jetzige Gestalt erhalten hat; vgl. dies., Saint Mark, S. 274 f.

wesenheit bestellen.⁵ Die Diener, die er zur gegebenen Zeit (*kairos*) schickt, um seinen Anteil an den Erträgen zu fordern, sind wahrscheinlich die Propheten, die Israel gesandt wurden, und die Misshandlungen, die die Diener – in einem sich immer weiter steigenden Ausmaß – durch die Winzer erleiden, stehen für die Ablehnung, mit der die Führer Israels immer wieder die Propheten in der biblischen Tradition bestraften (VV 2–5).

Mit Blick auf die göttliche Anrede, mit der Jesus nach seiner Taufe (1,11) und dann wieder bei der Verklärung (9,7) angesprochen wird, muss „der eine, sein geliebter Sohn", den der Eigentümer als letzte Hoffnung schickt (V 6), Jesus, der Sohn Gottes, sein, und die extremen Misshandlungen, die er erleidet (VV 7 f), sind ein Hinweis auf seine Passion und seinen Tod, den die zu seiner Zeit in Macht befindliche Führerschaft Israels anzettelt.

Bis zu einem bestimmten Punkt – die Ablehnung und Ermordung des Sohnes (VV 7 f) – bringt das Gleichnis die äußerste Geduld und dem Langmut Gottes zum Vorschein, der trotz wiederholter Ablehnung immer und immer wieder Israel seine Hand reicht.⁶ Gegenüber dem bösartigen Kalkül der Winzer („Das ist der Erbe. Auf, wir wollen ihn umbringen ...")⁷ wirkt das göttliche Kalkül „Vor meinem Sohn werden sie Achtung haben" (V 6) äußerst naiv.⁸ Es steht in dem in dem Gleichnis enthaltenen Gottesbild für die Torheit der göttlichen Liebe. Doch seine Nachsicht besteht nicht für immer.

[5] Zu den Voraussetzungen in Palästina hinter diesem Vorgehen vgl. Jeremias, Die Gleichnisse Jesu, S. 72–74 und Boring, Mark, S. 329. Wahrscheinlich ist als abwesender Landbesitzer ein Nicht-Israelit im Blick. Seine Fremdheit und Abwesenheit in einem fernen Land kann die ansonsten törichte Erwartung der Winzer erklären, dass sie mit ihrem mörderischen Verhalten durchkommen können.
[6] Vgl. Taylor, St. Mark, S. 472; Donahue, Gospel in Parable, S. 55.
[7] Diese Worte sind ein Widerhall der Worte von Josefs Brüdern in Gen 37,20.
[8] Einige Exegetinnen und Exegeten argumentieren jedoch, dass der Sohn die Autorität seines Vaters in einer Weise zu repräsentieren vermochte, wie es einfache Sklaven nicht konnten; vgl. Hooker, Saint Mark, S. 276.

Der Aspekt der Vergeltung erscheint mit der Frage, die Jesus stellt und in V 9 beantwortet: Der „Herr des Weinbergs" wird die mörderischen Winzer vernichten und den Weinberg „anderen" geben. Für die ursprünglichen Leserinnen und Leser des Markusevangeliums war die Drohung der Enteignung und Bestrafung durch die Zerstörung des jüdischen Staates im Jahr 70 n. Chr. und der Übergang des „Erbes" (die Verheißung des Reiches Gottes) an die messianische Gemeinde von Juden und Heiden, die sich um den Glauben an Jesus herum versammelt hat, Wirklichkeit geworden.

An dieser Stelle kommt das eigentliche Gleichnis an sein Ende, aber als eine allegorische Untersuchung der Heilsgeschichte ist es noch lange nicht vollständig. Die Wahrheit steht noch aus, dass, soweit es Gott betrifft, mit der Ablehnung und dem brutalen Tod seines Sohnes das letzte Wort noch nicht gesprochen ist. Mit der Verschiebung des Bildes von einem Weinberg zu einem „Gebäude" weist eine ergänzende Frage (VV 10f) auf die göttliche Befolgung des in Ps 118,22f dargestellten Plans hin, „den Stein, den die Bauleute verworfen haben", zum „Eckstein"[9] eines neuen Gebäudes zu machen (VV 10–12). Das heißt, Gott hat seinen abgelehnten Sohn auferweckt und ihn als den auferstandenen Herrn zum Fundament eines neuen Gebäudes gemacht, zu einem nicht „von Menschenhand gemachten Tempel" (vgl. 14,58), der aus der Gemeinde der Gläubigen besteht (vgl. 1 Kor 3,9–11.16f; 2 Kor 6,16b–18). Dieser Gemeinde sind der Weinberg und seine „Frucht", die Zusage des Reiches Gottes, gegeben (V 9).[10]

---

[9] Die griechische Wendung *kephalēn gonias* konnte entweder auf den Eckstein eines Gebäudes verweisen oder aber, was hier wahrscheinlicher ist, auf den Schlussstein eines Bogens.

[10] Es ist wichtig darauf hinzuweisen, dass das Gleichnis nicht das Volk Israel als Ganzes in den Blick nimmt, sondern nur dessen Führer, die für die Ablehnung Jesu als Messias verantwortlich sind (vgl. Moloney, Mark, S. 235). Ebensowenig legt das Gleichnis eine „Ersetzung" Israels durch die christliche Kirche nahe. Zu den „anderen", denen der Wein-

Auf diese Weise (durch die Hinzufügung des Verweises auf Ps 118,22 f in VV 10 f) ausgedehnt, ist das Gleichnis zu einer Allegorie der Heilsgeschichte geworden.[11] Versteht man die Wendung „geliebter Sohn" als Hinweis auf Jesus, wird sie gewissermaßen zu einer weiteren Leidensankündigung. Allerdings handelt es sich um eine Ankündigung, die das unmittelbare Schicksal Jesu – sein Leiden, seinen Tod und seine Auferstehung – zur größeren Heilsgeschichte in Beziehung setzt. Diese spannt sich von Gottes ursprünglicher Wahl und seiner Pflege Israels („der Weinberg" – V 1) über die Sendung der Propheten bis zur Sendung, zum Tod und zur Auferstehung des Sohnes und zeitigt am Ende geteilte Folgen: Die Vergeltung an den Führern Israels, die Jesus abgelehnt hatten (sichtbar in der Zerstörung des Jahres 70 n. Chr.), und positiv die Gründung eines erneuerten Israels, das auf den früher verworfenen, nun aber auferweckten Sohn Gottes gebaut ist. Blickt man auf das Gleichnis in diesem Gesamtzusammenhang, dann ist trotz seiner Polemik als Mittel, die jüdischen Führer herauszufordern, die Grundbotschaft nicht so negativ, wie sie zunächst einmal erscheinen mag. Sie zeigt, wie die göttliche Liebe, auch wenn sie angesichts der vielen früheren Ablehnung mit der Sendung des Sohnes töricht und naiv erscheinen mag, am Ende über die menschliche Ablehnung siegt, was „wunderbar in unseren Augen" ist (Ps 118,23; Mk 12,11). So gesehen fasst dieses Gleichnis das ganze Markusevangelium.

Im unmittelbaren Zusammenhang dieser Erzählung (V 12) verstehen die Führer nur zu gut, dass sich das Gleichnis gegen sie richtet, jedoch vermögen sie es nicht als Aufruf zur

---

berg gegeben wird, gehören jüdische Gläubige genauso wie heidnische. Was mit der Mehrheit Israels geschieht, die – lässt man die Führer beiseite – nicht zum Glauben an den gekreuzigten Messias gekommen sind, ist keine Frage, die Markus stellt. Dafür müssen wir auf die Ausführungen von Paulus im Röm 9 – 11 schauen, besonders auf das in 11,25–32 dargestellte „Geheimnis", dass „ganz Israel" in das Heil eingeschlossen wird.

[11] Vgl. Gnilka, Markus Bd. 2, S. 147.

Bekehrung und Umkehr zu begreifen.¹² Die von den Gegnern Jesu im Evangelium gezeigte „Herzenshärte" (3,5) offenbart sich auch hier, und sie erneuern ihre Absicht ihn zu vernichten – eine Absicht, die wieder einmal durch seine Beliebtheit beim Großteil des Volkes in Schach gehalten wird.

Dem Kaiser Steuern zahlen?
(12,13–17)

Diese kurze Geschichte leitet die erste von vier Fragen ein, bei denen die Antworten Jesu angesichts der Herausforderung durch die jüdischen Führer (11,27–33) jeweils seine Vollmacht bekräftigen. Diese Führer (die Hohepriester, Schriftgelehrten und Ältesten des Volkes – 11,27) stecken vermutlich hinter der Abordnung der Pharisäer und Herodianer, die zu ihm geschickt wurde, um ihm eine Falle zu stellen (V 13).¹³ Gescheitert in ihrem direkten Versuch, Jesus herauszufordern, bedienen sich die Führer zur Tarnung ihrer bösartigen Absicht dieser gemischten Gruppe. Dies erklärt die weitschweifige Schmeichelei, mit der die Abordnung ihren Vorstoß einleitet (V 14a) und die zweifelsohne darauf abzielt, den Eindruck von Respekt zu vermitteln, bevor sie ihn mit einer gezielten Frage überraschen.¹⁴

---

¹² Vgl. Watts, Isaiah's New Exodus, S. 346 f.

¹³ Die (historisch unwahrscheinliche) Verbindung dieser beiden Gruppen entspricht einer früheren Verschwörung, um Jesus zu vernichten (3,6). Auch waren sie Gegenstand der Warnung Jesu in 8,15. Wie die meisten Exegetinnen und Exegeten gehe ich davon aus, dass die nicht genannten Entsender der Abordnung („sie sandten zu ihm" – V 13 Lutherbibel) die gleichen waren, die die Handelnden der beiden vorangegangenen Geschichten sind.

¹⁴ Markus will wahrscheinlich, dass wir die Ironie in ihrer Zusicherung bemerken: „wir wissen ... [du] lehrst wahrhaftig den Weg (*hodos*) Gottes": Von Anfang an geht Jesus den „Weg Gottes" (1,3), ein Weg, den sie aber nicht anerkennen; vgl. Hooker, Saint Mark, S. 280.

Die Frage über die Erlaubtheit, dem Kaiser Steuern zu zahlen, ist wirklich tödlich. Die Römer haben die höchst unbeliebte Steuer, eine Kopfsteuer, eingeführt, als sie nach der Absetzung von Herodes Archelaus im Jahr 6 n. Chr. die Verwaltung von Judäa, Samaria und Peräa übernahmen. Für die Juden war sie eine zutiefst ärgerliche Erinnerung an ihre Situation als unterworfenes Volk, was noch dadurch verschlimmert wurde, dass diese Steuer mit einer römischen Denar-Münze bezahlt werden musste, die das Bild des Kaisers trug.[15] Wenn Jesus die Zahlung dieser unbeliebten Steuer unterstützt, dann wird er den Rückhalt beim Volk verlieren – dem Faktor, der ihn zu dieser Zeit vor den Absichten seiner Gegner schützt (11,18.22). Wenn er die Zahlung verwirft, wird sein Spruch dem römischen Statthalter zugetragen und setzt ihn damit dem hochgefährlichen Vorwurf der Aufwiegelung aus.

Wie bei seiner früheren Herausforderung (11,27–33) gibt Jesus keine direkte Antwort. Der hinter den Schmeicheleien lauernden „Heuchelei" seiner Fragesteller wohlbewusst (V 15a), spielt er die Frage an sie zurück und fordert als allererstes, dass sie ihm die verhasste Münze (ein Denar) zur Verfügung stellen, mit der die Steuer bezahlt werden musste (V 15b). In der antiken Welt wurden alle Münzen in der Regel als Eigentum des Herrschers verstanden, in dessen Namen sie hergestellt wurden und dessen Bild und Inschrift sie trugen. Wenn die Gegner schließlich gezwungen sind zuzugestehen, dass die Münze das Bild des Kaisers trägt, ist der Weg für die Aufforderung Jesu freigemacht: „So gebt dem Kaiser, was dem Kaiser gehört ..." (V 17a). Doch gleich darauf weitet er die Fragestellung in eine ganz neue Richtung aus, indem er anfügt: „... und Gott, was Gott gehört!" (V 17b). Man muss die Steu-

---

[15] Die Einführung dieser Steuer führte direkt zu einem Aufstand unter Judas dem Galiläer im Jahr 6 n. Chr. (vgl. Apg 5,37) und gemäß dem jüdischen Geschichtsschreiber Josephus (Jüdische Altertümer, 18,1–11.23–25) schließlich zum Aufstieg der Partei der Zeloten, den führenden Akteuren im Aufstand der Jahre 66 bis 70 n. Chr.

er zahlen, aber nur im Zusammenhang mit der weit wichtigeren Verpflichtung gegenüber Gott.

Diese kurze Geschichte und insbesondere Jesu rätselhaftes Wort in V 17 bekam bei der Interpretation über das Verhältnis von Kirche und Staat ein gehöriges Gewicht. Mit seiner Antwort trifft Jesus aber keine Bestimmung über die Trennung von Kirche und Staat im modernen Sinn. Das war eine sehr viel spätere Aufgabe, die sich immer noch in der Entwicklung befindet. Dieses Wort bildet die Grundlage für solche Entwicklungen, indem sie die Legitimität der weltlichen Sphäre und ihrer Ansprüche anerkennt, sie aber in den übergeordneten Rahmen des Gehorsams gegenüber Gott stellt.[16] In einem weiteren Sinn ruft dieses Wort Jesu die Gläubigen zu einer beständigen Unterscheidung auf, wie sie im Rahmen der sich ändernden Muster der bürgerlichen Gesellschaft die Verpflichtungen in ihrer Gesellschaft mit dem größeren Anspruch Gottes verbinden können. Er hinterlässt also den späteren Generationen der Gläubigen eher eine moralische Aufgabe als eine gesetzliche Vorschrift.

Die Auferstehung der Toten (12,18–27)

Die nächste Herausforderung an die Vollmacht Jesu kommt von einer Gruppe von Sadduzäern, die größtenteils aus Ange-

---

[16] So gesehen übernimmt der markinische Text eine Haltung gegenüber dem Staat, die vergleichbar den Positionen in Röm 13,1–7 und 1 Petr 2,13 f (im Unterschied zu Offb 13 und 17) ist. Für einige Exegetinnen und Exegeten ist der zweite Teil des Wortes Jesu ambivalent, weil er nahelegen könnte, dass die Verpflichtungen gegenüber Gott stärker sind als die Verpflichtungen gegenüber einem weltlichen Herrscher. Jesus könnte also als Unterstützer derjenigen betrachtet werden, die sich weigern, die kaiserliche Steuer zu zahlen (vgl. Donahue/Harrington, Mark, S. 346). Dies scheint mir jedoch den Sinn des ersten Teiles herunterzuspielen.

hörigen der priesterlichen Aristokratie kamen und sowohl politisch als auch religiös konservativ ausgerichtet waren. Sie greifen Jesus in einer Frage an, die für ihre Weigerung, über den grundlegenden biblischen Glauben hinauszugehen, typisch war: die Auferstehung der Toten.[17] Sie sprechen ihn als „Lehrer" an und legen ihm eine biblische Vorschrift vor, die die Vorstellung eines Lebens nach dem Tod der Lächerlichkeit preisgibt, wenn man die Vorschrift bis ins Extrem weiterdenkt. Die Weisung in Dtn 25,5–10, deren Zitat in V 19 von Gen 38,8 beeinflusst ist, schreibt vor, dass, wenn ein Mann kinderlos stirbt, sein Bruder dessen Witwe heiraten soll, um für den Verstorbenen Nachwuchs zu zeugen, damit dessen Name nicht ausgelöscht wird. Für die Sadduzäer ist dies der Weg – ein rein diesseitiger Weg –, wie ein Mensch gemäß den Vorstellungen des Mose ein gewisses Maß an Unsterblichkeit erreichen kann. Führt man nun den Gedanken der Auferstehung von den Toten ein und verbindet diesen mit der sehr unwahrscheinlichen, aber nicht unmöglichen Annahme, dass eine Frau siebenmal verwitwet sein konnte, ohne irgend einem ihrer Männer ein Kind zu gebären, dann stellt sich die Frage (VV 20–23): Wessen Frau wird sie im Leben der Auferstehung sein – weil sie sieben Ehemänner hatte. Mit dieser Deutung ist der Glaube an die Auferstehung nach dem biblischen Gesetz unnötig, und es wird auch unmöglich, sich diese vorzustellen.

Jesus gibt eine zweigeteilte Antwort, indem er die Sadduzäer beschuldigt, weder die Schriften (auf die sie sich berufen) noch die Macht Gottes (V 24) zu kennen. Zunächst greift er die vorgelegte Frage auf: die Natur des auferstandenen Lebens (V 25). Das Problem, das die Sadduzäer vorgetragen haben, stellt sich, weil sie sich das Leben nach dem Tod nur als etwas

---

[17] Der Glaube an ein Leben nach dem Tod (im Unterschied zu einer zeitweiligen, schattenhaft fortdauernden Existenz in der sh^eol) taucht erst sehr spät im Alten Testament auf: Dan 12,1f; Jes 26,19. Er wurde zu einer charakteristischen Lehre der Pharisäer – und natürlich auch der von Jesus gegründeten Bewegung.

vorstellen können, was gleichsam das gegenwärtige Leben weiterführt, in dem – um bei dem entsprechenden Beispiel zu bleiben – die Menschen zum Zweck der Fortführung der Gattung heiraten und verheiratet werden. Aber im Leben der Auferstehung ist die Ehe nicht länger notwendig, weil die Gerechten das ewige und todesfreie Leben der Engel teilen.[18] Die Sadduzäer kennen „die Macht Gottes" nicht (V 24), weil sie nicht die Macht des Schöpfers in Betracht ziehen, eine Weise des menschlichen Lebens hervorzubringen, in der die Fortdauer der individuellen Person, wenn auch durch eine radikale Verwandlung, die Mauer des Todes übersteigt.[19]

Nachdem er diese Grundsatzfrage geklärt hat, ist Jesus frei, über die enggesteckten Begrenzungen hinauszugehen, in denen die Sadduzäer dieses Thema mit ihrem pedantischen Argument im Zusammenhang mit einer hochspeziellen und minder wichtigen Bestimmung des Gesetzes vorgetragen haben (VV 26 f). Er beweist ihre Unkenntnis der Schriften (V 24a), indem er auf einen weitaus bedeutenderen biblischen Text verweist: Das Geschehen vom brennenden Dornbusch, in dem Gott, der Mose zum Werkzeug der Rettung Israels aus der ägyptischen Versklavung beruft, sich selbst als „der Gott

---

[18] Die nachbiblische jüdische Literatur beschreibt häufig das Leben der Gerechten als dem der Engel *ähnlich*; vgl. Byrne, „Sons of God" – „Seed of Abraham", S. 64–67; Donahue/Harrington, Mark, S. 350. Jesu Worte bedeuten nicht, dass Menschen in Engel verwandelt werden. Vielmehr zielt diese Aussage darauf ab, dass sie im Leben der Auferstehung das Vorrecht der Engel der unmittelbaren Schau Gottes und die damit einhergehende Bewahrung vor dem Tod genießen.
[19] Vgl. John P. Meier, A Marginal Jew Bd. 3, S. 423. Paulus spricht die gleiche Frage – die Schwierigkeit, sich das Leben der Auferstehung vorzustellen – an, als er auf die Verleugnung der Auferstehung in der Gemeinde in Korinth in 1 Kor 15,35–49 eingeht. Bezeichnenderweise stellt er seiner Unterweisung eine vergleichbare Anschuldigung voran, dass nämlich diejenigen, die die Auferstehung leugnen, eine „Unkenntnis" Gottes zeigen (1 Kor 15,34b; vgl. Mk 12,24); vgl. außerdem Brendan Byrne, Eschatologies of Resurrection and Destruction. The Ethical Significance of Paul's Dispute with the Corinthians, Downside Review 104, Nr. 357 (Oktober 1986), S. 288–298.

Abrahams, der Gott Isaaks und der Gott Jakobs" zu erkennen gibt (Ex 3,1–6.15). Weil Gott nicht der Gott der Toten, sondern der Gott der Lebenden ist (V 27a), bedeutet dies, dass diese Patriarchen, obwohl sie gestorben sind, als lebend betrachtet werden müssen, und zwar in einem Leben, das über den Tod hinausgeht und in dem die Beziehung zu Gott und die Gemeinschaft mit ihm fortdauert. Mit Blick auf moderne exegetische Methoden mag diese Argumentation Jesu nicht restlos überzeugend wirken.[20] In einem weiteren Sinn dringt sie aber zum Kern der Frage vor, besonders zum jüdisch-christlichen Verständnis Gottes. Wenn die von Gott geschaffene Beziehung zu den Menschen derart ist, dass der Tod sie einfach auslöschen kann – ein Tod, der in so verschiedenen Weisen kommen kann: langsam oder überraschend, nach einem langen Leben oder nach einem kurzen, manchmal gewaltsam und manchmal willkürlich –, kann dann diese Beziehung wirklich als personal betrachtet werden? Die christliche Theologie und Spiritualität haben sich der Vorstellung widersetzt, dass die Leugnung des Lebens nach dem Tod mit dem Wesen Gottes vereinbar ist, das sich in der Verkündigung, im Wirken, im Tod und vor allem in der Auferstehung Jesu offenbart. Eine solche Verleugnung verrät für Jesus wie auch für Paulus eine Unkenntnis Gottes (1 Kor 15,24). Wer daran festhält, irrt sich sehr (Mk 12,27b).

---

[20] Z.B. beweist sie nicht die Wirklichkeit der leiblichen Auferstehung, sondern nur eine Art von Unsterblichkeit. Doch seine Argumentation beruht auf der ganzheitlicheren jüdischen Anthropologie, in der die Vorstellung von der Unsterblichkeit der Seele und die Auferstehung des Leibes nicht so scharf voneinander unterschieden waren wie in den philosophischen Diskussionen unter hellenistischem Einfluss. Eine bemerkenswerte Erörterung dieser Stelle und der sie prägenden Tradition findet sich bei Meier, A Marginal Jew Bd. 3, S. 411–444, 468–487 (Endnoten).

Die Liebe: das größte Gebot
(12,28–34)

Im Evangelium sind die Schriftgelehrten normalerweise feindliche Gestalten – eine Gruppe in der Dreierreihe der Widersacher, die sich verschworen haben, um Jesus zu Fall zu bringen (11,27; 12,12; 14,1). Um so bemerkenswerter macht dies den freundlichen Austausch zwischen Jesus und dem Schriftgelehrten, der ihn fragt, welches Gebot (des jüdischen Gesetzes) „das erste von allen" ist (V 28).[21] Der freundliche Ton kann erklären, weshalb Jesus die Frage direkt beantwortet (VV 29f), statt wie in den früheren Auseinandersetzungen mit einer Gegenfrage zu reagieren. Er tut dies, indem er die Eröffnungsworte des *Sh^{e}ma Jisrael* zitiert, jenes Textes aus dem Buch Deuteronomium (6,4b–5), der morgens und abends von gläubigen Jüdinnen und Juden damals und heute gebetet wird:

> Das erste ist: Höre, Israel, der Herr, unser Gott, ist der einzige Herr. Darum sollst du den Herrn, deinen Gott, lieben mit ganzem Herzen und ganzer Seele, mit deinem ganzen Denken und mit deiner ganzen Kraft.[22]

Der Schriftgelehrte hat nach einem Gebot gefragt. Jesus fährt fort, daneben ein zweites zu stellen, das er diesmal aus dem

---

[21] Die Freundlichkeit der markinischen Erzählung steht im Kontrast mit den matthäischen (22,34–40) und lukanischen (10,25–28) Parallelen, in denen von den Fragestellern jeweils gesagt wird, dass sie Jesus versuchen oder auf die Probe stellen wollten. Die markinische Erzählung entspricht mehr einem akademischen Austausch als einer Auseinandersetzung.

[22] Das Zitat folgt genau der Septuaginta mit Ausnahme des Einschubs eines Paares, „Denken" (*dianoia*) und „Kraft" (*ischys*) anstelle eines anderen Wortes – *dynamis* („Macht") – im griechischen Text. Die Hinzufügung von „Denken" soll vielleicht einen intellektuellen Aspekt einbringen, der in der hellenistischen Welt, in der das EVANGELIUM verkündet wurde, als passend betrachtet wurde. Es besteht jedoch nicht die Absicht, verschiedene Fähigkeiten voneinander zu unterscheiden, sondern die Ganzheitlichkeit der verlangten Antwort zu unterstreichen; vgl. Taylor, St. Mark, S. 486.

Buch Levitikus (19,18) nimmt: „Du sollst deinen Nächsten lieben wie dich selbst."[23] Jesus verkürzt nicht die beiden Gebote zu einem einzigen „ersten" oder „größten" Gebot. Auch wenn sie untrennbar zusammengefügt sind, bleiben sie doch „erstes" und „zweites". Das weist darauf hin, dass Gott der Liebe und Anbetung im absoluten Sinn würdig ist: Gott muss nur für sein Gott-Sein geliebt werden. Die Liebe zu Gott, auch wenn sie in der Liebe zum Nächsten ihren notwendigen Ausdruck findet, darf nicht einfach auf das liebende Handeln um des Nächsten willen reduziert werden.[24] Indem er dem Gebot Gott zu lieben die Eröffnungsworte aus dem *Sh^{e}ma Jisrael* („Höre, Israel ...") voranstellt, reiht sich Jesus entschieden in die biblische Tradition ein, gemäß der Gottes freie Erwählung Israels jeder Forderung vorausgeht, die Gott Israel auferlegt.[25] Jeden Tag sind alle Israelitinnen und Israeliten zum „Hören" (*sh^{e}ma*) aufgefordert, weil Israel das Volk ist, das sich des unvergleichlichen Vorrechts erfreut, von Gott angesprochen zu werden – angesprochen in Worten der Verheißung und der Liebe. Deswegen ist die jüdische – und die christliche – Liebe zu Gott immer eine Reaktion auf Gott, der uns zuerst geliebt hat und dessen fortdauernde Zeichen der Liebe wahrzunehmen wir täglich aufgerufen sind. Das ganze Wirken Jesu stellt den göttlichen Versuch dar, Menschen zur Liebe zu befreien, indem er sie in die Gemeinschaft der Liebe hineinzieht, die die Dreifaltigkeit ist (vgl. Mk 1,10f).

---

[23] Die Zusammenführung dieser beiden Gebote scheint etwas Besonderes im Wirken Jesu gewesen zu sein, auch wenn es nicht an jüdischen Parallelen aus einer späteren Zeit fehlt; vgl. Nineham, Saint Mark, S. 324; Moloney, Mark, S. 270.
[24] Vgl. Edward V. Vacek, The Eclipse of Love for God, America 174/8 (März 1996), S. 13–16; Nachdruck in Paul Jersild u. a. (Hg.), Moral Issues and Christian Response, New York: Harcourt Brace College Publications [7]2002, S. 6–10.
[25] Vgl. Gnilka, Markus Bd. 2, S. 164.

Den Nächsten „wie sich selbst" zu lieben, scheint auf den ersten Blick nicht sehr anstrengend zu sein. Von keinem wird verlangt, die Interessen des Nächsten über die eigenen zu stellen, sondern einfach auf die gleiche Ebene. Sicherlich setzt dieses Gebot eine gesunde Liebe und Wertschätzung seiner selbst voraus. Es fordert aber auch – bei genauerer Betrachtung sogar ganz radikal – zu einem Akt der Vorstellung auf einer höheren Ebene auf, sich nämlich selbst zu fragen: Was möchte ich wirklich von einem anderen Menschen? – Verständnis, Nachsicht, Respekt, Treue, Mitgefühl, um dann sicherzustellen, dass mein ganzes Handeln gegenüber diesem Menschen diese Eigenschaften umsetzt, anstatt sie zu vernachlässigen. Wenn dieses zweite Gebot neben das erste gestellt wird, dann ist grundsätzlich notwendig, dass ich die empfangene göttliche Liebe nicht nur direkt Gott erwidere, sondern auch über einen anderen „Kanal", über den des Nächsten, in dem, wie Jesus schon herausstellte, nicht nur er selbst, sondern auch der, der ihn sandte, aufgenommen oder empfangen wird (9,37).

Einzigartig in der markinischen Fassung dieser Geschichte ist die Fortsetzung des freundlichen Austauschs (VV 32–34a). Der Schriftgelehrte lobt Jesu Antwort, zitiert seinerseits die Eröffnungsworte des *Sh^{e}ma Jisrael*[26] und wiederholt dann gleichsam Wort für Wort Jesu Formulierung der beiden Gebote. Als er die Bemerkung hinzufügt, dass all dies viel wichtiger ist als Brandopfer oder andere Opfer (V 33b), versichert Jesus ihm, dass er nicht fern vom Reich Gottes ist (V 34a). Die Propheten Israels betonten das Ungenügen des Opferkultes, wenn es am radikalen Gehorsam gegenüber Gott und der sozialen Gerechtigkeit fehlte (1 Sam 15,22; Jes 1,11; Jer 7,22f; Hos 6,6; Ps 40,7, usw.). Die Aussage des Schriftgelehrten scheint weit über diese Kritik in Richtung auf die neue Wirklichkeit hinauszugehen, auf die Jesus erst vor kurzem im Tempel aus-

---

[26] Der Schriftgelehrte betont außerdem die Einzigartigkeit Gottes, indem er eine Wendung aus Jes 45,21 („es gibt keinen anderen außer ihm") einbaut.

geführte Handlung hinweist: Die Ersetzung des Tempels und seiner Rituale durch einen neuen Tempel, der mit Jesus als seinem Eckstein „ein Haus des Gebetes für alle Völker" sein wird (11,17; 12,10). In diesem „Haus des Gebetes" wird die Gemeinde des Reiches Gottes gemäß dem Doppelgebot der Liebe anstelle der detaillierten Vorschriften der Tora leben (vgl. Paulus in Röm 8,3 f; 13,9 f; Gal 5,14).[27] Weil der Schriftgelehrte ganz nah daran ist, dies zu erkennen, ist er „nicht fern vom Reich Gottes";[28] um der Gemeinde des Reiches Gottes beizutreten, scheint es einzig notwendig zu sein, umzukehren und an die Frohe Botschaft zu glauben (1,15). Wir erfahren nicht, ob er diesen Schritt wagte oder nicht. Aber seine zustimmende Antwort hebt sich von der Hartnäckigkeit seiner Schriftgelehrtenkollegen ab, die feindlich gestimmt bleiben. Die Angabe, dass danach niemand mehr wagte, Jesus eine Frage zu stellen (V 34b), beschließt die Abfolge von Herausforderungen, vor die Jesus gestellt wurde. In allen vier Fällen haben seine Antworten dafür gesorgt, dass sein Einfluss weiter Bestand hat (11,28).

Wie kann der Messias der Sohn Davids sein?
(12,35–37)

Als wolle er seinen Vorteil weiter ausbauen, stellt Jesus nun selbst eine Frage. Dies tut er während seiner Unterweisung der Menge im Tempel. Sie sind seine Zuhörerinnen und Zuhörer, doch trotz der gerade festgehaltenen freundlichen Begegnung bleiben die Schriftgelehrten sein Hauptziel.

---

[27] Vgl. Moloney, Mark, S. 241.
[28] Vgl. auch, was später von einem wohlgesonnenen jüdischen Anführer, Josef von Arimathäa, gesagt wird: dass auch er auf das Reich Gottes wartete (15,43).

In Übereinstimmung mit der üblichen Sicht behaupten diese Fachleute des religiösen Gesetzes, dass der Messias der „Sohn Davids" sein müsse.[29] Wie kann dies sein, fragt Jesus (VV 35 f) und zitiert einen biblischen Text (Ps 110,1), in dem David als der inspirierte Autor der Psalmen auf den Messias als seinen Herrn verweist („So spricht der Herr [*kyrios* = JHWH] zu meinem Herrn [*kyriō mou*]"). Wie kann ein Vater seinen Sohn in dieser erhabenen Weise anreden? Muss er nicht auf jemand ihm Höherstehenden verweisen und damit eben nicht auf seinen Sohn? Geht man von einem messianischen Verständnis von Psalm 110 in dem Sinn aus, dass der zweite „Herr", der vom „HERRN" (= JHWH) angesprochen wird, der Messias ist,[30] dann kann Letzterer nicht Davids Sohn sein.

Auch wenn auf den ersten Blick dieser Beweis Jesus den Titel „Sohn Davids" zu verweigern scheint[31] – ein Titel, der ihm an anderen Stellen im Neuen Testament zugeschrieben wird –, wäre es falsch, dessen Logik zu weit zu treiben. Jesus sagt nicht „Dann ist es unmöglich, dass er (= der Messias) der Sohn Davids ist", sondern er lässt die Frage in der Schwebe: „Wie (wörtlich: „aus welchem Grund" [*pothen*]) kann er dann sein (= Davids) Sohn sein?" (V 37b). Die pädagogische und rhetorische Absicht dieser Frage besteht nicht notwendig darin auszuschließen, dass der Messias der Sohn Davids ist, sondern darauf hinzuweisen, dass, wie der Psalm nahelegt, die Vorstellung vom Messias radikal in dieser Richtung weiterge-

---

[29] Zum üblichen Verständnis des „Messias" im Judentum der Zeit Jesu vgl. das Einleitungskapitel oben über das im Markusevangelium vorausgesetzte Weltbild.
[30] Dieser Gedankengang setzt ein messianisches Verständnis des Psalms voraus, auch wenn nicht klar ist, ob eine solche Auslegung im vorchristlichen Judentum geläufig war. Durch seinen Gebrauch mit Blick auf die nachösterliche Erhöhung und Inthronisierung Jesu als messianischer Herr ist Ps 110,1b der Text des Alten Testaments, der im Neuen Testament am häufigsten zitiert und auf den am häufigsten angespielt wird; vgl. Boring, Mark, S. 348.
[31] So Moloney, Mark, S. 243 f; Boring, Mark, S. 348 f.

dacht werden muss, die mit dem Titel „Herr" angezeigt wird. Weit über den rein menschlichen Rang hinaus, der mit dem „Sohn Davids" auch im messianischen Sinn verbunden ist, wird der Messias die Autorität des Namens, „der größer ist als alle Namen", tragen und ausüben (Phil 2,9–11).[32] „Wie" sich dies ausgestaltet, bleibt zu diesem Zeitpunkt unausgesprochen. Wieder einmal treibt Jesus einen Keil in das übliche Messiasverständnis, um den Weg für eine bestimmte messianische „Investitur" zu bereiten, die aus der Perspektive des alten Verständnisses ganz unvorhergesehen kommen wird: besonders durch seinen gehorsamen Tod, seine Auferstehung und seine Erhöhung als „Herr" zur Rechten Gottes (vgl. das „Aus welchem Grund?"). Es ist dieses zukünftige Szenario, das David unter der Inspiration des Heiligen Geistes voraussah, als er den HERRN (= JHWH) zu seinem „Herrn" (= der Messias Jesus) sprechen hörte: „Setze dich zu meiner Rechten, und ich lege deine Feinde als Schemel unter deine Füße" (Ps 110,1). David sah einen Messias voraus, der als Sohn Gottes und als Träger des göttlichen Namens die Feinde Gottes unter seinen Füßen zertreten und so die Menschen für das Reich Gottes gewinnen wird. Jesus hat damit schon angefangen, aber der Höhepunkt dieses Ringens steht mit seinem herannahenden Tod und seiner Auferstehung kurz bevor. Er ist wirklich der Messias, doch um all das in der Vorstellung des Messias als mitenthalten zu verstehen, bedarf es einer radikalen Ausweitung dieses Begriffes.[33] Darum geht es

---

[32] Der von Henry B. Swete vor über einem Jahrhundert geäußerte Kommentar ist weiterhin zutreffend: „Weder bestreitet Jesus einerseits die Schlussfolgerung (das heißt, dass der Messias der Sohn Davids ist), noch besteht Er andererseits auf der Identifizierung; Er begnügt sich damit, auf eine Schwierigkeit hinzuweisen, deren Lösung den Schlüssel zum ganzen Problem seiner Person und Sendung bietet" (The Gospel according to St. Mark, London: Macmillan ²1909, S. 288).

[33] Diese Relativierung des Titels „Sohn Davids", ohne ihn als solchen zurückzuweisen, hat eine Parallele in der Bekenntnisformel, die Paulus am Anfang des Römerbriefs (1,3f) zitiert. Dieses stellt den Christus als

Jesus bei seinem Angriff auf die davidische Interpretation, die die Schriftgelehrten festgeschrieben haben. So weit zu den Schriftgelehrten. Die größeren Teile der Bevölkerung hören aber, wie uns gesagt wird (V 37b), Jesus mit Freude zu. Dieses Ansehen beim Volk ist für ihn sowohl Schutz wie auch Bedrohung. Es kann die „Eifersucht" auf seine Macht bei diesem Teil der Führung nur vergrößern (vgl. 15,10).

Die Schriftgelehrten und das Opfer einer Witwe (12,38–44)

Es ist sinnvoll, die beiden letzten Abschnitte von Jesu Lehrtätigkeit im Tempel gemeinsam zu erörtern. Sie bilden eine Art Diptychon, das zwei von der Religion inspirierte, aber sich widersprechende Verhaltensweisen zeigt.[34] Auf jeden Fall sind sie durch das Schlüsselwort „Witwe" miteinander verbunden, das in beiden Abschnitten vorkommt.

Jesus hat die Lehre der Schriftgelehrten zurückgewiesen. Jetzt kritisiert er vor der im Tempelbereich versammelten Menge deren Verhalten.[35] Angesichts der wohlwollenden Begegnung, die gerade zwischen Jesus und einem Vertreter aus ihren Reihen stattgefunden hat (12,28–34), ist seine pauschale Verurteilung überraschend. Doch in der Welt des Evangeliums, die natürlich von dem geschichtlichen Umfeld Jesu

---

den vor, „der dem Fleisch nach geboren ist als Nachkomme Davids", der also die für seine Messianität benötigte menschliche Beglaubigung hat, dann aber in einem transzendenteren Sinn vorgestellt wird als „dem Geist der Heiligkeit nach eingesetzt ist als Sohn Gottes in Macht seit der Auferstehung von den Toten"; vgl. Gnilka, Markus Bd. 2, S. 171.

[34] Vgl. Donahue/Harrington, Mark, S. 364.
[35] Vgl. Taylor, St. Mark, S. 493; Nineham Saint Mark, S. 332. Geschichtlich gibt es keinen Beleg, dass die Schriftgelehrten korrupter als die anderen Führer waren.

unterschieden werden muss, bilden die Schriftgelehrten zusammen mit den Hohepriestern und den Ältesten des Volkes die Spitze der religiösen Führung, die jetzt auf seine Vernichtung aus ist. In einer Gesellschaft, in der das Gesetz des Mose alle Bereiche des Lebens regelte, verschafften ihnen ihre rechtlichen Kenntnisse große Macht, Ansehen und Einfluss auf andere Menschen. Als Repräsentanten in diesem Sinn werden sie zur Zielscheibe von Jesu Kritik.

Jesus greift die Schriftgelehrten dafür an, dass sie ihre Kenntnisse dazu verwenden, um Aufmerksamkeit und Ehre auf sich selbst zu lenken, anstatt sie als Mittel zur Ehre und Verherrlichung Gottes zu nutzen. Das lange Gewand, das sie bei der Ausübung offizieller Verpflichtungen tragen, kleidet sie auch bei anderen öffentlichen Gelegenheiten, um so auf dem Markt respektvoll gegrüßt zu werden (V 38b); in den Versammlungen der Synagoge und bei Festmahlen sind sie darauf aus, die besonderen Plätze zu bekommen, die für sie als Zeichen ihrer führenden Rolle reserviert werden (V 39).[36] Viel ernsthafter ist aber, dass sie unter dem Vorwand religiöser Frömmigkeit (ausgedehnte Gebete in der Öffentlichkeit) den Besitz von Witwen vereinnahmen (V 40ab). Sie putzen also ihre gesetzlichen Fachkenntnisse mit dem Mantel der Frömmigkeit heraus, um das Vertrauen der Schwächsten in der Gesellschaft zu gewinnen, deren spärliche Rücklage sie, wenn sie ihnen erst einmal anvertraut sind, plündern.[37] Ihre Verdam-

---

[36] Die Schriftgelehrten trugen bei der Ausübung öffentlicher Verpflichtungen eine besonders lange Version des *tallith*, also des Gebetsschals. Die „ersten Plätze" in der Synagoge weisen wahrscheinlich auf eine Reihe erhöhter Sitze unmittelbar vor der Lade mit den heiligen Schriftrollen hin, die direkt auf die restliche Gemeinde ausgerichtet waren; vgl. Hooker, Saint Mark, S. 295; Moloney, Mark, S. 245.
[37] Mit Blick auf die schwache Position von Witwen (wie der von Waisen und Fremden im Land) trug das biblische Gesetz Vorkehrungen zu deren Unterstützung und Schutz (Ex 22,22; Dtn 24,19–21; 27,19); ebenso setzten die Propheten sich machtvoll für sie ein (Jes 1,17; Jer 7,6; 22,3; Ez 22,7; Sach 7,10; Mal 3,5, u. a.). Die Klage Jesu hier steht in einer Reihe

mung beim Gericht (V 40c) wird umso härter sein, weil sie diese Ungerechtigkeit, die für sich selbst schon verdammenswert ist, unter dem Mantel der Heuchelei begehen. In einem bemerkenswerten Gegensatz zu diesem Bild der Heuchelei steht die Handlung der Witwe in der folgenden Szene (VV 41–44). Während Jesus gegenüber dem Tempelschatz sitzt,[38] beobachtet er, dass viele Reiche erhebliche Beträge spenden, während eine arme Witwe nur zwei Pfennige (*lepta dyo*) einwirft.[39] Jesus ruft seine Jünger zusammen, um dann feierlich auf den einen Punkt einzugehen: Diese arme Witwe hat mehr gegeben als all die anderen, die für den Tempelschatz spendeten (V 43). Er begründet dies damit, dass diese von ihrem Überfluss gaben, während die Witwe trotz ihrer großen Bedürftigkeit alles gab, was sie besaß, alles, was sie zum Leben hatte (V 44). Auch wenn ihre Handlung im Gegensatz zu all den Spendern für den Tempelschatz einen Kontrast bildet, ist der Gegensatz zum Verhalten der Schriftgelehrten, das Jesus gerade beschrieben hat, umso größer. Deren Ausübung der Religion war lediglich nach außen gerichtet und überhaupt nicht dazu bestimmt, Gott die Ehre zu geben, sondern diese auf sich selbst zu lenken. Vom finanziellen Standpunkt her ist die Gabe der Witwe kärglich, doch in den Augen Gottes, der das Herz sieht, hat sie „mehr" als alle anderen gegeben, weil ihre Gabe ihr ganzes Vertrauen und die Hingabe ihrer selbst an Gott, den Schützer der Witwen und Waisen (Ps 146,9), ver-

---

mit dem prophetischen Beharren darauf, dass Gott sich für die Witwen einsetzt.

[38] Diese Bemerkung kann sich auf die Schatzkammer des Tempels als solcher beziehen, oder speziell auf Behälter mit einer trompetenförmigen Öffnung, die entsprechend späterer Berichte im Hof der Frauen stand, wo die Geldgaben abgegeben werden konnten.

[39] Die Lepton-Münze, die Markus für seinen größeren Kreis an Adressatinnen und Adressaten als gleichwertig mit der Hälfte eines römischen *quadrans* (griechisch: *kodrantēs*) übersetzt, war die kleinste der sich in Umlauf befindenden Münzen und entsprach 1/64 von einem Denar, dem üblichen Tageslohn; vgl. Moloney, Mark, S. 247, Fußnote 168.

sinnbildlicht. Sie ist ein Beispiel für die Haltung der Hingabe an Gott in dem vollen Vertrauen auf Gott, die Jesus seinen Jüngern empfiehlt, und die er selbst bis zum Äußersten zeigen wird, wenn er sich seiner Passion und seinem Tod nähert, um sein „Leben als Lösegeld für viele" zu geben (10,45). An der Stätte des Tempelkultes, den Jesus wirkungsvoll an sein Ende gebracht hat, wird die Gemeinde des Reiches Gottes wahrhaft Gott anbeten, wenn die „zwei Pfennige" der äußerlichen Spende einer jeden und eines jeden die Vollkommenheit der Hingabe und des Vertrauens versinnbildlichen.[40]

---

[40] Anstatt die Gabe der Witwe als etwas Empfehlenswertes zu betrachten, ist es möglich, sie als etwas vollständig anderes auszulegen: als etwas, das Jesus beklagt. Weil sie unmittelbar auf den Hinweis auf die Ausbeutung des Vermögens der Witwen durch die Schriftgelehrten folgt (V 40a), kann die Handlung der Witwe als ein Beispiel gedeutet werden, wie die religiösen Autoritäten, besonders die Tempelverwaltung, auf die Frömmigkeit der Schwachen aus ist, um von ihnen einen Anteil zu erlangen, der weit das übersteigt, was diese sich leisten können. Dies bereitet den Weg für die Weissagung der kommenden Zerstörung des Tempels, die Jesus bald äußern wird (13,2). Vgl. zu dieser Interpretation G. Addison Wright, The Widow's Mites: Praise or Lament? – A Matter of Context, Catholic Biblical Quarterly 44 (1982), S. 256–265; Myers, Binding the Strong Man, S. 320–322; auch Donahue/Harrington, Mark, S. 365 (eine mögliche Alternative). Wenn man dem Zusammenhang, in dem das Opfer der Witwe beschrieben wird, besonderes Gewicht beimisst, spricht vieles für diese Interpretation. Meiner Meinung nach eignet sie sich aber eher für eine Auslegung der lukanischen Parallele (21,1–4; siehe Brendan Byrne, Gastfreundschaft Gottes, S. 280 f), in der das Detail von Jesu Herbeirufen der Jünger für eine Unterweisung fehlt; dieses Herbeirufen scheint eher eine exemplarische denn eine prophetisch-anklagende Sinnrichtung der markinischen Fassung zu unterstützen. Zur Witwe als ein Beispiel für die Jünger vgl. Moloney, Mark, S. 247 f.

Die Zukunft: Herausforderung und Hoffnung (13,1–37)

Nach ein paar einführenden Sätzen, die den Schauplatz bereiten (VV 1–4), besteht das 13. Kapitel des Markusevangeliums vollständig aus einer langen Rede Jesu über die Zukunft, der die Jünger ins Auge blicken müssen. Als Ganzes genommen stellt es den schwierigsten Teil des Evangeliums für die Auslegung dar, auch wenn es – gerade weil es über den Zeitabschnitt des Evangeliums hinausblickt – direkt die Lage seiner Leserinnen und Leser, die der Vergangenheit und die der Gegenwart, anspricht. Die Schwierigkeit ergibt sich aus dem Inhalt der Rede (meistenteils gekleidet in die Sprache und Bildwelt der jüdischen Apokalyptik), aus der Unklarheit mehrerer ihrer Anspielungen und vielleicht vor allem, weil sie für die Gläubigen eine gemischte Botschaft bereithält und in einer sehr verstörenden Weise zwischen Ermutigung und Mahnung schwankt. Bevor wir uns nun in deren aufgewühlte Wasser werfen, ist es hilfreich, sich einige Überlegungen stärker grundsätzlicher und einleitender Natur vor Augen zu halten. Diese beziehen sich auf die Eigenart und die Zielsetzung der Apokalyptik, die literarische Gattung der Rede, ihre Gesamtstruktur und die Reihe von „Botschaften", die zu vermitteln ihr Zweck ist.

Weil das Markusevangelium als Ganzes das Weltbild der jüdischen Apokalyptik voraussetzt, begegnen wir, wenn wir uns dem 13. Kapitel nähern, nicht zum ersten Mal der Apokalyptik, sondern nur in einer größeren Dichte. Wie ich in dem Einleitungskapitel, das sich mit dem Weltbild des Evangeliums beschäftigt, erklärt habe, ist es das Ziel der apokalyptischen Rede, die Gläubigen zu ermutigen, die heute die Übel der ge-

Die Zukunft: Herausforderung und Hoffnung (13,1–37) 319

genwärtigen Zeit erleiden. Dies geschieht, indem vorab und bevorrechtigt Aussagen mitgeteilt werden über den göttlichen Plan und dessen Ablauf, nach dem Gott oder Gottes Beauftragte(r) eingreifen wird. Der Augenblick der Abrechnung und des Gerichts wird bald kommen, der für die Bösen Entlarvung und Verdammung bedeutet, für die Gläubigen aber, die am endgültigen Sieg der Herrschaft Gottes (des „Reiches Gottes") teilhaben werden, Rechtfertigung und Belohnung. Dies ist im Wesentlichen das, was Jesus in der Rede in Mk 13 ausführt, die mit der Beschreibung der Ankunft des Menschensohnes (Geschichte 3) in den Versen 24–27 ihren Höhepunkt erreicht.

Auch wenn die Rede lange als die „markinische Apokalypse" bezeichnet wurde, ist diese Beschreibung nicht ganz zutreffend, weil ihr Inhalt nicht vom Himmel offenbart wurde (wie das bei Apokalypsen, wie z. B. dem Buch der Offenbarung am Ende des Neuen Testaments, der Fall ist), sondern auf Erden aus dem Munde Jesu kommt. Während sie in ihrer Sprache und Bildwelt sowie dem am Ende vorgestellten „eschatologischen" Plan „apokalyptisch" ist, gleicht die Rede doch mehr einer anderen literarischen Gattung, die sich in der Bibel finden lässt, nämlich der eines Testaments zum Abschied: Eine Ansprache oder Unterweisung, die ein bedeutender Lehrer oder eine bedeutende Führerin seinen oder ihren Jüngerinnen und Jüngern kurz vor dem Tod gibt.[1] In einem solchen Testament schaut die verehrte Person über den eigenen Tod hinaus in die Zukunft, die die Jüngerinnen und Jünger erwartet, sieht

---

[1] Das ganze Buch Deuteronomium ist eine Abschiedsrede, die Mose an der Schwelle zum verheißenen Land kurz vor seinem Tod hält; dies gilt auch für die Reden Jesu beim Letzten Abendmahl in Joh 13 –17 und der Ansprache des Paulus an die Ältesten von Ephesus in Apg 20,18–35. Siehe ferner die sehr klare Erörterung von Nineham, Saint Mark, S. 339–342. Dies ist auch die Schlussfolgerung von Keith D. Dyer nach seiner gründlichen kritischen Durchsicht aktueller Auslegungen: The Prophecy on the Mount. Mark 13 and the Gathering of the New Community, Bern u. a.: Peter Lang 1998, S. 233–266; 268 f.

Schwierigkeiten und Versuchungen voraus, die unausweichlich kommen werden, und warnt und ermutigt entsprechend. Dies ist bei der Rede, die wir hier betrachten, ebenso der Fall. Sie versichert der Gemeinde, dass Jesus die Prüfungen, die sie zu ihrer Zeit erfahren oder vor Kurzem erfahren haben, genau voraussah. Sie sollen Trost und Ermutigung aus der Tatsache schöpfen, dass er diese Prüfungen vorausgesehen und sie in den sich entfaltenden göttlichen „Plan" eingeordnet hat, der unaufhaltsam zum endgültigen Sieg Gottes führt. Die Rede soll auch falsche Hoffnungen und Erwartungen dämpfen, die aus Geschehnissen erwachsen, die man mit guten Gründen als Zeichen verstehen kann, dass die letzten Tage kurz bevorstehen, was zu Enttäuschung und Glaubensverlust führen kann, wenn diese Erwartungen nicht bestätigt werden. Zu solchen irreführenden Geschehnissen kann in der Gemeinde das Erscheinen von Menschen gehört haben, die behaupteten, der zurückgekehrte Messias Jesus zu sein (die in seinem Namen kommen und sagen: „Ich bin es." – 13,6). Auf einer höheren Ebene können Kriege, Hungersnöte, Erdbeben oder andere Katastrophen als Hinweise verstanden werden, dass die endgültige kosmische Umwälzung im Gange ist (VV 7f). Vor allem aber war die Katastrophe, die der Fall Jerusalems und die Zerstörung des Tempels (70 n. Chr.) bildeten, sicherlich eine Gelegenheit – so passend wie keine andere – für die Rückkehr Jesu, um sein messianisches Werk zu vollenden.

Eine der Schwierigkeiten, die die Rede für die Auslegung darstellt, stammt aus der Tatsache, dass sie mit der Frage über den Zeitpunkt der Zerstörung des Tempels in Jerusalem ihren Anfang nimmt (V 4), sich bald aber auf die größere Frage nach dem Zeitpunkt „des Endes" hin wandelt, d.h. das Ende der gegenwärtigen Weltordnung als solcher, das durch die Ankunft des Menschensohnes angekündigt wird. Man muss also erkennen, dass der eigentliche „Horizont" für die ganze Rede überhaupt nicht die Zerstörung des Tempels in Jerusalem ist, sondern das Schicksal der gegenwärtigen Welt selbst. Tatsächlich scheint die Rede die Zerstörung des Tempels im Jahr 70

n. Chr. vorauszusetzen und stellt die Frage, die ohne Zweifel für die ersten Adressatinnen und Adressaten des Evangeliums wesentlich war, ob dieses verheerende Ereignis die kurz bevorstehende Ankunft „des Endes" in dem beschriebenen eher grundsätzlichen Sinn ankündigt.

Mit Blick auf all das vermittelt die Rede eine zweigleisige Botschaft. (1) Bewahrt euch eure Hoffnung. Seid nicht enttäuscht, dass der Menschensohn noch nicht eingetroffen ist, und auch nicht, wenn sich seine Ankunft weiter verzögert. All dies – die Katastrophen, die stattgefunden haben, und noch viel Schlimmeres – muss vor „dem Ende" (dem Kommen des Menschensohnes: VV 24–27; vgl. V 7) geschehen. (2) Doch kommen wird er – nicht nur als Ausführender, sondern als derjenige, dem Rechenschaft gegeben werden muss: Seid also wach und aufmerksam in eurer Lebensführung.[2]

Dieses Pendeln zwischen Ermutigung und Ermahnung spiegelt sich in der Struktur dieser Rede deutlich wider. Abschnitte, in denen die Gemeinde gewarnt und ermahnt wird, wechseln mit Abschnitten, die in einem eher apokalyptischen Ton von dem Plan für das Ende handeln. Mit der Wendung „Gebt Acht" (*blepete*) fangen die Abschnitte der ersten Gruppe alle an (oder enden in einem Fall [VV 21–23] mit dieser).

Schließlich noch ein Wort zu dem eschatologischen „Plan", den die Rede vorauszusetzen scheint: Ganz allgemein gibt sie die im apokalyptischen Judentum dieser Zeit weit verbreitet Überzeugung wieder, dass dem „Ende", das heißt der endgültigen Umwandlung der Welt durch das Eingreifen Gottes, eine Zeit zunehmenden Leidens der Erwählten vorausgeht: Eine Zeit, in der das Böse „überkochen" wird, wenn die sich Gott widersetzenden Mächte Sturm laufen, bevor sie dem göttlichen Gericht unterworfen und vernichtet werden. Dies ist die Zeit der „großen Drangsal" oder der „Wehen des Messias", die der vollständigen Ankunft des Reiches Gottes vo-

---

[2] Vgl. Hooker, Saint Mark, S. 300 f.

Der Messias in Jerusalem (11,1 – 13,37)

> Einleitung: der Schauplatz (VV 1 f)

> Einleitungsfragen: „Wann ..." „Was ist das Zeichen ..." (VV 3 f)

Warnung/Mahnung an die Gemeinde   Der apokalyptische Plan für das Ende

> Warnung vor falschen Propheten
> (VV 5 f)
> „Gebt Acht ..."

> Vorspiel zur „Drangsal"
> (VV 7 f)

> Prüfungen/Verfolgungen
> (VV 9–13)
> „Gebt Acht ..."

> Die große „Drangsal"
> (VV 14–20)

> Warnung vor falschen Messiassen
> (VV 21–23)
> „Gebt Acht ..." (V 23)

> Das Ende: der Menschensohn
> (VV 24–27)

> Das Gleichnis vom Feigenbaum
> (VV 28–32)

> Ermahnung: „Seid wachsam!"
> (VV 33–37)
> „Gebt Acht ..."

Die Zukunft: Herausforderung und Hoffnung (13,1–37) 323

rausgehen. Auch hier können wir die vier „Stufen", die die Rede zu enthalten scheint, schematisch darstellen:

> Die Gegenwart

> Der „Anfang der Wehen"

> Die eigentlichen Wehen („Die Drangsal")

> Das „Ende": Ankunft des Menschensohnes
> Sammlung der Erwählten
> Errichtung des Reiches Gottes

Die Würdigung dieser allgemeineren Bestandteile der Rede machen diese, so hoffe ich, verständlicher, so dass es unnötig ist, alle Einzelheiten in ihrer Tiefe auszuleuchten. Auch wenn die Erwartung der Rückkehr Christi in Herrlichkeit (sein „zweites Kommen") in der Liturgie und in den Glaubensbekenntnissen noch immer ausgesprochen wird, handelt es sich für die meisten Christinnen und Christen kaum um etwas, mit dem sie sich täglich beschäftigen. Wir „schauen" auf sein Leben, seinen Tod und seine Auferstehung als Hauptbestandteile seines Heilswirkens „zurück". Für die frühen christlichen Generationen war aber die Betonung genau umgekehrt. Christus wird als in Herrlichkeit wiederkommender Menschensohn seine wichtigste messianische Aufgabe verwirklichen: als Beauftragter für den endgültigen Sieg Gottes. Mit einem lebendigen Glauben an den auferstandenen Herrn ging das Gefühl einher, dass es noch „eine unerledigte Sache" gibt. Weil sie glaubten, dass mit dem Wirken und der Auferstehung Jesu die messianische Zeit „angebrochen" ist, gab es Ungeduld – und ohne Zweifel eine anwachsende Enttäuschung –, dass die Zustände der vormessianischen Zeit (Sünde, Leiden und Tod) fortbestanden. Wann würde der Herr zurückkehren, um sich mit all diesen Dingen zu beschäftigen und schließlich die Herrschaft Gottes errichten?[3] Die gleichen Sorgen – und nicht etwa mehr – bestehen für uns heute fort und stellen die gleichen Fragen nach der Treue und Macht Gottes. Sowohl in seinem ursprünglichen Zusammenhang als auch in der Weise, wie wir sie heute lesen, geht es in der Rede über weite Strecken um die Theodizee: Ist es angesichts aller entgegengesetzter Hinweise noch möglich, an Gott zu glauben und an der Verheißung Jesu festzuhalten?

Der Schauplatz und die Hinführung zur Rede (13,1–4)

Nachdem er aus der Auseinandersetzung um die Vollmacht siegreich herausgekommen ist (vgl. 11,28), verlässt Jesus jetzt den Tempel, dessen andauernde Funktion als Ort der Anbetung er mit seiner Handlung früher in der Woche beendet hatte (11,15–17). Währenddessen äußert sich einer der Jünger, der wie ein „Landei" bei seinem ersten Besuch in der großen Stadt spricht,[4] über die Ausmaße der Fundamente des Tempels und seiner Gebäude (V 1). Dies veranlasst Jesus, in einer lebendigen, beschwörenden Sprache die völlige Zerstörung des Tempels vorauszusagen (V 2). Jetzt wechselt der Schauplatz auf den Ölberg (VV 3 f), ein Ort, der direkt dem Tempel gegenüber liegt und der durch die Weissagung von Sacharja 14 mit dem endgültigen Sieg der Herrschaft Gottes verbunden ist. Jesus nimmt die sitzende Haltung eines Lehrers ein, und Petrus, der zusammen mit Jakobus, Johannes und Andreas kommt – den ursprünglichen vier Jüngern, die am Anfang berufen wurden (1,16–20) –, stellt die Frage, die die Rede aus-

---

[3] Paulus spricht die gleiche Frage im Römerbrief (Kapitel 5–8) an; vgl. Byrne, Romans, S. 163.
[4] Vgl. Donahue/Harrington, Mark, S. 368.

Die Zukunft: Herausforderung und Hoffnung (13,1–37) 325

löst: „Sag uns, wann wird das geschehen und was ist das Zeichen, dass dies alles sich vollenden soll?"⁵

Falsche Deutungen der äußeren Ereignisse, die Enttäuschung verursachen (13,5–8); Prüfungen und Verfolgungen der Gemeinde (13,9–13)

Als die Rede in Gang kommt, rückt die Frage nach dem „Wann" erst einmal eine Zeitlang in den Hintergrund,⁶ während Jesus alle Phänomene anspricht, die – fälschlicherweise – als „Zeichen" gedeutet werden können. In der ersten Reihe von Warnungen an die Gemeinde (VV 5 f) warnt Jesus die Jünger vor prophetischen Gestalten, die behaupten, im Namen des auferstandenen Herrn zu sprechen („Ich bin es!" – V 6) und die durch Fehldeutungen dessen, was um sie herum geschieht, die Gläubigen in die Irre führen.⁷ Sie interpretieren bestürzende äußere Ereignisse – Kriege und Kriegsgerüchte,

---

⁵ Einige Exegetinnen und Exegeten (z. B. Moloney, Mark, S. 253) finden in der Formulierung von Markus drei Fragen: (1) Wann wird die Zerstörung Jerusalems („diese Geschehnisse") stattfinden? Was werden (2) die Zeichen und (3) der Zeitpunkt „all dieser Geschehnisse" sein, d. h. das Ende der Welt (wovon V 24 spricht)? Wenn dies wirklich die Absicht von Markus gewesen sein sollte, dann hat er sich kryptischer ausgedrückt, als man es von ihm gewohnt ist. Ich glaube, es ist leichter verstehbar, dass für Markus die Frage nach der Zerstörung des Tempels, die bereits von der Geschichte beantwortet worden ist, sofort in die Frage nach dem „Ende" im eher kosmischen Sinn übergeht, und es hier also nur zwei Grundfragen gibt.
⁶ Sie taucht gegen Ende der Rede wieder auf (VV 24–37), aber nur, um von Jesus als letztendlich unbeantwortbar beschrieben zu werden, weil nur der Vater den Zeitpunkt kennt (V 32).
⁷ Dass ich hier einen Hinweis auf christliche Propheten sehe, die im Namen Jesu sprachen, verdanke ich Eugene M. Boring, (Mark, S. 362 f), der auf die Schwierigkeiten hinweist, an dieser Stelle eine Warnung vor falschen Messiasanwärtern außerhalb oder vor Leuten innerhalb der Gemeinde zu sehen, die behaupten, der wiedergekommene Jesus zu sein.

Erdbeben und Hungersnöte, die in einem solchen Ausmaß auftreten, dass sie an einen Zusammenbruch der gesamten Weltordnung denken lassen [8] – als Hinweis auf die kurz bevorstehende Rückkehr des Menschensohnes. Doch liegen sie damit falsch: All dies wird nicht „das Ende" sein, sondern nur der Anfang der messianischen Nöte, die sich vor seiner Ankunft noch steigern sollen (VV 7 f).

Näher an der Gemeinde aber sind die Prüfungen und Verfolgungen, die sie erleiden müssen (VV 9–13). Einige der Schwierigkeiten kommen von außen in der Gestalt, dass sie den Gerichten ausgeliefert, in Synagogen geschlagen und vor Statthaltern und Königen angeklagt werden (V 9).[9] So wie Johannes der Täufer verkündete und „ausgeliefert wurde" (1,9) und so wie Jesus verkündet und „ausgeliefert werden wird" (9,30; 10,33), werden die Jünger nach dem gleichen Muster – ihr verkündet und werdet „ausgeliefert" – als eine Folge ihrer Verkündigung des Evangeliums ebenfalls „ausgeliefert werden". In diesem Sinn sieht die Rede die „Passion der Jünger", den Preis der Nachfolge, voraus. Weil die Verfolgung um Jesu willen geschehen wird, wird sie als „Zeugnis für sie" (die Verfolger) dienen und von daher selbst eine Verkündigung des Evangeliums sein. Mehr noch, sie müssen nicht einmal ihre Verteidigung vorbereiten, weil das, was sie sagen sollen, ihnen

---

[8] Beispiele für die aufgelisteten Phänomene – insbesondere der Bürgerkrieg innerhalb des römischen Reiches (der einzigen Supermacht dieser Zeit) nach dem Tod Neros im Jahr 68 n. Chr. –, die in der Eroberung Jerusalems im Jahr 70 n. Chr. ihren Höhepunkt fanden, sind für das Jahrzehnt bezeugt. Andererseits spielen die beschriebenen Ereignisse in der prophetischen und apokalyptischen Literatur eine wichtige Rolle; sie gehören also gleichsam zum festen Grundbestand dieser Literatur. Für Einzelheiten, s. Taylor, St. Mark, S. 505.
[9] „Gerichte" und „Synagogen" stehen für Institutionen, die Befugnisse gegenüber Juden haben; „Statthalter" und „Könige" verweisen eher auf römische Beamte und vielleicht auch auf Herrscher wie Herodes; vgl. Donahue/Harrington, Mark, S. 370.

vom Heiligen Geist eingegeben wird (V 11).¹⁰ Viel schmerzhafter aber werden die Leiden sein, die durch Verrat innerhalb der Familie verursacht werden und manchmal auch den Tod zur Folge haben (V 12), sowie der übermächtige Eindruck, für alle ein Hassobjekt zu sein, weil man den Namen Christi trägt (V 13a). Das standhafte Erdulden aller dieser Prüfungen, die lange andauern können, werden zur „Rettung" führen (V 13b) – nicht notwendig in dem Sinn, dass man vor dem leiblichen Tod bewahrt wird, sondern eine Errettung im eschatologischen Sinn als Teilhabe an der Auferstehung des Herrn.

Ziemlich störend inmitten all dessen erscheint die Aussage, die das Hauptthema aber wiedergibt: „Allen Völkern muss zuerst das EVANGELIUM verkündet werden" (V 10). Das „Ende", das Erscheinen des Menschensohnes, trifft nicht ein, bevor eine große Aufgabe noch nicht erledigt ist: Die weltweite Verkündigung der FROHBOTSCHAFT vom Reich Gottes, so dass alle Völker die Möglichkeit haben, darauf mit Bekehrung und Glauben zu reagieren (1,15). Die Dauer dieser Aufgabe dehnt sich nun schon weit über das hinaus, was Markus oder sonst einer der frühen Gläubigen sich hätte vorstellen können, aber die Aufnahme dieser Bemerkung über die Notwendigkeit, das EVANGELIUM allen Völkern zu verkünden, bevor das „Ende" eintritt, fügt in die Rede eine Art Keil ein, der – zumindest im Rückblick – diese von ihrer ursprünglich doch sehr engen Zeitvorstellung befreit und ihr eine flexible und möglicherweise unbefristete Geltung verleiht. An dieser Stelle wendet sich die Rede an die Gläubigen aller nachfolgenden Zeiten bis zu unserer eigenen und bezieht diese in ihre Botschaft ein. Solange das EVANGELIUM verkündet werden muss, trifft das zu, was Jesus vorhersieht – bis in unsere Zeit und unbeschränkt über diese hinaus.

---

[10] Der Geist nimmt hier die Rolle des „Paraklet" wie im Vierten Evangelium ein (Joh 14,16.26; 15,26; 16,7; vgl. 1 Joh 2,1).

Die „große Drangsal" (13,14–20); noch eine Warnung (13,21–23)

Wir erreichen jetzt den Teil der Rede, der den Auslegerinnen und Auslegern wahrscheinlich mehr Schwierigkeiten bereitet als jeder andere Teil des Evangeliums. Trotz der gerade geäußerten Warnung mit dem Ziel, eine gesteigerte Erwartung auf das Ende angesichts bestürzender Ereignisse, wie Kriege und Kriegsgerüchte, zu dämpfen, und trotz des Beharrens darauf, dass für die Verkündigung des EVANGELIUMS an die Völker ein Zeitraum eingeräumt werden muss („der Keil" – V 10), scheint die Rede nun von einem Geschehen zu sprechen, das als Zeichen dient, dass die Zeit des gesteigerten Leidens, die dem Ende vorausgeht, nahe ist: der „Gräuel der Verwüstung an dem Ort ..., wo er nicht stehen darf" (V 14a). Sie fährt dann fort, sehr detaillierte Anweisungen zu geben, wie zu handeln ist, sobald das Zeichen wahrgenommen wird (VV 14c–18): Flucht in die Berge, keine Verzögerung, um ein Oberkleid zu holen oder vom Feld zurückzukehren; hinzu kommen Warnungen vor der Not, die Frauen treffen wird, die schwanger sind oder Säuglinge stillen; schließlich wird empfohlen, darum zu beten, dass die Flucht nicht im Winter stattfinden muss. Diese Anweisungen scheinen sehr konkret eine Situation vor Augen zu haben, die durch Krieg entstanden ist. Aber das Zeichen selbst, das wahrscheinlich ebenso geschichtlich ist, ist in eine dem Propheten Daniel entnommenen Sprache gekleidet („Gräuel der Verwüstung"), die zu verstehen der Evangelist seine Leserinnen und Leser in einer einzigartigen Seitenbemerkung (V 14b) auffordert.[11] Wahrscheinlich konnten die ur-

---

[11] Der „Gräuel der Verwüstung" (V 14a) weist in Dan 9,27; 11,31; 12,11 auf eine heidnische Statue hin, die im Jahr 167 v. Chr. vom hellenistischen Seleukidenkönig Antiochus IV. Epiphanes aufgestellt wurde. Die spätere Tradition scheint diesen Ausdruck aus dem Buch Daniel auf nachfolgende Sakrilege bezogen zu haben, und zwar tatsächlich geschehene wie auch vorausgesagte. Zu Ersterem gehörte auch – was vielleicht für die hinter Mk 13 stehende Überlieferung von Bedeutung ist –, der

Die Zukunft: Herausforderung und Hoffnung (13,1–37) **329**

sprünglichen Leserinnen und Leser des Evangeliums verstehen, auf welches bestürzende Ereignis mit diesem Hinweis angespielt wurde.[12] Aber wir sind dazu nicht in der Lage. Markus verweist auf ein beklagenswertes Ereignis, das er, vielleicht aus politischen Gründen,[13] nicht offen benennt, aber das für ihn das Zeichen ist oder sein wird, dass die Zeit der Drangsal, die der endgültigen Umwandlung vorausgeht, nahe ist.

Die folgenden Verse (VV 19 f), die wieder in einer dem Buch Daniel entnommenen Sprache gehalten sind (Dan 12,1), verweilen bei den Schrecken dieser Zeit. Die in der Welt entfesselten Kräfte des Bösen werden so mächtig sein, dass sie zu unterwerfen einer Wiederholung des Schöpfungsaktes gleichkommt, als Gott das ursprüngliche Chaos überwand, um eine geordnete Welt hervorzubringen (V 19).[14] Das Überleben der Menschen in dieser Zeit wird nur durch Gottes gnädige „Verkürzung" der Zeit des Chaos „um seiner Auserwählten willen", d. h. der Gemeinde des Reiches Gottes, sichergestellt (V 20).[15]

Versuch Kaiser Caligulas im Jahr 40 n. Chr., sein Standbild im Tempel aufstellen und verehren zu lassen.
[12] Die offensichtlichste Bestimmung wäre die Zerstörung des Tempels im Jahr 70 n. Chr. durch die Römer. Der Ausdruck legt aber eher eine Entweihung als eine Zerstörung nahe, und in Mk (im Unterschied zu Mt 24,15) ist das bestimmende Partizip („stehend") im Maskulin statt im Neutrum (was bei „Gräuel" [*bdelygma*] eigentlich erforderlich wäre); dies legt einen eher personalen Verweis nahe, vielleicht die Bejubelung des römischen Generals Titus im Tempelbereich nach der Eroberung Jerusalems; vgl. Moloney, Mark, S. 258–260; alternativ dazu – und mit Blick darauf, dass aus der Perspektive der Rede das Zeichen noch in der Zukunft liegt, auch wahrscheinlicher – könnte sich der Hinweis auf die Erscheinung einer Antichrist-Gestalt, vergleichbar dem „Menschen der Gesetzwidrigkeit" in 2 Thess 2,3–10, beziehen; vgl. Taylor, St. Mark, S. 511, Gnilka, Markus Bd. 2, S. 195 f.
[13] Vgl. Taylor, St. Mark, S. 511.
[14] Vgl. Hooker, Saint Mark, S. 315.
[15] Zum apokalyptischen Motiv der „Verkürzung der Zeit der Not" s. Donahue/Harrington, Mark, S. 373. Die letzte Bitte des Vaterunser („Erlöse uns von dem Bösen" – Mt 6,13; vgl. Lk 11,4b) ist ein Gebet um

Im Blick ist ein apokalyptisches Szenario, das die geschichtlichen Ereignisse hinter sich gelassen hat, auch wenn ein von Markus in geheimnisvollen Worten verkleideter geschichtlicher Moment, den wir nicht identifizieren können, das Zeichen für seine Ankunft sein wird. Noch geheimnisvoller wird der Abschnitt durch die Tatsache, dass der hier gegebene Rat, bei Erscheinen des Zeichens entschieden zu handeln, in einer beachtlichen Spannung zu dem Versuch im vorigen Abschnitt zu stehen scheint, verfrühte Erwartungen auf das Ende zu dämpfen, obwohl der Einbruch verheerender Ereignisse auf dessen Anbruch hinweisen kann. Und noch mehr steht dieser Abschnitt in Spannung zu dem erforderlichen Zeitraum, um „allen Völkern" das EVANGELIUM zu verkünden (V 10). Wir, die nachfolgenden Gläubigen, die diesen Raum immer noch bevölkern und diese Sendung weitertragen, sind vielleicht gut beraten, nicht nach dem „Gräuel der Verwüstung" Ausschau zu halten. Auch können wir nicht den sehr detaillierten Anweisungen folgen, die sich ursprünglich an die Gemeinde der Gläubigen in Judäa richtete (VV 14c–18). Dieser Abschnitt im Markusevangelium ist so sehr in seinem ursprünglichen Zusammenhang verankert, dass er sich einer zeitgemäßen Aktualisierung widersetzt. Wir können vielleicht nur zulassen, die feste Überzeugung auf uns einwirken zu lassen, dass alles in den Händen Gottes bleibt, der das ursprüngliche Chaos in Ordnung brachte und dies auch weiterhin tut, egal welch große Not über die Welt kommen sollte.[16]

Gemäß dem in der Rede vorausgesetzten apokalyptischen Plan wird das „Überkochen" des Bösen das Vorspiel zur Ankunft des Menschensohnes sein, damit er das große Gericht hält und das Reich Gottes endgültig errichtet. Doch vor der Beschreibung dieses Augenblicks warnt die Rede in einer rahmenden Seitenbemerkung (vgl. VV 5 f) wieder vor propheti-

---

Bewahrung mit Blick auf die gleiche Zeit der Not, die der vollen Ankunft des Reiches Gottes vorausgeht.
[16] Vgl. Gnilka, Markus Bd. 2, S. 199.

schen Gestalten, die verfrühte und daher falsche Behauptungen über das Erscheinen Jesu machen, der zurückgekehrt sei, um sein messianisches Werk zu vollenden (VV 21–23).[17] Nach den apokalyptischen Beschreibungen der „Drangsal" bringt uns diese Warnung gewissermaßen wieder auf den Boden zurück. Doch in der Verzweiflung der Zeiten werden diese falschen Propheten die Art von „Zeichen und Wundern" bewirken, die die „Auserwählten" dazu bringen können zu glauben, diese hätten tatsächlich eine himmlische Empfehlung. Von Jesus vorgewarnt, muss die Gemeinde vor ihnen auf der Hut sein und darf ihren Ansprüchen keinen Glauben schenken (V 23).[18] Wie wir nur allzu gut wissen, beschränkt sich die Gefahr, dass extreme Zeiten zu einer Übererregung religiöser Vorstellungskraft führen, nicht auf das erste Jahrhundert der Kirche.

Das Erscheinen des Menschensohnes (13,24–27)

Dieser kurze, bildreiche Abschnitt bildet den Höhepunkt der gesamten Rede, und auch in vielerlei Hinsicht den Höhepunkt des Markusevangeliums als Ganzem, weil er den Augenblick des Gerichts der göttlichen Gerechtigkeit beschreibt (Geschichte 3), der die Auflösung der Spannung zwischen dem

---

[17] Ich folge hier wieder (vgl. Fußnote 7 oben zu VV 5f) Eugene M. Boring (Mark, S. 269–271), der in dieser Stelle einen Hinweis auf falsche Propheten in der Gemeinde sieht statt Messiasanwärtern innerhalb oder außerhalb der Gemeinde. Der Ausdruck „falsche Christusse" (*pseudochristoi* – V 22 Lutherbibel) stellt eine Schwierigkeit dar, ist aber vielleicht nicht ursprünglich: Er fehlt im Codex Cantabrigiensis (Bezae), einer wichtigen Handschrift aus dem 5. Jhdt.
[18] In 2 Thess 2,2 findet sich eine ähnliche Warnung vor falschen Gerüchten, die suggerieren, der Tag des Herrn sei gekommen; dort wird die Gestalt des „Antichristen" auch von falschen Zeichen und Wundern begleitet (VV 9f); vgl. Hooker, Saint Mark, S. 317.

Wesen Jesu als Messias und Gottes geliebtem Sohn (Geschichte 1) und seiner Bestimmung als „Lösegeld für viele" zu leiden und zu sterben (10,45: Geschichte 2) herbeiführt. Das hier beschriebene Geschehen geht über die Geschichte und auch über die ausdrückliche Erzählung des Evangeliums hinaus, und doch schildert es etwas, das allein sowohl dem geschichtlichen Leben Jesu als auch dem Leben derer Sinn geben kann, die ihm als Jüngerinnen und Jünger im Leiden nachfolgen, und die damit die Gemeinde des Reiches Gottes bilden, dessen endgültige Errichtung diese Szene verkündet.

Der Text besteht aus zwei Abschnitten. (1) Nach einer Zeitangabe (V 24a), die darauf hinweist, dass das nun Folgende „nach dieser Drangsal" kommt (d. h. nach der Zeit der gesteigerten Leiden, die in VV 19f beschrieben werden), beschreibt ein Mischzitat aus Texten des Alten Testaments[19] in ausgeprägt apokalyptischer Sprache den Untergang der Himmelskörper, die der Welt Licht spenden (VV 24b–25). Diese erschreckende Kette von Erscheinungen, die tatsächlich das Ende der Welt in ihrer gegenwärtigen Ordnung bedeuten, ist das Zeichen für (2) die bevorstehende Ankunft des Menschensohnes und seine in Herrlichkeit gehüllte Erscheinung (VV 26 f), um Gericht zu halten und die endgültige Errichtung der Herrschaft Gottes zu bewirken.[20]

Im Unterschied zu den falschen Messiasgerüchten, vor denen der vorige Abschnitt warnte (VV 21 f), ist derjenige, der jetzt „gesehen wird" (*opsontai*), der wahre Messias, Jesus, der kommt, um die messianische Aufgabe zu vollenden, nämlich allen Widerstand gegen die Herrschaft Gottes auf Erden zu vernichten. Wie im Evangelium beschrieben, musste während seines irdischen Wirkens Jesus sein Wesen als Messias, auch wenn es in seinen „Machttaten" (Dämonenaustreibungen) *gefühlt* werden konnte, verheimlichen („Messiasgeheimnis"), damit es in den Vorstellungen des Volkes nicht von dem üb-

---

[19] Der Grundtext scheint Jes 13,10 zu sein; vgl. auch Jes 34,4; Joël 2,10.
[20] Vgl. Donahue/Harrington, Mark, S. 374.

Die Zukunft: Herausforderung und Hoffnung (13,1–37)

lichen Verständnis überlagert wird, das die Bestimmung zum Leiden und zum Tod nicht vorsah. Nachdem Jesus durch seinen Gehorsam „bis zum Tod" (Phil 2,8) und durch seine Auferstehung und seine Erhöhung zur Rechten Gottes die Macht des Bösen gebrochen hat, kann jetzt sein messianischer Rang in dem wahren transzendenten Sinn gezeigt werden, der ihm gebührt und der die üblichen Vorstellungen mehr als übertrifft (vgl. 12,35–37). So wird Jesus in einem an Dan 7,13 erinnernden Bild („in Wolken kommen ... mit großer Kraft und Herrlichkeit" – V 26b)[21] mit göttlicher Hoheit und Macht ausgestattet erscheinen, um endlich das Reich Gottes zu bringen.

Wesentlich für diese Aufgabe wird die Aussendung göttlicher Boten, der Engel, sein, um die „Auserwählten" von allen Enden der Erde zu „sammeln" (V 27).[22] Die „Auserwählten" sind die Gemeinde des Reiches Gottes, alle diejenigen, die mit Umkehr und Glauben auf die Frohe Botschaft geantwortet haben (1,15). Die Notwendigkeit, sie von nah und fern zu sammeln, folgt aus der Verkündigung des EVANGELIUMS an alle Völker der Welt (13,10),[23] eine Aufgabe, die aus der Sicht dieser Vision erfolgreich abgeschlossen wurde. Sie sind den Weg der Nachfolge als Jüngerinnen und Jünger gegangen und haben die Leiden Jesu geteilt, manche sogar bis zum Tod (10,38). Weil sie sich seiner nicht „geschämt" haben, wird er sich jetzt auch ihrer nicht „schämen" (8,38; vgl. 14,62). Sie werden mit ihm im Gegenteil in die Fülle des Reiches Gottes eintreten.

Was hier in ausgeprägt apokalyptischer Sprache beschrieben wird, darf natürlich nicht wörtlich genommen werden. Das heißt aber nicht, dass es ohne Bezug zur Wirklichkeit

---

[21] In der biblischen Tradition werden Wolken mit Göttlichkeit in Verbindung gebracht; vgl. Hooker, Saint Mark, S. 319; Gnilka, Markus Bd. 2, S. 201.
[22] Wörtlich: „aus allen vier Windrichtungen, vom Ende der Erde bis zum Ende des Himmels". Dieser Ausdruck übernimmt Dtn 13,7 und 30,4, um die ganze Welt zu bezeichnen; vgl. Donahue/Harrington, Mark, S. 375.
[23] Vgl. Moloney, Mark, S. 267.

wäre. Das Evangelium versucht, eine transzendente Wirklichkeit – die Errichtung der Herrschaft Gottes auf Erden – zu beschreiben, und verwendet die einzig angemessene Sprache, um diese Wirklichkeit auszudrücken: die Sprache der Symbole und Mythen.[24] Als Mythos wird es wie eine „Geschichte" erzählt, ein Geschehen, das in der Zukunft stattfindet. Doch genau als Mythos kann dieser Text die Zusicherung von dem geben, was schon jetzt geschieht: weil Jesus als auferstandener und erhöhter Herr nicht passiv zur Rechten Gottes sitzt, sondern durch den Geist aktiv seine messianische Herrschaft im ganzen Kosmos ausübt.[25] Dieses Bild vom Menschensohn, das dieser Abschnitt den Gläubigen vorstellt, ist eine Zusicherung, dass trotz des Preises, den sie für ihre Nachfolge und die anhaltende Vorherrschaft des Bösen entrichten müssen, der göttliche Sieg, der in der Auferstehung Jesu schon sichtbar ist, auch heute auf Erden ausgedehnt und bald endgültig und überall bestehen wird.[26]

---

[24] Vgl. Donahue/Harrington, Mark, S. 381.
[25] Andere Abschnitte im Neuen Testament drücken ebenfalls diesen Aspekt der jetzt stattfindenden messianischen Herrschaft Christi aus: vgl. besonders die letzte Strophe des Christus-Hymnus in Phil 2,9–11; auch 1 Kor 15,23–28; Eph 2,20–23.
[26] Wie dieser Sieg auch die umfasst, die schon „entschlafen" sind, ist ein Problem, das die Gläubigen schon in frühesten Zeiten beschäftigt hat, als der Tod in der Gemeinde des Reiches Gottes Realität wurde. Paulus ging in die Offensive und betonte, dass diejenigen, die „entschlafen" sind, von der Zugehörigkeit zum Reich Gottes nicht ausgeschlossen sind (1 Thess 4,13–18). So wurde die Hoffnung auf die Auferstehung der Gläubigen ein wesentlicher Teil des christlichen Glaubens an die Auferstehung Jesu (1 Kor 15). Das Reich Gottes ist eine transzendente Wirklichkeit, aber mit dem Leben heute auf Erden nicht völlig unverbunden.

Wachsamkeit
(13,28–37)

In mancher Hinsicht wäre es passend gewesen, wenn die Rede über die Zukunft mit der großartigen Beschreibung der Ankunft des Menschensohnes in Herrlichkeit geendet hätte. Stattdessen finden wir in einer Art Antiklimax mehrere Worte über das Grundthema Wachsamkeit mit Blick auf das Ende mit zwei Gleichnissen verbunden. Dieser Schlussabschnitt der Rede ist aber unter der Rücksicht notwendig, dass Jesus jetzt darangeht, die von den Jüngern gestellte Frage nach dem „Wann" zu beantworten (V 4a), während er sich bislang eher, aber nicht ausschließlich, der Frage gewidmet hat: „Was ist das Zeichen ..." (V 4b). Seine Antwort ist aber paradoxerweise überhaupt keine Antwort: Er betont, dass nur der Vater den Zeitpunkt „jenes Tages und jener Stunde" (V 32) kennt. Hinzu kommt, dass in einer bemerkenswerten Spannung zum ersten Teil der Rede, deren Ziel darauf gerichtet war, überspannte Erwartungen über das Ende zu dämpfen, die allgemeine Tendenz in diesem Abschnitt besteht, herauszuheben, dass dieses kurz bevor steht und deshalb Wachsamkeit verlangt ist.

Kurz gesagt, der Aspekt der „unterschiedlichen Botschaften" dieser Rede wir hier in hohem Maß deutlich. Wir modernen Leserinnen und Leser müssen damit rechnen, dass die Denkweise der Antike, wenn es galt, Widersprüche auszumerzen, weniger als wir besorgt war; sie ließ es fröhlich zu, dass eine Verschiedenheit von Stimmen zusammengetragen und gehört wurden – jetzt die eine, dann eine andere – wie es der Anlass verlangte. So verstärkt das kurze „Gleichnis" – eigentlich handelt es sich hier nur um ein erweitertes Bild – vom Feigenbaum[27] die Vorstellung, dass die in VV 24b–25 be-

---

[27] Im Unterschied zu den meisten Bäumen Palästinas ist der Feigenbaum laubabwerfend und trägt nur neue Blätter gegen Ende des Frühlings. Das Auftauchen von Laub an diesem sehr verbreiteten Baum ist also ein sehr deutlicher und vertrauter Hinweis auf den Anbruch des Sommers.

schriebenen himmlischen Vorzeichen, so erschreckend sie auch sein mögen, wirklich Zeichen der kurz bevorstehenden Ankunft des Menschensohnes sind (VV 26 f).[28] Dies wird durch die feierliche Zusage Jesu bekräftigt, dass „all dies"[29] zu Lebzeiten der gegenwärtigen „Generation" geschieht (V 30; vgl. 9,1) – etwas, das offenkundig noch nicht stattgefunden hat. Die frühe Überlieferung der Kirche hat dieses Wort bewahrt und durch die Bekräftigung der Geltung der Worte Jesu (V 31) deutlich verstärkt,[30] weil es den Gedanken vom kurz bevorstehenden Ende einführt, der für die jetzt folgende Ermahnung zur Wachsamkeit von zentraler Bedeutung ist (VV 33–37).[31] Kaum sind diese Bekräftigungen vorgenommen, wird diese Reihe jedoch von einer ganz anderen Seite her von einer Einschränkung überlagert (V 32): Das Ende mag „nahe" sein, aber dessen Zeitpunkt kennt keiner – weder die

---

[28] „Wenn ihr das geschehen seht" in Vers 29 bezieht sich also auf die in VV 24b-25 erwähnten Vorzeichen; vgl. Moloney, Mark, S. 268. Ein Bezug auf früher in der Rede erwähnte Geschehnisse kann allerdings nicht ausgeschlossen werden.

[29] Wieder müssen der Bezugspunkt die kosmischen Geschehen sein, die das Ende der Welt ankündigen; vgl. Moloney, Mark, S. 268. Ein Bezug auf Ereignisse, wie die Zerstörung des Tempels oder die Jerusalems im Jahr 70 n. Chr., „rettet" die Richtigkeit der Voraussage Jesu auf Kosten der Bedeutungsdehnung von „Generation". An dieser Stelle der Rede ist allerdings der Gedanke an diese Geschehen zugunsten des endzeitlichen Bezugs weggefallen.

[30] Im Alten Testament ist es nur Gottes Wort, das „ewig bleibt" (Jes 40,8). Die Ansicht, dass die Zusage Jesu das Element der Kontinuität und Sicherheit durch die in VV 24–27 kosmischen Umwandlungen hindurch bleiben wird, enthält einen hohen christologischen Anspruch; vgl. Moloney, Mark, S. 269.

[31] So wie die Aussagen in den Versen 29 und 30 durch das Wort „das" (griechisch *tauta*: „wenn ihr *das* geschehen seht" [V 29] – „bis *das* alles geschieht" [30]) verbunden sind, so sind die in den Versen 30 und 31 durch das Wort „vergehen" verbunden. Die gemeinsamen Worte sind der „Kitt", der diese wahrscheinlich ursprünglich selbstständig erscheinenden Aussagen in der Überlieferung zusammengefügt hat; vgl. die ähnlich miteinander verbundenen Worte Jesu am Ende von Kapitel 9 (VV 47–50).

Engel, noch der Sohn –, sondern nur der Vater. Welche Probleme auch immer dieses Eingeständnis der Unwissenheit Jesu der Christologie bereiten mag,[32] wird es am besten als ein weiterer Ausdruck der vollständigen Hingabe seines ganzen Schicksals in die Hände des Vaters ausgelegt.[33]

Die Rede endet mit einer Ermahnung zur Wachsamkeit, die sich auf ein Gleichnis stützt (VV 34–36), das treffend die Vorstellung eines Lebens in ausgeprägter Erwartung des Endes bei verbleibender Unwissenheit über dessen genauen Zeitpunkt aufnimmt. Wie bei vielen anderen Gleichnissen Jesu ist auch daraus in der Überlieferung eine Art Allegorie geworden. Der „Mann, der auf Reisen geht" ist Jesus, der sich bald durch seinen Tod und seine Auferstehung auf den Weg zum Vater macht. Die Diener sind die Gläubigen. Sie sollen nicht einfach untätig seine Rückkehr abwarten. Jeder und jede hat eine „Arbeit", die er oder sie erledigen muss, wer aber das Tor zu bewachen hat, der Türhüter, ist derjenige, der ganz besonders die von allen verlangte Wachsamkeit veranschaulicht. Der Herr will nicht auf eine vorangekündigte Zeit seiner Ankunft festgenagelt werden.[34] In Übereinstimmung mit dem norma-

---

[32] Es ist umstritten, ob diese Aussage auf den geschichtlichen Jesus zurückgeht. Der absolute Gebrauch des Ausdrucks „der Sohn" legt nahe, dass dem nicht so ist, aber auf der anderen Seite halten es viele für unwahrscheinlich, dass die frühe Überlieferung ein Wort geschaffen hat, das Jesus Unwissenheit zuschreibt. Ich habe den Eindruck, dass die frühe Kirche dieses Wort möglicherweise formuliert hat, um zu verdeutlichen, dass sie – im Gegensatz zu der Aussage in V 30 – von Jesus keine Auskunft über den Zeitpunkt des Endes erhalten hat. Die Spannung mit dem Wort in V 30 wird gemildert, wenn man bedenkt, „dass es möglich ist, zuversichtlich zu sein, dass ein bestimmtes Ereignis innerhalb eines bestimmten Zeitraums eintrifft, ohne dass man sich über den genauen Tag oder die Stunde sicher ist" (Hooker, Saint Mark, S. 323).
[33] Vgl. Kelly, Eschatology and Hope, S. 183.
[34] Auch wenn das Gleichnis davon spricht, dass der Mann auf eine Reise geht (V 34), ist die Anwendung (VV 35 f) mit seiner Voraussetzung, dass er nachts nach Hause kommt, passender für einen Weggang, um an einem Festmahl oder einer Hochzeitsfeier teilzunehmen; vgl. Hooker, Saint Mark, S. 323 f.

len Verhältnis von Herr und Sklave in dieser Zeit, hat er keine Skrupel, von seinen Sklaven zu erwarten, dass sie, wenn er wiederkommt, wach und bereit sind, ihn zu empfangen, doch wird er äußerst ungehalten sein, wenn er sie schlafend vorfindet. Deshalb ist die einzig mögliche Konsequenz, in der Nacht die ganze Zeit wach zu bleiben.[35] Die Begebenheiten im Übergang vom Gründonnerstag zum Karfreitag – das letzte Abendmahl Jesu, seine Verhaftung und seine Prozesse – geschehen zu den Zeitpunkten der Nachtwache und stellen so eine bemerkenswerte erzählerische Klammer zwischen dem Ende dieser Rede und der jetzt folgenden Passionsgeschichte dar.[36] Drei der Jünger, die zu den direkten Adressaten dieser Rede gehören, werden während des Gebetes Jesu in Getsemani mit ihrer Unfähigkeit, wach zu bleiben (14,34.37f.40.41), zu einem markanten Gegenbeispiel.

Auch wenn sich die Rede an diese zusammen mit Andreas (13,3) richtete, macht Jesus mit seiner letzten Aufforderung deutlich, dass dies allen gilt: „Seid wachsam!" (V 37). Die ursprünglichen Adressatinnen und Adressaten von Markus und alle nachfolgenden Leserinnen und Leser leben als Dienerinnen und die Diener, die auf die Rückkehr ihres Herrn warten. Diese Zeit hat die Rede in den Blick genommen und hat dazu, wie wir verschiedentlich festgestellt haben, unterschiedliche Botschaften vermittelt. Auch wenn diese Vielfalt in einem gewissen Grad verwirrend ist, geht sie doch auf die vielfältigen Aspekte des christlichen Lebens ein, in dem es Zeiten gibt, in denen die Begeisterung gedämpft werden muss, während es andere Zeiten gibt, die Ermutigung, Hoffnung und Zusicherung verlangen.

---

[35] Bei den hier aufgezählten vier Zeiten – am Abend, um Mitternacht, beim Hahnenschrei und am Morgen – handelt es sich um die Zeitabschnitte der Nachtwachen des römischen Heeres; vgl. Moloney, Mark, S. 271.
[36] Vgl. Moloney, Mark, S. 271.

VII. Jesu Passion und Tod (14,1 – 15,47)

Die Passionsgeschichte I: Jesus stellt sich seinem Tod (14,1–52)

Von allen vier Evangelien ist der Bericht des Markus über die Passion Jesu der bei weitem intensivste und ungeschönteste. Die Arbeit an den drei Kapiteln meines Buches, die sich diesem Thema widmen, war mit Sicherheit die schwierigste, und es gibt keinen Weg, wie ein Ausleger seine Leserinnen und Leser vor dieser Herausforderung schützen könnte oder auch sollte. Dass Jesus leiden und sterben muss, ist allerdings keine Aussicht, die die Leserinnen und Leser überrascht. Die Bedrohung seines Lebens setzt im Evangelium sehr früh ein. Die Verhaftung von Johannes dem Täufer vor dem Beginn der Verkündigung Jesu (1,14) bildet ein unheilvolles Zeichen. Kurz nachdem Jesus mit seinem Wirken begonnen hat, gibt es die gefährliche Anschuldigung der Gotteslästerung, als er Sünden vergibt (2,7); dem folgt die Erwähnung einer Zeit des Fastens, wenn der „Bräutigam" (Jesus) „weggenommen" wird (2,20). Der Kreis der Geschichten von Auseinandersetzungen mit Gegnern am Anfang des Evangeliums endet mit der Bemerkung über eine Verschwörung, Jesus zu vernichten (3,6a). Die Hinrichtung des Täufers deutet auf die von Jesus hin (6,14–29). In einer Reihe von Leidensankündigungen (8,31–33; 9,30–32, 10,32–34; vgl. 10,35–45), die seine Jünger sehr herausfordernd finden, macht Jesus schließlich deutlich, dass in Jerusalem zu leiden und zu sterben seine Bestimmung ist. Der Wunsch seitens der Mächtigen, ihn nach seiner Ankunft in

Jerusalem zu beseitigen, bildet den dramatischen Hintergrund für sein Wirken im Tempel und die darin enthaltene Infragestellung ihrer Macht (11,18; 12,12). Einzig seine Popularität bei den einfachen Leuten schützt ihn (12,12.37b). Das veranlasst seine Widersacher, nach Wegen zu suchen, seiner im Stillen habhaft zu werden, abseits der Menge, die, während die Passionsgeschichte einsetzt, Jerusalem für das Pessachfest bevölkert (14,1).

Der Bericht von Jesu Verhaftung, Verurteilung und Hinrichtung ist also etwas, worauf die Erzählung von Anfang an hinsteuert. Sie bildet die Stelle, an der die Spannung zwischen den beiden „Geschichten", mit denen die Jünger ganz besonders zu kämpfen hatten – dass Jesus der Messias und der Sohn Gottes ist (Geschichte 1) und dass zu leiden und zu sterben ihm bestimmt ist (Geschichte 2) –, zu einem Höhepunkt ihrer Verdichtung kommt und dann durch das dem Tod Jesu am Kreuz folgende Bekenntnis des Hauptmanns ein gewisses Maß an Auflösung findet (15,39).[1] So, wie es Markus darlegt, erreicht die Auseinandersetzung Jesu mit dem Dämonischen in der Passion ihren Höhepunkt, wenn er in der absoluten Einsamkeit seines Todes die menschliche Entfremdung von Gott bis in die äußersten Tiefen auslotet. Im Unterschied zu den anderen Evangelisten zögert Markus nicht, Jesu „Gehorsam bis zum Tod" (Phil 2,8) in seiner ganzen ungeschönten Deutlichkeit zu zeichnen. Jesus, dessen Vollmacht vom Beginn des Evangeliums an hervorleuchtete, als er Dämonen und menschliche Widersacher mit gleicher Kraft durcheinanderbrachte, liefert sich jetzt selbst Gewalt und Misshandlung aus. Weil er ganz menschlich vor dem „Kelch" zurückschreckt, der ihm jetzt bevorsteht (14,35 f), sucht er Trost und Gemeinschaft bei seinen engsten Freunden und muss ihr Versagen erleben.

---

[1] Wie ich am Anfang begründete, harrt die volle Auflösung der Spannung zwischen diesen „Geschichten" noch der Vollendung durch das göttliche Handeln in Geschichte 3: Jesu Ankunft als Menschensohn, wie sie in der Rede über die Zukunft beschrieben wird (13,24–27).

Während sich menschliche Gewalt an ihm in immer stärkerer Heftigkeit austobt, ist der Eindruck des Schweigens „des Himmels" der ergreifendste von allen, der in seinem Schrei der Verlassenheit kurz vor seinem Tod am Kreuz gipfelt (15,34).
 In der Passion nach Markus gibt es also einerseits eine schreckliche „Abwesenheit" Gottes. Aber das ist nicht die ganze Geschichte. Jesus geht seinem Tod freiwillig entgegen und folgt dabei einem göttlichen „Plan", der in den Schriften niedergelegt ist (14,27.49). Hinweise darauf erscheinen in bestimmten Einzelheiten der Erzählung, die Anklänge an die Psalmen 22 und 69 enthalten und damit zeigen, dass David, der prophetische Verfasser der Psalmen, die Leiden seines messianischen „Sohnes" und „Herrn" voraussah (vgl. 12,35–37). Mehr noch: Seine Gegner versuchen Jesus (fälschlicherweise) als Messiasanwärter („König der Juden") darzustellen und zu verspotten, was so weit geht, dass sie ihn mit den königlichen Insignien versehen. Damit drücken sie aber *paradoxerweise* die Wahrheit aus: Er ist wirklich der Messiaskönig, wenn auch in einem Sinn, der die üblichen Messiasvorstellungen weit überragt. Verlassen von den Menschen, die ihm nachfolgen, stirbt Jesus zwischen zwei Verbrechern am gottlosesten, abscheulichsten Ort in Jerusalem, dem Ort der Hinrichtungen. Doch in dem Augenblick, in dem sich sein Gehorsam vollendet hat, *kommt* eine Antwort „vom Himmel" (das Zerreißen des Tempelvorhangs), die zeigt, dass er, wie der Hauptmann bekennen wird, „wahrhaftig Gottes Sohn" ist (15,39) und dass mit seinem Sterben die göttliche Gegenwart und Macht den entscheidenden Schlag ausgeführt hat, um die Menschheit für das Reich Gottes zu gewinnen.
 Indem sie die Geschichte so erzählte, ging die christliche Gemeinde auf die erste von zwei überaus wichtigen Fragen ein, mit denen sie sich bei der Verkündigung des Evangeliums vom Gekreuzigten gegenübersah: Wie konnte zugelassen werden, dass der Messias Israels, der auch Gottes geliebter Sohn ist, durch die Hand von Heiden (Römern) unter Mitwisserschaft der Führung Israels leiden und sterben konnte?

In ihrer Verkündigung und Lehre erzählte die Gemeinde von Jesu Tod so, dass herausschien, dass es Gottes ausdrücklicher Plan war, dass der Messias Israels sein Heilswerk durch Leiden und Tod vollenden musste und dass sein Leiden in den heiligen Schriften niedergelegt wurde, um auf die göttliche Absicht hinzuweisen.² Oberflächlich betrachtet wirkt es so, dass Jesus seinem Tod als passives Opfer der menschlichen Autoritäten entgegengeht, die seine Feinde wurden. Auf einer tieferen Ebene aber erfüllt seine Unterwerfung unter die Gewalt und die Verurteilung einen göttlichen Plan, um den entscheidenden Schlag gegen die Herrschaft Satans in der Welt auszuführen und an dessen Stelle ein für alle Mal die befreiende Herrschaft Gottes zu errichten. Auf diesen tieferen Subtext wollen uns die Verweise auf die Schrift aufmerksam machen, auch wenn Jesus einen menschlichen Tod ohne jede „übernatürliche" Milderung stirbt.

Dies bedeutet, dass „Kausalitäten" auf zwei Ebenen während der ganzen Passionsgeschichte wirksam sind. Auf der einen Ebene wirken *Menschen* (die Hohepriester, Judas, Pilatus) auf die Verhaftung, Verurteilung und Hinrichtung Jesu hin, während seine engsten Anhänger ihn verraten (Judas), verleugnen (Petrus) und verlassen. Auf einer anderen (*göttlichen*) Ebene dient dieses ganze bösartige und verräterische Handeln der Menschen tatsächlich dem göttlichen Vorhaben. Trotz der offenkundigen „Abwesenheit" Gottes bis zum Augenblick seines Todes, und diesen eingeschlossen, geht Jesus in seine Passion mit dem vollständigen Vorwissen von allem, was sich zutragen wird, und weist alles, was geschehen wird, dem göttlichen „Plan" zu, der für ihn auf der göttlichen Ebene festgelegt wurde (14,21.27.49).

---

² So, wie Matthäus die Geschichte der Passion Jesu erzählt, bringt er deutlicher das Motiv „Erfüllung der Schrift" zum Vorschein als Markus (vgl. Mt 26,54.56; 27,9.34). Lukas tut dies gleichermaßen rückblickend in den Auferstehungserscheinungen (24,25–27.44–47; vgl. aber 22,37).

Jesus stellt sich seinem Tod (14,1–52) 343

Die zweite Frage, der sich die Gemeinde zuwenden musste, war eine „apologetische" mit Blick auf die griechisch-römische Welt, die ihr Umfeld für die Verkündigung des Evangeliums geworden war. Die ersten Gläubigen verkündeten jemanden als Retter, der in einem römischen Gerichtsprozess zu der sehr erniedrigenden und abscheulichsten Art der Hinrichtung verurteilt worden war, die Hinrichtungsart, die für Aufständische und entlaufene Sklaven vorgesehen war. Eine wirksame Verkündigung des Evangeliums verlangte die Feststellung der vollständigen Unschuld Jesu gegenüber den gegen ihn vorgebrachten Anschuldigungen und die Annahme, dass seine Verurteilung durch Verrat, falsche Anklagen und bösartigen Druck auf den römischen Statthalter zustande kam, der, auch wenn er seine Unschuld bekannte und bestrebt war, ihn freizulassen, gegen seine bessere Einsicht handelte. Der Bericht des Markus über die Passion Jesu spiegelt diese Sorge um die Unschuld Jesu wider, die in der Anerkennung durch den römischen Hauptmann direkt nach Jesu Tod gipfelt (15,39).

Die Art und Weise des Todes Jesu belegt, dass die römischen Autoritäten zum Ergebnis kamen oder dazu gebracht wurden, dass er eine Gefahr für die Erhaltung von Ruhe und Friede in Palästina war, besonders in der angespannten Zeit des Pessachfestes. Es ist umstritten, wie weit aus geschichtlichem Blickwinkel die jüdischen Autoritäten daran mitschuldig waren, aber, soweit es die Evangelien betrifft, können wir schon bei Markus eine Tendenz wahrnehmen, die Verantwortung für den Tod Jesu von den römischen Autoritäten auf die jüdischen wegzuschieben. Diese Tendenz, die in den späteren Evangelien sehr ausgeprägt ist, diente deutlich den Belangen der Verkündigung des Evangeliums in der ganzen Welt. Das hat allerdings dazu geführt, dass die Passionsgeschichten mit Blick auf die christlichen Einstellungen zum Judentum und zu Jüdinnen und Juden durch die Jahrhunderte zu „Texten des Schreckens" wurden.[3] Während das Problem mit Blick auf

---

[3] Der Ausdruck „Texte des Schreckens" stammt von Phyllis Trible, Texts

die Auslegung des Markusevangeliums nicht so dringlich ist wie bei Matthäus und Johannes, handelt es sich doch um eine Sache, die die Auslegerinnen und Ausleger des Markusevangeliums ernstnehmen müssen, wenn die Auslegung heute moralisch integer geschehen soll. Jesus starb als ein Opfer der Gewalt, bei der die Religion eine wesentliche Rolle spielte. Sein Tod zeigte das Ausmaß, mit dem Religion wie jeder andere Bereich des menschlichen Lebens mit dem Dämonischen verseucht werden kann. Es ist eine tragische Ironie, dass die in seinem Namen und mit Berufung auf die Evangelien ausgeführte religiöse Gewalt sich so schwer gegen die Menschen richtete, die seine „Brüder (und Schwestern) nach dem Fleische" (vgl. Röm 9,3.5 Lutherbibel) waren und blieben.

Inmitten von Feindschaft und Drohungen salbt eine namenlose Frau Jesus für sein Begräbnis (14,1–11)

Die Handlung der Passionsgeschichte beginnt mit einem weiteren Hinweis (VV 1 f) auf den intensiven Wunsch der Autoritäten (Hohepriester und Schriftgelehrten), Hand an Jesus zu legen und seinen Tod herbeizuführen. Das Nahen des Pessachfestes, mit dem eine erhöhte Gefahr von Ausschreitungen verbunden war, bestimmt den einen Faktor, der dem Erreichen ihres Zieles entgegensteht: dem Ansehen, das Jesus beim Volk genießt. Folglich muss auf jeden Schritt gegen ihn erst einmal verzichtet werden. Wie wir aber bald erfahren werden (VV 10 f), wird Judas Iskariot, einer seiner Gefährten, für sie dieses Problem lösen.

Zwischen diese beiden Bemerkungen zu Feindschaft und Verrat fügt Markus eine Erzählung ein, die genau in die ent-

of Terror. Literary-Feminist Readings of Biblical Narratives, Philadelphia: Fortress Press 1984.

gegengesetzte Richtung geht: Eine namenlose Frau trotzt Missverständnissen und Kritik, um für Jesus eine Handlung auszuführen, die voll Liebe und Wertschätzung für das ist, was er bald erleben muss.[4] Die Begebenheit findet in Betanien statt, Jesu „Rückzugsort" während seines Wirkens in Jerusalem (11,11 f.19). Wie häufig im Markusevangelium, geschieht es in einem Haus – einem, das Simon, dem Aussätzigen gehört. Es ist unwahrscheinlich, dass Simon die Gastfreundschaft in dem Ausmaß, von dem die Erzählung ausgeht, hätte anbieten können, wenn er zu dieser Zeit noch an Aussatz gelitten hätte. Vielleicht müssen wir an einen Menschen denken, den Jesus geheilt hat und der sein Jünger oder zumindest sein Freund wurde. Nichtsdestotrotz erinnert uns das Beiwort „Aussätziger" an die Verbindung Jesu mit den Ausgestoßenen der Gesellschaft und seine Bereitschaft, die von den Reinheitsgesetzen („rein"/ „unrein") festgesetzten Grenzen zu überschreiten.[5] Eine namenlose Frau dringt in diesen (vermutlich ausschließlich männlich besetzten) Raum ein, öffnet einen Alabasterkrug von reinem und teurem Nardenöl und gießt dessen Inhalt über das Haupt Jesu (V 3). Die Extravaganz ihrer Geste ruft eine verärgerte Reaktion der Anwesenden hervor (VV 4 f),[6] die sich beschweren: „Wozu diese Verschwendung?" Der Inhalt des Kruges hätte für einen Betrag, der einem Jahreslohn entspricht,[7] verkauft und der Erlös zugunsten der Armen ausgegeben werden können. Diese Kritik ist für Jesus die perfekte Vorlage, um zur Verteidigung der Frau die wahre Bedeutung ihrer Handlung zu deuten (VV 6–9).

---

[4] Diese Einordnung ist natürlich ein klassisches Beispiel für die „Sandwich"-Technik von Markus.
[5] Vgl. Boring, Mark, S. 382.
[6] Im Unterschied zur matthäischen Parallele (26,8) werden sie nicht als „Jünger" beschrieben, was mit Blick auf die Tendenz des Markus, das Versagen der Jünger zu betonen, seltsam ist.
[7] Wörtlich „mehr als dreihundert Denare", wobei ein Denar dem Lohn eines Tages entspricht.

Einerseits ist der Protest gegen die Verschwendung und für den höheren Anspruch der Armen Ausdruck der andauernden Unfähigkeit der Jünger, das zu „hören", was Jesus ihnen immer und immer wieder gesagt hat: Seine Bestimmung ist es, in Jerusalem zu leiden und zu sterben (Geschichte 2). Andererseits hat die Frau an ihm eine Handlung ausgeführt, die nicht nur „schön", sondern wahrhaft passend (*kalon*) ist[8], weil sie das richtige Verständnis von dem widerspiegelt, was mit Jesus geschehen wird, und sie antwortet dem Preis dieses Geschehens angemessen. Jesu Bemerkung „die Armen habt ihr immer bei euch" (V 7a) billigt nicht die Armut als einen ständigen Bestandteil der menschlichen Gesellschaft.[9] Vielmehr bildet diese Bemerkung als Anklang auf die Vorschrift zur sozialen Gerechtigkeit in Dtn 15,11[10] einen Kontrast zwischen der Existenz armer Menschen in der Gesellschaft und der damit ständig gegebenen Gelegenheit, dem abzuhelfen einerseits, und der absoluten Nichtdauerhaftigkeit seiner Anwesenheit andererseits (vgl. das „Wegnehmen" des Bräutigams in 2,20), etwas, das zu erfassen die Jünger beständig scheitern. Bald wird er nicht mehr unter ihnen weilen, und das ist mit einem teuren Preis verbunden – ihre Wertschätzung dessen zeigt die Frau dadurch, dass sie getan hat, „was sie konnte" (V 8) in dem Sinn, dass sie ihr ganzes Vermögen für diese kostbare Salbung verwandt und das Öl vollständig ausgeschüttet hat. Wie die Witwe mit ihrer Spende für den Tempelschatz (12,44) gibt sie sich ganz, weil sie weiß, dass Jesus sich selbst ganz geben wird. Weil Jesus seinem Tod entgegengeht, kann ihrer Geste auf einer tieferen Ebene als Salbung seines Leibes für das Begräbnis gedeutet werden – etwas, was tatsächlich

---

[8] Es ist schwer, alle Nuancen des griechischen Adjektivs *kalos* mit dessen Anklängen an „schön" und „ehrenwert" genauso wie „angemessen" zu vermitteln; vgl. Donahue/Harrington, Mark, S. 387.
[9] Vgl. Taylor, St. Mark, S. 532.
[10] „Die Armen werden niemals ganz aus deinem Land verschwinden. Darum mache ich dir zur Pflicht: Du sollst deinem notleidenden und armen Bruder, der in deinem Land lebt, deine Hand öffnen."

nicht geschehen wird, wenn der Leichnam Jesu vom Kreuz genommen und von einem Fremden bestattet wird (15,46).[11] Jesus schließt ihre Verteidigung mit einer feierlichen Ankündigung: „Auf der ganzen Welt, wo das Evangelium verkündet wird, wird man auch erzählen, was sie getan hat, zu ihrem Gedächtnis" (V 9). Diese majestätische Aussage verbindet die Handlung der Frau mit dem Kern des EVANGELIUMS, dessen Verkündigung unvollständig sein wird, wenn die Passionsgeschichte ohne sie erzählt wird, weil das, was sie getan hat, die wahrhaft „passende" (*kalon*) Antwort auf die Selbsthingabe Jesu ist. Der „Dienst", den er für alle vollziehen wird (10,45), ist mit einem Preis verbunden, und die Frau hat diesen Preis erkannt und darauf in Liebe, Dankbarkeit und Großzügigkeit bis zum Äußersten ihrer Möglichkeiten geantwortet. Indem sie so handelte, wurde sie zum „Vorbild" für die wahren Jüngerinnen und Jünger: sowohl jetzt (im Unterschied zu der rechnerischen Kälte der Männer im Jüngerkreis) als auch in den kommenden Zeiten, wenn das EVANGELIUM in der ganzen Welt verkündet wird.[12] Dies kann auch das rätselhafteste Element dieses Schlusskommentars erklären: Warum wird ihr Name, wenn die Geschichte zu ihrem Gedächtnis erzählt werden soll, nicht an irgendeiner Stelle genannt? Es ist vielleicht ihre ausgesprochene Namenlosigkeit, die sie zu der Stelle ma-

---

[11] Ich teile nicht die weitverbreitete Sicht, dass die Salbung Jesu durch die Frau an dieser Stelle für seine Salbung zum König steht; vgl. Hooker, Saint Mark, S. 238; Moloney, Mark, S. 281; Donahue/Harrington, Mark, S. 390. Während sich das Königsthema im Verlauf der Passionsgeschichte entwickelt, handelt es sich um etwas, das an dieser Stelle rückblickend in den Text hineingelesen werden müsste – im Unterschied zum Aspekt „Begräbnis", von dem Jesus ganz ausdrücklich spricht; vgl. Gnilka, Markus Bd. 2, S. 224; Boring; Mark, S. 383, Fußnote 81.
[12] Elaine Wainwright bietet eine bewegende Auslegung der Salbung als eine Heilungstat – und als ein Beispiel für den heilenden Dienst von Frauen; s. dies., The Pouring Out of Healing Ointment. Rereading Mark 14:3–9, in: Fernando Segovia (Hg.), Towards a New Heaven and a New Earth. Essays in Honor of Elisabeth Schüssler Fiorenza, Maryknoll (NY): Orbis 2003, S. 157–178.

chen kann, an der alle Frauen und Männer in diese Geschichte eintreten können, die passend darauf antworten wollen, dass Jesus sein Leben als Lösegeld „für viele" hingab (10,45).

Zwischen der Sorge der Jünger um das Geld, wenn auch für eine gute Sache (die Linderung der Not der Armen), und der Bereitschaft des Judas, auf die Geldzusage der führenden Hohepriester hin Jesus auszuhändigen (VV 10 f), besteht eine eiskalte Kontinuität. Einer der engsten Gefährten Jesu ist jetzt vollständig auf die Seite von dessen Widersachern übergelaufen, während die Unfähigkeit der verbleibenden Elf, das, was Jesus bald tun wird, wertzuschätzen, diese in die Lage einer gefährlichen Mehrdeutigkeit bringt. Im Kontrast dazu leuchtet der liebende Dienst der Frau umso deutlicher hervor.

Jesus feiert mit seinen Jüngern ein eucharistisches Pessach (14,12–25)

Weil die Stunde für die Feier des Pessachmahls heranrückt,[13] wenden sich die Jünger an Jesus, um von ihm Anweisungen für die Vorbereitungen der Feier zu erhalten (V 12). In einer Weise, die enge Parallelen zum Aufbau vor seinem Einzug in die Stadt aufweist (11,1–6), sendet Jesus zwei von ihnen mit Hin-

---

[13] Die Zeitangabe des Markus ist unklar. Der „erste Tag des Festes der ungesäuerten Brote" ist der erste Tag des Pessachfestes, an dem die Lämmer gegessen werden und nicht der vorausgehende Tag, an dem diese geschlachtet werden; vgl. Donahue/Harringon, Mark, S. 392. Markus betrachtet das kommende Mahl deutlich als Pessachfeier, auch wenn seine Beschreibung keinen Hinweis auf die wichtigsten Elemente dieses Mahls enthält, wie z. B. das Essen des Lammes und der Kräuter usw. Zur verdrießlichen Frage, an welchem Wochentag das Letzte Abendmahl tatsächlich stattfand, s. Hooker, Saint Mark, S. 332–334; eine gründliche Erörterung bietet John P. Meier (A Marginal Jew. Rethinking the Historical Jesus. Bd. 1: The Roots of the Problem and the Person, New York: Doubleday 1991, S. 386–401.

weisen über das aus, was sie antreffen werden (einen Mann, der einen Wasserkrug trägt) und wie sie dann vorgehen sollen (sie sollen ihm zu einem Haus folgen, wo der Besitzer einen großen Raum bereitet hat, den „der Meister" an Pessach nutzen kann). Die genaue Beziehung zwischen den gegebenen Hinweisen und dem, was die Jünger vorfinden (VV 13–16) vermittelt den Eindruck, dass Jesus feierlich in einen Ablauf eintritt, den er vorausgesehen hat und dem er in ruhiger Entschiedenheit folgt.

Der gleiche Eindruck des Vorwissens entsteht aus der Ankündigung Jesu, als er sich mit den Zwölf[14] zum Mahl niederlässt (VV 17–21): Einer von ihnen, einer, der jetzt mit ihm ist, wird ihn bald verraten. Die (zweimal erwähnte) Tatsache, dass der Verräter seinen Tisch mit ihm teilt, verstärkt den Eindruck des Verrats. Aber genau als Opfer eines solchen Verrats aus seiner engsten Umgebung folgt Jesus dem „Plan", der für ihn in den Schriften niedergelegt wurde (Ps 41,9, zitiert in VV 18 und 21). In Gehorsam gegenüber dem göttlichen Willen geht der Menschensohn auf die extrem teure Auseinandersetzung mit dem menschlichen Bösen genau in dem Augenblick zu, in dem das Böse in seinen engsten Kreis eingedrungen und einen der Seinen zum wichtigsten Komplizen gemacht hat. In dem geheimnisvollen Zusammenspiel von göttlicher und menschlicher Verursachung, das zum biblischen Denken gehört,[15] ist Judas der willige Täter des Bösen und doch ein Werkzeug der größeren göttlichen Absicht, die seine Niederlage herbeifüh-

---

[14] In VV 12–16 wird auf die „Jünger" verwiesen und in VV 17–21 auf die „Zwölf". Auch wenn diese Abweichung einfach den Gebrauch unterschiedlicher Quellen widerspiegeln kann, so kann es doch auch sein, dass Markus darauf hinweisen wollte, dass neben den Zwölf noch andere beim Abendmahl dabei waren; vgl. Donahue/Harrington, Mark, S. 392.
[15] Dieses Zusammenspiel wird im Gebrauch des Verbes *paradidonai* deutlich, das, wie wir gesehen haben, sowohl die eher neutrale Bedeutung von „übergeben" wie auch die klar wertende „verraten", (den Feinden) „ausliefern" hat; vgl. Hooker, Saint Mark, S. 337.

ren wird – auch wenn es für ihn persönlich besser gewesen wäre, „wenn er nie geboren wäre" (V 21c).[16]

Es geschieht in diesem Umfeld des Verrats in seinem engsten Kreis, dass Jesus mit den Gesten beginnt, die das Pessachritual in die christliche Eucharistie umwandeln. Dies tut er, um die Bedeutung seines Todes, den er bald erleiden wird, zu verdeutlichen und um die Jünger und die Adressatinnen und Adressaten des Evangeliums in die rettende Wirkung seines Todes hineinzuziehen. Er nimmt Brot, und er dankt Gott gemäß dem jüdischen Brauch vor dem Essen für die Gabe der Speise, für die das Brot steht. Dann bricht er es in Stücke, gibt ein Stück jedem der Anwesenden, sagt: „Nehmt", und fügt dann als Erklärung hinzu: „Das ist mein Leib" (V 22). Indem er das Brot als seinen Leib bezeichnet, also seine wahre Person[17], deutet Jesus an, dass das Essen des Brotes die tiefste Einheit mit ihm schafft (vgl. 1 Kor 10,16 f).

Ebenso gestalten sich die Gesten und Worte über den Kelch (VV 23 f).[18] Dieses Mal gibt es aber eine wesentliche Erweiterung in den Deutungsworten Jesu: „Das ist mein Blut des Bundes, das für viele vergossen wird" (V 24). „Blut des Bundes" spielt auf eine in Ex 24,4–8 berichtete rituelle Handlung an, als Mose den Sinaibund durch Aussprengung des Blutes von Opfertieren auf die Israeliten besiegelte und dabei sagte: „Das ist das Blut des Bundes, den der HERR aufgrund all dieser Worte mit euch schließt" (Ex 24,8; vgl. Sach 9,11). Die hinzugefügte Wendung „für viele" hat keine einschränkende Bedeutung („viele" = „einige" im Unterschied zu „allen"), son-

---

[16] Die vorausgehende prophetische Aussage und das „Wehe" sind nicht so sehr ein Fluch oder eine Drohung als ein Schrei der Trauer und des Schmerzes; vgl. Taylor, St. Mark, S. 542. Sie muss nicht die ewige Verdammung von Judas bedeuten; vgl. Gnilka, Markus Bd. 2, S. 238.
[17] Vgl. Gnilka, Markus Bd. 2, S. 244.
[18] Ein Unterschied besteht darin, dass alle vor den Deutungsworten Jesu aus dem Kelch trinken (V 23c). Einige Auslegerinnen und Ausleger meinen, dass damit jede Andeutung, Jesus habe sein eigenes Blut getrunken, vermieden werden soll.

dern bezeichnet in der semitischen Ausdrucksweise die Handlung eines Einzelnen zum Nutzen anderer („viele" = „mehr als einer").[19] Als Ganzes genommen spiegeln Jesu Worte über den Kelch die frühe christliche Tradition wider (vgl. auch Röm 3,25; 5,9; Heb 9,11–14), die das Vergießen des Blutes auf Golgota als Gründung eines neuen Bundes des erneuerten Volkes Gottes deutete.[20] Als die Jünger aus dem von Jesus gesegneten Kelch trinken, machen sie sich die durch seinen Tod vermittelten rettenden Wohltaten zu eigen. Nach dem Vorbild der Befreiung Israels aus der ägyptischen Sklaverei, derer beim Pessach gedacht wird, werden sie der Kern des neuen Bundesvolkes sein, das durch das rettende Handeln Gottes befreit wird. Durch den Nachvollzug dieser eucharistischen Gesten werden sie neue Generationen in die Freiheit und die Verheißung dieses rettenden Handelns hineinziehen.

Im Unterschied zur matthäischen Parallele (26,28) geben die Kelchworte im Markusevangelium nicht an, dass das Blut Jesu „für die Vergebung der Sünden" vergossen wird. Ebenso wenig enthalten sie eine mit dem matthäischen Text vergleichbar deutliche Anspielung auf den Gottesknecht von Jes 53,10.12, der die Sünden „der vielen" trägt.[21] Damit stellt sich die Frage, ob die kürzere Erklärung über den Kelch bei Markus die Vergebung der Sünden zu den rettenden Wirkungen des Todes Jesu zählt[22] oder ob sie nicht stattdessen als Verweis

---

[19] Vgl. Röm 5,15.19, wo „viele" mit „alle" austauschbar ist.
[20] Im Unterschied zu den von Paulus (1 Kor 11,23–25) und Lukas (22,20) berichteten eucharistischen Erzählungen erwähnt Markus – darin gefolgt von Matthäus (26,38) – nicht den „neuen Bund" (vgl. Jer 31,33), aber in der erneuerten Aussprengung des Blutes (das von Christus auf Golgota), das eine vergleichbare Aufgabe wie die von Mose vollzogene Aussprengung hat (Besiegelung des Bundes), ist das Motiv des neuen Bundes enthalten.
[21] Matthäus stützt die Anspielung auf den Gottesknecht, indem er die Präposition in der Wendung „für viele" austauscht (*peri pollōn* statt *hyper pollōn* wie in Mk 14,24), damit sie genau mit der Septuagintafassung von Jes 53,4.10 übereinstimmt.
[22] So viele ältere Auslegerinnen und Ausleger, z. B. Taylor, St. Mark,

auf eine Befreiung im weiteren Sinn verstanden werden muss, die Jesus durch seinen Sieg über die dämonische Welt und die dem Reich Gottes widerstreitenden Kräfte errang.[23] Es stimmt, dass Jesu Erklärung der Vergebung der Sünden an einer der ersten Stellen des Evangeliums (2,5) keine ausdrückliche Verknüpfung mit der Erwartung seines Todes hat.[24] Doch von Anfang an ist „Umkehr" ein wesentliches Element in der Antwort auf das Reich Gottes (1,15; vgl. die Verkündigung einer Taufe „zur Vergebung der Sünden" durch Johannes den Täufer – 1,4). Darüber hinaus deutet die Annahme, dass Jesus durch das Vergießen seines Blutes die nun als überholt betrachtete (11,15–17) sühnende Funktion des Tempels ersetzt hat, darauf hin, dass Matthäus etwas ausdrücklich gemacht hat, was im Markusevangelium und seinem Gesamtverständnis mit enthalten ist.[25] Diejenigen, die Mitglieder des neuen Bundesvolkes Gottes werden, werden dies als durch das Blut Jesu Gesäuberte und Gereinigte.

Jesus schließt seine Worte und Gesten beim Abendmahl mit der feierlichen Erklärung, dass er von der Frucht des Weinstocks nicht mehr trinken wird bis zu dem Tag, an dem er von Neuem davon im Reich Gottes trinken wird (V 25). Diese Aussage verdeutlicht, dass sein Tod vor der vollen Errichtung des Reiches Gottes eintreten wird. Es macht aus diesem Abendmahl und jeder nachfolgenden eucharistischen Feier in der Zeit nach seiner „Wegnahme" (2,20) auch eine Fortsetzung der Verbindung mit ihm, die die Jünger bislang erleben durften, sowie eine Vorwegnahme und Zusicherung der vollen

---

S. 546; auch Gnilka, Markus Bd. 2, S. 245 f; Watts, Isaiah's New Exodus, S. 356–362.
[23] So besonders Dowd/Malbon, Significance of Jesus Death, S. 292–294.
[24] Wie ich in diesem Zusammenhang festgestellt habe, erklärt dies Jesus nicht, ohne einen Preis dafür zahlen zu müssen, weil dies direkt zur Anklage der Gotteslästerung führt, die Anklage, aufgrund derer Jesus später formal verurteilt wird (14,63).
[25] Vgl. Taylor, St. Mark, S. 546.

Gemeinschaft, die sie beim Festmahl des Reiches Gottes erleben dürfen.

In dieser Weise berührt das Abendmahl nicht weniger als fünf „Momente" in der Heilsgeschichte. Im Blick zurück (1) erinnert und erneuert es den mit dem ursprünglichen Volk Gottes nach der Befreiung aus Ägypten geschlossenen Bund, und (2) erinnert es nicht ganz soweit zurückgreifend an die Mahlgemeinschaften, bei denen Jesus das Erbarmen Gottes mit den Sündern feierte (2,15), ganz besonders aber an die beiden Begebenheiten, als er mit den gleichen Gesten („nehmen", „segnen" [„Dank sagen"], „brechen", „geben") die Brote vermehrte, um sicherzustellen, dass die Menschen nicht schwach und hungrig weggehen (6,35–44; 8,1–9). Jetzt am Vorabend seines Todes (3) wandelt er die Pessachfeier um, damit (4) in der Zeit nach seiner „Wegnahme" (2,20) die Jünger sakramental die Verbindung mit ihm und die Wohltaten seines erlösenden Handeln erfahren dürfen als Vorgeschmack und Vorwegnahme (5) der Verbindung mit ihm beim Festmahl des Reiches Gottes.

Das Brot also zu essen, das sein gebrochener Leib ist, und den Kelch seines vergossenen Blutes zu trinken, schafft die Verbindung zu Jesus, die seine sterbliche Existenz überragt, die nun zu ihrem Ende kommt. Mehr noch, genau als eine Verbindung mit demjenigen, dessen Leib gebrochen und dessen Lebensblut für viele vergossen wurde, ist es eine Verbindung, die nicht nur denen Wohltaten vermittelt, die daran teilhaben, sondern sie bringt sie im ethischen Sinn in den Gleichklang mit dem Rhythmus seines Lebens der Selbsthingabe. Sie werden nicht einfach passive Nutznießer, sondern aktiv Teilnehmende an der Sendung dessen, der nicht kam, um sich dienen zu lassen, sondern um zu dienen und sein Leben als Lösegeld für viele hinzugeben (10,45).[26]

---

[26] In 1 Kor 11,17–34 erinnert Paulus genau deshalb an die eucharistische Überlieferung, um selbstsüchtigem Verhalten entgegenzutreten, von dem das Herrenmahl in Korinth umgeben ist. Die Korinther sollen

Auf dem Weg zum Ölberg: Jesus sagt die Flucht der Jünger und die Verleugnung des Petrus voraus (14,26–31)

Nachdem sie einen Hymnus (einen der Hallel-Psalmen [Ps 113–118]) gesungen haben, um die Pessachfeier zu beenden, kehren Jesus und seine Jünger zum Ölberg zurück (V 26). So wie er unmittelbar vor dem Abendmahl den Verrat des Judas voraussagte und ihn in den Zusammenhang der göttlichen Absicht stellte (VV 18.20 f), so kündigt er jetzt – in einer Weise, die den erzählerischen „Rahmen" des Jüngerversagens im Zusammenhang mit der Gabe seiner Selbst beim Abendmahl schließt – die Flucht der verbleibenden Elf an. Er verortet auch dies im göttlichen Plan, indem er Sach 13,7 zitiert: „Ich werde den Hirten erschlagen, dann werden sich die Schafe zerstreuen" (V 27).[27] Zusammen mit dem Verrat ist ihre bald bevorstehende Flucht Teil des menschlichen Versagens und der Feindschaft, die ihn in den Tod treiben, auf der anderen Ebene der „Kausalität" aber – der göttlichen Ebene – ist sie die Folge davon, dass der Vater den Sohn „schlägt", was die letztendliche Erklärung ist, warum dieser in den Tod geht. Das Evangelium hat ihn als mitleidenden Hirtenkönig gezeichnet (6,34). Jetzt wird der Hirte selbst geschlagen und die Herde (seine Jünger) zerstreut. Doch das wird nicht das Ende der Geschichte sein. Gott wird den Hirten auferwecken, und so, wie die Hirten Palästinas ihre Schafe führen, wird er ihnen nach Galiläa „vorausgehen" (V 28).[28] Das Markusevange-

---

sich, wenn sie das Brot essen und aus dem Kelch trinken, daran erinnern, dass sie „den Tod des Herrn verkünden, bis er kommt" (11,26). Wie unpassend ist es also, sich einem Verhalten hinzugeben, das der in diesem Tod dargestellten sich selbst opfernden Liebe widerspricht.
[27] Der von Markus zitierte Text hat Gott zum Subjekt („Ich werde ... schlagen"), während der hebräische Text und die Septuaginta den Imperativ haben („Schlage ...").
[28] Das griechische Verb *proagein* kann sowohl „vorangehen" im wörtlichen Sinn als auch „führen" im übertragenen Sinn bedeuten. Im ersten

lium gestattet uns keinen Blick auf den auferstandenen Herrn. Doch wie in den früheren Leidensankündigungen stellt es klar, dass der Vater, der den Sohn „schlägt", um die Welt vor dem Dämonischen zu retten, ihn auch auferwecken wird, damit er die Gemeinde des Reiches Gottes sammelt.

Die Beteuerungen des Petrus (V 29), dass wenigstens *er* den Herrn niemals verlassen wird (V 30), veranlasst Jesus zu einer weiteren Weissagung, die mit Blick auf die Zeit und die Umstände sehr genau ist: Vor dem Ende der dritten Nachtwache (Hahnenschrei) wird Petrus ihn noch in dieser Nacht dreimal verraten. Die Folge der Verleugnungen dieses führenden Jüngers sind also, wenn sie schließlich stattfinden (14,66–72), im großen Bild menschlicher Feindschaft, Verrats und Versagens eingebettet, die Jesus vorhergesehen und in sein Verständnis des umfassenden Plans Gottes eingeordnet hat. Petrus bekräftigt seine Entschlossenheit, und die anderen schließen sich ihm an (V 31), doch dies dient allein dazu, ihr Versagen zu betonen, das kurz darauf schon sichtbar wird.

Es ist leicht, diesen kurzen Wortwechsel zwischen Jesus und seinen Jüngern auf dem Weg zum Ölberg zu übergehen. Indem dieser Dialog das Versagen der Jünger thematisiert, das ein wesentlicher Bestandteil der Passionsgeschichte ist, und dieses Versagen – noch bevor es sich tatsächlich ereignet – in das größere göttliche Vorhaben einordnet, spricht er jedes menschlich Versagen gegenüber den Anforderungen der Nachfolge an. So wie die Jünger versagten, so versagen auch wir – aber das bedeutet nicht, dass Jesus nicht mehr der Hirte ist, der die verstreuten Reste unserer Loyalität einsammelt und uns zu einem neuen Anfang in „Galiläa" anführt.

Sinn wird es in 16,7 verwendet. Weil die Hirten Palästinas ihre Herde „führen", indem sie ihnen „vorangehen", können an dieser Stelle beide Bedeutungen wirksam sein; vgl. Hooker, Saint Mark, S. 345. Wenn Jesus ihnen als der auferstandene Herr „vorausgeht", dann wiederholt er sein Vorausgehen auf dem Weg nach Jerusalem (10,32), als die Jünger in Angst und Schrecken zurückblieben.

Jesus in Getsemani
(14,32–42)

Die ergreifendste Episode im Evangelium ist das qualvolle Gebet Jesu, als er vor dem zurückschreckt, was ihm bevorsteht, und die menschliche Unterstützung seiner Jünger sucht. Der Bericht des Markus nimmt erst Jesus und sein Gebet in den Blick (V 33–36), dann das Versagen der Jünger, wachend und betend zu bleiben (VV 37–41). Trotz all der forschen Zusagen, die sie gerade erst gegeben haben, beginnt nun ihr völliges Versagen, in diesem Leiden „mit ihm" zu sein (vgl. 3,14). Die Weise, wie Jesus in dieser Szene beschrieben wird, ist mit einer gewaltigen Veränderung verbunden. Auch wenn er starke Gefühle zeigen konnte, so war er bis jetzt ein Mensch beachtlicher Macht und Kraft, vor dem besonders die Dämonen zitterten (1,23 f; 3,11; 5,6–9). Immer wieder hat er klargestellt, dass es seine Bestimmung ist, zu leiden und zu sterben, und den Eindruck erweckt, dass er diesem Schicksal mit unverzagter Entschlossenheit entgegenschreitet. Jetzt, da die eigentliche Passionserzählung beginnt, sehen wir ihn vor unseren Augen zusammenbrechen, zerrissen zwischen dem Wunsch, dem zu entkommen, was ihn erwartet, und der Treue gegenüber der Sendung, die ihm der Vater aufgetragen hat. Nirgendwo sonst im Evangelium sehen wir, dass Jesus so menschlich gezeichnet wird,[29] und doch erhalten wir auch an keiner ande-

---

[29] Zunächst einmal beschreibt Markus (V 33b) die emotionale Not Jesu mit zwei starken Verben, *ekthambeisthai* und *adēmonein*, die „die stärksten und tiefsten Gefühle" ausdrücken (Taylor, St. Mark, S. 552). Jesus bestätigt dies mit einer Aussage, die einen Widerhall auf Ps 42,6 enthält: „Meine Seele ist betrübt *(perilypos)* bis an den Tod" (V 34a Lutherbibel); es entsteht der Eindruck einer so intensiven Belastung mit Schmerz, dass sie lebensbedrohlich wird; vgl. Donahue/Harrington, Mark, S. 407. Danach (V 35a) beschreibt Markus, wie Jesus zu Boden fällt, und gibt den Inhalt des Gebetes in indirekter Rede wieder (V 35b), bevor er es im Wortlaut zitiert (V 36).

ren Stelle einen so innigen Zugang zu seiner Beziehung zum Vater. Die drei Jünger, die Jesus auserwählt hat, ihn bei seinem Gebet zu unterstützen – Petrus, Jakobus und Johannes (14,32–33a) – hatten gesehen, wie er die Tochter des Jaïrus zurück ins Leben rief (5,37–43). Als privilegierte Zeugen seiner Verklärung auf dem Berg (9,2–9) hatte das gleiche Trio gehört, wie ihn der Vater als „geliebten Sohn, an dem ich Wohlgefallen gefunden habe" (9,7) ansprach. Jetzt hören sie, wie er zu Gott in der höchst vertrautten Anrede eines Kindes („*Abba*, Vater")[30] ruft und keine Antwort erhält – ein Verlassensein von Gott, das bis zum Zeitpunkt seines Todes andauern wird (15,34). Alleine muss Jesus einerseits mit dem

---

[30] Die Wendung „Abba, Vater" besteht aus der vertrauten aramäischen Anrede für den männlichen Elternteil (*abba*), gefolgt von der griechischen Übersetzung (*ho patēr*). In den Evangelien kommt *abba* nur hier vor, aber an zwei Stellen (Röm 8,15 und Gal 4,6) weist Paulus darauf hin, wie der Geist die Gläubigen dazu drängt, Gott so anzusprechen. Sowohl die Bewahrung dieser Anrede auf Aramäisch als auch die Tatsache, dass die synoptische wie auch die johanneische Überlieferung Jesu Beziehung zu Gott konsequent in Vater-Sohn-Begrifflichkeit darstellen, sprechen sehr stark für eine Erinnerung an etwas für Jesus Typisches als Ausdruck seiner vertrauten Beziehung zum Vater, das die nachösterliche Gemeinde später, vom Geist getrieben, teilen wollte. Frühere Behauptungen von Exegetinnen und Exegeten (besonders von Joachim Jeremias) über die Einzigartigkeit einer solchen vertrauten Anrede Gottes aus dem Munde Jesu erscheinen heute als gewagt. Jedoch sollte die Bedeutung dieser Anrede und deren Erhaltung im Aramäischen nicht unterschätzt werden; s. Raymond E. Brown, The Death of the Messiah. From Gethsemane to the Grave. A Commentary on the Passion Narratives in the Four Gospels. 2 Bde., New York: Doubleday 1994, Bd. 1, S. 172–174. Dieser zitiert (S. 174) John P. Meier: „Es ist gerechtfertigt zu behaupten, dass Jesu auffälliger Gebrauch des Wortes Abba tatsächlich seine vertraute Erfahrung von Gott als seinem Vater ausdrückte und dass diese Wortwahl bei seinen Jüngern einen bleibenden Eindruck hinterließ." (Art. „Jesus", in: Raymond E. Brown, Joseph A. Fitzmyer und Roland E. Murphy (Hg.), New Jerome Biblical Commentary, Engelwood Cliffs (NJ): Prentice Hall 1990, S. 1323 [78:31])

Wunsch ringen, dass die „Stunde"[31] (V 35) und der „Kelch"[32] (V 36) an ihm vorübergehen mögen, und andererseits der Einwilligung, dass nicht sein Wille, sondern der des Vaters vorrangig sein muss. Menschlich betet er darum, dass die göttliche Macht („alles ist dir möglich" – V 36b) einen anderen Weg zur Erreichung des ihm gestellten Zieles finden möge. Die „Möglichkeit", dass dies der Fall sein könnte, verliert sich, als er seinen Willen ganz auf den Willen des Vaters ausrichtet,[33] das heißt, dass er seine Sendung dadurch erfüllt, dass er so tief wie möglich in das sündige Dasein der Menschheit eintritt, um dessen Böses durch die Kraft der göttlichen Liebe zu überwinden.[34]

Die Hartnäckigkeit, mit der sich diese Szene in der frühen christlichen Überlieferung gehalten hat (vgl. Mt 26,36–46; Lk 22,40–46; Joh 12,27; Hebr 5,7f),[35] erklärt sich aus dem wertvollen Zeugnis, den sie von dem hohen Preis des Leidens Jesu

---

[31] Die „Stunde" ist an erster Stelle der Zeitpunkt der Passion und des Todes Jesu; der biblische Gebrauch (vgl. Dan 11,40; Mk 13,32) legt auch eine weiter gefasste eschatologische Bedeutung nahe: der Augenblick des entscheidenden kosmischen Kampfes; vgl. Donahue/Harrington, Mark, S. 408; Brown, Death of the Messiah Bd. 1, S. 168; Moloney, Mark, S. 292.

[32] Wie in 10,38 bedeutet „Kelch" im biblischen Sinn das Schicksal, das Gott einem Menschen bereitet; s. meine Ausführungen dazu oben auf S. 278.

[33] Die Worte bilden einen Widerhall auf die dritte Bitte des Vaterunsers (Mt 6,10b), so wie später die Ermahnung Jesu an die schlafenden Jünger (V 38) einen Widerhall auf die sechste Bitte bildet (6,13a). Zusammen mit der Anrede Gottes als „Vater" (*abba*) bringt dies viele Exegetinnen und Exegeten dazu zu schlussfolgern, dass die im Vaterunser aufscheinende Überlieferung in Mt (6,9–13) und Lk (11,2–4) über der markinischen Erzählung von Jesu Gebet vor den Jüngern in Getsemani schwebt (vgl. auch 11,25).

[34] Vgl. Paulus in Röm 8,3f; 2 Kor 5,18–21.

[35] Über die wahrscheinliche Geschichtlichkeit dieser Überlieferung, siehe die ausführliche Erörterung in Brown, Death of the Messiah Bd. 1, S. 216–234, insbesondere der Schluss S. 234; Gnilka, Markus Bd. 2, S. 264, Moloney, Mark, S. 219, Fußnote 80.

ablegt und folglich auch von dem dahinter stehenden großen Ausmaß seiner Liebe. Jesus geht seinem Tod als gehorsamer Sohn entgegen. Aber genau weil er der geliebte Sohn ist, muss der Preis auch von dem gezahlt werden, der ihn gesandt hat. So sagt Paulus in Anspielung auf Gen 22,26: Gott „hat seinen eigenen Sohn nicht verschont, sondern ihn für uns alle hingegeben" (Röm 8,32). Was Gott am Ende von Abraham nicht verlangte – das Opfer seines einzigen Sohnes Isaak –, hat Gott sich am Ende für die Rettung der Menschheit selbst abverlangt. Auch wenn uns dieser Abschnitt zeigt, wie Jesus mit dem Willen des Vaters ringt, dürfen wir uns deshalb den Vater nicht als kalt gleichgültig vorstellen, oder dass er von Jesus sein Leiden als einen Preis forderte. In der Person des Sohnes zahlt der Vater selbst den Preis für die Erlösung der Menschen in einem extremen Ausmaß.

Während seines Gebetes geht Jesus dreimal zu den Jüngern und findet sie schlafend (VV 37f; V 40; V 41). Er drängt sie, wachzubleiben und zu beten, dass sie nicht in Versuchung geraten (V 38a).[36] Ihr Schlaf ist leiblicher Natur, aber auch geistlicher – eine Fortdauer ihrer „Blindheit" (vgl. ihre „zugefallenen Augen" in V 40), die Jesu Versuche behinderte, sie „auf dem Weg" nach Jerusalem zu unterweisen. Mit ihrem beständigen In-den-Schlaf-Fallen veranschaulichen die Jünger bestens die Haltung, vor der Jesus im Gleichnis von den wachsamen Dienern warnte, mit dem er seine Rede über die Zukunft beendete (13,33–37). Für die Leserinnen und Leser des Evangeliums bietet ihr Versagen ein negatives Beispiel der Nachfolge und verschlimmert die Vereinsamung Jesu.

Weil sich alle Menschen mit Leiden schwertun, ist das Versagen von Petrus, Jakobus und Johannes gleichzeitig etwas,

---

[36] Er erduldet eine Versuchung (*peirasmos*) größten Ausmaßes: Ein Ringen, das zum Kern des letzten Kampfes mit dem Bösen vordringt, den 13,19f als die „große Drangsal" beschrieb; die Jünger müssen darum beten, nicht darein zu geraten, weil sie sich als ziemlich unvorbereitet für diesen Kampf erweisen; vgl. Donahue/Harrington, Mark, S. 409.

mit dem sich die meisten Jüngerinnen und Jünger damals und heute identifizieren können, so dass man darin auch ein Quäntchen Trost finden kann. Eine Jüngerin oder ein Jünger Jesu zu sein, bedeutet, das Kreuz auf sich zu nehmen und Jesus nachzufolgen (8,34). Viele aber finden das Kreuz, das sie tragen sollen, unerträglich. Sie können zwar mit Jesus rufen: „*Abba*, Vater, alles ist dir möglich. Nimm diesen Kelch von mir!" Doch sehen sie sich nicht in der Lage hinzuzufügen: „Aber nicht, was ich will, sondern was du willst" (V 36bc).[37] Die Tatsache, dass die drei vertrautesten Jünger Jesu ihn in seiner Stunde der größten Not im Stich ließen und von ihm keinen Tadel, sondern einfach eine Mahnung, eine mitfühlsame Erklärung zu hören bekamen („Der Geist ist willig, aber das Fleisch ist schwach" – V 38b) und dass ferner ihr Versagen nicht das Ende ihrer Gemeinschaft mit ihm bedeutete (14,28; 16,7), ist eine Ermutigung zu hoffen und zu glauben, dass das, was für Menschen unmöglich erscheint, für den möglich ist, dem alles möglich ist (10,27). Auch die Tatsache, dass Gottes geliebter Sohn mit der Aussicht auf einen schrecklichen Tod ringen musste, wo er allen menschlichen oder göttlichen Trostes beraubt sein würde (vgl. 15,34), bekräftigt die in einem anderen Text des Neuen Testamentes enthaltene Wahrheit (Hebr 4,15; vgl. 4,7–10), dass wir einen Hohepriester haben, der in unserer Schwachheit wirklich mit uns fühlen kann, weil er wie wir „versucht" wurde.

Dreimal ging Jesus zu seinen schlafenden Jüngern (vgl. V 41). Die Zahl erinnert an die drei Leidensankündigungen, die sie nicht verstanden, und vielleicht auch an die dreifache Verleugnung durch Petrus, die noch aussteht.[38] Doch ihr

---

[37] Vgl. Raymond Brown: Die Leidensgeschichte im Markusevangelium „ist eine Passionserzählung, die für diejenigen eine besondere Bedeutung hat, die versuchen Christus zu folgen, aber das Kreuz, das sie in ihrem Leben tragen sollen, unerträglich finden, d. h. für diejenigen, die zuweilen gezwungen waren, aus tiefstem Herzen zu fragen: ‚Mein Gott, mein Gott, warum hast du mich verlassen?'" (Death of the Messiah Bd. 1, S. 28)
[38] Vgl. Hooker, Saint Mark, S. 349.

Schlaf während der Wache kommt zu einem plötzlichen Ende, als Jesus erklärt (VV 41b–42), dass die Ankunft des „Verräters" (*ho paradidous*) die „Stunde" bezeichnet, in der der Menschensohn „in die Hände der Sünder ausgeliefert wird (*paradidotai*)".[39] Johannes der Täufer verkündete und wurde ausgeliefert (1,14); Jesus warnte seine Jünger, dass auch sie als Verkündiger des EVANGELIUMS ausgeliefert werden können (13,9–12). Das Herzstück dieses Musters ist Jesu eigene Erfahrung, der, nachdem er die Verkündigung der Frohen Botschaft des Gottesreiches (1,15) abgeschlossen hat, nun dabei ist, das gleiche Schicksal zu erfahren (9,31; 10,33; 14,10 f. 41 f; 15,1.10.15).[40] Wieder einmal nutzt das Evangelium die Bandbreite der Bedeutungen des griechischen Verbes *paradidonai* aus. In der Grundbedeutung bezeichnet es den von Judas verübten Verrat – eine Handlung, die einen Ablauf in Gang setzt, an dessen Ende Jesus von den Führern seines Volkes den „Sündern", d. h. den Römern („heidnische Sünder"), ausgeliefert wird (vgl. 15,1; vgl. 9,31; 10,33). Aber mit seinem Einverständnis, diesen menschlichen Akteuren ausgeliefert zu werden, liefert Jesus sich selbst dem Vater im Gehorsam und im vollkommenen Vertrauen aus. Das Wissen um Jesu Rechtfertigung durch den Vater und sein zukünftiges Kommen als Menschensohn (Geschichte 3) gibt den Gläubigen die Hoffnung, wenn auch sie wie Johannes und Jesus „ausgeliefert

---

[39] Der Hauptteil von V 41 strotzt vor Schwierigkeiten bei der Auslegung. Anstatt seinen Jüngern zu sagen „Schlaft weiter und ruht euch aus" werden die Worte Jesu am besten als mahnende Frage interpretiert „Schlaft ihr immer noch?" Der nachfolgende Ausdruck *apechei* trotzt jeder Erklärung, wird aber am besten als Einleitung („Genug!") zu dem Befehl verstanden, wegen der Ankunft des Verhaftungskommandos „aufzuwachen". Vgl. Taylor, St. Mark, S 556 f; Hooker, Saint Mark, S. 349 f. Siehe Brown (Death of the Messiah Bd. 1, S. 379–383) für eine sehr ausführliche Erörterung und eine ungewöhnliche Erklärung (Judas werde ausbezahlt).
[40] Vgl. Donahue/Harrington, Mark, S. 414.

werden", weil sie das EVANGELIUM verkündigen (13,9–11) und die damit verbunden Werte zu fördern versuchen.

Jesus wird gefangen genommen (14,43–52)

Jesus hat um den „Kelch" (V 36), der ihn erwartet, gerungen und ihn im Gehorsam gegenüber dem Willen des Vaters angenommen. Mit ruhiger Würde lässt er jetzt zu, in die Gewalt derer zu geraten, die Werkzeuge dieses Willens sein werden. Wie wir schon wissen und Jesus vorausgesagt hat, wird dies durch Judas ermöglicht. Das Evangelium betont seinen Verrat, indem es uns daran erinnert, dass er „einer der Zwölf" ist (V 43), und indem es beschreibt, wie dieser einen gewöhnlich respektvollen und herzlichen Gruß in etwas umwandelt, anhand dessen Jesus erkannt werden kann – für diesen am Ende tödlich.[41] Judas gehört jetzt vollständig zur „Menge" der Hauptwidersacher (Hohepriester, Schriftgelehrte und Älteste – vgl. 11,27; 14,1), die mit Werkzeugen der Gewalt gegen Jesus ausgezogen sind: Schwerter und Knüppel. Ohne große Mühe ergreifen und verhaften sie ihn (V 46).

Es folgt eine Reihe von Reaktionen (VV 47–52). Zunächst (V 48) schlägt „einer von denen, die dabeistanden," mit einem Schwert zu und verletzt einen der Männer des Hohepriesters. Auch wenn Markus nicht sagt, um wen es sich dabei handelt,[42] ist es doch wahrscheinlich, dass wir annehmen sollen, dies sei ein aussichtsloser Versuch eines der Jünger, der auf Gewalt mit Gewalt reagieren wollte.[43] Die Gewalt unter-

---

[41] Das zusammengesetzte Verb *kataphilein* hat den erweiterten Sinn von „jemanden freundlich küssen"; vgl. Donahue/Harrington, Mark, S. 415.
[42] Johannes (18,10) schreibt diese Handlung Petrus zu.
[43] Beim Angreifer handelt es sich kaum um jemanden aus der „Menge" (warum sollten sie auf einmal anfangen, gegeneinander zu kämpfen?), und jeder Versuch, eine „dritte Gruppe" einzuführen, wirkt verzweifelt.

streicht den Protest, den wir anschließend von Jesus hören (VV 48 f). Sie sind gegen ihn heimlich bei Nacht ausgezogen, als müssten sie einen Gewalttäter (*leistēs*) verhaften.[44] Doch waren sie gegen ihn nicht tätig geworden, als er im Tempel am helllichten Tag[45] seiner typischen Aufgabe nachkam: der des Lehrers. Mit diesen Worten demaskiert Jesus das Unvermögen der Autoritäten, seiner wahren Autorität oder Vollmacht (vgl. 11,28–33 und 12,1–37) etwas entgegenzusetzen, und deren demütigende Not, wegen seiner Beliebtheit beim Volk auf Gewalt und die Heimlichkeit der Nacht zurückzugreifen. Er unterwirft sich ihrer Gewalt nur, weil er gehorsam dem Weg folgt, der in den Schriften niedergelegt ist (V 49c).[46]

Die beiden folgenden Reaktionen haben mit Aufgeben und Fliehen zu tun: zuerst (V 50) sind es die Jünger – nun einfach „sie ... alle" –, dann wird ein junger Mann, der geheimnisvoll am Schauplatz erscheint, verhaftet; er kann jedoch fliehen, lässt dabei aber das Leinengewand, sein einziges Bekleidungsstück, in den Händen des Verhaftungstrupps zurück (VV 51 f). Diese abschließende Episode, die nur im Markusevangelium

---

Moloney (Mark, S. 297) begründet überzeugend, dass in der Sicht von Markus die Gefährten Jesu, zumindest vorerst (vgl. 16,7), den Titel „Jünger" verwirkt haben und einfach zu „Zuschauern" geworden sind.
[44] Das griechische Wort kann Banditen und Räuber gleichermaßen wie Revolutionäre bezeichnen, aber in allen Fällen gehört dazu bewaffnete Gewalt (vgl. Donahue/Harrington, Mark, S. 416). In 15,27 werden die beiden mit Jesus gekreuzigten Männer als *leistai* bezeichnet. Nur in Joh 18,40 wird Barrabas so genannt – auch wenn die Beschreibung seiner kriminellen Handlungen in Mk 15,7 die Anwendung dieses Ausdrucks auf ihn unterstützen würde.
[45] Diese alternative Auslegung der griechischen Wendung *kath' hēmeran* passt besser in den Zusammenhang als „Tag für Tag"; vgl. Brown, Death of the Messiah Bd. 1, S. 285; Donahue/Harrington, Mark, S. 416.
[46] An welche Schriftstelle gedacht ist, wird nicht genannt. Angesichts der Tatsache, dass Jesus verhaftet wird, als sei er ein *leistēs* lässt besonders an Jes 53,12d („und sich den Übeltätern zurechnen ließ" – Zürcher Bibel) denken (vgl. 15,27).

vorkommt, hat die Auslegerinnen und Ausleger von Anbeginn an verwirrt. Das scheint schon mit Matthäus und Lukas anzufangen.[47] Mein eigener Vorschlag lautet, dass es sich bei dem jungen Mann um eine symbolische Gestalt handelt, die für Gläubige steht, die Jesus nachgefolgt sind und das Taufgewand[48] erhalten haben, die aber, als die Zugehörigkeit zu Jesus Gefängnis und Todesgefahr bedeutete, ihre Taufverpflichtungen aufgegeben haben und fahnenflüchtig geworden sind. Sie sind in dem Sinn „nackt" geflohen, dass sie allen Schutz gegen die Mächte der Finsternis verloren haben, mit denen sie ihre Taufe und die Zugehörigkeit zu Jesus ausgestattet hatte.[49] Das Erscheinen und die Flucht des jungen Mannes mahnen spätere Leserinnen und Leser des Evangeliums, dass diese Flucht aus dem Glauben und der Nachfolge Jesu etwas ist, was ihnen auch widerfahren kann.

---

[47] Für eine gründliche Untersuchung siehe Brown, Death of the Messiah Bd. 1, S. 294–303; Boring, Mark, S. 403 f, Fußnote 93.
[48] Die erste belegte Verwendung des griechischen Wortes *sindōn* für ein Taufgewand findet sich in den Thomasakten (ATh c. 121), die in das frühe dritte Jahrhundert n. Chr. datieren. Es gibt allerdings keinen Grund daran zu zweifeln, dass der Brauch, Täuflinge mit einem symbolischen Gewand zu bekleiden, viel weiter zurückreicht. Ein solcher Brauch kann auch hinter den metaphorischen Hinweisen in Gal 3,27, Kol 3,9 f und Eph 4,22–24 stehen.
[49] Ich nehme also ein symbolisches Verständnis des jungen Mannes und seiner Aufgabe an. Die scharfe Kritik von Raymond E. Brown gegen eine solche Auslegung (Death of the Messiah Bd. 1, S. 302 f) trifft nur auf Positionen zu, die ihm eine *positive* Rolle zuschreiben. Es gibt aber keine Notwendigkeit, dass er als Symbol für das Versagen der *Jünger* dienen soll (so Moloney, Mark, S. 299 f); sie sind auf dem Schauplatz anwesend und können daher für sich selbst stehen.

Die Passionsgeschichte II: Jesus vor Gericht (14,53 – 15,20)

Das Herzstück der Markuspassion besteht aus den zwei Prozessen, die Jesus durchmachen muss: Zuerst der vor den jüdischen Autoritäten (14,53–72) und dann der vor dem römischen Statthalter (15,2–15), der sein Schicksal besiegeln wird. In beiden Fällen wird die Beschreibung von dem, was mit Jesus geschieht, gegen Angaben über eine andere Person ausgespielt, woraus sich ein paradoxer Kontrast ergibt. Während Jesus am Ende seines Verhörs sein wahres Wesen verkündet (14,61 f), leugnet draußen sein engster Vertrauter immer wieder, sein Anhänger zu sein (14,54.66–72); während Jesus, der Sohn (*bar*) Gottes, den er „*Abba*" nennt (damit ist Jesus der Sohn des Vaters, also: „Bar Abba"), als politischer Rebell verurteilt wird, wird an seiner Stelle ein richtiger Rebell, Barabbas, freigelassen (15,6–15). Nach jedem Prozess ist Jesus Misshandlungen und Spott ausgeliefert, die aber wieder paradoxerweise jeweils eine wesentliche Wahrheit über ihn hervorheben: dass er ein Prophet (14,65) und ein König (15,16–20) ist. Es gibt also Parallelen zwischen den beiden Prozesssszenen, und zwar sowohl von der Struktur her als auch im Gebrauch von Paradoxien, die eine tiefere, sich unter der Oberfläche der Geschichte von Jesu Leiden befindende Wahrheit hervorheben.

Vor dem Hohen Rat
(14,53–65)

Verlassen von allen Jüngern (V 50) – abgesehen von Petrus, der ihm aus sicherem Abstand folgt (V 51) –, wird Jesus von denen, die ihn verhaftet haben, zum Haus des Hohepriesters gebracht,[1] wo der ganze Hohe Rat versammelt ist.[2] Parallel dazu (V 54), in einer typischen „Rahmung" („Sandwich"-Technik), erzählt Markus von der Ankunft des Petrus im Hof des hohepriesterlichen Hauses. Während Petrus bei den Dienern sitzt, um sich zu wärmen, fängt der Prozess gegen Jesus an. Von Anfang an macht der Evangelist deutlich, dass es sich um einen Schauprozess handelt, dessen gewünschtes Ergebnis schon längst festgelegt ist (V 55). Das Ziel lautet nicht, die Wahrheit herauszufinden, sondern eine Anklage gegen Jesus zu finden, die als Begründung für die Forderung an den römischen Statthalter dient, er solle zum Tod verurteilt werden.

Soweit es darum geht, dieses Ziel zu erreichen, hat der Prozess keinen guten Start. Viele sagen gegen Jesus falsch aus, aber ihre Aussagen sind widersprüchlich und entsprechend wirkungslos (V 56). Dann treten zwei Zeugen auf und beschuldigen Jesus behauptet zu haben, er „werde diesen von

---

[1] Markus nennt nicht den Namen des Hohepriesters. Von Matthäus erfahren wir, dass es sich um Kajaphas handelt (Mt 26,57).

[2] Historisch ist es höchst unwahrscheinlich, dass eine Sitzung des Hohen Rats (Sanhedrin) für die Verhandlung eines Kapitalverbrechens (1) im Haus des Hohepriesters, (2) nachts, (3) in dieser besonderen Nacht (die Pessachnacht in der markinischen Darstellung) (4) mit einem noch am Ende der Sitzung verkündeten Schuldspruch verbunden mit der Todesstrafe zusammengerufen worden wäre. Bei dem, was beschrieben wird, handelt es sich wahrscheinlich um eine informelle Voruntersuchung zum Zweck, eine Anklage gegen Jesus zu formulieren, die bei den römischen Behörden ausreichend Gewicht hätte, damit die Todesstrafe verhängt werden kann. Die Fachliteratur über die geschichtlichen und juristischen Probleme dieses Prozesses ist umfangreich; für eine praktische Zusammenfassung der Fragen, siehe Hooker, Saint Mark, S. 354–357.

Menschenhand gemachten Tempel³ niederreißen und in drei Tagen einen anderen aufbauen, der nicht von Menschenhand gemacht ist" (VV 57 f). Markus macht deutlich, dass er dieses Zeugnis als falsch (*epseudomartyroun* – V 57) und widersprüchlich betrachtet (V 59). Jesus hat die Zerstörung des Tempels vorausgesagt (13,2), aber dies war keine Ankündigung, ihn zu zerstören. Paradoxerweise enthält diese Anschuldigung allerdings einen Kern von Wahrheit, weil die Handlung Jesu im Tempel (11,15–17), die sich zwischen der prophetischen Verfluchung des Feigenbaumes und dessen Verdorren ereignet (11,12–14.20 f), seiner symbolischen Zerstörung gleichkommt. Und nach seiner Auferstehung „am dritten Tag" wird ein neuer Tempel entstehen: Kein materieller, von Menschenhand erbauter, sondern ein Tempel, der aus der Gemeinde der Gläubigen besteht, errichtet von Gott auf dem Eckstein, der verworfen wurde (12,10 f).⁴

Während all dieser Anklagen wahrt Jesus ein würdiges Schweigen; er ermöglicht einfach dem widersprüchlichen Zeugnis dessen eigene Entkräftigung.⁵ Enttäuscht und unfähig, ihm eine Antwort zu entlocken (VV 60–61a), stellt ihm der Hohepriester die Frage, die zum Kern dessen vordringt, was sie wirklich von ihm hören wollen: „Bist du der Messias, der Sohn des Hochgelobten?" (V 61b Zürcher Bibel).⁶ An die-

---

³ Das griechische Wort *naos* bezeichnet den inneren Teil des Tempels, der aus dem Heiligtum und dem Allerheiligsten besteht.
⁴ Vgl. Donald Senior, The Passion of Jesus in the Mark, Collegeville (MN): Liturgical Press 1984, S. 91; Brown, Death of the Messiah Bd. 1, S 453; Moloney, Mark, S. 302 f.
⁵ Das Schweigen Jesu hier und später vor Pilatus (15,5) erinnert an den Gottesknecht in Jes 53,7; vgl. Donahue/Harrington, Mark, S. 422.
⁶ Der Übergang zur messianischen Frage geschieht plötzlich, besonders, weil es keinen deutlichen Nachweis einer Erwartung gibt, dass der Messias den Tempel wiedererrichten würde (vgl. Brown, Death of the Messiah Bd. 1, S. 442 f). Die Tatsache, dass Pilatus sein Verhör mit der Frage an Jesus beginnt, ob er der „König der Juden" sei (15,2), legt nahe, dass die jüdischen Anführer die Behauptung, er sei jüdische Messias, in eine Sprache übersetzt haben, die die Römer verstehen konnten – und

ser Stelle (V 62) tritt Jesus aus seinem Schweigen mit der majestätischen Erklärung „Ich bin es" (*egō eimi*) heraus. Die große Zurückhaltung, die er zu diesen Titeln („Messias" und „Sohn Gottes") seit Beginn seines Wirkens an den Tag gelegt hatte, lässt er damit hinter sich. Messianische Beifallsbekundungen mussten solange unterdrückt werden, wie die Gefahr bestand, dass sie ihm rein im üblichen Sinn angeheftet würden, bei dem das Leiden und die Hingabe seines Lebens als Lösegeld für viele (10,45) keine Rolle spielen. Mit Blick auf seine jetzige Gefangenschaft und auf die Richtung, auf die alles deutlich hinausläuft, gibt es nicht länger einen Grund für diese Zurückhaltung. Wenn er jetzt hier vor Gericht steht, dann sind die „Geschichte 1" (dass er der Messias und der Sohn Gottes ist) und die „Geschichte 2" (dass ihm bestimmt ist zu leiden und zu sterben) jetzt unauflösbar miteinander verbunden.

Das bedeutet nicht, dass die Titel „Christus" und „Sohn Gottes" (wörtlich „Sohn des Gepriesenen") das gleiche aus dem Mund Jesu und aus dem des Hohepriesters bedeuten. Es gibt keinen Grund, aus den von dem Hohepriester benutzten Titeln etwas herauszuhören, das über das übliche Verständnis hinausgeht.[7] Dass Jesus diese Titel akzeptiert, setzt allerdings die ganz bedeutende christologische Erweiterung voraus, die diese im Verlauf des Evangeliums erfahren haben. Der Titel „Messias" wird nicht nur mit Schattierungen aus Geschichte 2

---

dass wir folglich verstehen sollen, dass der „messianische" Anspruch der wesentliche Anklagepunkt war, den sie von Anfang an Jesus anhängen wollten.

[7] Dies trifft besonders auf den zweiten Titel („Sohn des Hochgelobten") zu. Auch wenn es aus der jüdischen Literatur keinen Beleg für die Verwendung des Titels „Sohn Gottes" für den messianischen König gibt, sind die Belege sehr stark, dass er so bezeichnet werden konnte; zu weiterem siehe Byrne, „Sons of God" – „Seed of Abraham", S. 223f. Außerdem legen die Bekenntnisse der Dämonen (3,10; 5,7) nahe, dass Markus sicherlich glaubte, der Titel könne im rein üblichen Sinn verwendet werden (3,11; 5,7).

(8,30 f) verbunden, sondern geht auch über den Titel „Sohn Davids" hinaus in Richtung des weitaus geheimnisvolleren Titels „Herr Davids" (12,35–37). Wir Leserinnen und Leser des Evangeliums, die auf die göttliche Stimme sowohl nach seiner Taufe (1,11) als auch während seiner Verklärung (9,7) aufmerksam gemacht wurden, und die in Getsemani Jesus „*Abba*, Vater" ausrufen hörten (14,36), wissen, dass er Gottes „geliebter Sohn" in einem einzigartigen, transzendenten Sinn ist.

Eine weitere Ausweitung dieses Titels geschieht, wenn Jesus in dieser gleichen Antwort an den Hohepriester zu dem „Ich bin es" noch eine weitere Aussage hohen christologischen Inhalts hinzufügt: „Und ihr werdet den Menschensohn zur Rechten der Macht sitzen und mit den Wolken des Himmels kommen sehen" (V 62b). Gehalten in der Sprache von Ps 110,1 und Dan 7,13 weist die Aussage auf seine Wiederkehr am Ende der Zeiten hin, um Gericht zu halten (Geschichte 3). Diejenigen, die jetzt über ihn zu Gericht sitzen, sehen ihn zwar derzeit nicht in einem Zustand, der seinen messianischen Rang offenbart, doch eines Tages wird dies der Fall sein: Sie werden ihn als Messias inthronisiert sehen – nicht auf einem irdischen Thron, sondern einem himmlischen zur Rechten Gottes. Außerdem werden sie ihn auf den Wolken des Himmels als endzeitlichen Richter kommen sehen (vgl. 8,38; 13,24–27).[8] Mit Blick auf das Gericht wird die Lage zu jenem Zeitpunkt genau umgekehrt sein: Während sie jetzt über ihn zu Gericht sitzen, werden *sie* ihm als ihrem Richter gegenüberstehen.

Jesu Verweis auf sich selbst und seine zukünftige Rolle als „Menschensohn" unterscheidet sich ein wenig, wenn auch

---

[8] Durch die Verbindung der beiden Texte aus der Schrift stellt die Aussage den Menschensohn gleichzeitig „sitzend" und „kommend" vor. Doch wenn Jesus zur Rechten Gottes sitzt, darf man das weniger als eine wortwörtliche Beschreibung verstehen, sondern als eine symbolische Aussage über seinen Rang nach seiner Auferstehung und Erhöhung. Dadurch wird bestätigt, dass er als Richter kommt. Zu Weiterem, siehe Brown, Death of the Messiah Bd. 1, S. 496–498; Hooker, Saint Mark, S. 362.

nur geringfügig, von seiner Antwort auf die (richtige) Anerkennung durch Petrus von ihm als Messias in Caesarea Philippi (8,29: Geschichte 1). Damals bestand Jesus darauf: „Der Menschensohn muss vieles erleiden ..." (8,31: Geschichte 2). Nach seiner Annahme des Titels „Messias" fährt er fort, in gleicher Weise von sich als dem Menschensohn zu sprechen, aber diesmal von dem Menschensohn, dem bestimmt ist, auf den Wolken des Himmels in Herrlichkeit zu kommen (Geschichte 3). Die Antwort in der Begrifflichkeit von „Menschensohn" lässt sich beide Male aus ihrer Herkunft aus der in Dan 7,13f.18 beschriebenen Vision erklären. Dieser Text bezieht sich auf die göttliche Übertragung der irdischen Herrschaft auf „einen wie ein Menschensohn", der für alle diejenigen steht, die wegen ihrer Treue zu Gott große Leiden durchmachen mussten. Der „Menschensohn" bezeichnet also eine Aufgabe, die sowohl Leiden als auch Herrlichkeit miteinander verbindet – um genauer zu sein: eine Rechtfertigung (Herrlichkeit), die als Antwort Gottes denen widerfährt, die in großen Leiden treu geblieben sind. Höchst passend umfasst und verbindet der Titel also Jesu gegenwärtige Lage (Leiden) und das, was daraus hervorgeht: die Rechtfertigung sowohl in der Auferstehung als auch in der Herrlichkeit zur Rechten Gottes.[9]

In seiner unmittelbaren Reaktion zerreißt der Hohepriester sein Gewand und führt den Prozess zum Abschluss (V 63).[10] Sie brauchen keine weiteren Zeugen, weil sich Jesus mit seinen eigenen Worten der Gotteslästerung überführt hat, ein Verbrechen, das, wie sie alle meinen, den Tod verdient (V 64). Nach

---

[9] Zu dem Verständnis von Jesu Gebrauch des Titels „Menschensohn", siehe besonders Hooker, Saint Mark, S. 92f. Für eine umfangreicherer Übersicht der wahrscheinlichen Herkunft und Bedeutung des Titels, siehe Brown, Death of the Messiah Bd. 1, S. 497 und S. 506–515.

[10] In der biblischen Tradition ist das Zerreißen der Gewänder ein Zeichen der Trauer: Gen 37,34; Jos 7,6; 2 Sam 1,11f. Die spätere jüdische Gesetzgebung schrieb für die Richter das Zerreißen von Gewändern vor, wenn eine Verurteilung wegen Gotteslästerung vorgenommen werden musste; vgl. Donahue/Harrington, Mark, S. 423.

dem biblischen Gesetz gehörte zur Gotteslästerung, auf die die Todesstrafe steht, die Verwendung des göttlichen Namens in einem Fluch (Lev 24,11–16). Tatsächlich hatte Jesus in seiner Antwort an den Hohepriester vermieden von „Gott" zu sprechen, sondern stattdessen als Umschreibung das Wort „Macht" benutzt.[11] In diesem Fall muss Gotteslästerung in einem erweiterten Sinn verstanden werden, so dass er sich nicht einfach auf die Annahme der Titel „Messias" und „Sohn Gottes" erstreckt (V 62a), sondern zu dem viel transzendenteren christologischen Anspruch, der in dem enthalten ist, was sie mit Blick auf den Menschensohn „sehen" werden (V 62b). Es handelt sich um die gleiche Anklage, die er am Anfang des Evangeliums mit seinem Anspruch hervorgerufen hat, über die Macht zur Vergebung der Sünden zu verfügen (2,1–12).

Nach der gemeinschaftlichen Verurteilung wegen dieser Anklage beginnt das körperliche Leiden Jesu, als er Spott und Hohn von den Mitgliedern des Hohen Rats sowie Schläge von den Dienern des Hohefpriesters erdulden muss (V 65).[12] Sie verdecken sein Gesicht und fordern ihn auf: „Weissage" (so u.a. die Lutherbibel, griechisch: *prophēteuson*), d.h. er soll den benennen, der ihn geschlagen hat. Was sie tun, offenbart ihn aber paradoxerweise als Prophet, weil es sich genau nach dem richtet, was er lange zuvor vorhergesagt hatte (10,34).

---

[11] Zu dieser Umschreibung des Gottesnamens, vgl. Raymond E. Brown, Death of the Messiah Bd. 1, S. 496f, der behauptet, dass dieser Wortgebrauch die Aufmerksamkeit auf die Quelle der Macht lenken kann, die Jesus als Menschensohn über seine Feinde ausüben wird.

[12] Der seltsame Schlusssatz „sie empfingen (*elabon*) ihn mit Schlägen" erinnert wie das Schweigen Jesu (VV 60f) an die Behandlung des Gottesknechtes (Jes 53,6). Raymond E. Brown (Death of the Messiah Bd. 1, S. 609f) untersucht mit typischer Genauigkeit die verschiedenen Möglichkeiten, wie diese Aussage verstanden werden kann.

Die Verleugnung des Petrus
(14,66–72)

Gleichzeitig spielt sich draußen im Hof eine andere Szene ab, die sehr gut die prophetische Macht Jesu offenbart. Während er feierlich vor dem Hohepriester und dem ganzen Hohen Rat seine Identität bekennt, verleugnet ihn sein führender Jünger bei deutlich geringerer Bedrohung dreimal – genau wie vorausgesagt (14,30; vgl. V 72b). Zweimal von einer Magd angefragt (VV 66 f) und dann von den Dabeistehenden, die von der Magd einbezogen wurden (VV 69+70), täuscht Petrus zunächst Unwissenheit vor, leugnet dann jede Verbindung mit Jesus, bevor er dieses Crescendo der Verleugnung mit einem feierlichen Schwur abschließt. Der zweite Hahnenschrei an dieser Stelle erinnert ihn an die Weissagung Jesu, woraufhin er in Tränen ausbricht (V 72c).

Die Bewahrung dieser Überlieferung, die das Versagen des führenden Jüngers Jesu in allen vier Evangelien beschreibt, ist mit Blick auf den Rang des Petrus in der frühen christlichen Gemeinde wirklich bemerkenswert.[13] Die Genauigkeit der Weissagungen Jesu ist sicherlich ein weiterer Beleg der tieferen göttlichen Geschichte, die ihr Vorhaben durch das ihm auferlegte Leiden verwirklicht. Doch für die ursprünglichen markinischen Adressatinnen und Adressaten, aus deren Gemeinde zweifellos viele Mitglieder bei den Verfolgungen versagt und manche vielleicht auch Mitgläubige verraten hatten (vgl. 13,12), enthielt die Überlieferung vom dreifachen Versagen des Petrus, seiner Umkehr und seiner Wiedereinsetzung (vgl. 16,7) sowohl Mahnung wie auch Hoffnung. Wenn jemand, der trotz seiner tapferen Bekundungen (14,29.31) den Herrn dreimal verleugnete, nicht nur Vergebung fand, sondern auch ein beeindruckendes Zeugnis ablegte (vgl. Joh 21,15–19), dann können auch andere eine zweite Chance bekommen

---

[13] Vgl. Hengel, Der unterschätzte Petrus, S. 68–73.

Jesus vor Gericht (14,53 – 15,20)

und mit Hilfe der Gnade Gottes am Ende gute Zeuginnen und Zeugen sein.[14] Menschliches Versagen kann Teil der Geschichte sein, aber im göttlichen Plan ist es nicht das Ende der Geschichte.

Der römische Prozess: Jesus vor Pilatus (15,1–15)

Die wichtigsten Anstifter der Sache gegen Jesus haben entschieden, dass er den Tod verdient (14,64). Jetzt müssen sie den römischen Statthalter Pontius Pilatus überzeugen, dieses Urteil auch zu verhängen. Das jüdische Verbrechen der Gotteslästerung wird auf Pilatus keinen Eindruck machen.[15] Bei einem Treffen am Morgen (15,1) fassen sie den Plan, das Eingeständnis Jesu, dass er der Messias ist (14,62), so in passende politische Begrifflichkeit zu kleiden, dass er als Gefahr für die römische Herrschaft wirkt.[16] Nachdem sie sich zu dieser Strategie entschlossen haben, fesseln sie Jesus und „übergeben ihn" Pilatus, womit sie ein weiteres Mal die Leidensankündigungen erfüllen (9,31; besonders 10,33).

---

[14] Vgl. Nineham, Saint Mark, S. 399 f; Brown, Death of the Messiah Bd. 1, S. 624 f; Donahue/Harrington, Mark, S. 428 f.

[15] Über das Ausmaß, in dem die Charakterisierung des Pilatus in den Passionserzählungen der Evangelien mit dem der nichtbiblischen Literatur entnommenen (Philo und Josephus) Eindruck übereinstimmt, siehe Brown, Death of the Messiah Bd. 1, S. 693–705 und S. 722.

[16] Dass die Anklage gegen Jesus so vorgelegt wurde, geht aus der Eröffnungsfrage des Pilatus hervor: „Bist du der König der Juden?" (15,2b); vgl. Gnilka, Markus Bd. 2, S. 300; Senior, Passion of Jesus in Mark, S. 109. Im Neuen Testament, in dem Juden eher vom „König von Israel" (wie in Mk 15,32) sprechen, ist „König der Juden" die Weise, wie Nichtjuden einen jüdischen Herrscher (den Messias eingeschlossen) bezeichnen; vgl. Brown, Death of the Messiah Bd. 1, S. 731.

Wie beim Hohen Rat handelt es sich bei Jesu Erscheinen vor Pilatus kaum um ein offizielles Gerichtsverfahren.[17] Es findet einfach ein Verhör statt, das den Statthalter nicht von Jesu Schuld überzeugt (VV 2–5). Der Rest des Verfahrens (VV 6–15) läuft auf einen erfolglosen Versuch von ihm hinaus, einen Weg für die Freilassung Jesu zu finden, ohne die Menge zu verstimmen, die sich versammelt hat und die von den Hohepriestern angestachelt wird, seine Hinrichtung zu verlangen. Als Pilatus Jesus fragt, ob er „der König der Juden" sei, legt er sich nicht fest: „Du sagst es" (V 2).[18] Jesus leugnet nicht, dass er der König ist. Im Sinn seines zwar positiven, jedoch eingeschränkten Akzeptierens des Titels „Messias" vor dem Hohepriester (14,62) ist er ein König. Aber er ist nicht ein König in dem hoch politischen – und deshalb für Rom bedrohlichen – Sinn, der im Titel „König der Juden" enthalten ist.[19] Nach dieser einfachen Antwort fällt Jesus ins Schweigen – ein Schweigen, das bis zu seinem letzten Schrei am Kreuz andauern wird (15,34). Sein anhaltendes Schweigen angesichts der zahlreichen und für ihn gefährlichen Anschuldigen enthält einen Hinweis auf das Göttliche, was Pilatus dazu bringt, sich zu wundern (V 5; vgl. später 15,44). Es handelt sich um die gleiche Wirkung, die vom Gottesknecht ausgeht (Jes 52,15).[20]

Der Brauch, anlässlich des Festes einen Gefangenen freizulassen (V 6), scheint Pilatus einen Ausweg zu bieten: sowohl um Jesus zu retten, als auch um die Menge zufriedenzustellen.[21] Als sie eintreffen, um ihn um die übliche Freilassung zu

---

[17] Über den rechtlichen Status des Prozesses im Licht des römischen Rechtsdenkens, siehe Brown, Death of the Messiah Bd. 1, S. 710–722.
[18] „Es handelt sich um eine Zustimmung, die durchblicken lässt, dass der Sprecher die Dinge anders ausdrücken würde" (Taylor, St. Mark, S. 579).
[19] Vgl. Moloney, Mark, S. 311.
[20] Vgl. Gnilka, Markus Bd. 2, S. 300.
[21] Raymond E. Brown kommt nach einer gründlichen Untersuchung der Belege sowohl für die römische als auch für die jüdische Praxis (Death of

Jesus vor Gericht (14,53 – 15,20)

bitten (V 8), nutzt Pilatus diese Gelegenheit, ihnen die Freilassung des „Königs der Juden" anzubieten (V 9). So handelt er, wird uns gesagt (V 10), aufgrund seiner Wahrnehmung der wirklichen Beweggründe der Anführer, die Jesus vor ihn gebracht haben: Sie handeln nicht aus dem Eifer, die öffentliche Ordnung und die römische Herrschaft vor jemandem zu schützen, der für diese tatsächlich ein Problem ist, sondern aus „Neid" (*phthonos*) über den Einfluss, den er beim Volk hat, was eine Bedrohung ihrer Führungsrolle ist.

Diese Taktik geht ins Auge. Pilatus hält auch einen „Mann namens Barabbas" gefangen, der zu einer Gruppe gehört, „die bei einem Aufstand einen Mord begangen hatten" (V 7). Den Hohepriester, denen Pilatus dieses Angebot gemacht hat, bietet das die Gelegenheit, die Menge aufzuwiegeln, damit sie stattdessen die Freilassung des Barabbas fordert (V 11). Als Pilatus diese – ziemlich kläglich – fragt, was er denn mit dem tun solle, der „König der Juden" genannt werde (V 12), antworten sie mit dem verhängnisvollen Ruf: „Kreuzige ihn!" (V 13). Ein letzter klagender Einwand über die Unschuld Jesu (V 14a) entlockt ihnen einfach die gleiche, wenn auch heftiger vorgetragene Reaktion (V 14b). Der Widerstand des Pilatus zugunsten der Unschuld Jesu bricht zusammen. Um die Menge zufrieden zu stellen, entlässt er Barabbas und übergibt Jesus für die Art der Hinrichtung, die für Aufständische üblich war: die Kreuzigung, der die Geißelung vorangeht (V 15).

Im Rahmen der Gesamthandlung der Passionsgeschichte wirkt die fehlgeschlagene Taktik mit Barabbas ziemlich zufällig, doch auf einer tieferen Ebene der Erzählung ist sie wirklich bedeutsam. Der Name „Barabbas" bedeutet „Sohn des

---

the Messiah Bd. 1, S. 814–818) zum Ergebnis (S. 818), dass es kein geschichtliches Beispiel für den Brauch gibt, zum Fest einen Gefangenen freizulassen. Diese Schlussfolgerung muss nicht unvereinbar mit einer authentischen Erinnerung sein, dass ein Gefangener namens Barabbas an dem Fest von Pilatus freigelassen wurde, an dem Jesus verurteilt und hingerichtet wurde (a. a. O. S. 819f).

Vaters".²² Jesu vorrangige Identität im Markusevangelium ist die als Gottes geliebter Sohn, einen Gott, den er in diesem Evangelium einzigartig als „*Abba*" anspricht (14,36). Jesus ist also „Bar Abba", der Sohn von *Abba*. Wie die bösen Winzer im Gleichnis (12,6–8) haben die Anführer Israels die Menge dazu gebracht, sich für einen Barabbas zu entscheiden, der mit Aufstand und Blutvergießen verbunden ist, und aus dem gleichen Grund den „Bar Abba" abzulehnen, der der geliebte Sohn ihres Gottes ist.²³ Sie haben vor dem Sohn keine „Achtung" gehabt (12,6). Statt sich für das zu entscheiden, was er bringt – die Herrschaft Gottes –, haben sie eine Wahl getroffen, die die spätere Entscheidung für den Aufstand und die Gewalt andeutet – eine Wahl, die zur Zerstörung ihrer Stadt und zur vollständigen Unterwerfung unter die Herrschaft Roms führen wird (70 n. Chr.).

Während des ganzen Handels, der zu seiner unvorhergesehenen Freilassung führt, ist Barabbas völlig passiv. Auch wenn er ein Gewalttäter ist, ist er als der erste Nutznießer der „Übergabe" Jesu auch ein Symbol für die „vielen" (Sünder), die zu retten der Menschensohn gekommen ist und für die er sein Leben als Lösegeld hingibt (10,45; vgl. 2 Kor 5,21). In dieser Hinsicht können alle Gläubigen sagen, dass das Handeln Jesu dazu geführt hat, dass sie, die vorher „Barabbas" waren, jetzt Söhne und Töchter des *Abba* innerhalb der Familie Gottes sind.

Obwohl die Hohepriester und die Schriftgelehrten die Initiatoren der Verurteilung Jesu sind, kann Pilatus nicht aus seiner Verantwortung entlassen werden. Wie Herodes im Fall von Johannes dem Täufer (6,17–29)²⁴ wurde er aus Angst, die versammelte Menge zu verärgern (6,26; 14,15), gegen seine bessere Einsicht dazu gebracht, ein gewaltiges Unrecht ge-

---

²² Vgl. Gnilka, Markus Bd. 2, S. 301.
²³ Vgl. Donahue/Harrington, Mark, S. 432 und 439; Dowd/Malbon, The Significance of Jesus' Death, S. 295.
²⁴ Vgl. Moloney, Mark, S. 315; Donahue/Harrington, Mark, S. 439.

genüber jemandem zu begehen, von dem er nicht nur wusste, dass dieser unschuldig ist, sondern der auch eine fast-religiöse Faszination auf ihn ausübte (15,5). Das durch Stolz bewirkte Versagen des Pilatus, die Gerechtigkeit umzusetzen, die Rom von seiner besten Seite hätte zeigen können, hat ihm im Credo eine nie endende Berühmtheit eingebracht: „gelitten unter Pontius Pilatus".

Die Verspottung des Königs (15,16–20)

Nach seiner Verurteilung durch den Hohen Rat erlitt Jesus Spott und Misshandlung (14,65). Nach seiner „Übergabe" durch Pilatus folgt nun eine ähnliche, wenn auch formellere Verspottung. Die Angehörigen des Hohen Rats hatten ihn als „Propheten" verspottet, dabei jedoch paradoxerweise eine Wahrheit ausgesprochen, die durch seine genaue Voraussage der Verleugnung durch Petrus bestätigt wurde. In enger Parallele dazu greifen die römischen Soldaten die Hauptanschuldigung, aufgrund derer er vor Pilatus gebracht wurde – „König der Juden" (15,2) –, auf und führen jetzt ein Ritual durch, das ihn als König verspottet.[25]

Die Förmlichkeit des Rituals wird durch die Versammlung der ganzen Kohorte angezeigt, also alle Soldaten, die im Haus des Statthalters anwesend sind (V 16). Jesus wird mit einem „Purpurmantel" bekleidet (V 17a) – vielleicht der verbleichte rote Mantel eines Soldaten[26] – und einem Dornenkranz gekrönt (V 17b).[27] „Heil dir, König der Juden" (V 18 Einheits-

---

[25] Vgl. Senior, Passion Jesus in Mark, S. 113; Donahue/Harrington, Mark, S. 435.
[26] Vgl. Taylor, St. Mark, S. 585.
[27] Wahrscheinlich darf dies nicht als Folterwerkzeug verstanden werden (Dornen, die nach innen gerichtet sind), sondern als die Karikatur einer Krone mit Stacheln, die nach außen weisen, wie in Darstellungen von

übersetzung 1979) wird er dann gegrüßt, was eine Entsprechung zum Gruß des Kaisers hat: „Heil dir, Caesar". Die Farce wird boshafter, wenn Jesus mit einem Rohr geschlagen und bespuckt wird (vgl. 10,34; vgl. 14,65). Sie gipfelt darin, dass die Soldaten in Nachahmung der Verehrung, die orientalischen Herrschern entgegengebracht wurde, ihre Knie vor ihm beugen. Die Verspottung, die das direkte Vorspiel zu seiner Hinrichtung ist (V 20b), macht wieder auf paradoxe Weise deutlich, dass Jesus durch alle Erniedrigungen und noch kommende Leiden König ist und bleibt. Seine Gegner können nicht anders, als unbeabsichtigt diese Wahrheit zu verkünden.[28]

Herrschern der Antike in Nachahmung des Sonnengottes; vgl. Hooker, Saint Mark, S. 370; Brown, Death of the Messiah Bd. 1, S. 866f.
[28] Vgl. Hooker, Saint Mark, S. 370.

Die Passionsgeschichte III: Jesus wird gekreuzigt und begraben (15,21–47)

Markus' Geschichte von Jesus erreicht mit dem Bericht von seiner Kreuzigung, seinem Tod und seinem Begräbnis ihren Höhepunkt. Was Jesus in diesen letzten Stunden seines Lebens durchmachen muss, ist ein entsetzliches Ende für jeden Menschen. Markus beschreibt allerdings, was dieser Tod demjenigen zufügt, den er das ganze Evangelium hindurch als Gottes geliebten Sohn darstellt, dessen Zugehörigkeit zur himmlischen genauso wie zur irdischen Wirklichkeit in vielen Szenen und Geschichten durchscheint. Angesichts dieses gewaltigen Geheimnisses hat sich Markus entschieden, einfach eine Schilderung der Fakten zu präsentieren und von jedem Versuch abzusehen, die grausame Wirklichkeit abzumildern oder sie durch fromme Erwägung oder Gefühle zu verschönern. Die allseits bekannten Einzelheiten einer Kreuzigung kann er der Vorstellungskraft seiner Leserinnen und Leser überlassen. Im Unterschied zu den späteren Evangelisten lässt er es nicht zu, dass die darunter liegende „göttliche" Geschichte ausdrücklich zum Vorschein kommt. Er erzählt einfach die äußeren Geschehnisse im Vertrauen darauf, dass diejenigen, die sie aufmerksam lesen und hören, durch Anklänge an die Schrift (besonders Psalm 22) und die beständige Spur der Paradoxie die tiefer liegende göttliche Geschichte wahrnehmen, die miterzählt wird. Auf der einen Ebene gibt es die schreckliche Abwesenheit Gottes, die in Jesu Schrei der Verlassenheit gipfelt, bevor er seinen Geist aufgibt (15,34). Auf der tiefer liegenden Ebene läuft aber alles gemäß einem vorbestimmten göttlichen Plan ab. Jesus wurde ganz den Händen seiner heidnischen Henker „ausgeliefert"; dies ist jedoch nur der äußere Ausdruck der tiefgehenden Hingabe seiner selbst in die Hände des Vaters. Der Großabschnitt besteht aus drei Teilen: die Verse 20b–26 beschreiben die Kreuzigung, die Verse 27–32 was dann in den sechs Stunden geschieht, in denen Jesus am Kreuz hängt, besonders die Verspottung (VV 29–32) und die Verse 33–39 schließlich den Tod Jesu und dessen direkte Folgen (das Zerreißen des Tempelvorhangs [V 38] und die Reaktion des Hauptmanns [V 39]). Die Passion endet mit einer Bemerkung über die Anwesenheit der Jüngerinnen (VV 40 f) und dem Bericht von Jesu Begräbnis (VV 42–47).

Die Kreuzigung Jesu (15,20b–26)

Nachdem die Soldaten die rituelle Verspottung Jesu als „König" beendet haben (VV 16–20a), führen sie ihn aus dem Prätorium heraus, um ihn zu kreuzigen (V 20b). Auf dem Weg zwingen sie einen Mann, Simon von Cyrene, der vom Land in die Stadt kommt, sein Kreuz – oder genauer: den Kreuzbalken – zu tragen. Dies widersprach der Gewohnheit; normale Kriminelle wurden gezwungen, ihr Kreuz zum Ort der Kreuzigung zu tragen. Die Ausnahme legt nahe, dass Jesus mittlerweile durch die Geißelung und die Misshandlung zu geschwächt war, es selbst zu tragen. Für Markus enthält aber dieses Detail eine kostbare Erinnerung und Verbindung. Er identifiziert Simon als „Vater des Alexander und des Rufus", eines Brüderpaares, das den ursprünglichen Leserinnen und Lesern des Evangeliums offenkundig vertraut war, weil sonst nichts zu ihnen gesagt wird.[1] Durch diese Beziehung werden die markinischen Adressatinnen und Adressaten in eine per-

---

[1] Interessanterweise ist ein gewisser „Rufus" (zusammen mit seiner Mutter) unter denen in Rom, denen Paulus im Römerbrief Grüße sendet:

sönliche Verbindung zu dem Hauptgeschehen im Evangelium gebracht: den Tod Jesu. Das Evangelium spekuliert nicht über die Gefühle Simons, als er mit dieser Aufgabe konfrontiert wird, doch seine Erwähnung legt nahe, dass seine Familie und über sie hinaus die Gemeinde des Glaubens dazu kamen, sie im Licht des Glaubens zu betrachten. Durch seine Hilfe für Jesus wird Simon tatsächlich zum Vorbild für das, was Jesus als die Weise beschrieben hat, ein wahrer Jünger zu sein: sein Kreuz auf sich zu nehmen und ihm nachzufolgen (8,34).[2] Während der Hauptjünger „Simon" (Simon Petrus) eklatant abwesend ist, erscheint ein anderer Simon als Eintrittspunkt in die Geschichte für die Jüngerinnen und Jünger kommender Generationen.

Nachdem sie auf Golgota, der „Schädelstätte" – eine schädelförmige Anhöhe außerhalb der Stadtmauern[3] – angekommen sind, bieten sie (vermutlich die Soldaten) Jesus mit Myrrhe vermischten Wein zum Trinken an (V 23). Jesus lehnt dieses narkotische Getränk ab, das eine betäubende Wirkung bei der extrem schmerzhaften Kreuzigung hat: Er wird den vom Vater bereiteten „Kelch" bis zur Neige leeren (14,36; vgl. 10,38).[4] Dann (V 24a) heißt es einfach: „Sie kreuzigten ihn" – Markus sieht keinen Grund, den schrecklichen Vorgang näher zu schildern, der seinen Leserinnen und Lesern ausreichend vertraut sein dürfte.

Nur drei weitere Einzelheiten werden erwähnt: das Werfen der Lose um die Kleider Jesu (V 24b), die Zeit, als er gekreuzigt wurde (V 25) und die Inschrift, die die Anklage gegen ihn feststellt (V 26). Das Werfen der Lose um seine Kleider ist ein erster Hinweis, dass das, was Jesus widerfährt, dem Muster entspricht, das in Psalm 22 (V 19) für den leidenden Gerech-

---

„Grüßt Rufus, der vom Herrn auserwählt ist; grüßt seine Mutter, die auch mir zur Mutter geworden ist!" (Röm 16,13).
[2] Vgl. Moloney, Mark, S. 318f.
[3] Für die topographische Erörterung siehe Brown, Death of the Messiah Bd. 2, S. 936–940.
[4] Brown, Death of the Messiah Bd. 2, S. 941f.

ten niedergelegt wurde. Die Auskunft „Es war die dritte Stunde, als sie ihn kreuzigten" (V 25) führt ein Drei-Stunden-Muster ein (vgl. V 33: „sechste Stunde" und V 37: „neunte Stunde"), das als Hinweis dafür dient, dass „in diesem brutalen Mord Gottes Plan in geheimnisvoller Weise ausgeführt wird (vgl. 10,45; 14,36)."[5] Schließlich verkündet die Inschrift „König der Juden" – äußerlich eine sarkastische Warnung der römischen Behörden, dass Messiasanwärter so ihr Leben beenden – auf paradoxe Weise die tiefe Wahrheit: Im gehorsamen „Dienst" (10,45), der ihn zu dieser Inthronisierung führte, ist Jesus wirklich der Messiaskönig, den Gott für Israel wollte.

Der am Kreuz hängende Jesus wird verspottet (15,27–32)

Die Beschreibung der Verspottung, die Jesus erleiden muss, während er am Kreuz hängt, beginnt (V 27) und endet (V 32b)[6] mit einem Verweis auf die beiden Verbrecher (*lēistai*), die mit ihm gekreuzigt wurden, einer zur Rechten und einer zur Linken. Die Beschreibung erinnert gespenstisch an die Bitte der beiden Zebedäussöhne, zu seiner Rechten und seiner Linken sitzen zu dürfen, wenn er in Herrlichkeit kommt (10,37). Jetzt verstehen wir, weshalb Jesus sie in seiner Erwiderung fragte, ob sie bereit seien, aus dem „Kelch" zu trinken, den er in Vorbereitung auf diese Ankunft trinken müsse (10,38). Bei seiner Verhaftung protestierte Jesus dagegen, dass das Verhaftungskommando gegen ihn ausgezogen sei, als ob er ein Verbrecher wäre (14,48). In der Gesellschaft, in der er sich jetzt an seinem Kreuz aufhalten muss, scheint diese Sicht auf ihn weiter durch.[7]

---

[5] Moloney, Mark, S. 321.
[6] Sie stellen so eine Rahmung (*inclusio*) dar.
[7] In einigen späten Handschriften taucht an dieser Stelle ein zusätzlicher

Jesus erleidet gleichzeitig die Verspottung von drei Seiten. Vorübergehende schütteln ihren Kopf – ein weiterer Anklang an Psalm 22 (V 8; vgl. Klgl 2,15) –, schmähen ihn (VV 29f) und wiederholen die Anklage, die gegen ihn erfolglos im ersten Prozess erhoben wurde. Soll doch derjenige, der den Tempel zerstören und in drei Tagen wiederaufbauen wollte, sich selbst retten, indem er vom Kreuz herabsteigt. Wieder einmal legt die Verspottung unbeabsichtigt die Wahrheit offen. Jesus hat faktisch den Tempel zerstört, und im Anschluss an sein gehorsames *Bleiben* am Kreuz bis zum Tod wird er nach drei Tagen (vgl. 10,34) als Grundstein für einen neuen, „nicht von Händen erbauten" Tempel (14,58) auferweckt – ein Tempel, der wirklich ein „Haus des Gebetes für alle Völker" sein wird (11,17).[8] Der Versuch, „sich selbst zu retten", indem er vom Kreuz herabsteigt, würde gemäß einer Maxime, die Jesus seine Jüngern schon gelehrt hatte (8,35), der Gesamtausrichtung seiner Sendung entgegenlaufen.[9] Den Weg der Rettung liegt darin, durch Gehorsam in den Händen des Vaters zu bleiben (vgl. Phil 2,8f).

Eine zweite Gruppe, die aus seinen Erzwidersachern, den Hohepriestern und Schriftgelehrten, besteht, versteht das Wort „retten" anders. Jesus rettete *andere*; sich selbst kann er nicht retten (VV 31–32a). Wenn jemand, der behauptet, „der Christus, der König von Israel" zu sein, vom Kreuz herabsteigt, dann werden sie sehen und glauben.[10] Wieder liegt unter der Verspottung eine echte Wahrheit. Die ganze Sendung Jesu hatte zum Ziel, „andere" aus der Herrschaft Satans zu befreien; er ist nicht gekommen, um bedient zu werden, son-

---

Vers (V 28) auf, der auf eine Erfüllung von Jes 53,12 verweist: „Er wurde zu den Gesetzlosen gerechnet" (vgl. Lk 22,37, von wo der Vers entnommen zu sein scheint).

[8] Vgl. Moloney, Mark, S. 322.
[9] Vgl. Senior, Passion of Jesus in Mark, S. 119.
[10] „König von Israel" ist eine innerjüdische Bezeichnung für den messianischen König, der dem „König der Juden" aus dem Mund der Heiden und der Inschrift entspricht (V 26).

dern um zu dienen und sein Leben „als Lösegeld für viele" zu geben (10,45). Gerade dadurch, dass er dieser Sendung treu bleibt, wird durch die Treue des Vaters seine eigene Rettung und die der „anderen" gesichert. Was sie als eine Art „Zeichen" verlangen, das sie dazu bringen würde, zu „sehen" und zu „glauben" (vgl. 8,11 f),[11] offenbart einfach die Falschheit ihres Messiasverständnisses und ihren Unglauben. Weil er am Kreuz bleibt, erweist sich Jesus als Israels wahrer König und Retter.[12] Als letzte Verspottungsgruppe stimmen die mit ihm verurteilten Verbrecher in diesen Chor ein (V 32b).

Jesus stirbt am Kreuz
(15,33–39)

Die Konzentration auf Jesu Isolation und seine scheinbare Hilflosigkeit darf uns nicht vergessen lassen, dass die Verspottung, die er erleidet, letztlich eine Verspottung Gottes durch die Menschen ist. Jesus bleibt derjenige, als den ihn das Evangelium von Anfang an geschildert hat: der geliebte Sohn des Vaters (1,1.11; 9,7), durch den das Göttliche der Welt offenbar wurde („Ich bin es" – 6,50). Bei der Finsternis, die um die sechste Stunde (Mittag) über die ganze Erde hereinbricht und die bis zur neunten Stunde (15 Uhr) dauert, handelt es sich also eine um furchterregende Bedrohung durch die göttliche Reaktion und das Gericht. Mit großer Sicherheit stehen dabei die Worte des Propheten Amos (8,9 f) im Hintergrund:

---

[11] Die Forderung zu „sehen" ist eine Besonderheit bei Markus (im Unterschied zu Mt 27,42). Dies kann Markus' symbolisches Verständnis von Glauben als Sehen und das Fehlen dessen als „Blindheit" wiedergeben; vgl. Senior, Passion of Jesus in Mark, S. 121; Moloney, Mark, S. 324.
[12] Vgl. Hooker, Saint Mark, S. 374.

Jesus wird gekreuzigt und begraben (15,21–47)

An jenem Tag – Spruch GOTTES, des Herrn –
lasse ich am Mittag die Sonne untergehen
und breite am helllichten Tag über die Erde Finsternis aus.
Ich verwandle eure Feste in Trauer
und all eure Lieder in Totenklage ...
Ich bringe Trauer über das Land
wie die Trauer um den Einzigen
und das Ende davon wird sein wie der bittere Tag.

Die alles erfassende Finsternis erinnert an die Urfinsternis, aus der der Schöpfer Licht und Leben schuf (Gen 1,3–5). Wir stehen an einem Wendepunkt. Lässt Gott angesichts der Ablehnung und Verspottung seines Sohnes zu, dass die Schöpfung in ihr Gegenteil umschlägt und zurück in Chaos und Zerstörung rutscht? Oder stehen wir hier vor der schmerzlichen Geburt eines neuen Zeitalters, einer neuen Schöpfung?

Nach drei Stunden Finsternis hören wir zum ersten Mal seit seiner kurzen Antwort an Pilatus (15,2) die Stimme Jesu: der schreckliche Schrei der Verlassenheit: „Mein Gott, mein Gott, warum hast du mich verlassen?" (V 34).[13] Von seinem Volk wurde er abgelehnt, von seinen Jüngern im Stich gelassen; jetzt gibt er dem Gefühl des Verlassenseins durch den Gott Ausdruck, dessen Willen er ausführt, wenn er am Kreuz hängt. Auch wenn er der Sohn Gottes ist, erfährt er zutiefst den schrecklichen Eindruck der göttlichen Abwesenheit, der so oft das Leiden von Menschen begleitet. Die Finsternis außen passt zur intensiven Finsternis innen. Jesus gibt keinen

---

[13] Die klagende Frage bildet den Anfang von Psalm 22, ein Klagelied, das mit einem Ausdruck der Dankbarkeit für die von Gott erwirkte Rettung und Wiederherstellung schließt (VV 21b-31). Das Bewusstsein um dieses Ende sollte allerdings nicht zulassen, den Eindruck von Trostlosigkeit und Verlassenheit durch Gott zu mildern oder zu verdecken, der von dem Textteil vermittelt wird, den Jesus mit lauter Stimme herausschreit; so z.B. Nineham, Saint Mark, S. 428; Donahue/Harrington, Mark, S. 451f; in einem bestimmten Maß auch Senior, Passion of Jesus in Mark, S. 123f. Gegen diese Tendenz siehe Hooker, Saint Mark, S. 375; Brown, Death of the Messiah Bd. 2, S. 1044–1051; Moloney, Mark, S. 326f; Boring, Mark, S. 430.

Schrei der Hoffnungslosigkeit von sich – immer noch ruft er Gott an. Es ist aber ein Schrei der Verlassenheit, weil von Gott keine Antwort kommen wird, bevor er nicht das ganze Los aller Menschen im Tod geteilt hat. Das Evangelium stellt uns an dieser Stelle vor ein Geheimnis, vor dem wir nur stumm verharren können. Der Vater lässt den Sohn sterben, der, wie es scheint, die Tiefen der Entfremdung der Menschen von Gott ausloten muss, und zwar nicht, weil er selbst gesündigt hat, sondern weil er das Gewicht aller menschlichen Sünden trägt und zum „Lösegeld für viele" geworden ist (10,45; vgl. 14,24). In den Worten des Paulus hat der Vater den geliebten Sohn nicht verschont, „sondern ihn für uns alle hingegeben" (Röm 8,32), oder in der gewagtesten Formulierung von allen: Gott „hat den, der keine Sünde kannte, für uns zur Sünde gemacht, damit wir in ihm Gerechtigkeit Gottes würden." (2 Kor 5,21; vgl. Röm 8,3 f; Gal 3,13; auch Hebr 5,7)

Der Schrei Jesu, den Markus auf Aramäisch und dann in griechischer Übersetzung wiedergibt, veranlasst einige Zuschauer anzumerken, dass er nach Elija rufe (V 35).[14] Daraufhin läuft einer von ihnen los, tränkt einen Schwamm mit saurem Wein, befestigt ihn auf einem Rohr, reicht Jesus dieses Essiggetränk und ruft: „Lasst, wir wollen sehen, ob Elija kommt und ihn herabnimmt" (V 36).[15] Hinter dieser Handlung scheint eine jüdische Überlieferung von Elija als dem Ret-

---

[14] Es ist nicht ganz klar, wie die aramäische Anrufung (*Elōï* transkribiert) als Ruf an Elija gehört werden kann. Matthäus (27,46), der offensichtlich diese Schwierigkeit wahrgenommen hat, nimmt den Eröffnungsruf auf Hebräisch: „*Ēli*, ...". Dadurch wird die Identifizierung mit Elija verständlicher.

[15] „Lasst, wir wollen sehen" ist ein Versuch, den griechischen Ausdruck *aphete idōmen* zu übersetzen, der vielleicht leichter so wiedergegeben werden kann: „Wartet, lasst uns sehen ..."; vgl. Taylor, St. Mark, S. 595. Mit Blick auf die Unstimmigkeit, die sich ergibt, wenn der Mensch, der die Handlung durchführt, gleichzeitig „Wartet" sagt, als wollte er deren Ausführung behindern, unterscheidet Matthäus zwischen demjenigen, der den Schwamm anbietet, und anderen, die rufen „Warte" (Mt 27,48 f).

ter von Menschen in großer Not zu stehen,[16] oder wahrscheinlicher im Zusammenhang mit der Verspottung, die Jesus erleiden muss, die Erwartung, dass Elija vor der Ankunft des Messias erscheint (vgl. 9,11). Das Angebot des Essiggetränks versucht, das Leben Jesu zu verlängern – und in der Folge davon natürlich seine Leiden – um Elija die Möglichkeit zu gebeten, rechtzeitig zu seiner Rettung zu kommen und so seinen messianischen Anspruch zu bestätigen. Dieser Versuch ist Ausdruck des falschen Messiasverständnisses, das Jesus das ganze Evangelium hindurch bekämpft hat. In Gestalt von Johannes dem Täufer ist Elija schon gekommen (9,12 f; vgl. 1,2–4.6), dessen Schicksal nach seiner Verkündigung (6,17–29) nur zu sehr das vorangekündigt hat, was Jesus jetzt erleiden muss.

Wie immer es sich auch mit Elija verhält, der Augenblick des Todes Jesu ist gekommen (V 37). Nachdem er wieder einen lauten Schrei – diesmal wortlos – ausgestoßen hat, verscheidet er.[17] Unmittelbar darauf wird der Tempelvorhang von oben nach unten durchgerissen (V 38),[18] und der Hauptmann, der Jesus gegenübersteht und sieht, wie er stirbt, legt sein erstaunliches Bekenntnis ab: „Wahrhaftig, dieser Mensch war

---

[16] Vgl. Hooker, Saint Mark, S. 376.
[17] Wörtlich: „Er hauchte aus [*exepneusen*]." Ob es im Markusevangelium eine Andeutung gibt, dass Jesus seinen „Geist" dem Vater übergibt, wie dies sehr deutlich in den anderen drei Evangelien ausgedrückt wird (Mt 27,50; Lk 23,46; Joh 19,30), ist unklar; vgl. Donahue/Harrington, Mark, S. 448.
[18] Einer oder beide der zwei Vorhänge im Tempelbezirk können gemeint sein: entweder der innere der beiden Vorhänge, der das Allerheiligste vom Heiligtrum trennte, oder der äußere, der das Heiligtum vom Außenhof trennte; für eine Erörterung der Vorhänge im herodianischen Tempel, siehe Brown, Death of the Messiah Bd. 2, S. 1109–1113. Die Nutzung des Wortes *naos* („Heiligtum"), das auf einen besonders heiligen Ort verweist, spricht für den Verweis auf den inneren Vorhang; vgl. Carl Scheider, Art. *katapetasma*, in: Gerhard Kittel, Gerhard Friedrich (Hg.) Theologisches Wörterbuch zum Neuen Testament Bd. 3, S. 630–632; siehe S. 631; ebenso Moloney, Mark, S. 329.

Gottes Sohn" (V 39).[19] Bemerkenswert ist hier die *Reihenfolge*, in der die Geschehnisse von Markus erzählt werden. Wenn der Hauptmann darauf reagiert, wie Jesus stirbt,[20] warum wird von dieser Reaktion nicht direkt im Anschluss an Jesu Tod berichtet? Warum wird das Detail über den Tempelvorhang (V 38) zwischen die beiden anderen Ereignisse (V 37 und V 39) geschoben?[21]

Zuallererst müssen wir fragen, was an der Weise von Jesu Tod den Hauptmann veranlasst hat, so zu reagieren. Er reagiert auf die Tatsache, dass in einer für den Tod am Kreuz bei-

---

[19] Das Bekenntnis enthält im Griechischen nicht den bestimmten Artikel „der", womit die Möglichkeit offen bleibt, dass der Hauptmann einfach sagen wollte, dass der Mensch, der gerade den Tod eines Verbrechers erlitten hat, tatsächlich „ein Sohn Gottes" im Sinne eines unschuldigen oder aufrechten Menschen war (vgl. Lk 23,47). Angesichts der Bedeutung des Titels „Sohn Gottes" im Evangelium von Anfang an (1,1.11; 9,7) gibt es einen weit verbreiteten Konsens unter den Exegetinnen und Exegeten, dass an diesem Höhepunkt des Evangeliums (die dritte der „Säulen" in Bezug auf „Sohn Gottes") dieser Ausdruck dessen ganzen christologischen Inhalt trägt; vgl. die ausführliche Erörterung bei Brown, Death of the Messiah Bd. 2, S. 1146–1152; Moloney, Mark, S. 330, Fußnote 282; Donahue/Harrington, Mark, S. 449. Für eine sehr negative Auslegung („die letzte feindselig-triumphierende Schadenfreude Roms"), siehe Myers, Binding the Strong Man, S. 384 und S. 393 f.
[20] Das wird durch die Wendung „sehend, dass er so aushauchte" *(... hoti houtōs exepneusen)* deutlich, die das *exepneusen* von V 37 aufgreift. Die Reaktion des Hauptmanns wurde nicht durch den Anblick des Vorhangs verursacht.
[21] Sowohl Matthäus als auch Lukas haben hier ein erzählerisches Problem gespürt und sind damit jeder auf seine Weise umgegangen: Matthäus schiebt das Zerreißen des Vorhangs hinter die Reaktion des Hauptmanns und macht es dann zu einem ersten einer ganzen Reihe von apokalyptischen Geschehnissen (Erdbeben, Zerbersten von Felsen, Öffnung der Gräber und Erscheinungen der Toten), die Vorboten der Auferstehung sind (Mt 27,51–53). Lukas entfernt den Verweis auf Elija ganz und geht dann in eine ganz andere Richtung als Matthäus, indem er das Zerreißen des Vorhangs vor die Beschreibung von Jesu Tod und seinen einzigen lauten Schrei stellt (23,45 f).

spiellosen Weise ein lauter Schrei dem Tod vorausging. Dieser Tod am Kreuz hat etwas Ehrfurchtgebietendes. Doch was will das Evangelium seinen Leserinnen und Lesern durch die eingeschobene Auskunft über den Tempelvorhang vermitteln? Die Passivkonstruktion – „wurde zerrissen" – bezeichnet eine Handlung Gottes. Das göttliche Schweigen, das bis zum Augenblick des Todes Jesu vorgeherrscht hat, wird schließlich gebrochen.[22] Außerdem entspricht das Zerreißen (*eschisthē*) des Vorhangs im Augenblick des Todes Jesu (15,38) dem Zerreißen (*schizomenous*) der Himmel am Anfang der Geschichte, nämlich unmittelbar nach seiner Taufe durch Johannes den Täufer folgt (1,10). In beiden Fällen gegen Anfang und gegen Ende der Erzählung bezeichnet das Zerreißen eine göttliche Antwort auf Jesu gehorsame Vereinigung mit der sündigen Menschheit: Die Unterwerfung unter die Taufe zusammen mit der umkehrbereiten Menge der Israeliten, die zu Johannes an den Jordan kamen; gekreuzigt zusammen mit zwei Verbrechern in Erfüllung der tieferen „Taufe", mit der er „getauft werden musste" (10,38d). Im ersten Fall folgte dem Zerreißen der Himmel die Zusicherung des Vaters: „Du bist mein geliebter Sohn, an dir habe ich Wohlgefallen gefunden" (1,11), eine Zusicherung, die für die drei herausgehobenen Jünger bei der Verklärung wiederholt wird (9,7b). Im zweiten Fall des Zerreißens (15,38) gibt es keine begleitende göttliche Stimme, die Jesus als „geliebten Sohn" anerkennt. In einem erstaunlichen Paradox erklingt die Stimme aus der völlig entgegengesetzten Richtung: aus dem Mund eines Menschen, nämlich ausgerechnet aus dem Mund des Hauptmanns, der nicht nur die Hinrichtung überwachte, sondern sich auch wahrscheinlich vorher an der Verspottung Jesu beteiligt hatte (vgl. 15,16–20). Indem der Hauptmann anerkennt, dass der Gekreuzigte „wahrhaftig Gottes Sohn" ist, spricht er die grundsätzliche Lehre des christlichen EVANGELIUMS aus (Mk 1,1; vgl. Röm 1,1–4; Gal 1,16; vgl. Joh 20,31;

---

[22] Vgl. Moloney, Mark, S. 328.

1 Joh 5,5.10.13). Durch Vollzug dieses Glaubensaktes wird er der beispielhafte Empfänger von Gottes rettender Zuwendung zu den Völkern der Welt, zu denen die Leserinnen und Leser des Markusevangelium klar gerechnet werden müssen.

In diesem Licht hat das Zerreißen des Vorhangs sowohl negative als auch positive Aspekte.[23] Negativ markiert es das Ende der Weise, wie Sühne bislang vollzogen wurde, nämlich durch das Opfersystem im Tempel von Jerusalem. Das Zerreißen des Vorhangs lässt die Zerstörung des Tempels erahnen, die sich, wie Jesus selbst vorausgesagt hat (13,1 f), eine Generation später im Jahr 70 n. Chr. zuträgt. (Für die ersten Leserinnen und Leser des Evangeliums handelt es sich wahrscheinlich um ein Ereignis der unmittelbaren Vergangenheit.) Doch schon lange vor dieser physischen Zerstörung wurde das im Tempel ausgeübte System der Sühne durch Gottes Handeln auf Golgota ersetzt und für nichtig erklärt. Bei seiner Tempelreinigung (11,15–17) rechtfertigte Jesus sein Handeln mit einem Hinweis auf die Schrift: „Mein Haus soll ein Haus des Gebetes für alle Völker genannt werden" (11,17, Zitat aus Jes 56,7). Von Golgota aus betrachtet, erhält dieses Handeln seine volle prophetische Kraft: Das Zerreißen des Tempelvorhangs markiert jetzt bestätigend, dass Jesu gehorsamer Tod ein neues „Haus des Gebetes für alle Völker" (Heiden) herbeiführt. Wie wir gesehen haben, enthielten die in seinem Prozess vor dem Hohen Rat gegen ihn vorgebrachten Anklagen – die Behauptung, er werde „diesen von Menschenhand gemachten Tempel niederreißen und in drei Tagen einen anderen aufbauen, der nicht von Menschenhand gemacht ist" (14,58) – paradoxerweise ein Körnchen Wahrheit: sein Tod führte zu einem „Haus des Glaubens", in dem die Gläubigen aller Völker ungehinder-

---

[23] Vgl. Gnilka, Markus Bd. 2, S. 323 f; Moloney, Mark, S. 329, Fußnote 279; Moloney trägt dieses Argument gegen Browns vollkommen negative Interpretation des Zerreißens als eines göttlichen Gerichts über den Tempel und aller daran Beteiligten vor (vgl. Death of the Messiah Bd. 2, S. 1099–1106 und S. 1113–1118).

ten Zugang zu der versöhnenden Gegenwart Gottes haben.[24] Diejenigen, die wie der römische Hauptmann mit Glauben auf die Verkündigung des EVANGELIUMS antworten und an dem eucharistischen Ritus teilnehmen, den Jesus in der Nacht vor seinem Tod eingesetzt hat, bringen sich in den Wirkungsbereich des unüberbietbaren Versöhnungstages, den Gott auf Golgota bewirkt hat.[25] Auch wenn Jesu Blut ein für alle Mal vergossen wurde, bleibt dessen rettende Wirkung für alle bestehen, die das gebrochene Brot essen und den Kelch trinken, der „das Blut des Bundes ist, das für viele vergossen wird" (Mk 14,22–24).

Das größte Paradox ist, dass Golgota, dieser schreckliche, gottverlassene (15,34) Ort der Hinrichtung, durch den Gehorsam des Sohnes zum Schauplatz der rettenden Anwesenheit Gottes wurde. Nach Jesu gehorsamer Unterwerfung unter die Taufe bezeichnete das „Zerreißen" der Himmel den Fall der Mauer zwischen der göttlichen und der menschlichen Welt (1,10). So weist das Zerreißen des Tempelvorhangs im Anschluss an seinen Gehorsam bis zum Tod (Phil 2,8) auf den „Ausbruch" der heilenden göttlichen Gegenwart aus dem Jerusalemer Tempel in die Welt hin. Wenn Gott wirklich auf diese Weise auf Golgata gegenwärtig sein kann, dann gibt es in dieser Welt keinen Ort mehr– so sehr dieser auch unter der

[24] Vgl. Harry L. Chronis, The Torn Veil. Cultus and Christology in Mark 15:37–39, Journal of Biblical Literature 101 (1982), S. 97–114, bes. S. 107–114
[25] Markus gibt keinen ausdrücklichen Hinweis auf das Ritual des Versöhnungstages (Jom Kippur). In den Vorschriften über die Errichtung des Allerheiligsten in Ex 25 f und in denen für den Versöhnungstag in Lev 16 sind die Verweise auf den Vorhang so hervorstechend, dass eine Anspielung auf die an diesem Tag vollzogenen Sühneriten praktisch sicher ist; zu Weiterem s. Brendan Byrne, Paul and Mark before the Cross. Common Echoes of the Day of Antonement Ritual, in: Rekha M. Chennattu, Mary L. Coloe (Hg.), Transcending Boundaries. Contemporary Readings of the New Testament: Essays in Honor of Francis J. Moloney, Bibliotheca di Scienze Religiose 187, Rom: Libreria Ateneo Salesiano 2005, S. 217–229; vgl. auch Hooker, Saint Mark, S. 378.

Herrschaft des Dämonischen stehen mag –, der gegenüber dieser Zuwendung der göttlichen Gnade immun sein könnte. Wenn selbst der Anführer von Jesu Hinrichtungskommando, der zweifellos selbst an der Verspottung Jesu teilnahm und diese möglicherweise auch anführte (15,16–20), Zugang zu dieser göttlichen Gnade haben kann, dann kann keine Gefangenschaft durch das Böse so stark und mächtig sein, dass es einer Bekehrung oder dem Glauben widerstehen könnte. In dieser Hinsicht ist der „große Schrei", den Jesu unmittelbar vor seinem Tod ausstößt, ein Widerhall auf den Schrei jenes ersten Dämons, den Jesus ausgetrieben hatte (1,26) – ein Zeichen für den Höhepunkt der Austreibung der Dämonen aus dieser Welt.[26] Durch seinen Gehorsam bis zum Tod hat Jesus der sich widersetzenden Herrschaft Satans den entscheidenden und definitiv tödlichen Schlag versetzt, auch wenn Gottes Herrschaft noch nicht endgültig auf Erden erreicht ist. So, wie Paulus sagt: „Wo jedoch die Sünde mächtig wurde, da ist die Gnade übergroß geworden" (Röm 5,20b).

In diesem Augenblick des Todes Jesu, gefolgt vom Zerreißen des Vorhangs und dem Glaubensakt des Hauptmanns, kommen, wie ich von Anfang an behauptet habe, „Geschichte 1" (Jesus, der Messias und Sohn Gottes ist) und „Geschichte 2" (ihm ist bestimmt zu leiden und zu sterben) zusammen. Jesus leidet nicht, *obwohl* er Gottes Sohn ist, sondern *als* der geliebte Sohn, der zur Rettung der Welt gesandt ist. Die „Geschichten" sind aber noch nicht vollständig. Die verbleibende „Geschichte 3" (Jesu Kommen in Herrlichkeit als Menschensohn, um die Welt zu richten – 13,24–27) muss noch ihren Lauf nehmen. Für Jesus selbst ist dies aber schon durch seine Auferstehung und Erhöhung zur Rechten Gottes geschehen. Für die Gläubigen bleibt es eine Frage der Hoffnung und der Erwartung. Wenn dies geschieht, werden alle Aspekte des teuren göttlichen Handelns zur Befreiung der Welt endgültig zusammengeführt.

---

[26] Vgl. Brown, Death of the Messiah Bd. 2, S. 1045, Endnote 37.

Einige Jüngerinnen werden zu Zeuginnen von Jesu Begräbnis durch Josef von Arimathäa (15,40–47)

Jesus stirbt nicht jeder menschlichen Gemeinschaft beraubt. Eine Gruppe von Frauen, von denen drei genannt werden – Maria aus Magdala, Maria, die Mutter des Jakobus des Kleinen und des Joses, und Salome[27] – sind anwesend. Sie sind natürlich dadurch eingeschränkt, dass sie die Vorgänge „von Weitem" beobachten (V 40), doch zumindest „wachen" sie im Unterschied zu den männlichen Jüngern „mit ihm" (vgl. 14,37). Am Anfang der Passion (14,3–9) vollzog eine namenlose Frau an Jesus eine „schöne Handlung" (14,6), die zeigte, dass sie – ebenfalls im Unterschied zu den Männern aus dem Jüngerkreis – die Worte Jesu über seinen kurz bevorstehenden Tod verstanden hatte und passend reagierte. Indem sie seinen Leib vor dem Begräbnis salbte, „tat sie, was sie konnte" (14,8a). Jetzt, am Ende der Passion, tun diese Frauen, was *sie* können: anwesend zu sein als stille Zeuginnen für den „Preis" seines „Dienstes", den er als „Lösegeld für viele" erbracht hat (10,45). Zusammen mit einer Reihe anderer Frauen folgten sie

---

[27] Dieses Trio der namentlich genannten Jüngerinnen bildet in der Passions-/Auferstehungsgeschichte eine Art gläubiges Gegenstück zu dem männlichen Trio Petrus, Jakobus, und Johannes, jenem inneren Kreis, der nun so auffallend abwesend ist; vgl. Gnilka, Markus Bd. 2, S. 326. Maria aus Magdala ist selbstverständlich in den Passionserzählungen aller vier Evangelien bedeutend. Auch wenn ein Jakobus und ein Joses in der in Mk 6,3 genannten Liste der „Brüder" Jesu enthalten sind, bedeutet das nicht, dass die als Mutter von Jakobus dem Kleinen und Joses genannte Maria die Mutter Jesu ist, denn wäre sie anwesend (vgl. Joh 19,25), dürfte sie kaum anders als durch Verweis auf ihn identifiziert werden. Eugene M. Boring erwägt allerdings die Möglichkeit, dass Markus in Korrektur des in 3,31–15 unvorteilhaft gezeichneten Bildes einen indirekten Hinweis gibt (Mark, S. 437f). Bei Jakobus dem Kleinen kann es sich um den zweiten Jakobus – „Jakobus, der Sohn des Alphäus" – in der Liste der Zwölf in 3,18 handeln. Markus scheint vorauszusetzen, dass Jakobus und Joses wie auch Salome seinen Leserinnen und Lesern bekannt sind; vgl. Taylor, St. Mark, S. 598.

ihm nach und dienten ihm in Galiläa; nachdem sie mit ihm nach Jerusalem gezogen sind, vollenden sie jetzt diese Nachfolge und diesen „Dienst" durch ihre treue Anwesenheit in seinem Leiden.[28] Alles, was sie tun können, ist „von Weitem" zuzusehen, doch ihr Zeugnis ist kostbar. Dieselben drei mit Namen genannten Frauen, die seinen Tod und sein Begräbnis bezeugen (V 47), werden entdecken, dass das Grab leer ist, und sie werden zu Empfängerinnen der göttlichen Erklärung darüber (16,1-8). Ihr Zeugnis schlägt die unverzichtbare Brücke zwischen Jesu Tod und Begräbnis und der Entdeckung seines leeren Grabes.

Der Bericht über den einsamen Tod Johannes des Täufers durch Herodes (6,14-29) hatte zumindest mit der Nachricht, dass seine Jünger gekommen waren, um seinen Leichnam zu holen und ihn in ein Grab zu legen (V 29), einen tröstlichen Schlusspunkt gesetzt. Im Gegensatz dazu wird Jesu diese Sorge der Seinen nach seinem Tod verweigert. Josef von Arimathäa, ein Fremder, der als einflussreiches Mitglied des Hohen Rates beschrieben wird und der besorgt ist, dass der Leichnam Jesu vor Anbruch des Sabbat entgegen der Tora unbestattet bleibt, nimmt es in die Hand, sich um sein Begräbnis zu kümmern.[29] Er geht zu Pilatus und bittet um den Leichnam Jesu, eine Handlung, die Mut verlangt, weil er damit dem Risiko ausgesetzt ist, als Sympathisant der Sache eines Menschen betrachtet zu werden, den die römischen Behörden als vorgebli-

---

[28] Vgl. Senior, Passion of Jesus in Mark, S. 131. Erinnern wir uns hier auch an den „Dienst" der Schwiegermutter des Petrus, nachdem Jesus sie am Anfang seines Wirkens in Galiläa von ihrer Krankheit „aufgerichtet hatte" (1,29-31).

[29] Markus (15,42) berichtet, dass es schon die Zeit der „Vorbereitung" (*paraskeuē*) auf den Sabbat war, d.h. die Zeit, die Dinge zum Abschluss zu bringen, die am Sabbat nicht erlaubt sind; vgl. Donahue/Harrington, Mark, S. 453. Josef musste schnell handeln, um die gesetzliche Vorschrift zu erfüllen, dass die „an einem Baum aufgehängten" Leichname von Verbrechern am Tag der Hinrichtung bestattet werden müssen, damit nicht ein Fluch das Land verunreinigt (Dtn 21,22 f); vgl. Hooker, Saint Mark, S. 381.

Jesus wird gekreuzigt und begraben (15,21–47)

chen „König der Juden" hingerichtet hatten.[30] Pilatus, der sich schon über das Schweigen Jesu gegenüber seinen Anklägern „wunderte" (*thaumazein* – 15,5), „wundert" sich jetzt wieder (15,44 Lutherbibel) über den Bericht, dass er schon tot sei. Nachdem dies vom Hauptmann bestätigt wurde (V 45), überlässt Pilatus Josef von Arimathäa den Leichnam Jesu. Dann macht sich Josef rasch daran, seine Aufgabe zu erfüllen (V 46): Er kauft ein Leinentuch (*sindōn*),[31] nimmt den Leichnam vom Kreuz, wickelt ihn in das Tuch und legt ihn in das Grab, das er aus einem Felsen herausgehauen hatte – wahrscheinlich für sein eigenes Begräbnis. Schließlich rollt er einen Stein vor den Eingang, um es abzuschließen. Maria von Magdala und die andere Maria nehmen zwar nicht am Begräbnis teil, aber setzen ihre Wacht von Weitem fort und beobachten, wo der Leichnam beigesetzt wird. (V 47).[32]

Jesus erhält also ein schnelles Begräbnis. Im Widerspruch zum Brauch wird sein Leichnam weder gewaschen noch gesalbt – das muss bis nach dem Sabbat warten (vgl. 16,1). Begraben wird er von einem Fremden, der in der Tat ein Mitglied eben jenes Hohen Rates ist, der ihn verurteilte und den Römern übergab (14,64; 15,1). Doch Josef ist nicht nur ein Fremder. Er wird beschrieben als jemand, „der auch auf das Reich Gottes wartete" (V 43). Diese Beschreibung erinnert an das Lob Jesu für den Schriftgelehrten, der ihn nach dem ersten Gebot der Tora fragte (12,34).[33] So wie sich dieser Schrift-

---

[30] Vgl. Gnilka, Markus Bd. 2, S. 333.
[31] Ein *sindōn* war kein Gewand, sondern einfach ein großes Stück Leinen; vgl. Donahue/Harrington, Mark, S. 455. Den Leichnam Jesu in ein *sindōn* zu binden war vielleicht das absolute Minimum, was man für einen Toten tun konnte (vgl. Death of the Messiah Bd. 2, S. 1046), aber (im Unterschied zu Brown) bedeutet das nicht, dass Jesus ein unehrenhaftes Begräbnis erhält. Josef wird als jemand dargestellt, der unter diesen Umständen tat, „was er tun konnte" (vgl. 14,8a).
[32] In diesem Sinn erfüllten die beiden Frauen die Aufgabe von zwei oder mehr ZeugInnen, die die Tora verlangt: Dtn 19,15; vgl. Gnilka, Markus Bd. 2, S. 334.
[33] Vgl. Brown, Death of the Messiah Bd. 2, S. 1215.

gelehrte aus der Gruppe heraushob, die sonst ständig als feindlich gesinnt beschrieben wird, so ragt Josef aus dem Rest des Hohen Rates hervor. Das christliche EVANGELIUM hat das Andenken an diesen mutigen und gesetzestreuen Juden bewahrt und geschätzt, dessen Handeln einen Funken von Anstand auf die sonst ungezügelte Grausamkeit wirft, die die Geschehnisse der Passion umgibt. Matthäus und Johannes betrachten ihn als Jünger (Mt 27,57; Joh 19,38) und nehmen damit vielleicht seine spätere Bekehrung vorweg. Wie auch immer sich die Sache verhalten mag, so „muss bei jeder Bewertung der Haltung des Markus zum Judentum die Person des Josef von Arimathäa einbezogen werden".[34]

---

[34] Donahue/Harrington, Mark, S. 456.

VIII. Epilog

Das leere Grab: „Erweckt wurde er" (16,1–8)

Der kurze Abschnitt, der das Erlebnis der drei Frauen beschreibt, die das Grab Jesu am dritten Tag besuchen (VV 1–8), ist der letzte vom Evangelisten Markus geschriebene Abschnitt des Evangeliums. Die Zusammenfassung der Erscheinungen des auferstandenen Herrn vor Maria aus Magdala und den anderen Jüngern (VV 9–20) unterscheidet sich sehr markant im Stil. Außerdem ist dieser Abschnitt in wichtigen frühen Handschriften nicht enthalten. Allgemein wird er für eine Kurzfassung der Auferstehungsüberlieferungen der drei anderen Evangelien gehalten, die im frühen zweiten Jahrhundert n. Chr. hinzugefügt wurde, um auf das Problem zu reagieren, dass das Ende der Erzählung mit Vers 8 bereitet, ein Ende, das die Leserinnen und Leser ohne einen Bericht über ein Treffen der Jünger mit dem auferstandenen Herrn, wie in Vers 7 versprochen, zurücklässt, und dass das Evangelium einfach mit dem Bericht von der angsterfüllten Flucht der Frauen vom Grab endet und ihrem Versagen, irgendjemandem irgendetwas zu berichten: „Denn sie fürchteten sich" (V 8).

Die Anerkennung der sekundären Herkunft der Verse 9–20 lässt uns mit einer Reihe von Fragen über die authentische markinische Erzählung 1,1 – 16,8 zurück. Entweder beabsichtigte Markus, seine Erzählung mit 16,8 zu beenden, oder er beabsichtigte dies nicht. Wenn das Letzte der Fall ist – und die fehlende erzählerische Wiederaufnahme des Versprechens, dass die Jünger Jesus in Galiläa sehen würden (V 7), ist zugegebenermaßen verwirrend –, dann müssen wir fragen, warum das Ende fehlt. Erkrankte Markus oder wurde er durch andere Gründe behindert, seine Geschichte über diese Stelle hinaus abzuschließen? War die Schriftrolle, die er benutzte, nach 16,8 zu Ende? Wurde das letzte Blatt des Evangeliums in Kodexform durch Gebrauch, Herausreißen oder Verlust verstümmelt? Die Antworten auf diese Fragen können bestenfalls spekulativ sein. Die meisten Exegetinnen und Exegeten neigen der Ansicht zu, dass Markus tatsächlich seine Geschichte an dieser Stelle beenden wollte; danach erwägen sie die Auswirkungen dieses befremdlichen Schlusses auf die Gesamtinterpretation des Evangeliums. Natürlich können wir heute nicht mehr herausfinden, welche Absicht Markus hatte. Wir haben aber einen Text, der mit Vers 8 endet, und mit diesem Text müssen wir arbeiten und dessen interpretative Möglichkeiten für unsere Zeit erschließen.

Die Frauen am Grab (16,1–4)

Nach der Zeitschiene des Markus starb Jesus an dem dem Sabbat vorausgehenden Tag, d.h. am Freitag (15,42); der Beginn des Sabbats am Freitagabend erzwang sein rasches Begräbnis. Jetzt (16,1), da die Sabbatruhe vorbei ist, d.h. am Samstagabend, kaufen dieselben drei Frauen, die seinen Tod beobachtet hatten (Maria aus Magdala, Maria, die Mutter des Jakobus [und Joses][1] und Salome) Öle, um den Leichnam Jesu zu salben – etwas, was sie vor seiner Begräbnis nicht durchführen konnten. Es war Brauch, den Leichnam für das Begräb-

---

[1] Die zweite Maria in diesem Trio erhält drei unterschiedliche Bezeichnungen: 15,40 („Mutter von Jakobus dem Kleinen und Joses"), 15,47 („Mutter [oder möglicherweise: „Tochter"] des Joses"), 16,1 („Mutter [oder möglicherweise: „Tochter"] des Jakobus"). Salome ist im Bericht über das Begräbnis nicht enthalten (15,47), doch taucht sie beim Gang zum Grab wieder auf (16,1).

nis mit wohlriechenden Ölen zu salben, um den Geruch des Todes zu bannen. Dies 36 Stunden nach Eintritt des Todes erreichen zu wollen war sinnlos; nach dieser Zeitspanne konnte es sich bei dieser Geste nur noch um einen letzten Akt liebender Zuneigung handeln.[2] Dies zeigt auch, dass diese Frauen – so wie auch die Männer im Jüngerkreis – Jesu wiederholtes Beharren darauf nicht verstanden hatten, dass er zwar zum Tode verurteilt werde, doch dass die Geschichte damit nicht zu Ende sei; nach drei Tagen würde er auferstehen (8,31; 9,31; 10,34).

Wie dem auch sei, die Frauen machen sich am nächsten Tag sehr früh auf den Weg, „als eben die Sonne aufging" (V 2).[3] Eine alles erfassende Finsternis, die an die urzeitliche Finsternis der Schöpfung erinnerte (Gen 1,2), begleitete den Tod Jesu (15,33). Jetzt deutet der Hinweis auf die aufgehende Sonne einen mehr als gewöhnlichen Sonnenaufgang an, gefüllt mit der Verheißung einer erneuerten Schöpfung. Auf dem Weg (16,3) sorgen sich die Frauen darum, wie sie den Stein wegrollen können, der vor den Eingang des Grabes gerollt worden war (15,46). Aus einem realistischen Blickwinkel handelt es sich dabei um etwas, was sie vor dem Aufbruch zu ihrer Besorgung hätten bedenken können. So, wie die Geschichte erzählt wird, dient die verspätete Erwähnung des Problems allerdings dazu, die Dramatik ihrer Entdeckung bei der Ankunft zu erhöhen (V 4): Als sie hinblicken, sehen sie, dass der Stein, der „sehr groß" war, weggewälzt war – die unpersönliche Passivkonstruktion gibt einen ersten Hinweis, dass eine mehr als menschliche Kraft dies bewirkt hat.[4]

---

[2] Vgl. Hooker, Saint Mark, S. 383.
[3] Es gibt Exegetinnen und Exegeten, die sich wegen der doppelten und etwas widersprüchlichen Zeitangabe in V 2 Sorgen machen: „in aller Frühe" (d.h. zwischen 3 Uhr und 6 Uhr morgens) und „als eben die Sonne aufging"; vgl. Taylor, St. Mark, S. 604f. Die Faszination für dieses kleine Problem führt dazu, das sehr anschauliche Bild des Sonnenaufgangs zu ignorieren.
[4] Der für Markus typischerweise nachgetragene erklärende Kommentar

Der junge Mann (Engel) und seine Botschaft
(16,5–7)

Der Eingang ist geöffnet, und so ist der Weg für die Frauen frei, das Grab zu betreten (V 5), das Reich des Todes. Was sie dann sehen, macht deutlich, dass sie mit dem Betreten des Grabes sie auch eine andere Welt betreten, eine himmlische Welt, was durch das Bild des jungen Mannes angezeigt wird, „der auf der rechten Seite sitzt" (vermutlich auf der Ablage, auf der der Leichnam gelegen hatte) und mit einem weißen Gewand bekleidet ist. Die Bekleidung des jungen Mannes weist ihn als einen Engel aus, ein Bote von Nachrichten aus dem göttlichen Bereich für den der Menschen;[5] seine Haltung (sitzend) und seine Position (auf der Rechten) weisen auf seine Autorität hin.[6] In der Erzählung des Markus hat sich früher die Mauer zwischen der göttlichen und menschlichen Welt kurz nach der Taufe Jesu (1,10) und bei seiner Verklärung (9,7) für einen Augenblick geöffnet. Während es beim ersten Mal um eine Mitteilung an Jesus allein ging (1,11), bekamen im zweiten Fall auch die drei auserwählten Jünger diese mit, was sie ausgesprochen ratlos zurückließ (9,6). Die Frauen, die sich jetzt einer vergleichbaren Erscheinung des Himmlischen gegenübersehen, haben deswegen äußerste Furcht.[7] Sie ringen auf Erden mit der Wirklichkeit einer neuen Welt, dem Anbruch einer neuen Schöpfung – etwas, das die sonst nüchterne Erzählung des Markus hier zum ersten

---

über die Größe des Steines unterstreicht den Eindruck, dass eine mächtige Kraft diesen weggewälzt hat. Der Gebrauch des Perfekt Passiv (*kekylistai*) im Griechischen vermittelt den Eindruck eines Wegwälzens, dessen siegreiche Wirkung für immer andauert.
[5] Matthäus benennt ihn ausdrücklich als einen Engel (28,2); vgl. 2 Makk 3,26.33 für ähnliche Beschreibungen von Engeln als junge Männer.
[6] Vgl. Boring, Mark, S. 445.
[7] Das griechische Wort *exethambēthēsan* drückt ein intensives Gefühl aus (vgl. auch 9,15; 14,33 [Jesu Verzweiflung im Garten]); vgl. Donahue/Harrington, Mark, S. 458.

Mal nur durch Rückgriff auf die biblische Symbolik der Engel beschreiben kann.[8]

Wie bei ähnlichen Epiphanien (Erscheinungen des Göttlichen) in der Schrift versucht die himmlische Gestalt zuerst die Frauen zu beruhigen („Erschreckt nicht"). Dann spricht er ihre Sorge um den Leichnam Jesu an (V 6): Jesus von Nazaret, der Gekreuzigte, den sie suchen, wurde auferweckt. Er ist nicht hier – seht die Leere des Ortes, wohin „sie" (Josef von Arimathäa) ihn legten. Strenger Logik folgend hätte die Reihenfolge auch lauten können: er ist nicht hier – (denn) er wurde auferweckt. Doch die jetzige Anordnung hat eine machtvolle Wirkung: Dadurch, dass „er wurde auferweckt" direkt hinter „der Gekreuzigte" gestellt wird, wird der Eindruck verstärkt, dass Jesus als der Sohn, der gehorsam bis zum Tod war, selbst bis zum Tod am Kreuz (Phil 2,8), vom Vater auferweckt wurde;[9] selbst als der auferstandene Herr hört er nie auf, der Gekreuzigte zu sein, der in den Worten des Paulus „mich geliebt und sich für mich hingegeben hat" (Gal 2,20). Und der abschließende Hinweis auf seine „Abwesenheit" im Grab – besonders auf die Stelle, „wohin man (= menschliches Handeln) ihn gelegt hat" – legt seine Gegenwart an einem anderen Ort nahe: Eine göttlich erwirkte Gegenwart als „Herr" zur Rechten des Vaters in Erfüllung der messianischen Verheißung an David (12,35–37; vgl. 14,62). Die Spannung zwischen „Geschichte 1" (dass Jesus der Messias und der Sohn Gottes ist) und „Geschichte 2" (dass er Leiden und Tod „ausge-

---

[8] Vgl. Taylor: „Die Beschreibung von Markus ist erfinderisch; malerisch beschreibt er das, von dem er glaubt, dass es sich zugetragen hat" (St. Mark, S. 607).

[9] Das griechische Wort *egerthē* im Aorist Passiv könnte auch die aktivische Bedeutung „er ist auferstanden" haben [so die Einheitsübersetzung und die Lutherbibel], doch ist es passender, das Verb hier als richtiges Passiv zu übersetzen, das auf die Handlung des Vaters verweist [so die Zürcher Bibel und Münchener Neues Testament]; vgl. Hooker, Saint Mark, S. 385. Der Wechsel zum Aorist nach dem Perfekt Passiv („der Gekreuzigte") vermittelt den Eindruck, dass sich die Auferstehung gerade ereignet hat; vgl. Taylor, St. Mark, S. 607.

liefert" wurde) findet eine Auflösung in diesem Hinweis auf „Geschichte 3" (die Rechtfertigung Jesu durch die Auferstehung und die Erhöhung zur Rechten Gottes).

Über diese wunderbare Erklärung des leeren Grabes hinausgehend, sendet die himmlische Gestalt die Frauen mit einem Auftrag aus (V 7): Sie sollen zu den Jüngern Jesu „und zu Petrus" gehen und ihnen sagen, dass er ihnen nach Galiläa vorausgeht, wo er sie sehen wird, wie er es versprochen hat. Diese letzte Wendung erinnert an die Zusicherung, die Jesus den Jüngern auf dem Weg nach Getsemani gegeben hatte. Trotz ihrer heftigen Beteuerungen hatte er ihnen ihre kurz bevorstehende Flucht und ihre Zerstreuung vorausgesagt, doch fuhr er fort, dass er nach seiner Auferstehung ihnen nach Galiläa vorausgehen werde (14,34).[10] Ihre Flucht war also etwas, das er vorausgesehen hatte, etwas, das die Schrift tatsächlich vorausgesagt hatte (vgl. 14,27, Sach 13,7 zitierend) und das folglich in den größeren Heilsplan Gottes gehört. Die Weisungen, die die Frauen jetzt „seinen Jüngern" übermitteln sollen, zeigen, dass sie trotz ihres Versagens weiter zur Nachfolge berufen sind. Als er ihnen nach Jerusalem vorausgegangen war, hingen sie verängstigt und furchtsam nach (10,34), ein Unwille zur Nachfolge, der in ihrer vollständigen Flucht gipfelte (14,50). Auch wenn sie alle in diesem Verständnis sich „seiner schämten", hat er seine Drohung nicht wahrgemacht, sich ihrer zu schämen (vgl. 8,38).[11] Immer noch „geht er ihnen voraus", diesmal nach Galiläa, und wieder sind sie gerufen, ihm dorthin „zu folgen", um ihre Nachfolge dort neu zu beginnen, wo alles begonnen hatte.[12] Damit beginnt die zweite und letzte Phase der Überwindung ihrer „Blindheit" nach dem Muster

---

[10] Streng genommen erwähnte die Zusicherung in 14,34 nicht, dass er sie sehen werde, auch wenn dies vielleicht mitgemeint war. Die Wendung „wie er es euch gesagt hat" muss also im weiten Sinn verstanden werden; vgl. Taylor, St. Mark, S. 608.
[11] Vgl. Hooker, Saint Mark, S. 385.
[12] Vgl. Hooker, Saint Mark, S. 386.

der Erleuchtung des Blinden in zwei Stufen, den Jesus in Betsaida geheilt hatte (8,22–26).
Wie ganz häufig in der Erzählung wird Petrus einzeln genannt („und dem Petrus"). Dieser Zusatz legt nahe, dass die Frauen ihn zur Seite nehmen und ihm die Botschaft persönlich und privat übermitteln sollen. Er, der sich anders als der Rest der Jünger verhalten hatte, indem er ihm ein klein wenig länger „von Weitem" folgte (14,54) und dann damit endete, jede Verbindung zu Jesus zu leugnen (14,66–72), erhält jetzt die Zusicherung der Vergebung und der Wiedereinsetzung.[13] Petrus, der zuerst genannte und zuerst berufene Jünger (1,16), bewahrt diesen Vorrang in dem neuen Abschnitt der Nachfolge, den die Auferstehung Jesu der Gemeinde des Reiches Gottes eröffnet.[14]

Die Reaktion der Frauen (16,8)

Der letzte Vers des Markusevangeliums (16,8) ist vielleicht auch der am meisten verwirrende der ganzen Erzählung – auch abgesehen von dem zusätzlichen Problem, das dadurch geschaffen wird, dass er den Abschluss der Erzählung bildet, wie sie uns nun vorliegt. Der Vers spricht von der Flucht der Frauen, von „Schrecken und Entsetzen gepackt", vom Grab und von ihrem Versagen, die Botschaft, die sie erhalten haben, weiterzugeben, „weil sie sich fürchteten". Zittern und Erstaunen bilden eine normale Reaktion auf eine Erscheinung des Göttlichen in der biblischen Literatur. Diese fortdauernde

---

[13] Vgl. Taylor: „... es gibt nur wenig Zweifel, dass die Verleugnung im Blick ist" (St. Mark, S. 607).
[14] Der letzte Verweis auf Petrus (16,7) bildet also eine erzählerische Rahmung mit der Berufung der ersten Jünger am Anfang (1,16). Für Martin Hengel (Der unterschätzte Petrus, S. 67) ist dies eine Art petrinische „Schlussunterschrift" unter das markinische Evangelium.

Reaktion der Frauen trotz der Zusicherung der himmlischen Gestalt (V 6b) zeugt einfach von der überwältigenden Natur dessen, was sie erlebt hatten: In der Erwartung, das Reich des Todes zu betreten, sind sie in die Wirklichkeit der neuen Schöpfung eingetreten und haben von ihr Kunde erhalten. Ihre völlige Unfähigkeit, mit dieser Erfahrung klarzukommen, zeigt den Leserinnen und Lesern, dass die Erzählung hier eine Ausübung göttlicher Macht beschreibt, die mit der menschlichen Erfahrung allein nicht zu erfassen oder gar vorstellbar ist (vgl. 10,27; 11,22–24).

Die „Furcht" (*ephobounto*), die die Frauen davon abhielt, irgendetwas irgendjemandem auch nur zu erzählen, mag etwas anders geartet sein. Sollen wir verstehen, dass sie nicht weitererzählten, was sie erfahren hatten, weil sie einfach weiterhin vor Furcht gelähmt waren? Oder hatten sie Angst, dass ihnen die Männer im Jüngerkreis nicht glauben und sie als „törichte Frauen" betrachten würden (vgl. Lk 24,10f)? Hatten sie Angst, dass diese Jünger aus dem Schuldgefühl heraus, Jesus im Stich gelassen zu haben, ungläubig und abweisend auf den Gedanken reagieren würden, dass Frauen die erwählten Übermittlerinnen der göttlichen Wende und ihrer Wiedereinsetzung sein sollen? Die markinische Erzählung lässt all diese Fragen einfach offen. Der Bericht von den Frauen am Grab enthält die Überlieferung über das leere Grab Jesu – ein notwendiger, aber mitnichten hinreichender Grund für den Glauben an seine Auferstehung.[15] Um zu diesem Glauben zu kommen, war es notwendig, ihn zu „sehen", was in Galiläa geschehen würde, wie den Jüngern zugesagt wurde (V 7; vgl. 14,34). Der Bericht über das Versagen der Frauen, diese Botschaft weiterzugeben, kann beabsichtigen, dieses den Glauben an die Auferstehung umgebende Faktengefüge abzusichern: Das Grab war leer, aber die Frauen versagten – zumindest anfänglich – darin, die Jünger darüber oder über die Botschaft der himmlischen Gestalt zu informieren. Wenn die Jünger da-

---

[15] Vgl. Donahue/Harrington, Mark, S. 459.

zu kamen, an die Auferstehung zu glauben, was sie ja am Ende wirklich taten, dann geschah das nicht auf der Grundlage des leeren Grabes oder des Zeugnisses der Frauen. Sie kamen zum Glauben, weil sie – wie vorausgesagt worden war (16,7) – den Herrn sahen (vgl. 1 Kor 15,3–5).

Die Unterlassung eines Berichts der markinischen Erzählung über jenes „Sehen" Jesu in Galiläa, das die Jünger dazu brachte, an die Auferstehung zu glauben, stellt ein bleibendes Geheimnis dar. Wenn wir vom Evangelium ausgehen, wie es sich heute darstellt (d. h. mit 16,8 endend), dann können wir mutmaßen, dass im Zusammenhang der großen Verfolgung seiner Gemeinde und des Versagens in der Nachfolge Jesu, Markus sich entschlossen haben mag, die Aufmerksamkeit seiner Adressatinnen und Adressaten einfach auf das Leiden und den Tod Jesu zu konzentrieren, jene grausame Wirklichkeit, die durch keinen „nachträglichen Funken" seiner auferstandenen Herrlichkeit gemildert werden soll. Die Gemeinde war berufen, eher die „schmerzhaften" als die „glorreichen Geheimnisse" zu leben, die Zeit, in der der Bräutigam „weggenommen" wird (2,20). Wahrscheinlich war die Gemeinde von diesen Verfolgungen nichtsahnend und unvorbereitet für den dafür erforderlichen Mut überrascht worden. Sie konnten sich in vielerlei Weise mit den Jüngern identifizieren, die es ganz herausfordernd fanden, Jesus nach Jerusalem zu folgen, und die ihn in seiner schicksalhaften Stunde im Stich ließen. Trost konnten sie dem Hinweis entnehmen, dass dieses Versagen nicht einfach das Ende der Geschichte war, sondern einfach ein Teil davon, dass es Vergebung und Wiedereinsetzung geben kann und den Anfang einer neuen Nachfolge Jesu, die auf einer realistischeren Vorstellung vom Preis der Verbindung zu Jesus beruht. Auch wenn der Sohn, der auf dem Höhepunkt seines Gehorsams einen Schrei der Verlassenheit ausstieß, auferweckt wurde, um zur Rechten Gottes zu sitzen, bleibt doch diese Erhöhung ein Versprechen auf einen Sieg über die Herrschaft Satans, die immer noch im Gange ist. Für sie bedeutet eine Jüngerin oder ein Jünger Jesu zu sein, das Kreuz zu nehmen und ihm nachzufolgen, jetzt aber nicht in der Blindheit, die ihre Annahme der „Geschichte 2" behinderte, sondern in der Hoffnung, die aus dem Bewusstsein stammt, dass die „Geschichte 3" im Gange ist und ihre Erfüllung findet, wenn Jesus in Herrlichkeit kommt, um das Reich Gottes endgültig zu errichten (13,24–27).

Wir mögen der Meinung sein, so wie es die drei späteren Evangelisten sicherlich waren, dass einer Botschaft, die die Absicht hat, eine verfolgte Kirche zu stärken, besser durch den Abschluss der Erzählung mit Szenen gedient ist, die das „Sehen" des auferstandenen Herr beschreiben, das die Botschaft des Engels verspricht. Wie dem auch sei, das Evangelium belässt einen solchen „Anblick" Jesu als eine Verheißung im Zusammenhang mit der erneuerten Nachfolge Jesu. Die Leserinnen und Leser werden aufgefordert, fest im Glauben an die Auferstehung (nicht einer Vision davon) nach Galiläa zu gehen, um sich wieder auf den Weg der Nachfolge zu machen. Der geheimnisvolle, offene Abschluss der Erzählung verleiht dem Zugriff des Evangeliums auf dessen Leserinnen und Leser eine „zirkuläre" Struktur: Nachdem sie mit den versagenden Jüngern bis zum „Ende" hatten ringen müssen, müssen die Leserinnen und Leser zusammen mit ihnen zurück nach Galiläa gehen, um sich wieder – und immer wieder – mit ihm „auf den Weg des Herrn" (1,2f) zu begeben.[16]

So gesehen lässt uns Markus mit einer unvollendeten Geschichte zurück, deren wirkliches Ende erst mit der Ankunft des Menschensohnes eintrifft (13,24–27). Das Evangelium spricht die gegenwärtige Zeit der Kirche an, in der sie verkündet: „Deinen Tod, o Herr verkünden wir, und deine Auferstehung preisen wir" und die sich dann selbst durch die Hinzufügung „bis du kommst in Herrlichkeit" in der „Zwischenzeit" verortet. Vielleicht ist dieses befremdliche Ende des Evangeliums, das Abbrechen mitten im Satz, gleichsam als Einladung

---

[16] Siehe die Graphik von der zirkulären Leserstruktur des Markus oben auf S. 64.

geschrieben, zuzulassen, dass unser eigenes Leben als fortdauernde Geschichte geschrieben wird – so dass wir nicht nur Nutznießende, sondern auch Dienerinnen und Diener der teuren Zuwendung Gottes zur Welt sein können.[17]

---

[17] Vgl. Eugene M. Boring: „… mit schrecklicher Zurückhaltung bricht der Erzähler die Geschichte ab und lässt die Leserinnen und Leser, die vielleicht dachten, die Geschichte handele von jemand anderem, vor eine Entscheidung gestellt zurück …" (Mark, S. 449).

Anhang:
Die Erscheinungen des auferstandenen Herrn (16,9–20)

Der Anhang zum Markusevangelium aus dem 2. Jahrhundert, der in 16,9–20 enthalten ist, besteht aus einem Bericht von Erscheinungen des auferstandenen Herrn vor Maria aus Magdala (VV 9–11), zwei Jüngern, die unterwegs sind (VV 12 f), und den Elf, als sie bei Tisch waren (VV 14–18). Er schließt mit einer Aussage über die Erhöhung des Herrn zur Rechten Gottes (V 19) und einen Hinweis über die erfolgreiche Verkündigung des Wortes in der ganzen Welt (V 20). Insgesamt enthält er eine ziemlich farblose Zusammenfassung verschiedener Erscheinungsüberlieferungen aus den Auferstehungsgeschichten der drei anderen Evangelien. Die Beschreibung der Erscheinung Jesu vor Maria aus Magdala (VV 9–11) steht dem Bericht in Joh 20,1–18 am nächsten, auch wenn die Auskunft, dass sie diejenige ist, aus der er sieben Teufel austrieb, Lk 8,2 anklingen lässt.[1] Die Erscheinung „in einer anderen Gestalt"[2] vor den beiden Jüngern, die aufs Land gehen wollten, ist natürlich „ein entferntes Echo"[3] auf Lukas Geschichte von der Erscheinung Jesu vor den beiden Jüngern auf dem

---

[1] Die Auskunft, dass sie losging und den Jüngern von der Erscheinung des Herrn berichtete (V 10), steht natürlich im Kontrast zu dem starken Beharren des Markus auf dem Schweigen der Frauen, Maria aus Magdala eingeschlossen (16,8).
[2] Dies kann darauf verweisen, dass nach Lk 24,16 ihre Augen „gehalten" waren, so dass sie Jesus nicht erkannten.
[3] Taylor, St. Mark, S. 611.

Weg nach Emmaus (24,13–35).[4] Die Erscheinung vor den Elf, als sie bei Tisch sind (VV 14–18), erinnert zusammen mit dem Tadel Jesu für ihren Unglauben an die ähnlichen Überlieferungen in Lk 24,36–43 und Joh 20,19–29, während der Missionsauftrag, den ihnen Jesus gibt (VV 15 f), Anklänge an die Aussendung der Jünger am Ende des Matthäusevangeliums enthält (28,18–20).

Der Bericht hat eine gewisse Geschlossenheit und enthält eine beeindruckende Steigerung. Seine kargen Zusammenfassungen lassen die Wärme und Dramatik vermissen, die die Auferstehungsgeschichten in den verbleibenden Evangelien ausstrahlen, und der „Tadel" Jesu an die Elf für deren Weigerung, den ersten beiden Berichten Glauben zu schenken (V 14), verleihen dem Ganzen einen strengen pädagogischen Ton, der über die sanfte Zurechtweisung im Lukasevangelium (24,25.38 f) deutlich hinausgeht. Das Gebot, hinauszugehen und das EVANGELIUM in der ganzen Welt jedem Geschöpf zu verkünden, greift die Vorstellung von der weltweiten Sendung auf, die im Markusevangelium durch das Zerreißen des Tempelvorhangs und das Glaubensbekenntnis des Hauptmanns angedeutet wird (15,39).

Für die meisten der Leserinnen und Leser heute ist das wahrscheinlich hervorstechendste Element des ganzen Anhangs die Liste der „Zeichen", die die gläubige Antwort auf die Verkündigung „begleiten"[5] wird. Der Verweis am Anfang auf die Dämonenaustreibungen bildet im markinischen Zusammenhang keine Überraschung, während das Sprechen in Zungen und die Heilung der Kranken durch Auflegung der Hände in der ganzen Überlieferung des Neuen Testaments vertraute Bestandteile sind. Auffallender – und ohne Parallele –

---

[4] Sie weicht von dieser Geschichte durch sein Beharren ab, die restlichen Jünger hätten im Unterschied zu Lk 24,33–35 ihrem Bericht nicht geglaubt.
[5] Wie in der Überlieferung der Evangelien insgesamt begleiten die „Zeichen" den Glauben; sie verursachen ihn nicht, sondern setzen ihn voraus.

Die Erscheinungen des auferstandenen Herrn (16,9–20)

sind allerdings die Aussagen über den Umgang mit Schlangen und dem Trinken giftiger Getränke, ohne Schaden zu erleiden.[6]

Schließlich steigt Jesus wie in den beiden lukanischen Berichten (24,50–53; Apg 1,9–11) in den Himmel auf, nachdem er seine Jünger mit der Verkündigung beauftragt hat. Ausdrücklich beschreibt er aber – und geht damit über die lukanischen Beschreibungen hinaus – seine messianische Inthronisierung zur Rechten Gottes in Erfüllung von Psalm 110,1 (vgl. Mk 12,35–37 und 14,62) – einen himmlischen Triumph, der seine Wirkung auf Erden durch die weltweite und erfolgreiche Verkündigung des Wortes hat.

Der Anhang steht also in Spannung sowohl mit den Überlieferungen von der Auferstehung, die er zusammenfasst, als auch mit dem Markusevangelium, das zu ergänzen er vorgibt.[7] Er hat allerdings seinen eigenen Wert und schließt mit dem großartigen Bild des durch die Welt eilenden EVANGELIUMS als Ausdruck des messianischen Sieges des einst gekreuzigten, jetzt aber auferstandenen Herrn.

---

[6] Wie selbstverständlich schüttelt Paulus eine Schlange weg, die sich nach dem Schiffbruch auf der Insel Malta bei ihm festgebissen hatte (Apg 28,3–6).

[7] Es ist eine seltsame Ironie, dass das Lektionar der römischen Liturgie diesen Anhang als Evangelium für das Fest des hl. Evangelisten Markus am 25. April vorsieht.

Schlussbetrachtung

Am Anfang dieser langen Reise mit Markus lud ich die Leserinnen und Leser ein, sich in das Weltbild zu begeben, das das Evangelium voraussetzt. Das Risiko dabei besteht darin, dass die Auslegenden und Lesenden, die diesen Schritt gehen, am Ende ohne eine Vorstellung über die Verbindung zur Welt von heute wieder herausgehen. Die vergangenen Jahrzehnte haben verschiedene kreative Versuche gesehen, die Verbindung zwischen Markus und der jetzigen Wirklichkeit sehr eng zu zeichnen.[1] Auch wenn diese Interpretationen für ihre Zeit sehr anregend und herausfordernd sind, veralten sie doch unausweichlich, wenn sich die sozialen und politischen Bedingungen ändern und neue Herausforderungen entstehen. Wie schon John P. Meier ironisch beobachtet hat: „… nichts veraltet schneller als Relevanz".[2] Diese Beobachtung ist eine heilsame Warnung vor allen Versuchen, Markus und seine Welt allzu schnell unter den Bedingungen unserer heutigen Bedürfnisse und Fragen zu verstehen. Wie ich schon am Anfang anmerkte, glaube ich allerdings, dass die apokalyptische Perspektive, insbesondere der Konflikt mit dem Dämonischen, das Markusevangelium so durchzieht, dass wir mit diesem Evangelium nicht in einer größeren Tiefe zurechtkommen, wenn wir keinen Versuch unternehmen, diese Perspektive mit unserer heutigen Welt in Verbindung zu bringen.

Mein Vorschlag zu Beginn lautete, dass es beim Dämonischen im Wesentlichen um Herrschaft geht: die Herrschaft über das menschliche Leben durch Kräfte, häufig transpersonal und sozioökonomisch, die das Wachstum und die Frei-

---

[1] Besonders Fernando Belo, Das Markus-Evangelium materialistisch gelesen, Stuttgart: Alektor 1980 und Ched Myers, Binding the Strong Man.
[2] A Marginal Jew Bd. 2, S. 677.

heit der Menschen hindern und Menschen anderen Menschen und ihrer eigenen Menschlichkeit entfremden. Die Erzählung von Markus entfaltet sich in einer Reihe von Szenen, die zeigen, wie Jesus im Namen der kommenden Herrschaft Gottes, die er verkündet, aus dieser dämonischen Herrschaft befreit. Im Laufe des Kommentars habe ich nicht sehr viele Vorschläge gemacht, wie die Beispiele der dämonischen Herrschaft, denen Jesus entgegentritt, in entsprechende Zustände heute übersetzt werden können. Ich habe es den Leserinnen und Lesern überlassen, sich diese Frage selbst zu stellen: Sich zu fragen, wo sie in ihrem persönlichen, gemeinschaftlichen und gesellschaftlichen Leben sich in dieser radikalen Weise „beherrscht" fühlen.

Wie den Leserinnen und Lesern wahrscheinlich auch bewusst ist, habe ich darauf hingewiesen, wie bei der weiteren Entfaltung der Erzählung der Konflikt Jesu mit dem Dämonischen sich immer seltener in Szenen mit einer offenen Dämonenaustreibung abspielt, sondern immer häufiger im menschlichen Herzen: Zuerst in der von den Autoritäten gezeigten „Herzenshärte", deren Einfluss auf das Volk Jesus herausfordert; dann, besonders in der zweiten Hälfte des Evangeliums, eine ähnliche „Herzenshärte" seiner Jünger; sie erweisen sich als „blind" für die wahre Richtung seiner messianischen Sendung, und sie versuchen, ihn davon abzulenken, wofür sie in der Person des Petrus eine scharfe Zurechtweisung erhalten: „Tritt hinter mich, du Satan!" (8,33). Das Ganze erreicht seinen Höhepunkt in der Szene in Getsemani (14,32–42), als die drei engsten Jünger in einen entmutigenden Schlaf fallen und Jesus so im Stich lassen, der sich, aller menschlichen Gemeinschaft beraubt, dem ihm bevorstehenden äußersten Konflikt mit dem Dämonischen stellen muss.

Im Unterschied zu den Versuchen der späteren christlichen Soteriologie erklärt das Markusevangelium nicht, wie Jesu „Gehorsam bis zum Tod" in diesem Konflikt das „Lösegeld für Viele" (10,45) bewirkte, den Grundakt für die Befreiung des Menschen. Wie ich zu zeigen versucht habe, wird in den drei „Säulen"-Momenten allerdings, in denen der Schleier zwischen Himmel und Erde für einen kurzen Augenblick weggenommen wird (Taufe, Verklärung, Golgota), die volle Mitwirkung des Göttlichen bei der teuren befreienden Sendung des Sohnes deutlich. In einem engen Sinne ist das Herz seiner *Theo*logie eine Offenbarung des Gottes, der in die tiefsten Winkel menschlicher Finsternis eindringt, um Menschen zur Umkehr und zur Fülle des Lebens zu führen.

Das „Wohlgefallen" des Vaters (1,11) und die Kraft des Geistes (1,10.12) begleiten also die Sendung Jesu von ihrem Anfang bis zu ihrem Ende. Doch neben dieser gleichsam „göttlichen Gefährtenschaft" gibt es vom Anfang bis zum Ende die menschliche Gefährtenschaft – Menschen, die er beruft und die er zu „Menschenfischern" für das Reich Gottes machen möchte (1,16–20). Auch wenn ich das Hauptaugenmerk des Markusevangeliums nicht auf den Jüngern ruhen sehe, so ist doch deutlich, dass ihre Schwierigkeiten auf dem Weg und ihr Versagen am Ende ein Leitmotiv und einen Eintrittspunkt in die Geschichte für die Leserinnen und Leser früher und heute bilden. Die Jünger, die ganz begeistert darauf reagierten, dass sie an der messianischen Sendung, so wie sie sie ursprünglich verstanden (Geschichte 1), teilhaben durften, werden auf einmal zögerlich und zeigen „Blindheit", als er anfängt, den Preis dieser Sendung bekannt zu machen – den Preis für sich selbst und auch den für diejenigen, die als seine Nachfolgenden mit auf diesen Weg berufen sind (Geschichte 2). Wir, die wir wie sie ganz häufig schlecht abschneiden, wenn der Preis deutlich wird, können aus der Verheißung Jesu am Höhepunkt ihres Versagens (14,26–31) Trost schöpfen, dass er ihnen nach Galiläa vorausgeht, von wo sie ihm von Neuem auf dem „Weg" nachfolgen können.

Im Unterschied zu seinen drei Gefährten erlaubt uns das Markusevangelium keinen Blick auf den auferstandenen Herrn. Es belässt dies und die endgültige Rechtfertigung derer, die ihr Leben um Jesu und des Evangeliums willen verloren haben (8,35), als eine Frage der Verheißung und der endgültigen Hoffnung (Geschichte 3). Indem es uns zusammen mit den Jüngern „zurück nach Galiläa" schickt (16,7), lädt es uns ein, immer wieder die Erzählung zu durchwandern (zirkuläre Lektüre), bis das Zusammenspiel der drei „Geschichten" des Markus ganz tief in das Muster unseres Lebens eingewoben ist.

Literaturverzeichnis

Kommentare zum Markusevangelium

Belo, Fernando, Das Markus-Evangelium materialistisch gelesen, Stuttgart: Alektor 1980.

Boring, M. Eugene, Mark. A Commentary (NTL), Louisville/London: Westminster John Knox 2006.

Donahue, John R./Harrington, Daniel J., The Gospel of Mark (SP 2), Collegeville (MN): Liturgical Press 2002.

Gnilka, Joachim, Das Evangelium nach Markus, 2 Bde. (EKK 2), Zürich: Benziger/Neukirchen-Vluyn: Neukirchener 1978 + 1979.

Guelich, Robert A., Mark 1–8,26 (WBC 34A), Waco (TX): Word Books 1989.

Marcus, Joel, Mark 1–8. A new Translation with Introduction and Commentary (AB 27), New York: Doubleday 2000.

Moloney, Francis J, The Gospel of Mark. A Commentary, Peabody (MA): Hedrickson 2002.

Myers, Ched, Binding the Strong Man. A Political Reading of Mark's Story of Jesus, Maryknoll (NY): Orbis 1988.

Nineham, Dennis E., The Gospel of Saint Mark, Harmonsworth: Pelican 1963.

Perkins, Pheme, The Gospel of Mark, in: Kecks, Leander u. a. (Hg.), The New Interpreter's Bible, Bd. 8, Nashville: Abingdon 1995, S. 507–733.

Schweizer, Eduard, Das Evangelium nach Markus (NTD), Göttingen: Vandenhoeck & Ruprecht ²1968.

Strack, Hermann/Billerbeck, Paul, Kommentar zum Neuen Testament aus Talmud und Midrasch, Bd. 2: Das Evangelium nach Markus, Lukas und Johannes und die Apostelgeschichte, München: C.H. Becksche Verlagsbuchhandlung ²1956.

Swete, Henry B., The Gospel According to St. Mark, 3. überarbeitete Auflage, London: Macmillan 1913.

Taylor, Vincent, The Gospel According to St. Mark. The Greek Text, with Introduction, Notes, and Indexes, London: Macmillan 1957.

Untersuchungen zum Markusevangelium

Byrne, Brendan, Paul and Mark before the Cross. Common Echoes of the Day of Atonement Ritual, in: Chennattu, Rekha M./Coloe, Mary L. (Hg.), Transcending Boundaries. Contemporary Readings of the New Testament. Essays in Honor of Francis J. Moloney (Bibliotheca di Scienze Religiose 187), Rome: Libreria Ateneo Salesiano 2005, S. 217–229.

Chronis, Harry L, The Torn Veil. Cultus and Christology in Mark 15:37–39, Journal of Biblical Literature 101 (1982), S. 97–114.

Dewey, Joanna, The Literary Structure of the Controversy Stories in Mark 2:1–3:6, in: Telford, William R. (Hg.), The Interpretation of Mark, Philadelphia: Fortress Press 1985, S. 109–118.

Dies., Markan Public Debate. Literary Technique, Concentric Structure, and Theology in Mark 2:1–3:6 (SBLDS 48), Chico (CA): Scholars Press 1980.

Dowd, Sharyn/Malbon, Elizabeth Struthers, The Significance of Jesus' Death in Mark. Narrative Context and Authorial Audience, Journal of Biblical Literature 125 (2006), S. 271–297.

Dyer, Keith D, The Prophecy on the Mount. Mark 13 and the Gathering of the New Community, Bern u. a.: Peter Lang 1998.

Heil, John P., Jesus with the Wild Animals in Mark 1:13, Catholic Biblical Quarterly 68 (2006), S. 63–78.

Incigneri, Brian J., The Gospel to the Romans. The Setting and Rhetoric of Mark's Gospel (Biblical Interpretation 65), Leiden: Brill 2003.

Loader, William, Good News – for the Earth? Reflections on Mark 1:1–15, in: Habel, Norman C./Balabanski, Vicky

(Hg.), The Earth Story in the New Testament (Earth Bible 5), London: Sheffield Academic Press/Cleveland (OH): Pilgrim Press 2002, S. 28–43.

McVann, Mark, Destroying Death. Jesus in Mark and Joseph in „The Sin Eater", in: Detweiler, Robert/Doty, William G. (Hg.), The Daemonic Imagination. Biblical Text and Secular Story (AARSR 60), Atlanta: Scholars Press 1990, S. 123–135.

Senior, Donald M., The Passion of Jesus in the Gospel of Mark, Collegeville (MN): Liturgical Press 2001.

Wainwright, Elaine M., The Pouring Out of Healing Ointment. Rereading Mark 14:3–9, in: Segovia, Fernando (Hg.), Towards a New Heaven and a New Earth. Essays in Honor of Elisabeth Schüssler Fiorenza, Maryknoll (NY): Orbis 2003, S. 157–178.

Watts, Rikki E., Isaiah's New Exodus in Mark, Grand Rapids: Baker Academic 1997.

Wright, G. Addison, The Widow's Mite. Praise or Lament? – A Matter of Context, Catholic Biblical Quarterly 44 (1982), S. 256–265

Weitere Werke

Brown, Raymond E., From Gethsemane to the Grave. A Commentary on the Passion Narratives in the Four Gospels, 2 Bde., Garden City (NY): Doubleday 1994.

Ders., An Introduction to the New Testament, New York: Doubleday 1997.

Ders., The Semitic Background of the Term „Mystery" in the New Testament (FBBS 21), Philadelphia: Fortress Press 1968.

Byrne, Brendan, Eschatologies of Resurrection and Destruction. The Ethical Significances of Paul's Dispute with the Corinthians, Downside Review 104/357 (October 1968, S. 288–298).

Ders., Die Gastfreundschaft Gottes. Eine Begegnung mit dem Lukasevangelium, Ostfildern: Matthias Grünewald 2021

(Übersetzung von: The Hospitality of God. A Reading of Luke's Gospel, Collegeville (MN): Liturgical Press ²2015).

Ders., Gott, der die Last nimmt. Eine Begegnung mit dem Matthäusevangelium, Ostfildern: Matthias Grünewald 2022 (Übersetzung von: Lifting the Burden. Reading Matthew's Gospel in the Church Today, Collegeville (MN): Liturgical Press 2004).

Ders., Jesus as Messiah in the Gospel of Luke. Discerning a Pattern of Correction, Catholic Biblical Quarterly 65 (2003), S. 80–95.

Ders., Lazarus. A Contemporary Reading of John 11:1–46 (Zacchaeus Studies), Collegeville (MN): Liturgical Press 1991.

Ders., Romans (SP 6), Collegeville (MN): Liturgical Press 1996.

Ders., „Sons of God" – „Seed of Abraham" (AnBib 83), Rom: Biblical Institute Press 1979.

Dodd, C. H., The Parables of the Kingdom, überarbeitete Auflage, London: Fontana 1961.

Donahue, John R., The Gospel in Parable. Metaphor, Narrative, And Theology in the Synoptic Gospels, Philadelphia: Fortress 1988.

Gathercole, Simon J., The Preexistent Son. Recovering the Christologies of Matthew, Mark, and Luke, Grand Rapids/London: Eerdmans 2006.

Griechisch-deutsches Wörterbuch zu den Schriften des Neuen Testaments und der frühchristlichen Literatur von Walter Bauer, 6. völlig neu bearbeitete Auflage, hg. von Kurt Aland und Barbara Aland, Berlin/New York: Walter de Gruyter 1988.

Hengel, Martin. Der unterschätzte Petrus. Zwei Studien. Tübingen: Mohr Siebeck 2006.

Jeremias, Joachim, Die Gleichnisse Jesu, Göttingen: Vandenhoeck & Ruprecht ¹¹1998.

Kelly, Anthony, Eschatology and Hope, Maryknoll (NY): Orbis 2006.

Lee, Dorothy, Transfiguration (New Century Theology), London/New York 2004.

Meier, John P., Artikel „Jesus", in Brown, Raymond E., Fitzmyer, Joseph A./Murphy, Roland E. (Hg.), New Jerome Bib-

lical Commentary, Englewood Cliffs (NJ): Prentice Hall 1990, S. 1316–1328.
Ders., A Marginal Jew. Rethinking the Historical Jesus. Bd. 1: The Roots of the Problem and the Person, New York: Doubleday 1990.
Ders., A Marginal Jew. Rethinking the Historical Jesus. Bd. 2: Mentor, Message, and Miracles, New York: Doubleday 1994.
Ders., A Marginal Jew. Rethinking the Historical Jesus. Bd. 3: Companions and Competitors, New York: Doubleday 2001.
Perrin, Norman, Jesus and the Language of the Kingdom. Symbol and Metaphor in New Testament Interpretation, Philadelphia: Fortress Press 1976.
Schneider, Carl, Art. „katapetasma", in: Theologisches Wörterbuch zum Neuen Testament, hg. von Gerhard Kittel, Bd. 3, Stuttgart, Berlin, Köln: Kohlhammer 1938, S. 630–632.
Trible, Phyllis, Texts of Terror. Literary-Feminist Readings of Biblical Narratives, Philadelphia: Fortress Press 1984.
Tuckett, Christopher M., Introduction to the Gospels, in: Dunn, James D. G./Rogerson, John W. (Hg.), Eerdmans Commentary on the Bible, Grand Rapids/Cambridge: Eerdmans 2003, S. 989–999.
Vacek, Edward V., The Eclipse of Love for God, America 174/8 (März 1996), S. 13–16 (Nachdruck in: Jersild, Paul u.a. (Hg.), Moral Issues and Christian Response, New York: Harcourt Brace College Publications [7]2002, S. 6–10.
Wainwright, Elaine M., Women Healing/Healing Women. The Genderization of Healing in Early Christianity, London (UK)/Oakville (CT): Equinox 2006.
Wise, Michael/Abegg Jr., Martin/Cook, Edward, Die Schriftrollen von Qumran. Übersetzung und Kommentar mit bisher unveröffentlichten Texten, hg. von Professor Dr. Alfred Läpple, Augsburg: Pattloch 1997.
Wright, David P./Jones, Richard N., Artikel „Leprosy", in: Freedman, David Noel u.a. (Hg.), Anchor Bible Dictionary, Bd. 4, New York: Doubleday 1992, S. 277–282.

Bibelausgaben

Die Bibel. Einheitsübersetzung der Heiligen Schrift, vollständig durchgesehene und überarbeitete Ausgabe, Stuttgart: Katholische Bibelanstalt 2016.

Das Neue Testament. Einheitsübersetzung der Heiligen Schrift, Stuttgart: Katholische Bibelanstalt 1979.

Die Bibel nach Martin Luthers Übersetzung, revidiert 2017, Stuttgart: Deutsche Bibelgesellschaft 2016 (Verweis: Lutherbibel).

Die Bibel. Schlachter Version 2000, Genf: Genfer Bibelgesellschaft 2000 (Verweis: Schlachterbibel).

Die Heilige Schrift. Aus dem Grundtext übersetzt. Revidierte Elberfelder Bibel. Wuppertal: R. Brockhaus 1985 (Verweis: Elberfelder Bibel).

Das Neue Testament. Übersetzt von Fridolin Stier. Aus dem Nachlaß herausgegeben von Eleonore Beck, Gabriele Miller und Eugen Sitarz, München: Kösel / Düsseldorf: Patmos 1989 (Verweis: Stier).

Münchener Neues Testament: Studienausgabe, hg. von Josef Hainz, Düsseldorf: Patmos 1998 (Verweis: Münchener Neues Testament).

Septuaginta Deutsch. Das griechische Alte Testament in deutscher Übersetzung, hg. von Wolfgang Krause und Martin Karrer, Stuttgart: Deutsche Bibelgesellschaft 2009.

Zürcher Bibel, Zürich: Verlag der Zürcher Bibel 2007 und 2008 (Verweis: Zürcher Bibel).

Bibelstellenregister

Altes Testament

Genesis
1 – 2 262
1,2f 79, 119, 399
1,3–5 385
1,6–10 97, 168
1,27 262
2,2f 126
2,18–20 85
2,21–24 262[Fn]
2,24 262
6 – 7 168
18,14 273
22, 1–19 80, 83, 245, 359
32,31–33 205
37,20 299[Fn]
37,34 370[Fn]
38,8 305

Exodus
3,1–6 307
3,14 205f
3,15 205
4,21 128[Fn], 153
4,22f 48, 84
7,3 128[Fn], 153
9,7 153
9,12 153
9,34 153
14,4 153
14,17 153
16 224
17,1–7 224
18,21 203[Fn]
18,25 203[Fn]
19,3 134
19,6 38
20,8–11 124
20,12 211
20,12–16 269[Fn]
20,23 72
22,22 315[Fn]
23 72
23,20 70, 72, 72,[Fn] 73
24,1–4 134
24,4–8 350
24,13 – 25,1 242
24,15–18 204
25 – 26 391[Fn]
25,30 125
30,11–16 290[Fn]
31,4 126
31,11 243
31,14 127
33,19 205
33,22 205
34,6 205
34,28 84[Fn]
34,35 243, 243[Fn]

Levitikus
11 – 15 210, 213
12,1–7 181
13,40 105[Fn]
13,45f 103f
14,2–4 105[Fn]
15,19–25 181
16,29 121[Fn]
19,11–18 214[Fn]
19,18 309
24,4–9 125[Fn]
24,11–16 371
25,13 39

Numeri
4,7 125[Fn]
11,25–29 255[Fn]
12,10–16 104[Fn]
15,32–26 128[Fn]
27,17 200
30 211f

Deuteronomium
1 – 34 319[Fn]
5,12–15 124
5,16 211
6,4b–5 308
8,1–5 83
13,3 83
13,7 333[Fn]
14,1 47
15,11 346
18,15–18 243f
19,15 395[Fn]
21,22f 394[Fn]
23,22f 211f
24,1 261
24,2–4 262[Fn]
24,14 269[Fn]
24,19–21 315[Fn]
25,5–10 305
27,19 315

Bibelstellenregister

28,1–14 273
30,4 333
32,39 206
34,5f 243, 243Fn
34,10 243

Josua
7,6 370Fn

1 Samuel
15,22 310
21,1–7 125

2 Samuel
7,14 48
15,24–29 125Fn
15,35 125Fn
17,15–22 125Fn
22,5 278Fn

1 Könige
1,32–40 287Fn
19,8–18 84Fn, 205, 243
19,19–21 92Fn
22,17 200

2 Könige
1,8 74
2,2–9 74
2,9–11 243
4,42–44 201
5,1–19 104Fn
9,13 288Fn

Jesaja
1,11 310
1,17 315Fn
5,1–5 298
6,9f 153, 226Fn
11,6–9 85
13,10 332
26,19 305Fn
29,13 211
34,4 332Fn

35,5f 219Fn, 220
40–55 36, 66
40,3 69, 72
40,8 336Fn
40,9 36, 66, 88
41,4 206
41,21–24 89
41,27 37
42,1–9 80
43,10 206
44,8–20 89
45,20f 89, 310Fn
49,1–7 80
50,4–11 80
51,1f 135fFn
51,9f 205Fn
51,10 170
51,17–22 278Fn
52,7 37, 39, 66, 89
52,13 – 53,12 80, 280, 280Fn
52,15 374
53,4 351
53,6 371Fn
53,7 367Fn
53,10–12 280Fn, 351, 382Fn, 363Fn
54,4–10 121
56,7 291, 390
58,1–5 121Fn
60,6 37
61,1f 37, 39, 46, 66, 88
62,4f 121
63,19 79
65,17–25 85Fn
66,24 257Fn

Jeremia
5,21 226Fn
7,1–15 291
7,6 315Fn
7,22f 310
13,1–11 290
16,16f 93Fn

22,3 315Fn
23,1–6 201Fn
25,15 278
31,33 351Fn
33,14–26 46
35,15 188
49,12 278Fn

Ezechiel
2,15 188Fn
3,7 128Fn
12,2 226Fn
16 121
19,4f 93Fn
22,7 315Fn
23,31–34 278Fn
31,6 165
34,8 200
34,22–24 201Fn
36,24–27 76

Hosea
1,11 48
2,18 85Fn
2,19–23 121
6,6 310
9,5 188
11,1 48, 84

Joël
1,14 121Fn
2,10 332Fn
3,13 163Fn

Amos
4,2 93Fn
8,9f 385

Jona
1,1–17 169Fn

Nahum
1,15 37

Bibelstellenregister

Habakuk
1,14–17 93[Fn]
3,15 205[Fn]

Sacharja
7,10 315[Fn]
9,9 286 f
9,11 350
10,2 200
13,7 354, 402
14 324

Maleachi
3,1 70, 72, 74, 243
3,5 315[Fn]
4,5 f 74, 243, 246

Psalmen
22 341
40,7 310
41,9 349
42,6 356
42,7 168
49,7–9 238
49,15 238
69 341
75,8 278[Fn]
77,20 204 f[Fn]
95,7b–11 224

104,5–9 168
110,1 312, 312[Fn], 313, 369
115,5 f 226[Fn]
118,22 f 300, 301

Ijob
1 – 42 114[Fn]
26,10–12 97, 170
31,1.5.7 257[Fn]
38,8–11 170
42,12 273

Klagelieder
2,15 383
4,21 278[Fn]

Daniel
4,12 165[Fn]
4,21 165[Fn]
7 52
7,13 f 49, 50, 51, 247, 333, 369
7,27 50
9,27 328
11,31 328[Fn]
11,40 358[Fn]
12,1 f 205, 246, 305[Fn], 389

12,11 328[Fn]

2 Chronik
18,16 200

Judit
11,19 200

Weisheit
3,1–9 86
14,25 f 214[Fn]

Jesus Sirach
4,1 269[Fn]
36,17 48
44,20 83
45,5 f 243, 243[Fn]

1 Makkabäer
13,51 288[Fn]

2 Makkabäer
3,26.33 400[Fn]
7,37 f 280[Fn]

4 Makkabäer
6,28 f 280[Fn]
17,20–22 280[Fn]

Außerbiblische Literatur

Psalmen Salomos
11 71[Fn]
17,21 f.25.32 47

Syrischer Baruch
14,18 126[Fn]

73,6 85[Fn]

Schriftrollen vom Toten Meer
4 Q 521 41[Fn], 283[Fn]
11 Q 13 39

Flavius Josephus, Jüdische Altertümer
18,1–11.23–25 303[Fn]
18,116–119 75[Fn], 196[Fn]

Neues Testament
(ohne Markus)

Matthäus
3,3   70[Fn]
3,7–10.12   76
3,14 f   78
4,1–11   83
5,1–3   95[Fn]
5,3–12   15
5,13   259
6,9–13   15, 294, 329[Fn], 358[Fn]
6,14 f   293[Fn], 294
6,16   121[Fn]
6,25–34   158[Fn]
8,2–4   106[Fn]
8,25   169[Fn]
10,1–14   194[Fn]
10,3   260[Fn]
11,3   288[Fn]
11,10   70[Fn]
11,12   218
12,9–14   128[Fn]
13,12   160[Fn]
13,24–30   164[Fn]
13,31 f   165[Fn]
14,13–21   200, 202[Fn]
15,17   213[Fn]
15,27   217[Fn]
15,32–39   200
16,16   56
16,19–23   135[Fn]
17,3   243[Fn]
17,15   248[Fn]
18,21–35   294
19,20   268[Fn]
20,23   278[Fn]
21,9   288
24,15   329[Fn]
25,31–46   15
26,28   351[Fn]
26,36–46   358
26,54   342[Fn]
25,56   342[Fn]
26,57   366[Fn]
27,9 f   70, 342[Fn]
27,34   342[Fn]
27,42   384[Fn]
27,46   386[Fn]
27,48 f   386[Fn]
27,50   387[Fn]
27,51–53   388[Fn]
27,57   396
28,2   400[Fn]
28,18–20   410

Lukas
1 – 2   142
1,37   273[Fn]
2,19   142
2,22–24   290[Fn]
2,33–35   142
2,46–50   142
2,51   142
3,4   70[Fn]
3,7–9   76
3,10–14   76
3,17 f   76
3,21b   78
4,1–13   83
4,14–30   95[Fn], 106[Fn], 188 f[Fn]
5,19   113[Fn]
5,29   117[Fn]
6,6–11   128[Fn]
6,20–23   15
7,19   288[Fn]
8,2   409
8,10   154
8,16–18   160
9,1–6   194[Fn]
9,10–17   200
9,13   202[Fn]
9,30   243[Fn]
10,1–6   194[Fn]
10,29–37   15
11,2–4   15, 294, 329, 358[Fn]
12,22–31   158[Fn]
12,50   278[Fn]
13,18 f   165[Fn]
15,11–32   15
17,4   294
18,12   121
22,20   351[Fn]
22,37   342[Fn], 382[Fn]
22,40–46   358
23,45 f   387[Fn], 388[Fn]
23,47   388[Fn]
24,10 f   404
24,16   409[Fn]
24,25–27   342[Fn], 410
24,33–35   410[Fn]
24,36–43   410
24,44–47   342[Fn]
24,50–53   411

Johannes
1,15.27   288[Fn]
1,46   189
2,1–12   95[Fn], 121
3,16   80
3,19   121
4,9.27   218[Fn]
6   201[Fn]
6,1–15   200, 221
6,14   288
7,27   70[Fn]
9,1–5   114, 231[Fn]
10,20   138
11   105, 183[Fn]
11,11–14   183[Fn]
11,27   288[Fn]
12,27   358
12,34   49, 51

12,40 154ᶠⁿ
13 – 17 319ᶠⁿ
14,16 327ᶠⁿ
14,26 327ᶠⁿ
15,26 327ᶠⁿ
16,7 327ᶠⁿ
16,28 102
18,10 362ᶠⁿ
18,40 363ᶠⁿ
19,25 393ᶠⁿ
19,30 387ᶠⁿ
19,38 396
20,1–8 409
20,19–29 410
20,31 389
21,15–19 372

Apostelgeschichte
7,56 49ᶠⁿ
10,9–16 213
12,2 278
12,12 27
12,15 27
13,5 194ᶠⁿ
15,1–21 213
15,37–39 27
28,7 128ᶠⁿ
28,26 f 154ᶠⁿ

Römer
1,1 42, 67, 68
1,1–4 389
1,3 f 15ᶠⁿ, 31, 41, 43, 67, 68, 313 fᶠⁿ, 389
1,16 f 216ᶠⁿ, 274ᶠⁿ
1,29–31 214ᶠⁿ
2,5 128ᶠⁿ
3,25 351
4,8–21 273ᶠⁿ
5 – 8 324ᶠⁿ
5,6 f 280ᶠⁿ
5,9 351
5,15 351ᶠⁿ
5,17 274ᶠⁿ
5,19 351ᶠⁿ
5,20b 392
8,3 f 311, 358ᶠⁿ, 386
8,15 357ᶠⁿ
8,17 f 123
8,31 f 80, 207, 245, 359, 386
9 – 11 300 fᶠⁿ
9,3 344
9,4 47
9,5 344
9,17 f 128ᶠⁿ, 153
10,9 217ᶠⁿ
10,12 f 274ᶠⁿ
11,8 154ᶠⁿ
11,25 f 152ᶠⁿ
13,1–7 304ᶠⁿ
13,9 f 311
14,1 – 15,13 213ᶠⁿ
14,7 257
14,14 213ᶠⁿ
14,20 213ᶠⁿ
15,6 68
15,16 42
16,13 380ᶠⁿ

1 Korinther
1,22–24 216ᶠⁿ, 225ᶠⁿ
3,9–11 300
5,6–8 228
6,9 f 214ᶠⁿ
7,10–16 265
8 – 10 213ᶠⁿ
10,16 f 350
11,17–34 203ᶠⁿ, 353ᶠⁿ
11,23–25 351ᶠⁿ
12,3 217
15 43ᶠⁿ, 334ᶠⁿ
15,3–5 31, 68, 405
15,20 183ᶠⁿ
15,22–28 31, 68, 334ᶠⁿ
15,24 307
15,34b 306ᶠⁿ
15,35–49 306ᶠⁿ
15,51 152ᶠⁿ, 183ᶠⁿ

2 Korinther
5,18–21 358ᶠⁿ
5,21 116, 293, 376, 386
6,16b–18 300

Galater
1,16 389
2,11–14 213ᶠⁿ
2,20 401
3,13 386
3,27 364ᶠⁿ
4,6 357ᶠⁿ
5,9 228
5,14 311
5,19–21 214ᶠⁿ
5,22 f 214ᶠⁿ

Epheser
2,20–23 334ᶠⁿ
4,22–24 364ᶠⁿ
5,21 – 6,4 142
6,10–20 250

Philipper
2,6–11 242ᶠⁿ, 245ᶠⁿ
2,8 f 171, 333, 340, 383, 391, 401
2,9–11 313, 334ᶠⁿ
2,11 217
2,12 182ᶠⁿ
3,7–9 271

Kolosser
3,9 f 364ᶠⁿ
3,18–21 142
4,10 27

1 Thessalonicher
2,2.8.9 42, 68
4,13 183ᶠⁿ
4,13–18 334ᶠⁿ

2 Thessalonicher
2,2   331[Fn]
2,3–10   329[Fn]

1 Timotheus
3,1–5   142

2 Timotheus
4,11   27

Philemon
24   27

Hebräer
4,7–10   360
4,15   360
5,7–9   86, 358, 386
9,11–14   351

1 Petrus
2,13f   304[Fn]
4,3   214[Fn]
5,13   26

1 Johannes
2,1   327[Fn]
5,5.10.13   390

Offenbarung
1,13   49f
13   304[Fn]
14,14   49[Fn]
17   304[Fn]
20,10   174[Fn]

Der Schlüssel zum Lukasevangelium

Brendan Byrne SJ
Die Gastfreundschaft Gottes
Eine Begegnung mit dem Lukasevangelium

Aus dem Englischen von Ralf Klein SJ

352 Seiten, 14 x 22 cm
Hardcover
ISBN 978-3-7867-3208-2

»Wir würden das Lukasevangelium nicht lesen, wenn wir nicht entdecken könnten, dass es in einem bestimmten Sinne auch ›unsere Geschichte‹ ist. Die Hoffnung und Sehnsucht nach Befreiung, die von den im Evangelium handelnden Menschen geäußert wird, ist auch heute unsere Hoffnung und Sehnsucht.« Brendan Byrne SJ

 www.gruenewaldverlag.de

Der Schlüssel zum Matthäusevangelium

Brendan Byrne SJ
Gott, der die Last nimmt
Eine Begegnung mit dem Matthäusevangelium

Aus dem Englischen von Ralf Klein SJ

368 Seiten, 14 x 22 cm
Hardcover
ISBN 978-3-7867-3314-0

»Von allen Evangelien hat das des Matthäus am meisten zur christlichen Identität und dessen Selbstbewusstsein beigetragen. In einer Zeit, in der innerhalb der Kirche die Frage virulent ist, was es bedeutet, Kirche zu sein, ist es sinnvoll, darauf zu schauen, welches Bild von Kirche uns aus dem Matthäusevangelium entgegentritt.« Brendan Byrne SJ

 www.gruenewaldverlag.de